新譯資治通鑑（三十三）

唐紀五十七—六十三

張大可
韓兆琦 等 注譯

三民書局 印行

國家圖書館出版品預行編目資料

新譯資治通鑑(三十三) / 張大可,韓兆琦等注譯.——初版一刷.——臺北市: 三民, 2017
冊; 公分.——(古籍今注新譯叢書)
ISBN 978-957-14-6252-3 (平裝)
1. 資治通鑑 2. 注釋

610.23 105022866

注譯者	張大可 韓兆琦等
責任編輯	陳榮華
美術設計	李唯綸
發行人	劉振強
著作財產權人	三民書局股份有限公司
發行所	三民書局股份有限公司
	地址 臺北市復興北路386號
	電話 (02)25006600
	郵撥帳號 0009998-5
門市部	(復北店) 臺北市復興北路386號
	(重南店) 臺北市重慶南路一段61號
出版日期	初版一刷 2017年1月
編號	S 034350

行政院新聞局登記證局版臺業字第〇二〇〇號

ISBN 978-957-14-6252-3 (平裝)

http://www.sanmin.com.tw 三民網路書店

新譯資治通鑑　目次

第二十三冊

卷第二百四十一

唐紀五十七

起屠維大淵獻（己亥　西元八一九年）二月，盡重光赤奮若（辛丑　西元八二一年）六月，凡二年有奇。

【題解】本卷記事起西元八一九年二月，迄西元八二一年六月，凡兩年又四個月。當唐憲宗元和十四年二月至唐穆宗長慶元年六月。兩年多的時間是短暫的，而唐代政治卻發生了重大轉折。表現在兩個方面：第一，唐憲宗之死和敬宗之立，不是正常的兩代皇帝交接，而是突發事件，由宦官陳弘志等殺唐憲宗，朝官不敢追問，梁守謙、王守澄等立穆宗，殺澧王李渾，朝官亦無反應。皇帝廢立完全操於宦官之手，從此唐政權旁落宦官，皇帝成了傀儡。第二，伴隨憲宗之死，中唐初露中興的曙光戛然而止，此後藩鎮割據，農民起義，邊患不斷，戰亂不止，直到唐朝之滅，社會沒有一天安寧。用一句話概括，唐代政治由中唐步入了晚唐。唐憲宗元和十四年，官軍殺李師道，朝廷收復淄、青十二州，接著橫海鎮節度使程權自請離鎮做朝官，幽州鎮節度使劉總上表歸順，成德鎮王承宗上表求自新，中唐時期的藩鎮割據基本被消滅，唐朝實現了全國統一，唐憲宗的事業達於巔峰，進尊號，赦天下，慶成功，唐朝政治呈現中興氣象。唐憲宗畢竟不是一個大有為之君，他寵信宦官而猜疑朝官。他依靠朝官，依靠賢相裴度取得了削藩的勝利，不採納李翺上奏修德政，而是反其道，不信朝官信家奴，排斥裴度，權移宦官，又求長生服仙丹中毒，性情乖張，被宦官毒殺。繼立者穆宗是一個昏君，嬉戲玩樂無度，政權完全被宦官把持，唐朝的衰落無可救藥。

憲宗昭文章武大聖至神孝皇帝下

元和十四年（己亥　西元八一九年）

二月，李聽❶襲海州❷，克東海❸、朐山❹、懷仁❺等縣。○李愬❻敗平盧兵❼於沂州❽，拔丞縣❾。

李師道❿聞官軍侵逼，發民治鄆州⓫城塹，修守備，役及婦人，民益懼且怨。

都知兵馬使⓬劉悟⓭，正臣之孫也，師道使之將兵萬餘人屯陽穀⓮以拒官軍。悟務為寬惠，使士卒人人自便，軍中號曰劉父。及田弘正⓯度河，悟軍無備，戰又數敗。或謂師道曰：「劉悟不修⓰軍法，專收眾心，恐有他志⓱，宜早圖之。」師道召悟計事，欲殺之。或諫曰：「今官軍四合，悟無逆狀，用一人言殺之，諸將誰肯為用！是自脫其爪牙⓲也。」師道留悟旬日⓳，復遣之，厚贈金帛以安其意。悟知之，還營，陰為之備。師道以悟將兵在外，署⓴悟子從諫㉑門下別奏㉒。從諫與師道諸奴㉓日遊戲，頗得其陰謀，密疏㉔以白父。

又有謂師道者曰：「劉悟終為患，不如早除之。」丙辰㉕，師道潛㉖遣二使齎帖㉗授行營兵馬副使張暹，令斬悟首獻之，勒㉘暹權領㉙行營。時悟方據高丘張幕㉚置酒，去營二三里。二使至營，密以帖授暹。暹素與悟善，陽㉛與使者謀曰：「悟自使府㉜還，頗為備，不可忽忽，暹請先往白之㉝，云『司空㉞遣使存問㉟將士，兼有賜物，請都頭㊱速歸，同受傳語㊲。』如此，則彼不疑，乃可圖也。」使者然之。暹懷帖走詣悟，屏人㊳示之。悟潛遣人先執二使，殺之。

時已向暮㊴，悟按轡徐行㊵還營，坐帳下，嚴兵㊶自衛。召諸將，厲色謂之曰：「悟與公等不顧死亡以抗官軍，誠無負於司空。今司空信讒言，來取悟首。悟死，諸公其次矣！且天子所欲誅者獨司空一人，今軍勢日蹙㊷，吾曹㊸何為隨之族滅㊹！欲與諸公卷旗束甲㊺，還入鄆州，奉行天子之命㊻，豈徒㊼免危亡，富貴可圖也，諸公以為何如？」兵馬使趙垂棘立於眾首，良久，對曰：「如此[1]事果濟㊽否？」悟應聲罵曰：「汝與司空合謀邪！」立㊾斬之。徧問其次，有遲疑未言者，悉斬之，并斬軍中素㊿為眾所惡者，凡三十餘，尸(51)於帳前。餘皆股栗(52)，曰：「惟都頭命，願盡死！」

乃令士卒曰：「入鄆，人賞錢百緡(53)，惟不得近軍帑(54)。其使宅(55)及逆黨家財，任自掠取，有仇者報之。」使士卒[2]皆飽食執兵，夜半聽鼓(56)三聲絕即行，人銜枚，馬縛口，遇行人，執留之(57)，人無知者。距城數里，天未明，悟駐軍，使聽城上柝(58)聲絕，使十人前行，宣言「劉都頭奉帖追入城。」門者請俟寫簡(59)白使，十人拔刃擬(60)之，皆竄匿(61)。悟引大軍繼至，城中譟譁動地。比(62)至，子城(63)已洞開，惟牙城(64)拒守，尋(65)縱火斧其門(66)而入。牙(67)中兵不過數百，始猶有發弓矢者，俄(68)知力不支(69)，皆投於地(70)。

悟勒兵升聽事(71)，使捕索師道。師道與二子伏廁牀(72)下，索得之。悟命置牙門外隙地(73)，使人謂曰：「悟奉密詔送司空歸闕(74)，然司空亦何顏復見天子！」師道猶有幸生(75)之意，其子弘方仰曰：「事已至此，速死為幸！」尋皆斬之。自卯至午(76)，悟乃命兩都虞候(77)巡坊市(78)，禁掠者，即時皆定。大集兵民於毬(79)場，親乘馬巡繞慰安之。斬贊(80)師道逆謀者二十餘家，文武將吏且懼且喜，皆入賀[3]。悟見李公度(81)，執手歔欷(82)。出賈直言(83)於獄，置之幕府。

【章旨】以上為第一段，寫官軍壓境，平盧都知兵馬使劉悟火併李師道，割據六十年的平盧被平定。

【注釋】❶李聽　（？—西元八三九年）字正思，洮州臨潭（今甘肅臨潭）人，名將李晟之子，官拜太子少保。傳見《舊唐書》卷一百三十三、《新唐書》卷一百五十四。❷海州　州名，治所朐山，在今江蘇連雲港市西南。❸東海　縣名，縣治在今江蘇連雲港市東南。❹朐山　縣名，縣治即今江蘇連雲港市南。❺懷仁　縣名，屬海州，縣治在今江蘇贛榆西北。❻李愬　（西元七七八—八三九年）字元直，李聽兄。平定淮西叛亂，生擒吳元濟。官至昭義、魏博等節度使，封涼國公。傳見《舊唐書》卷一百三十三、《新唐書》卷一百五十四。❼平盧兵　指李師道軍隊。❽沂州　州名，治所臨沂，在今山東臨沂。❾丞縣　縣名，縣治在今山東蒼山縣西南。❿李師道　（？—西元八二〇年）李納之子，李師古之弟。李納父李正己割據平盧淄青等十二州，歷李納、李師古、李師道三世四任節度使達六十餘年，至師道而滅。李氏三代同傳，見《舊唐書》卷一百二十四、《新唐書》卷二百十三。⓫鄆州　州名，治所須昌，在今山東東平西北。⓬兵馬使　官名，藩鎮自置之統兵官。其權尤重者稱都知兵馬使。⓭劉悟　懷州武陟（今河南武陟）人，劉正臣之孫，劉全諒之子。官至義成節度使。傳見《舊唐書》卷一百六十一、《新唐書》卷二百十四。劉正臣，玄宗時任平盧節度使。劉全諒，德宗時為宣武節度使。父子同傳，見《舊唐書》卷一百四十五、《新唐書》卷一百五十二。⓮陽穀　縣名，縣治在今山東陽穀東北。⓯田弘正　（西元七六三—八二一年）字安道，平州盧龍（今河北盧龍）人，官至魏博節度使。曾參與平定吳元濟、李師道等叛亂。傳見《舊唐書》卷一百四十二、《新唐書》卷一百四十八。⓰修　整飭；整頓。⓱他志　其他意圖；異心。⓲爪牙　爪和牙，是鳥獸攻擊和防禦的武器。引申指武將。⓳旬日　十日。⓴署　暫任。㉑從諫　劉從諫，劉悟之子。悟死，繼任昭義節度使。文宗太和初，封沛國公。武宗立，兼太子太師。傳見《舊唐書》卷一百六十一、《新唐書》卷二百十四。㉒門下別奏　官名，署於衙門之下，俟別奏補官，故名。㉓師道諸奴　李師道左右親隨僕從。㉔密疏　祕密地記錄。㉕丙辰　二月初八日。㉖潛　暗中。㉗齎帖　攜帶書信。齎，攜帶。帖，主帥給部將下達的手諭。㉘勒　強迫；勒令。㉙權領　暫且統領。㉚張幕　設置帳幕。㉛陽　同「佯」。假裝。㉜使府　此指李師道之府。㉝白之　報告劉悟。㉞司空　官名，三公之一。唐之三公，不置府，不署事，多為加官，只是榮銜。李師道於元和十一年（西元八一六年）拜檢校司空，故稱之。㉟存問　慰問。㊱都頭　軍中對直屬統兵官之泛稱，亦稱都將。此指劉悟。㊲傳語　使者傳達李師道之言語。㊳屏人　使左右之人退避。㊴向暮　將近黃昏。㊵按轡徐行　勒緊馬韁繩，緩緩行進。㊶嚴兵　加強警衛。㊷日蹙　日漸緊迫。㊸吾曹　我輩；我等。㊹族滅　滅族。古代酷刑之一。㊺卷旗束甲　捲起戰旗，捆起鎧甲。即放下武器，不再對抗。㊻奉行天子之命　謂執行天子命令誅李師道。㊼徒　僅；只。㊽濟成功。㊾立　立刻。㊿素　平時。(51)尸　擺列。(52)股栗　兩腿發抖。(53)緡　量詞，一千錢為一緡。(54)不得近軍帑　士兵不得接近軍資府庫。帑，庫金。(55)使宅　指節度使李師道住宅。(56)鼓　謂擊鼓報更。鼓三聲，即三更。(57)執留之　拘留行人，以防止走漏風聲。(58)柝　巡夜報更所擊之木梆。(59)簡　書簡。(60)擬　作擊殺的樣子。(61)竄匿　逃走藏伏。(62)比　及。(63)子城　內城。(64)牙城　內城中之城，即第三重城。直接護衛節度使衙門及住宅的城。(65)尋　旋即。(66)斧其門　以斧破其門。(67)牙　指牙城。(68)俄　霎時；頃刻間。(69)不支　不敵。(70)皆投於地　皆投兵於地，即放下武器。(71)聽事　廳堂。聽，同「廳」。(72)廡

牀　廁所。73隙地　空地。74闕　宮闕，指代朝廷。75幸生　僥倖生存。76自卯至午　從早晨五時至午後一時。77都虞候　官名，唐代為軍中執法主官。78坊市　城中集貿街市。79毬　「球」的異體字。80贊　助。81李公度　李師道幕僚，曾勸師道歸順朝廷。82歔欷　抽噎聲。83賈直言　（?－西元八三五年）李師道幕僚，屢諫師道歸順朝廷，被囚。後為劉悟行軍司馬。傳見《舊唐書》卷一百八十七下、《新唐書》卷一百九十。

【校　記】1如此　原無此二字。據章鈺校，十二行本、乙十一行本、孔天胤本皆有此二字，張敦仁《通鑑刊本識誤》同，今據補。2卒　原無此字。據章鈺校，十二行本、乙十一行本皆有此字，今據補。3皆入賀　原無此三字。據章鈺校，十二行本、乙十一行本、孔天胤本皆有此三字，張敦仁《通鑑刊本識誤》同，今據補。

【語　譯】憲宗昭文章武大聖至神孝皇帝下

元和十四年（己亥　西元八一九年）

二月，李聽襲擊海州，攻佔了東海、朐山、懷仁等縣。○李愬在沂州打敗平盧兵，攻克丞縣。

李師道聽說官軍漸漸逼近，調發民眾修治鄆州城池，婦人也要服役，民眾更加懼怕而又怨恨。

都知兵馬使劉悟，是劉正臣的孫子，李師道命他帶領兵士萬餘人駐紮在陽穀以抵抗官軍。劉悟盡量採取寬惠的措施，使士卒都比較自由，軍中稱他為劉父。等到田弘正軍渡過黃河，劉悟的軍隊尚未做防備，交戰又多次失敗。有人對李師道說：「劉悟不整頓軍隊的法紀，專門收買人心，恐怕有其他意圖，應當及早處置他。」李師道召劉悟來討論軍事，想殺掉他。有人勸阻李師道說：「今官軍四面包圍過來，劉悟沒有叛逆情況，聽信一個人的話就把他殺死，各將領誰肯為你賣力！這是你自己拋棄了得力助手。」李師道留劉悟住了十天，又打發他回營去，贈給他很多金帛財物以使他安心。劉悟知道李師道的圖謀，回到軍營，暗地裡作了防備。李師道因劉悟將兵在外，暫任劉悟的兒子劉從諫為門下別奏。劉從諫和李師道手下的奴僕們時常在一起玩耍，得知李師道的陰謀，祕密地記錄下來告訴了父親。

又有人對李師道說：「劉悟始終是禍患，不如趁早殺了他。」二月初八日丙辰，李師道暗地派遣兩名使者攜帶書信送給行營兵馬副使張暹，命令他砍下劉悟首級獻上，勒令張暹暫時兼任行營長官。當時劉悟正在離營地二三里的高丘上設置帳幕，舉行酒宴。兩名使者到軍營，祕密地將文帖交給張暹。張暹素來和劉悟很要好，假意與使者商量說：「劉悟從節度使府回來後，多有防備，不可急忙行事，請讓我先去報告他，說『司空派人來慰問將士，並有賞賜物品，請都頭馬上回去，一同聽取傳達上司的話。』這樣，劉悟就不致懷疑，才可以謀取。」使者同意這樣做。張暹懷揣書信跑到劉悟那裡，避開旁人把書信給劉悟看。劉悟暗地派人先把兩名使者抓起來，殺掉了。

當時已近黃昏，劉悟控轡慢行回到軍營，坐在帳下，設置森嚴的警衛，召集諸將，嚴厲地對他們說：「劉悟與你們不顧死亡抵抗官軍，實在沒有對不起司空的地方。現在司空聽信讒言，來取我的頭。我死了，其次就是你們了！再說天子所要誅殺的只有司空一人，現在軍事形勢一天天危急，我們為什麼要跟隨他滅族！我想與你們放下武器，回到鄆州，奉行天子的命令，豈只是避免危亡，還能夠得到富貴，你們認為怎麼樣？」兵馬使趙垂棘站在眾人前頭，過了很久，回答說：「這樣做事情果能成功嗎？」劉悟應聲罵道：「你與司空合謀是不是！」立即殺了趙垂棘。遍問其餘的人，一些遲疑沒有表態的，都被殺，並殺了那些在軍隊中平時為眾人討厭的人，一共三十多個，把屍體擺在軍帳前。其餘的人嚇得兩腿發抖，說：「只要是都頭的命令，願盡死力！」

劉悟於是命令士卒說：「進入鄆城，每人賞錢一百串，只是不得接近軍資府庫。節度使的住宅和叛逆者的家財，隨各人掠取，有仇人的可以報仇。」讓士兵吃飽飯帶上武器，半夜聽到擊鼓三聲就出發。士兵口銜著枚，戰馬縛著嘴，遇上過路的人，就扣留起來，外人沒有知道部隊行動的。離鄆州城數里，天尚未明，劉悟停止了進軍，派人打聽到城上巡夜的梆聲停了，就派十人打前站，宣稱「劉都頭奉文帖趕入城。」守門的人要求等候書簡報告節度使，十人抽出刀比劃著作出要殺人的樣子，守門人都逃走躲藏了起來。劉悟帶領大軍接著到來，城裡鼓噪喧譁之聲震動天地。大軍到達時，子城已大開，只有牙城有人防守抵抗，不久便放火劈開城門攻進城去。牙城中士兵不過數百人，開始還有射箭的，一會兒知道力量不能支持，都放下了武器。

劉悟帶兵登上廳堂，派人搜捕李師道。李師道和他的兩個兒子躲在廁所，搜索到了他們。劉悟命令把他們放在牙門外空地上，派人對李師道說：「劉悟奉密詔送司空回朝廷，然而司空又有什麼臉面見天子呢！」李師道還有僥倖活命的想法，他的兒子李弘方抬頭說：「事情已到了這一步，只希望快點死！」不久把他們都殺了。從早晨五時到午後一時，劉悟派了兩個都虞候巡視街坊市場，禁止搶掠，隨即城中秩序都穩定了。劉悟把兵民都集中在毬場，親自乘馬巡繞，慰問安撫他們。把二十多家幫助李師道謀反的人都殺了，文武將吏既懼怕又高興，都進來祝賀。劉悟會見李公度，握手抽噎。從獄中放出了賈直言，安置他在幕府任職。

悟之自陽穀還兵趨鄆也，潛使人以其謀告田弘正曰[1]：「事成❶，當舉烽相白，萬一城中有備不能入，願公引兵為助。功成之日，皆歸於公，悟何敢有之。」且使弘正進據己營。弘正見烽，知得城，遣使往賀。悟函❷師道父子三首，遣使送弘正營。弘正大喜，露布以聞❸。淄、青等十二州❹皆平。

弘正初得師道首，疑其非真，召夏侯澄❺使識之。澄熟視其面，長號隕絕❻者久之，乃抱其首，舐其目中塵垢，復慟哭❼。弘正為之改容❽，義而不責。

壬戌❾，田弘正捷奏至。乙丑❿，命戶部侍郎⓫楊於陵⓬為淄青宣撫使⓭。己巳⓮，李師道首函至。自廣德⓯以來，垂⓰六十年，藩鎮跋扈⓱河南、北三十餘州，自除⓲官吏，不供貢賦，至是盡遵朝廷約束。

上命楊於陵分李師道地。於陵按圖籍⓳，視土地遠邇，計士馬眾寡，校倉庫虛實，分為三道⑳，使之適均㉑。以鄆、曹、濮㉒為一道，淄、青、齊、登、萊㉓為一道，兗、海、沂、密㉔為一道。上從之。

劉悟以初討李師道詔云：「部將有能殺師道以眾降者，師道官爵悉以與之。」意謂盡得十二州之地，遂補署文武將佐，更易州縣長吏㉕，謂其下曰：「軍府之政，一切循舊。自今但與諸公抱子弄孫，夫復何憂！」

上欲移悟它鎮，恐悟不受代，復須用兵，密詔田弘正察之。弘正日遣使者詣悟，託言修好㉖，實觀其所為。悟多力，好手搏㉗，得鄆州三日，則教軍中壯士手搏，與魏博使者庭觀之。自搖肩攘臂㉘，離坐㉙以助其勢。弘正聞之，笑曰：「是聞除改㉚，登㉛即行矣，何能為哉！」庚午㉜，以悟為義成㉝節度使㉞。悟聞制㉟下，手足失墜㊱，明日，遂行。弘正已將數道，比至城西二里[2]，與悟相見於客亭㊲，即受旌節，馳詣滑州，辟㊳李公度、李存、郭昈、賈直言以自隨。

悟素與李文會㊴善，既得鄆州，使召之，未至。聞將移鎮，昈、存謀曰：「文會佞人，敗亂淄青一道，滅李司空之族，萬人所共讎㊵也。不乘此際誅之，田相公㊶至，務施寬大，將何以雪三齊㊷之憤怨乎！」乃許為悟帖，遣使即㊸文會所至，取其首以來。使者遇文會於豐齊驛㊹，斬之。比還，悟及昈、存已去，無所復命矣。文會二子，一亡去，一死於獄，家貲㊺悉為人所掠，田宅沒官。

【章旨】以上為第二段，寫唐憲宗徙置劉悟為義成節度使，是穩定平盧局勢最為妥善的善後措施。

【注釋】❶事成 事情成功。指以點燃烽火的方式，告訴田弘正事已成功。❷函 匣。用如動詞，以匣裝入。❸露布以聞 魏晉以來，將捷報懸於漆竿之上，使大眾知曉，稱露布。唐代將奏捷文書申報尚書省兵部而奏聞天子，謂露布以聞。❹淄青等十二州 即鄆、曹、濮、淄、青、齊、登、萊、兗、海、沂、密十二州。❺夏侯澄 原為李師道都知兵馬使，被俘，憲宗赦其罪，在田弘正行營供職。❻隕絕 倒地氣絕，即昏死、休克。❼慟哭 大聲悲號痛哭。❽改容 臉色改變，表示敬重。❾壬戌 二月十四日。❿乙丑 二月十七日。⓫戶部侍郎 官名，戶部掌天下土地、民眾、錢穀、貢賦，其正副長官為戶部尚書、侍郎。⓬楊於陵 （西元七五二─八三〇年）字達夫，弘農（今河南靈寶北）人，官至吏部尚書，封弘農郡公。傳見《舊唐書》卷一百六十四、《新唐書》卷一百六十三。⓭宣撫使 官名，朝廷派往宣慰安撫戰亂或災區的官員稱為宣撫使。⓮己巳 二月二十一日。⓯廣德 唐代宗年號（西元七六三─七六四年）。⓰垂 將近。⓱跋扈 強橫霸道。⓲除 任命。⓳圖籍 指地圖。⓴分為三道 以鄆、曹、濮為一道，設節度使；以淄、青、齊、登、萊為一道，號淄青平盧節度使；以兗、海、沂、密為一道，設觀察使，後改為兗海節度使。㉑適均 恰當均勻；合理均衡。此指三道實力平衡。㉒曹濮 均州名。曹州，治所濟陰，在今山東定陶西。濮州，治所鄄城，在今山東鄄城北。㉓淄青齊登萊 皆州名。淄州，治所淄川，在今山東淄博。青州，治所益都，在今山東青州。齊州，治所歷城，在今山東濟南。登州，治所蓬萊，在今山東蓬萊。萊州，治所掖縣，在今山東萊州。㉔兗海沂密 皆州名。兗州，治所瑕丘，在今山東兗州。海州，治所朐山，在今江蘇連雲港市西南。沂州，治所臨沂，在今山東臨沂。密州，治所諸城，在今山東諸城。㉕長吏 指州縣主政長官。㉖修好 建立友好關係。㉗手搏 徒手格鬥。㉘攘臂 捋袖伸臂。㉙坐 同「座」。㉚除改 調除書改授別鎮。除，指除書，授官之詔書。㉛登 登時；立刻。㉜庚午 二月二十二日。㉝義成 方鎮名，唐德宗建中二年（西元七八一年）置鄭滑節度使，貞元元年（西元七八五年）改名義成軍。治所滑州，在今河南滑縣東。㉞節度使 官名，總攬軍民兩政之地方大員，轄境不等，少則二三州，多則十餘州。㉟制 皇帝的命令。命為制，令為詔。㊱手足失墜 受驚癱軟，手足無措。㊲客亭 驛亭，迎送使者及行人休息之所。㊳辟 徵聘。㊴李文會 原李師道判官，助其反叛，將士恨之，出為登州刺史。㊵讎 仇。㊶田相公 即田弘正。弘正檢校司徒、同平章事，故稱。㊷三齊　地區名，今山東，古為齊國，自項羽分齊為三，置三齊王田市、田都、田安，於是後世稱齊地為三齊。㊸即　就。㊹豐齊驛　驛亭名，在今山東禹城東北。㊺貲　同「資」。

【校　記】①曰　原無此字。據章鈺校，十二行本、乙十一行本、孔天胤本皆有此字，張瑛《通鑑校勘記》同，今據補。②弘正已將數道比至城西二里　據章鈺校，十二行本、乙十一行本皆作「弘正將數道，兵已至城西二里」。

【語　譯】劉悟在從陽穀回兵趕赴鄆州時，暗地派人把自己的行動計畫告訴田弘正說：「事情成功了，就舉烽煙告訴你，萬一城中有備不能入城，希望你引兵相助。功成的時候，皆歸功於你，劉悟哪敢佔有。」並且要田弘正進據自己的營地。弘正見烽煙，知已得鄆州城，派人前去祝賀。劉悟把李師道父子三人的頭用盒子盛著，派人送至田弘正軍營。弘正大喜，用露布的形式向朝廷報捷。淄、青等十二州都平定了。

田弘正剛收到李師道的頭，懷疑它不是真的，叫來夏侯澄讓他辨識。夏侯澄仔細看其臉面，放聲痛哭以致倒地休克了很久，於是抱著那個頭，舔去眼中塵垢，又痛哭起來。田弘正被其感動得動容，認為他很講情義而不加責備。

二月十四日壬戌，田弘正報捷的奏疏送到。十七日乙丑，任命戶部侍郎楊於陵為淄青宣撫使。二十一日己巳，裝著李師道人頭的盒子送到了。自從代宗廣德年間以來，將近六十年，藩鎮專橫跋扈黃河南、北三十餘州，他們自己任命官吏，不向朝廷交納賦稅，到這時才完全遵從朝廷管束。

憲宗命令楊於陵分劃李師道原來管轄的地盤。楊於陵按照地圖，察看土地的遠近，計算兵馬的多少，審核倉庫的盈虧，分為三道，讓各方面都合理均衡。以鄆、曹、濮三州為一道，淄、青、齊、登、萊五州為一道，兗、海、沂、密四州為一道。憲宗聽從了。

劉悟根據當初討伐李師道的詔書所說：「部將中有能殺死李師道並率領其兵眾投降朝廷的，李師道所任官爵就都授給他。」心裡以為盡得十二州之地，於是補充任命文武官吏，調換了州縣的長官，並對其部下說：「軍中和府衙的政務，一律依照舊例辦理。從現在起只管和大家抱子弄孫享清福，還憂慮什麼呢！」

憲宗想把劉悟調到其他藩鎮去，怕他不接受更代，又要打仗，就祕密詔令田弘正觀察劉悟。弘正經常派使者到劉悟那裡去，藉口搞好關係，實際上是觀察他的所作所為。劉悟力氣大，喜歡徒手搏鬥，攻佔鄆州才三天，就教軍隊中的壯士徒手搏鬥，他和魏博鎮使者在庭前觀看。自己也搖肩伸臂，離開座位去為他們助威。田弘正聽到這種情況，笑著說：「這是聽到詔授別官，馬上就會起行，還能做什麼啊！」二月二十二日庚午，任命劉悟為義成節度使。劉悟聽到憲宗調職的命令已下，手足無措，第二天，就出發上任。田弘正已經帶領幾道的兵馬，及至城西二里處，與劉悟在驛亭相見，劉悟當即接受了旌旗符節，奔赴滑州，同時徵聘李公度、李存、郭昈、賈直言跟隨自己赴任。

劉悟素來與李文會友好，得到鄆州後，派人去請他來，尚未到達。聽說劉悟要調到別鎮去，郭昈、李存商議說：「李文會是個奸巧之徒，他敗亂了淄青一道，使李司空被滅族，是大家共同仇恨的人。不乘這個機會殺掉他，田相公到了，務求政策寬大，那時如何洗雪三齊地方的憤怒呢！」於是假造劉悟的書信，派人到李文會所在地，取他的頭來回話。使者在豐齊驛遇到了李文會，把他殺了。等使者回到鄆州，劉悟和郭昈、李存已經離開了，沒有地方回命。文會的兩個兒子，一個逃走了，一個死在監獄中，家財都被人搶走，田地房屋被官府沒收。

詔以淄青行營副使張暹為戎州❶刺史❷。

癸酉❸，加田弘正檢校司徒❹、同平章事❺。

先是，李師道將敗數月，聞風動鳥飛，皆疑有變，禁鄆人親識宴聚及道路偶語❻，犯者有刑。弘正既入鄆，悉除苛禁，縱人遊樂，寒食❼七晝夜不禁行人。

或諫曰：「鄆人久為寇敵，今雖平，人心未安，不可不備。」弘正曰：「今為暴者既除，宜施以寬惠。若復為嚴察，是以桀⑧易桀也，庸何⑨愈⑩焉！」

先是，賊數遣人入關，截陵戟⑪，焚倉場，流矢飛書，以震駭京師，沮撓官軍。有司⑫督察甚嚴，潼關⑬吏至發人囊篋⑭以索之，然終不能絕。及田弘正入鄆，閱李師道簿書，有賞殺武元衡⑮人王士元等及賞潼關、蒲津⑯吏卒案⑰，乃知鄉者⑱皆吏卒受賂於賊，容其姦也。

裴度⑲纂述⑳蔡㉑、鄆用兵以來上之憂勤機略㉒，因侍宴獻之，請內印㉓出付史官。上曰：「如此，似出朕志，非所欲也。」弗許。

三月戊子㉔，以華州㉕刺史馬總㉖為鄆、曹、濮等州節度使。己丑㉗，以義成節度使薛平㉘為平盧㉙節度、淄・青・齊・登・萊等州觀察使㉚，以淄青四面行營供軍使㉛王遂㉜為沂、海、兗、密等州觀察使。

橫海㉝節度使烏重胤㉞奏：「河朔㉟藩鎮所以能旅拒㊱朝命六十餘年者，由諸州縣各置鎮將㊲領事，收刺史、縣令㊳之權，自作威福。鄉使㊴刺史各得行其職，則雖有奸雄如安、史㊵，必不能以一州獨反也。臣所領德、棣、景三州㊶，已舉牒㊷各還刺史職事，應在州兵並令刺史領之。」夏，四月丙寅㊸，詔諸道節度、都團練㊹、都防禦㊺、經略㊻等使所統支郡㊼兵馬，並令刺史領之。自至德㊽以來，節度使權重，所統諸州各置鎮兵，以大將主之，暴橫為患，故重胤論之。其後河北諸鎮，惟橫海最為順命，由重胤處之得宜故也。

辛未㊾，工部㊿侍郎、同平章事程异51薨。

【章旨】以上為第三段，寫唐憲宗調任節度使，削弱領兵權，加強中央對地方的控制。

【注釋】❶戎州　州名，治所僰道，在今四川宜賓。❷刺史　官名，唐武德元年（西元六一八年），改太守曰刺史，職同牧尹，成為州的行政長官。❸癸酉　二月二十五日。❹司徒　官名，三公之一，參議國事。加檢校，則非正職，而係加官。❺同平章事　官名，即同中書門下平章事。朝官加此銜，即為宰相。節度使加此銜，則為榮譽稱號。❻偶語　相對私語。❼寒食　節令名，清明前一日（一說二日）禁火冷食，故名。❽桀　名履癸，夏朝末代國君，以殘暴著稱。❾庸何　怎能。❿愈　超過。⓫截陵戟　指李師道派人「斷建陵門戟四十七枝」。事見本書卷二百三十九憲宗元和十年。⓬有司　主管官吏。⓭潼關　關名，在今陝西潼關縣北，陝、晉、豫三省要衝，歷來為軍事重地。⓮篋　小箱。⓯武元衡　（西元七五六－八一四年）字伯蒼，河南緱氏（今河南偃師東南）人，憲宗朝兩度入相。傳見《舊唐書》卷一百五十八、《新唐書》卷一百五十二。⓰蒲津　黃河渡口名，在今山西永濟，為陝、晉間交通要津，古來兵家必爭之地。⓱案　文案，亦稱案牘。⓲嚮者　先前。⓳裴度　（西元七六四－八三九年）字中立，河東聞喜（今山西聞喜）人，中唐時期著名宰相，佐憲宗削藩，收復淮西等藩鎮。傳見《舊唐書》卷一百七十、《新唐書》卷一百七十三。⓴纂述　編寫。㉑蔡　州名，治所汝陽，在今河南汝南縣。㉒憂勤機略　謂憲宗憂心勤勞於國事，在討平藩鎮叛亂中顯示了不平凡的機權謀略。㉓請內印　請求加蓋皇帝印鑑。㉔戊子　三月初十日。㉕華州　州名，治所鄭縣，在今陝西華縣。㉖馬總　（？－西元八二三年）字會元，扶風（今陝西鳳翔）人，官至戶部尚書。傳見《舊唐書》卷一百五十七、《新唐書》卷一百六十三。㉗己丑　三月十一日。㉘薛平　（西元七五二－八三二年）字坦塗，名將薛仁貴曾孫。歷任鄭滑、平盧、河中等節度使。傳見《新唐書》卷一百十一。㉙平盧　方鎮名，唐玄宗開元七年（西元七一九年）置，治所營州。肅宗上元二年（西元七六一年）移治青州，稱淄青平盧節度使。㉚觀察使　官名，掌一道諸州之政務。不設節度使地區，則以觀察使為最高長官。㉛供軍使　官名，亦稱糧料使，掌軍隊糧餉供應。㉜王遂　官至宣歙、沂海等觀察使。傳見《舊唐書》卷一百六十二、《新唐書》卷一百十六。㉝橫海　方鎮名，唐德宗貞元三年（西元七八七年）置，治所滄州，在今河北滄州東南。長期領有滄、德、景三州，故又稱滄景節度使。文宗太和五年（西元八三一年）號義昌軍。㉞烏重胤　（西元七六〇—八二七年）字保君，張掖（今甘肅張掖）人，歷任河陽、橫海、天平等節度使。傳見《舊唐書》卷一百六十一、《新唐書》卷一百七十一。㉟河朔　泛指黃河以北地區。㊱旅拒　聚眾抗拒。㊲鎮將　泛指職掌一方州縣守備之武官。㊳縣令　官名，一縣之行政長官。㊴攝使　假使。㊵安史　即安史之亂的禍首安祿山、史思明。二傳皆見《舊唐書》卷二百上、《新唐書》卷二百二十五。㊶德棣景三州　德州，治所安德，在今山東陵縣。棣州，治所厭次，在今山東惠民東南。景州，治所弓高，在今河北東光西北。㊷舉牒　行文。㊸丙寅　四月十九日。㊹都團練　即都團練使，官名，掌軍事，大者領十州，小者二、三州。㊺都防禦　官名，掌本區軍事，於大都要地置之。㊻經略　官名，掌邊州軍防。㊼支郡　邊郡。㊽至德　唐肅宗第一個年號（西元七五六—七五八年）。㊾辛未　四月二十四日。㊿工部　掌天下百工、屯田、山澤之政令，正副長官為工部尚書、侍郎。(51)程异　字師舉，京兆長安（今陝西西安）人，官至工部侍郎、同平章事、領鹽鐵轉運使。傳見《舊唐書》卷一百三十五、《新唐書》卷一百六十八。

【語譯】憲宗頒詔書任命淄青行營副使張暹為戎州刺史。

二月二十五日癸酉，加田弘正檢校司徒、同平章事。

此前，李師道將要失敗的前幾個月，聽到風動鳥飛，大家都疑慮將發生變亂，李師道於是禁止鄆州人親朋友好聚會，以及在大路上相對私語，違犯者要受刑罰。田弘正進駐鄆州後，把苛刻的禁令都廢除了，任人們盡情遊樂，寒食節期間七天七夜不禁止行人往來。有人諫阻說：「鄆州人長久與朝廷為敵，現在雖然平定了，人心尚未安定，不可不防備。」田弘正說：「現在暴虐的人已經除掉了，應當用寬惠的政策對待民眾。如果又是嚴厲察禁，便是用暴君更換暴君，怎能好過以前呢！」

先前，反叛者屢次派人入關，截斷建陵門戟，焚燒倉庫貨場，放暗箭及散布匿名書信，用來使京師震駭，阻撓官軍。有關部門嚴厲追查，守潼關的官吏甚至要打開過往人的口袋、箱子進行搜查，但始終不能杜絕。等到田弘正入鄆州，查看李師道的官署文書，其中有獎賞殺武元衡兇手王士元等和獎賞潼關、蒲津關吏卒的文案，這才知道過去官府吏卒是從叛賊那裡得到賄賂，因而容許殺人兇手得逞的。

裴度編纂了蔡州、鄆州用兵以來憲宗憂國勤政的機謀事略，乘侍宴的時機獻給憲宗，請求加蓋皇帝印鑑交給史館的官員。憲宗說：「這樣做，就好像是出於我的意圖，這不是我希望的。」憲宗沒有答應。

三月初十日戊子，以華州刺史馬總為鄆、曹、濮等州節度使。十一日己丑，以義成軍節度使薛平為平盧節度使兼淄、青、齊、登、萊等州觀察使，以淄青四面行營供軍使王遂為沂、海、兗、密等州觀察使。

橫海節度使烏重胤上奏：「河朔藩鎮能夠聚眾抗拒朝廷命令六十多年的原因，就在於諸州縣各置鎮將領事，奪走了刺史、縣令的權力，擅自作威作福。如果刺史都能行使其職權，那麼即使有像安祿山、史思明那樣的奸雄，必定不能憑藉一州之地獨自反叛。臣所領轄的德、棣、景三州，已行文把職權都還給刺史，屬於各州的州兵都讓刺史統領。」夏，四月十九日丙寅，憲宗下令各道節度使、都團練使、都防禦使、經略使等所統支郡兵馬，都歸刺史來統領。自從唐肅宗至德年間以來，節度使權力大，所統各州都設鎮兵，由大將來統領，暴虐專橫，成為禍患，所以烏重胤對此進行評述。從此以後黃河以北各鎮，只有橫海鎮最為服從朝廷命令，這是由於烏重胤處置得宜的緣故。

四月二十四日辛未，工部侍郎、同平章事程异去世。

裴度在相位，知無不言，皇甫鎛❶之黨陰擠之。丙子❷，詔度以門下侍郎❸、同平章事，充河東❹節度使。

皇甫鎛專以掊克❺取媚，人無敢言者，獨諫議大夫❻武儒衡❼上疏言之。鎛自訴於上，上曰：「卿以儒衡上疏，將報怨邪！」鎛乃不敢言。儒衡，元衡之從父弟⑧也。

史館修撰⑨李翺⑩上言，以為：「定禍亂⑪者，武功也，興太平者，文德也。今陛下既以武功定海內⑫，若遂革弊事，復高祖、太宗⑬舊制⑭；用忠正而不疑，屏邪佞而不邇⑮；改稅法⑯，不督錢而納布帛；絕進獻⑰，寬百姓租賦；厚邊兵，以制戎狄侵盜；數訪問待制官⑱，以通塞蔽：此六者⑲，政之根本，太平之所以興也。陛下既已能行其難⑳，若何不為其易乎！以陛下天資上聖，如不惑近習㉑容悅之辭，任骨鯁正直之士，與之興大化，可不勞而成也。若不以此為事，臣恐大功之後，逸欲㉒易生。進言者必曰：『天下既平矣，陛下可以高枕㉓自安逸。』如是，則太平未可期矣！」

秋，七月丁丑朔㉔，田弘正送殺武元衡賊王士元等十六人，詔使[1]內㉕京兆府㉖、御史臺㉗徧鞫之㉘，皆款服㉙。京兆尹崔元略㉚以元衡物色㉛詗之，則多異同。元略問其故，對曰：「恆、鄆㉜同謀遣客刺元衡，而士元等後期，聞恆㉝人事已成，遂竊以為己功，還報受賞耳。今自度為罪均，終不免死，故承之。」上亦不欲復辨正，悉殺之。

戊寅㉞，宣武㉟節度使韓弘㊱始入朝，上待之甚厚。弘獻馬三千，絹五千，雜繒三萬，金銀器千。而汴㊲之庫廄㊳尚有錢百餘萬緡，絹百餘萬匹，馬七千匹，糧三百萬斛㊴。

己丑㊵，羣臣上尊號曰元和聖文神武法天應道皇帝，赦天下。

【章旨】以上為第四段，寫李翺上奏唐憲宗修德政。唐憲宗進尊號，赦天下，慶成功。

【注釋】❶皇甫鎛　涇州臨涇（今甘肅鎮原）人，以聚斂為憲宗寵信，依附宦官，官至宰相。傳見《舊唐書》卷一百三十五、《新唐書》卷一百六十七。❷丙子　四月二十九日。❸門下侍郎　官名，門下省掌出納帝命，審查奏章，與中書省同掌朝政，其正副長官為侍中、侍郎。❹河東　方鎮名，唐玄宗開元十八年（西元七三〇年）置，駐節太原，在今山西太原。❺掊克　以苛稅搜刮民財。❻諫議大夫　官名，分左右，左隸門下省，右隸中書省，掌規諫過失，侍從顧問。❼武儒衡　字廷碩，中唐名臣，官至兵部侍郎。傳見《舊唐書》卷一百五十八、《新唐書》卷一百五十二。❽從父弟　叔伯兄弟，即堂弟。❾修撰　官名，貞觀三年（西元六〇九年）置史館於門下省，有修撰四人，掌修國史。❿李翺　字習之，長期任史職，進位諫議大夫、知制誥，終官山南東道節度使。有文名。傳見《舊唐書》卷一百六十、《新唐書》卷一百七十七。⓫定禍亂　平定禍亂。⓬定海內　平定全國。⓭高祖太宗　即唐開國二君，唐高祖李淵（西元六一八—六二六年在位）、唐太宗李世民（西元六二七—六四九年在位）。⓮舊制　主要指唐太宗貞觀之治中所施行的善政。⓯邇　接近。⓰改稅法　德宗時楊炎行兩稅法，下令民輸其土之所產而用錢納稅。後錢重物輕，民不堪命，故李翺上言，欲改變兩稅法，以布帛實物代錢納稅。⓱進獻　地方官於正賦之外加派的錢糧或貢物，輸納入宮，稱進獻，是唐代的一大弊政。⓲待制官　官名，輪值宮省，從備顧問。⓳此六者　即上文所疏陳的六政：循舊制，辨忠奸，改稅法，絕進獻，厚邊兵，諮詢諫。⓴行其難　指憲宗討平叛亂，辦了很難辦的事。㉑近習　君王左右親幸之人。㉒逸欲　安逸多欲。㉓高枕　典出《戰國策・魏策一》：「無楚韓之患，則大王高枕而臥，國必無憂矣。」㉔丁丑朔　七月初一日。㉕內　同「納」。交付。㉖京兆府　府名，治所設京師，在今陝西西安。長官為京兆尹。㉗御史臺　官署名，御史大夫及其屬員治事之所。㉘徧鞫之　一一審問王士元等十六人。㉙款服　誠心服罪。㉚崔元略（？—西元八三一年）博陵（今河北蠡縣南）人，歷官京兆尹、御史大夫、戶部尚書。傳見《舊唐書》卷一百六十三、《新唐書》卷一百六十。㉛物色　形貌。㉜恆鄆　指代成德節度使王承宗、平盧淄青節度使李師道。㉝恆　州名，治所真定，在今河北正定。㉞戊寅　七月初二日。㉟宣武　方鎮名，唐德宗建中二年（西元七八一年）置，亦稱汴宋節度使，治所汴州，在今河南開封。㊱韓弘　（西元七六四—八二二年）滑州匡城（今河南睢縣）人，原為宣武節度使，李師道被誅，弘懼，請入朝，拜司徒、中書令。傳見《舊唐書》卷一百五十六、《新唐書》卷一百五十八。㊲汴　州名，治所浚儀，在今河南開封。㊳廄　馬圈。㊴斛　容量單位，十斗為一斛。㊵己丑　七月十三日。

【校　記】①使　據章鈺校，十二行本、乙十一行本、孔天胤本皆作「仗」，熊羅宿《胡刻資治通鑑校字記》同。

【語　譯】裴度擔任宰相時，知無不言，皇甫鎛那一派人暗地排擠他。四月二十九日丙子，詔命裴度以門下侍郎、同平章事的官銜擔任河東節度使。

皇甫鎛專門用苛刻的手段搜刮民財來討好憲宗，大臣中沒有敢說話的，只有諫議大夫武儒衡上疏敢說他。皇甫鎛親自向憲宗進行辯解，憲宗說：「你因為武儒衡上疏告了狀，要對他進行報復嗎！」皇甫鎛於是不敢說話了。武儒衡，是武元衡的堂弟。

史館修撰李翺向憲宗上奏疏，認為：「平定禍亂，是武功，使國家長治久安，是禮樂教化等德政。今皇上既然用武功平定了海內，應進而革除弊政，恢復高祖、太宗的舊制；任用忠良正直的臣子而不猜疑，摒棄奸邪狡詐的臣子而不與他們接近；改變徵稅辦法，不只計錢而應收布帛實物；禁止額外進獻，放寬百姓的租賦；增強邊疆兵力，以防止外族的侵盜；多去諮詢備顧問的待制官，以打通對下情的閉塞；這六個方面，是為政的根本，國家的長治久安就靠它。皇上既然辦了難辦的事，為什麼不去做容易的事呢！憑著皇上天生的才智，如若不被身邊那些親幸之人的逢迎阿諛之辭所迷惑，任用骨鯁之臣、正直之士，和他們一起推行長治久安的治國之道，不要花很大的力量就可以取得成功。假如不這麼做，臣恐怕在大功之後，安逸多欲的願望就容易滋生。那些向皇上進言的人一定會說：『天下既已太平，皇上可以高枕無憂自享安樂了。』如果這樣，那麼國家長治久安就難以實現了！」

秋，七月初一日丁丑，田弘正押送殺害武元衡的兇手王士元等十六人到京師，憲宗下詔交付京兆府和御史臺一一審問，全都誠心服罪。京兆尹崔元略拿武元衡的形貌體徵詢問他們，各人說的多不一樣。崔元略追問原因，犯人回答說：「恆、鄆兩鎮同謀派刺客殺武元衡，而王士元等未按時趕到，聽說恆州人已行刺成功，就假說是自己的功勞，好回話受賞賜。如今我們考慮所犯罪過是一樣的，終究免不了一死，所以就承認了殺武元衡之罪。」憲宗也不想再辨別清楚，就把他們全都殺了。

七月初二日戊寅，宣武節度使韓弘第一次朝見天子，憲宗對待他非常優厚。韓弘獻上馬三千匹，絹五千匹，雜繒三萬匹，金銀器一千件。而汴州的倉庫和馬廄裡尚有錢百萬緡，絹百餘萬匹，馬七千匹，糧食三百萬斛。

七月十三日己丑，群臣給憲宗獻上尊號，稱為「元和聖文神武法天應道皇帝」，大赦天下。

沂、海、兗[1]、密觀察使王遂本錢穀吏，性狷急❶，無遠識。時軍府草創❷，人情未安，遂專以嚴酷為治。所用杖❸絕大於常行者，每詈❹將卒，輒曰「反虜」，又盛夏役士卒❺營府舍❻，督責峻急，將卒憤怨。

辛卯❼，役卒王弁與其徒四人浴於沂水❽，密謀作亂，曰：「今服役觸罪亦死，奮命❾立事❿亦死，死於立事，不猶愈乎！明日，常侍⓫與監軍⓬、副使⓭有宴，軍將皆在告⓮，直兵⓯多休息，吾屬乘此際⓰出其不意取之，可以萬全。」四人皆以為然，約事成推弁為留後⓱。

壬辰⑱，遂方宴飲，日過中，弁等五人突入，於直房⑲前取弓刀，徑前⑳射副使張敦實，殺之。遂與監軍狼狽起走，弁執遂，數之以盛暑興役，用刑刻暴，立斬之。傳聲㉑勿驚監軍。弁即自稱留後，升廳號令，與監軍抗禮㉒。召集將吏參賀，眾莫敢不從。監軍具以狀聞㉓。

甲午㉔，韓弘又獻絹二十五萬匹，絁㉕三萬匹，銀器二百七十，左右軍㉖中尉㉗各獻錢萬緡。自淮西㉘用兵以來，度支㉙、鹽鐵㉚及四方爭進奉，謂之「助軍」；賊平又進奉，謂之「賀禮」；後又進奉，謂之「助賞」；上加尊號又進奉，亦謂之「賀禮」。

丁酉㉛，以河陽㉜節度使令狐楚㉝為中書侍郎㉞、同平章事。楚與皇甫鎛同年進士，故鎛引以為相。

朝廷聞沂州軍亂，甲辰㉟，以棣州刺史曹華㊱為沂、海、兗、密觀察使。

韓弘累表請留京師，八月己酉㊲，以弘守司徒，兼中書令。癸丑㊳，以吏部尚書㊴張弘靖㊵同平章事，充宣武節度使。弘靖，宰相子，少有令聞㊶，立朝簡默㊷。河東、宣武闕㊸帥，朝廷以其位望素重，使鎮之。弘靖承王鍔㊹聚斂之餘，韓弘嚴猛之後，兩鎮喜其廉謹寬大，故上下安之。

己未[45]，田弘正入朝，上待之尤厚。

戊辰[46]，陳許[47]節度使郗士美[48]薨，以庫部員外郎[49]李渤[50]為弔祭使[51]。渤上言：「臣過渭南[52]，聞長源鄉舊四百戶，今纔百餘戶，閿鄉縣[53]舊三千戶，今纔千戶，其他州縣大率[54]相似。迹其所以然，皆由以逃戶稅攤於比鄰[55]，致驅迫俱逃。此皆聚斂之臣剝下媚上，惟思竭澤，不慮無魚。乞降詔書，絕攤逃之弊，盡逃戶之產償稅，不足者乞免之。計不數年，人皆復於農矣。」執政見而惡之。渤遂謝病，歸東都[56]。

癸酉[57]，吐蕃[58]寇慶州[59]，營[60]於方渠[61]。

朝廷議興兵討王弁，恐青、鄆相扇[62]繼變，乃除弁開州[63]刺史，遣中使[64]賜以告身[65]。中使紿[66]之曰：「開州計已有人迎候道路，留後宜速發。」弁即日發沂州，導從尚百餘人。入徐州[67]境，所在減之，其眾亦稍逃散。遂加以杻械[68]，乘驢入關[69]。九月戊寅[70]，腰斬東市。

先是，三分鄆兵以隸三鎮，及王遂死，朝廷以為師道餘黨凶態未除，命曹華引棣州兵赴鎮以討之。沂州將士迎候者，華皆以好言撫之，使先入城，慰安其餘，眾皆不疑。華視事三日，大饗[71]將士，伏甲士千人於幕下，乃集眾而諭之曰：「天子以鄆人有遷徙之勞，特加優給，宜令鄆人處右，沂人處左[2]。」既定，令沂人皆出，因闔[72]門，謂鄆人曰：「王常侍以天子之命為帥於此，將士何得輒害之！」語未畢，伏者出，圍而殺之，死者千二百人，無一得脫者。門屏間赤霧高丈餘，久之方散。

臣光曰：「春秋書『楚子虔誘蔡侯般殺之于申』[73]。彼列國也，孔子猶深貶之，惡其誘討也，況為天子而誘匹夫乎！

「王遂以聚斂之才，殿[74]新造之邦，用苛虐致亂。王弁庸夫，乘釁[75]竊發，苟沂帥得人，戮之易於犬豕耳，何必以天子詔書為誘人之餌乎！且作亂者五人耳，乃使曹華設詐屠千餘人，不亦濫乎！然則自今士卒孰不猜其將帥，將帥何以令其士卒！上下盻盻[76]，如寇讎聚處，得間[77]則更相魚肉[78]，惟先發者為雄耳，禍亂何時而弭[79]哉！

「惜夫！憲宗削平僭[80]亂，幾致升[3]平，其美業所以不終，由苟徇[81]近功不敦[82]大信故也。」

【章旨】以上為第五段，寫唐憲宗討除兗、海、沂、密王弁之亂，使用詐討濫殺無辜，受到司馬光的嚴厲批評。

【注　釋】❶狷急　急躁。❷時軍府草創　是年三月，始分四州置觀察使。草創，初創。❸杖　刑杖。唐制：凡杖皆長三尺五寸，削去節目。常行杖，大頭二分七釐，小頭一分七釐。❹詈　斥罵。❺役士卒　役使士卒，讓士兵從事勞役。❻營府舍　修建府舍。❼辛卯　七月十五日。❽沂水　水名，今名沂河，流經沂州州治臨沂。❾奮命　拼命。❿立事　舉大事。指刺殺王遂，奪取觀察使之位。⓫常侍　即王遂。遂為檢校左散騎常侍、兼御史大夫。後出為沂、海、兗等州觀察使，為亂兵王弁所殺。傳見《舊唐書》卷一百六十二、《新唐書》卷一百十六。⓬監軍　官名，唐中期以宦官為之，稱監軍使。掌監督軍事，稽核功罪。⓭副使　謂觀察副使。⓮在告　在休假中。⓯直兵　值衛之兵。直，同「值」。⓰乘此際　趁這個機會。⓱留後　官名，唐中世以後，節度使自擇繼承人，或父死子繼，留主後務，稱留後。事後多由朝廷補任為節度使。⓲壬辰　七月十六日。⓳直房　值衛士兵所宿之室。直，同「值」。⓴徑前　直接向前。㉑傳聲　傳語，向軍中下達命令，相互轉告。㉒抗禮　平禮。㉓具以狀聞　將亂軍情況一一呈報朝廷。㉔甲午　七月十八日。㉕絁　粗帛。㉖左右軍　即左右神策軍，為禁軍中之主力部隊。㉗中尉　官名，即護軍中尉，以宦者為之，統領神策軍。㉘淮西　方鎮名，淮南西道的簡稱。唐肅宗至德元年（西元七五六年）置。治所屢有變遷，大曆十四年（西元七七九年）定治蔡州，在今河南汝南縣。元和十三年（西元八一七年）廢。㉙度支　官名，即度支使，掌財政收支。㉚鹽鐵　官名，即鹽鐵使，掌鹽鐵專賣及其稅收。㉛丁酉　七月二十一日。㉜河陽　方鎮名，唐德宗建中二年（西元七八一年）置。駐節孟州，在今河南孟州。㉝令狐楚　（西元七六五—八三七年）字殼士，京兆華原（今陝西耀州東南）人，憲宗時宰相，文宗時任尚書左僕射。傳見《舊唐書》卷一百七十二、《新唐書》卷一百六十六。㉞中書侍郎　官名，中書省掌軍國之政令，其長官為中書令，中書侍郎為之副。㉟甲辰　七月二十八日。㊱曹華　（西元七五四—八二三年）宋州楚丘（今山東曹縣）人，歷任憲、穆二朝觀察、節度等使。傳見《舊唐書》卷一百六十二、《新唐書》卷一百七十一。㊲己酉　八月初三日。㊳癸丑　八月初七日。㊴吏部尚書　官名，吏部掌官吏選拔、勳封、考績等事，其長官為吏部尚書。㊵張弘靖　（西元七五九—八二四年）字元理，德宗時宰相張延賞之子。官至盧龍節度使。傳見《舊唐書》卷一百二十九、《新唐書》卷一百二十七。㊶令聞　好名聲。㊷立朝簡默　在朝中為官沉靜少言。㊸闕　同「缺」。㊹王鍔　（西元七三九—八一五年）字昆吾，官至河東節度使。傳見《舊唐書》卷一百五十一、《新唐書》卷一百七十。㊺己未　八月十三日。㊻戊辰　八月二十二日。㊼陳許　方鎮名，唐德宗貞元三年（西元七八七年）置，治所許州，在今河南許昌。㊽郗士美　（西元七五五—八一九年）字和夫，官至忠武節度使。傳見《舊唐書》卷一百五十七、《新唐書》卷一百四十三。㊾庫部員外郎　官名，庫部為兵部四司之一，掌戎器、儀仗，長官為郎中，員外郎為之副。㊿李渤　（西元七七二—八三一年）官至桂管觀察使。傳見《舊唐書》卷一百七十一、《新唐書》卷一百十八。(51)弔祭使　朝廷派遣弔喪之專使。(52)渭南縣名，縣治在今陜西渭南市。(53)閿鄉縣　縣名，縣治在今河南靈寶。(54)大率　大抵；大略。(55)比鄰　近鄰。(56)東都　唐以洛陽為東都。(57)癸酉　八月二十七日。(58)吐蕃　藏族政權名，本為西羌屬，唐初建立吐蕃國，定都邏些，即今西藏拉薩。(59)慶州　州名，治所安化，在今甘肅慶陽。(60)營　駐紮。(61)方渠　縣名，縣治在今甘肅環縣。(62)扇　同「煽」。煽動。(63)開州州名，治所開江，在今四川開江縣。(64)中使　宮中派出的使者，執行皇帝的使命，以宦官為之。(65)告身　委任官職的證書。(66)紿　欺騙。(67)徐州　州名，治所彭城，在今江蘇徐州。(68)杻械　刑具，即手銬腳鐐。(69)關　指潼關。(70)戊寅　九月初三日。(71)饗　以酒食款待。(72)闔　關閉。(73)春秋書楚子虔誘蔡侯般殺之于申　事詳《春秋》及三傳魯昭公十一年。楚子虔，即楚靈王，名虔。蔡侯般，即蔡靈侯，名般，殺父而自立。楚靈王設詐謀，召蔡靈侯於申會盟而殺之，故孔子書其事，直稱其名曰「虔」，貶斥之為「誘」殺。《公羊傳》曰：「懷惡而討不義，君子不予也。」故下文云：「孔子猶深貶之，惡其誘討也。」申，西周時諸侯國名，時為楚所併。(74)殿　鎮撫。(75)乘釁　鑽空子。釁，縫隙；裂痕。(76)盻盻　冷眼敵視，形容互相仇恨的樣子。(77)得間　得到機會。(78)更相魚肉　互相以對方為魚肉，互相吞噬。(79)弭　消除；停止。(80)僭　超越名分。(81)徇　貪求。(82)敦　厚；篤信。

【校　記】[1]沂海兗　原作「兗海沂」。據章鈺校，十二行本、乙十一行本皆作「沂海兗」，張敦仁《通鑑刊本識誤》、張瑛《通鑑校勘記》同，今據改。按，下文亦云「沂海兗」。[2]鄆人處右沂人處左　原作「鄆人處左沂人處右」。據章鈺校，十二行本、乙十一行本、孔天胤本皆作「鄆人處右沂人處左」，今據改。按，「鄆人有遷徙之勞，特加優給」，故當處右，右為上。[3]升　據章鈺校，十二行本、乙十一行本皆作「治」。

【語　譯】沂、海、兗、密四州觀察使王遂本來是管錢穀的小官吏，性情急躁，沒有遠見。當時軍府剛剛建立，人情未安，於是王遂專門使用嚴酷的手段進行治理。他用的刑杖比一般的刑杖大得多，每次責罵將卒，就稱「反虜」，又在盛夏役使士卒修造府舍，監督催促十分嚴厲急迫，將卒憤恨。

七月十五日辛卯，服役的兵士王弁和他的同夥四人在沂水洗澡，密謀作亂，王弁說：「現在服勞役得罪是死，拚命舉事也是死，為建立事業而死，不是還好一些嗎！明天，觀察使和監軍、副使有宴會，軍中將領都在休假，值衛的士兵多半在休息，我們乘這個機會出其不意奪取軍政大權，是完全可以成功的。」四人都認為分析得對，約定事情成功後推舉王弁為節度使留後。

七月十六日壬辰，王遂正在宴會上飲酒，剛過中午，王弁等五人突然衝進來，在值班室奪取弓箭刀槍，逕直向前射副使張敦實，把他殺了。王遂與監軍狼狽起身逃跑，王弁抓住王遂，數落他在盛暑天大興土木，刑罰刻毒殘暴，立即殺了王遂。王弁傳話不要驚駭了監軍。他立即自稱留後，登上廳堂發布號令，與監軍分庭抗禮。召集將吏參見並祝賀，眾人沒有敢不聽從的。監軍把全部情況報告了朝廷。

七月十八日甲午，韓弘又獻上絹二十五萬匹，絁三萬匹，銀器二百七十件，左右軍中尉各獻錢一萬緡。自從對淮西鎮用兵以來，度支使、鹽鐵使和四方官員爭著進獻財物，叫做「助軍」；叛賊平定後又進奉，叫做「賀禮」；以後又進奉，叫做「助賞」；憲宗加尊號又進奉，也叫做「賀禮」。

七月二十一日丁酉，任命河陽節度使令狐楚為中書侍郎、同平章事。令狐楚與皇甫鎛是同年進士，所以皇甫鎛引薦他為宰相。

朝廷聽到沂州軍叛亂，七月二十八日甲辰，任命棣州刺史曹華為沂、海、兗、密四州觀察使。

韓弘接連上表請求留在京師，八月初三日己酉，任命韓弘守司徒，兼中書令。初七日癸丑，任命吏部尚書張弘靖同平章事，擔任宣武節度使。弘靖是宰相張延賞的兒子，年少時就有好名聲，在朝中為官沉靜少言。河東、宣武兩鎮缺統帥，朝廷認為他的地位威望一向就很高，便派他去鎮守。弘靖任職在前任河東王鍔專事聚斂，宣武韓弘法治嚴猛之後，兩鎮喜歡他廉謹寬大，所以上下相安無事。

八月十三日己未，田弘正入朝，憲宗待他很優厚。

八月二十二日戊辰，陳許節度使郗士美去世，憲宗任命庫部員外郎李渤為弔祭使。李渤上奏說：「臣經過渭南，聽說長源鄉舊時有四百戶人家，現在只有百餘戶了，閿鄉縣舊時有三千戶，現在只有一千戶了，其他州縣情況大略相似。追究其所以如此，都是由於把逃亡戶的賦稅分攤給了近鄰，以致迫使大家都逃走。這都是那些聚斂的臣子剝削小民獻媚上級，只想竭澤，不思無魚。我請求皇上頒下詔書，杜絕因攤派而引起民眾逃亡的弊病，只把逃戶所有的財產償還欠稅，不夠的部分請求免除。估計不到幾年，人們又都會回來務農了。」當權者看到李渤的奏疏很反感。李渤就假託有病辭職，回東都去了。

八月二十七日癸酉，吐蕃寇掠慶州，在方渠紮營。

朝廷討論起兵征討王弁，又怕青、鄆等州相互煽動相繼叛亂，於是任命王弁為開州刺史，派中使賜給他委任狀。中使欺騙他說：「開州估計已有人在路上迎接了，留後應該趕快出發。」王弁當天就從沂州出發，導引和隨從者尚有一百多人。進入徐州地界，導引人員漸減，隨從也漸漸逃散。於是他被套上腳鐐手銬，坐著驢子進入關中。九月初三日戊寅，王弁在東市被腰斬。

此前，把鄆州鎮兵分為三部分屬三鎮，等到王遂被殺，朝廷認為李師道餘黨兇惡的狀態並未改變，命令曹華帶領棣州兵赴鎮討伐他們。前來迎候的沂州將士，曹華都用好話安撫他們，讓他們先入城，以安慰其他的人，大家都沒有疑心。曹華履職的第三天，大張宴席以酒食款待將士，在幕下埋伏甲士千人，於是召集軍眾並告諭他們說：「天子認為鄆人有遷徙的辛勞，特別加以優待，應當使鄆人在右邊，沂人在左邊。」定位以後，令沂人都出去，隨即關上門，對鄆人說：「王常侍奉天子的命令在這裡任統帥，將士們哪能隨便殺害他！」話還未講完，埋伏的甲士都衝出來，圍住鄆人擊殺，死了一千二百人，沒有一個逃脫的。門屏之間赤色霧氣有一丈多高，很久才消散。

司馬光說：「《春秋》中記載『楚子虔把蔡侯般誘騙到申地殺了他』。那是國與國的事，孔子還深加貶斥，厭惡這種誘騙的手法，何況是天子而去誘騙平民呢！

「王遂憑著搜刮錢財的本領，鎮撫新建立的地方政府，由於苛刻暴虐而導致變亂。王弁是平庸之人，乘動亂之機起事，假若沂州統帥人選得當，殺掉王弁等比殺死豬狗還容易，何必要用天子的詔書作為誘餌呢！況且作亂的不過五個人而已，竟讓曹華設詐屠殺千餘人，不也過分了嗎！那麼從此以後，士卒誰不猜疑他們的將帥，將帥又如何去命令他的士卒！上下冷眼敵視，好像仇人聚在一起，得到機會就互相吞噬，只要是先動手的人，就成為霸主，禍亂什麼時候才能消除啊！

「可惜啊！憲宗平定僭偽叛亂，幾乎達到了天下太平，他美好的大業之所以未能圓滿完成，是由於貪求眼前的功利而不崇尚大信用的緣故。」

甲辰❶，以田弘正兼侍中，魏博❷節度使如故。弘正三表請留，上不許。弘正常恐一旦物故❸，魏人猶以故事❹繼襲，故兄弟子姪皆仕諸朝，上皆擢❺居顯列，朱紫❻盈庭，時人榮之。

乙巳❼，上問宰相：「玄宗之政，先理❽而後亂，何也？」崔羣對曰：「玄宗用姚崇、宋璟、盧懷慎、蘇頲、韓休、張九齡則理，用宇文融、李林甫、楊國忠則亂。故用人得失，所繫非輕。人皆以天寶十四年安祿山反為亂之始，臣獨以為開元二十四年罷張九齡相，專任李林甫，此理亂之所分也。願陛下以開元初為法，以天寶末為戒，乃社稷無疆❾之福。」皇甫鎛深恨之。

冬，十月壬戌❿，容管⓫奏安南⓬賊楊清陷都護府，殺都護李象古⓭及妻子、官屬、部曲千餘人。象古，道古⓮之兄也，以貪縱苛刻失眾心。清世為蠻酋，象古召為牙將，清鬱鬱不得志。象古命清將兵三千討黃洞蠻⓯，清因人心怨怒，引兵夜還，襲府城，陷之。

初，蠻賊黃少卿自貞元⓰以來數反覆，桂管⓱觀察使裴行立⓲、容管經略使陽旻⑲欲徼幸⑳立功，爭請討之，上從之。嶺南㉑節度使孔戣㉒屢諫曰：「此禽獸耳，但可自計利害，不足與論是非。」上不聽，大發江、湖兵會容、桂二管入討，士卒被瘴癘，死者不可勝計。安南乘之，遂殺都護。行立、旻竟無功，二管彫弊㉓，惟戣所部晏然㉔。

丙寅㉕，以唐州㉖刺史桂仲武為安南都護。赦楊清，以為瓊州㉗刺史。

是歲，吐蕃節度論三摩等將十五萬眾圍鹽州㉘，党項㉙亦發兵助之。刺史李文悅竭力拒守，凡二十七日，吐蕃不能克。靈武㉚牙將㉛史敬奉㉜[1]言於朔方㉝節度使杜叔良，請兵三千，齎三十日糧，深入吐蕃，以解鹽州之圍，叔良以二千五百人與之。敬奉行旬餘，無聲問，朔方人以為俱沒矣。無何，敬奉自它道㉞出吐蕃背。吐蕃大驚，潰去。敬奉奮擊，大破，不可勝計㉟。敬奉與鳳翔㊱將野詩良輔㊲、涇原㊳將郝玼㊴皆以勇著名於邊，吐蕃憚之。

【章旨】以上為第六段，寫南疆安南蠻夷反叛，西疆吐蕃犯邊。

【注釋】❶甲辰　九月二十九日。❷魏博　方鎮名，唐代宗廣德元年（西元七六三年）置。治所魏州，在今河北大名東北。❸物故　死亡。❹故事　成例；舊例。此指節度使傳子繼襲的舊例。❺擢　提升。❻朱紫　高級官員之代稱。唐制，三品以上衣紫，五品以上衣朱。❼乙巳　九月三十日。❽理　治。唐代避高宗李治諱，凡「治」字，改用「理」字。❾無疆　無邊；無限。❿壬戌　十月十七日。⓫容管　即容管經略使。治所北流，在今廣西北流。⓬安南　即安南都護府。唐高宗調露元年

（西元六七九年）置，治所宋平，在今越南河內。都護府長官為都護、副都護，掌邊防及行政。⑬李象古　（?—西元八一九年）唐宗室，歷官衡州刺史、安南都護。傳見《舊唐書》卷一百三十一、《新唐書》卷八十。⑭道古　李道古，憲宗時官至宗正卿、左金吾將軍。穆宗即位，貶循州司馬，兩《唐書》與李象古合傳。⑮黃洞蠻　即西原蠻，在今廣西南部及越南境內的古代少數民族。酋長黃姓，故稱黃洞蠻。西原蠻居西原州，州治在今廣西大新西北。⑯貞元　唐德宗第三個年號（西元七八五—八〇五年）。⑰桂管　即桂管經略使，或置觀察使，轄桂、柳等十五個邊州，在今廣西境。治所始安，在今廣西桂林。⑱裴行立　絳州稷山（今山西稷山縣）人，官至安南都護。傳見《新唐書》卷一百二十九。⑲陽旻　平州（今河北盧龍）人，官至容管經略使。傳見《新唐書》卷五十六。⑳徼幸　僥倖。徼，同「僥」。㉑嶺南　方鎮名，唐肅宗至德元載（西元七五六年）置，治所廣州，在今廣東廣州。直轄廣管，兼領桂、容、邕、安南四管。㉒孔戣　（西元七五一—八二四年）字君嚴，叔父孔巢父乃孔子三十七世孫。官至尚書左丞。傳見《舊唐書》卷一百五十四、《新唐書》卷一百六十三。㉓彫弊　衰敗。㉔晏然　安然。㉕丙寅　十月二十一日。㉖唐州　州名，治所比陽，在今河南泌陽。㉗瓊州　州名，治所瓊山，在今海南海口市瓊山區。㉘鹽州　州名，治所五原，在今陝西定邊。㉙党項　古族名，漢西羌別種，唐時居青海、甘肅、四川邊界。㉚靈武　郡名，治所回樂，在今寧夏靈武西南。㉛牙將　官名，為藩鎮親信武將。㉜史敬奉　為朔方軍牙將。傳見《舊唐書》卷一百五十二、《新唐書》卷一百七十。㉝朔方　方鎮名，唐玄宗開元九年（西元七二一年）置，駐節靈州，在今寧夏靈武西南。㉞它道　另道；別道。㉟不可勝計　指殺獲多得計算不過來。㊱鳳翔　府名，治所天興，在今陝西鳳翔。㊲野詩良輔　官至隴州刺史。事附兩《唐書・史敬奉傳》。㊳涇原　方鎮名，唐代宗大曆三年（西元七六八年）置，駐節涇州，在今甘肅涇川縣北。㊴郝玼　官至涇原行營節度使。傳見《舊唐書》卷一百五十二、《新唐書》卷一百七十。

【校　記】①史敬奉　原作「史奉敬」，下同。嚴衍《通鑑補》均改作「史敬奉」，與兩《唐書》合，今據一併校改。

【語　譯】九月二十九日甲辰，憲宗任命田弘正兼侍中，照舊擔任魏博節度使。田弘正三次上表請求留在京師，憲宗不同意。田弘正經常擔心一旦死去，魏鎮人還會以舊例推舉他的親屬繼任節度使，因此他讓兄弟子姪都在朝廷做官，憲宗把他們都提拔到顯要的職位上，家中穿紅帶紫的高官很多，當時的人都認為是榮耀。

九月三十日乙巳，憲宗問宰相：「玄宗時代的政事，開始天下太平，後來天下動亂，是什麼原因呢?」崔羣回答說：「玄宗任用姚崇、宋璟、盧懷慎、蘇頲、韓休、張九齡為宰相，天下太平，任用宇文融、李林甫、楊國忠為宰相，國家動亂。所以用人的得失，關係很重大。一般人都認為天寶十四載安祿山反叛是動亂的開始，臣獨認為開元二十四年罷免張九齡宰相職務，專任李林甫，這才是治亂的分水嶺。願陛下以開元初作榜樣，用天寶末為鑑戒，才是國家無邊的幸福。」皇甫鎛對崔羣的話深深地記恨在心。

冬，十月十七日壬戌，容管觀察使奏報說安南賊楊清攻陷都護府，殺了都護李象古和妻兒、官屬、部下士卒一千多人。李象古是李道古的兄長，因為貪汙放縱苛刻而失去了民心。楊清世代為蠻族的首領，李象古召他來擔任牙將，楊清鬱鬱不得志。李象古命令他帶領三千名士兵去征討黃洞蠻人，楊清利用人們對李象古的怨恨和憤怒，帶兵在夜間返回，偷襲都護府城，把城攻陷了。

當初，蠻族人黃少卿自貞元年間以來多次歸順又反叛，桂管觀察使裴行立、容管經略使陽旻想僥倖立功，爭相請求去討伐黃少卿，憲宗答應了。嶺南節度使孔戣多次諫阻說：「這些蠻人如同禽獸，只考慮對自己有利還是有害，不必和他們討論是非。」憲宗不聽，大量徵發江西、湖南兵士會合容、桂二管兵力進行征討，士卒多染上瘴癘，死的人無法計算。安南叛將乘機進攻，於是殺了都護。裴行立、陽旻最終沒有功勞，二管地區因而民生凋弊，只有孔戣所統轄的地方安然無事。

十月二十一日丙寅，任命唐州刺史桂仲武為安南都護。赦免了楊清，任命他為瓊州刺史。

這一年，吐蕃節度使論三摩等率領十五萬兵眾包圍鹽州，党項也發兵幫助他們。鹽州刺史李文悅竭力抵抗防守，總共經過二十七天，吐蕃不能攻下鹽州。靈武牙將史敬奉向朔方節度使杜叔良說明情況，請求援兵三千，攜帶三十天的糧食，深入吐蕃，以解鹽州之圍。杜叔良給了史敬奉二千五百人。史敬奉走了十多天，沒有音訊，朔方人以為全都陷沒了。不久，史敬奉從另外一條路出現在吐蕃背後。吐蕃大驚，潰敗離去。史敬奉奮勇追擊，大破吐蕃軍，殺死和俘虜的吐蕃兵不計其數。史敬奉與鳳翔將領野詩良輔、涇原將領郝玼都由於勇敢在邊境非常著名，吐蕃很懼怕他們。

柳泌❶至台州❷，驅吏民采藥。歲餘，無所得而懼，舉家❸逃入山中，浙東❹觀察使捕送京師。皇甫鎛、李道古保護之，上復使待詔❺翰林。服其藥，日加躁渴。

起居舍人❻裴潾❼上言，以為：「除天下之害者，受天下之利，同天下之樂者，饗❽天下之福。自黃帝❾至於文、武❿，享國壽考⓫，皆用此道也。自去歲以來，所在多薦方士⓬，轉相汲引⓭，其數浸⓮繁。借令⓯天下真有神仙，彼必深潛巖壑，惟畏人知。凡候伺權貴之門，以大言自衒⓰奇技驚眾者，皆不軌⓱徇利之人，豈可信其說而餌其藥邪！夫藥以愈疾，非朝夕常餌之物。況金石酷烈有毒，又益以火氣，殆非人五藏之[1]所能勝也。古者君飲藥，臣先嘗之，乞令獻藥者先自餌一年，則真偽自可辨矣。」上怒，十一月己亥⓲，貶潾江陵⓳令。

初，羣臣議上尊號，皇甫鎛欲增「孝德」字。中書侍郎、同平章事崔羣曰：「言聖則孝在其中矣。」鎛譖⓴羣於上曰：「羣於陛下惜『孝德』二字。」上怒。時鎛給邊軍賜與，多不時得，又所給多陳敗㉑，不可服用，軍士怨怒，流言欲為亂。李光顏㉒憂懼，欲自殺，遣人訴於上，上不信。京師恟懼㉓，羣具以中外人情上聞。鎛密言於上曰：「邊賜皆如舊制。而人情忽如此者，由羣鼓扇，將以賣直㉔，歸怨於上也。」上以為然。十二月乙卯㉕，以羣為湖南㉖觀察使，於是中外切齒於鎛矣。

中書舍人㉗武儒衡有氣節，好直言。上器之，顧待甚渥㉘，人皆言其[2]且入相。令狐楚忌之，思有以沮㉙之者，乃薦山南東道㉚節度推官㉛狄兼謩㉜才行。癸亥㉝，擢兼謩左拾遺內供奉㉞。兼謩，仁傑㉟之族曾孫也。楚自草制辭，盛言「天后竊位㊱，姦臣擅權㊲，賴仁傑保佑中宗，克復明辟㊳。」儒衡泣訴於上，且言：「臣曾祖平一㊴，在天后朝，辭榮終老㊵。」上由是薄楚之為人。

【章旨】以上為第七段，寫唐憲宗受奸相皇甫鎛蠱惑，迷戀方士服金丹，貶謫直臣。

【注釋】❶柳泌 方士，求為台州刺史，以採天台山靈藥。憲宗服其藥，躁怒，宦者懼而弒之。穆宗立，誅泌。傳見《舊唐書》卷一百三十五、《新唐書》卷一百六十七。❷台州 州名，治所臨海，在今浙江臨海。❸舉家 全家。❹浙東 方鎮名，浙江東道的簡稱。唐肅宗乾元元年（西元七五八年）置。治所越州，在今浙江紹興。❺待詔 官名，凡文學方技之士，均置於翰林院待命侍從，稱待詔。❻起居舍人 官名，掌記天子言論及草制詔令。❼裴潾 （？—西元八三八年）河東聞喜（今山西聞喜）人，官至兵部侍郎。傳見《舊唐書》卷一百七十一、《新唐書》卷一百十八。❽饗 同「享」。❾黃帝 姓公孫，名軒轅，相傳為華夏各族共同始祖，有土德之瑞，故號黃帝。❿文武 指西周開國之主周文王、武王。⓫享國壽考 在位長久。壽考，長壽。⓬方士 求神、煉丹、製不死之藥的方術之士。⓭汲引 引薦。⓮浸 逐漸。⓯借令 假使。⓰衒 炫耀。⓱不軌 不守法紀。⓲己亥 十一月二十五日。⓳江陵 縣名，縣治在今湖北江陵。⓴譖 進讒言。㉑陳敗 陳舊腐爛。㉒李光顏 （西元七六〇—八二六年）時為京師西屏邠寧節度使。傳見《舊唐書》卷一百六十一、《新唐書》卷一百七十一。㉓恟懼 震驚恐懼。㉔賣直 謂崔羣以直言為手段，沽名釣譽。此乃皇甫鎛誣陷之言。㉕乙卯 十二月十一日。㉖湖南方鎮名，唐代宗廣德二年（西元七六四年）置，治所衡州，在今湖南衡陽。大曆四年（西元七六九年）移治潭州，在今湖南長沙。㉗中書舍人　官名，掌起草詔令，參議表章。㉘渥　厚。㉙沮　阻止。㉚山南東道　方鎮名，唐肅宗至德中置，治所襄州，在今湖北襄樊。㉛推官　官名，掌獄訟刑罰。㉜狄兼謩　字汝諧，官至河東節度使。傳見《舊唐書》卷八十九、《新唐書》卷一百十五。㉝癸亥　十二月十九日。㉞左拾遺內供奉　在左拾遺班內供職。拾遺，官名，分左右，掌諷諫。㉟仁傑　狄仁傑（西元六二九－七〇〇年），字懷英，并州太原（今山西太原）人，武則天時名臣，官至宰相。傳見《舊唐書》卷八十九、《新唐書》卷一百十五。㊱天后竊位　指武則天稱帝。㊲姦臣擅權　指則天時武氏外戚擅權。這裡暗中攻擊武儒衡曾祖武平一為姦臣。㊳克復明辟　還政於明君。辟，君。㊴平一　即武平一，中宗時任起居舍人，修文館直學士。傳見《新唐書》卷二百十九。㊵辭榮終老　指武平一在武后時隱居不仕，得以避禍，用以駁辯「姦臣擅權」。

【校　記】①之　據章鈺校，十二行本、乙十一行本皆無此字。②其　原無此字。據章鈺校，十二行本、乙十一行本、孔天胤本皆有此字，今據補。

【語　譯】柳泌到達台州，驅使官民採藥。一年多，沒有採到什麼，柳泌因而很害怕，全家逃入山中，浙東觀察使逮捕了他們送到京師。皇甫鎛、李道古保護柳泌，憲宗又讓他任待詔翰林官。憲宗吃了他的藥，一天比一天暴躁焦渴。

起居舍人裴潾上奏，認為：「除去天下之害的人，就能享受天下之利，和天下人同樂的人，就能享受天下之福。從黃帝到周文王、周武王，他們在位時間既久，壽命又長，都是由於這個道理。從去年以來，各地多推薦方士，輾轉互相引進，人數逐漸增多。假使天下真有神仙，他們一定深藏在山巖大壑，怕別人知道。凡是伺候在權貴之門，用大話來炫耀自己的奇技以使別人驚異的人，都是些不行正道、專門謀利之徒，怎麼可以相信他們的話而吃他們的藥呢！藥是用來治病的，不是早晚常吃的東西。何況金石之類的藥物酷烈有毒，又加以火煉，恐怕不是人的五臟所能承受的。古時候君主飲藥，臣子先嘗，讓獻藥的人自己先吃一年，那麼真假就自然可以分辨了。」憲宗發怒，十一月二十五日己亥，貶裴潾為江陵令。

當初，群臣討論憲宗尊號，皇甫鎛想增加「孝德」二字。中書侍郎、同平章事崔羣說：「有聖字那麼孝就包括在裡面了。」皇甫鎛向憲宗譖毀崔羣說：「崔羣對陛下吝惜『孝德』二字。」憲宗很生氣。當時皇甫鎛發給邊軍的賞賜，多數不能按時送到，並且所送的物品多半陳舊腐敗，不能服用，軍士怨怒，傳言要作亂。李光顏很憂懼，想自殺，派人向憲宗訴說，憲宗不相信。京師震動恐懼，崔羣把朝廷和地方上的民情動態全都報告給憲宗。皇甫鎛祕密地對憲宗說：「邊軍的賞賜都是照老規矩辦的。而人情突然這樣不安的原因，是由於崔羣鼓動，拿這來炫耀自己的正直，把怨恨歸向皇上。」憲宗認為他說得對。十二月十一日乙卯，讓崔羣擔任湖南觀察使，這樣一來從中央到地方都非常痛恨皇甫鎛了。

中書舍人武儒衡有氣節，喜歡講直話。憲宗很器重他，對待他很優厚，人們都說他將要做宰相。令狐楚忌妒他，想有用來阻止他入相的人，於是推薦山南東道節度推官狄兼謩的才華品行。十二月十九日癸亥，提升狄兼謩為左拾遺內供奉。狄兼謩是狄仁傑的族曾孫。令狐楚親自起草任命書，大講「天后竊取皇位，奸臣專權，全靠狄仁傑保佑中宗，還政於明君。」武儒衡向憲宗哭訴，並說：「臣曾祖平一，在天后時代，辭去了官職在家終老。」憲宗因此鄙薄令狐楚的人品。

十五年（庚子　西元八二〇年）

春，正月，沂、海、兗、密觀察使曹華請徙理兗州❶，許之。○義成節度使劉悟入朝。

初，左軍中尉吐突承璀❷謀立澧王惲❸為太子，上不許。及上寢疾❹，承璀謀尚未息。太子聞而憂之，密遣人問計於司農卿❺郭釗❻，釗曰：「殿下但盡孝謹以俟之，勿恤❼其它。」釗，太子之舅也。

上服金丹，多躁怒，左右宦官往往獲罪，有死者，人人自危。庚子❽，暴崩❾於中和殿。時人皆言內常侍❿陳弘志弒逆，其黨類諱之，不敢討賊，但云藥發，外人莫能明也。

中尉梁守謙⓫與諸宦官馬進潭、劉承偕、韋元素、王守澄⓬等共立太子，殺吐突承璀及澧王惲，賜左、右神策軍⓭士錢人五十緡，六軍⓮、威遠⓯人三十緡，左、右金吾⓰人十五緡。

【章旨】以上為第八段，寫陳弘志、王守澄發動宮廷政變，弒憲宗，立穆宗。

【注釋】❶徙理兗州　將觀察使治所從沂州移治兗州。❷吐突承璀　宦官，任神策軍護軍中尉。傳見《舊唐書》卷一百八十四、《新唐書》卷二百七。❸澧王惲　憲宗次子。傳見《舊唐書》卷一百八十四、《新唐書》卷八十二。❹寢疾　臥疾。❺司農卿　官名，司農寺長官，掌糧政。❻郭釗　郭子儀孫，官至劍南西川節度使，太子之舅。傳見《舊唐書》卷一百二十、《新唐書》卷一百三十七。❼恤　憂慮；擔心。❽庚子　正月二十七日。❾暴崩　突然死亡。憲宗之死，或云遇弒，或云藥餌所致，事祕，史家諱而不書，始終是一樁疑案。後唐宣宗追究，認為郭太后與郭釗參與了宦官謀殺憲宗。❿內常侍　內官名，屬內侍省，掌供奉並通判省事。⓫梁守謙　擅權宦官。⓬王守澄　宦官，與陳弘志弒憲宗。穆宗時王守澄知樞密事，文宗時任驃騎大將、神策軍中尉，後被鴆死。傳見《舊唐書》卷一百八十四、《新唐書》卷二百八。⓭神策軍　禁軍名，平時宿衛京畿，戰時出兵征伐，勢力在諸軍之上。⓮六軍　即左右羽林、左右龍武、左右神武軍。⓯威遠　不在六軍、十六衛之列，或係唐中期以後所置之軍隊。⓰左右金吾　禁衛軍名，即左、右金吾衛，掌京城、宮中巡警。

【語譯】十五年（庚子　西元八二〇年）

春，正月，沂、海、兗、密四州觀察使曹華請求把治所從沂州遷到兗州，朝廷答應了。〇義成節度使劉悟入京朝見天子。

當初，左軍中尉吐突承璀謀劃立澧王李惲為太子，憲宗不同意。等到憲宗病重時，承璀的謀劃還未停止。太子聽到後很擔憂此事，祕密派人去向司農卿郭釗詢問對策，郭釗說：「殿下只管盡心孝謹以等待形勢的發展，不要憂慮其他的事。」郭釗，是太子的舅父。

憲宗服食金丹，時常暴躁發怒，身邊的宦官往往獲罪，有被處死的，人人自危。正月二十七日庚子，憲宗突然死於中和殿。當時人都說是內常侍陳弘志殺死的，他們的黨羽忌諱這件事，不敢討伐兇手，只說是藥性發作而死，外面無人明白這件事。

中尉梁守謙與眾宦官馬進潭、劉承偕、韋元素、王守澄等共立太子，殺了吐突承璀和澧王李惲，賞賜左、右神策軍士錢每人五十串，六軍、威遠軍士每人三十串，左、右金吾衛軍士每人十五串。

閏月丙午❶，穆宗❷即位于太極殿東序❸。是日，召翰林學士❹段文昌❺等及兵部郎中❻薛放❼、駕部員外郎❽丁公著❾對于思政殿。放，戎❿之弟，公著，蘇州人，皆太子侍讀也。上未聽政，放、公著常侍禁中，參預機密。上欲以為相，二人固辭。

丁未⓫，輟西宮朝臨⓬，集羣臣於月華門⓭外。貶皇甫鎛為崖州⓮司戶⓯，市井⓰皆相賀。

上議命相，令狐楚薦御史中丞⓱蕭俛⓲。辛亥⓳，以俛及段文昌皆為中書侍郎、同平章事。楚、俛與皇甫鎛皆同年進士，上欲誅鎛，俛及宦官救之，故得免。

壬子⑳，杖殺柳泌及僧大通㉑，自餘方士皆流嶺表㉒。貶左金吾將軍李道古循州㉓司馬㉔。

癸丑㉕，以薛放為工部侍郎，丁公著為給事中㉖。○乙卯㉗，尊郭貴妃為皇太后。○丁卯㉘，上與羣臣皆釋服從吉㉙。

二月丁丑㉚，上御丹鳳門樓，赦天下。事畢，盛陳倡優雜戲於門內而觀之。丁亥㉛，上幸左神策軍觀手搏雜戲。

庚寅㉜，監察御史㉝楊虞卿㉞上疏，以為：「陛下宜延㉟對羣臣，周徧顧問，惠以氣色，使進忠若趨利，論政若訴冤。如此而不致升平者，未之有也。」衡山㊱人趙知微亦上疏諫上遊畋㊲無節。上雖不能用，亦不罪也。

【章旨】以上為第九段，寫穆宗即位，逐殺方士，罷皇甫鎛相位。

【注釋】❶丙午　閏正月初三日。❷穆宗　李恆（西元七九五—八二四年），憲宗第三子，西元八二一—八二四年在位。《穆宗紀》見《舊唐書》卷十五、《新唐書》卷八。❸東序　東廂。❹翰林學士　官名，以文學之士為之，值宿內廷，掌制誥、書命。❺段文昌　（？—西元八三五年）齊州臨淄（今山東淄博）人，穆宗即位為宰相，文宗時為御史大夫。傳見《舊唐書》卷一百六十七、《新唐書》卷八十九。❻兵部郎中　官名，兵部本司之長官，掌武官階品及軍隊調遣。❼薛放　河中寶鼎（今山西萬榮西南）人，官至江西觀察使。傳見《舊唐書》卷一百五十五、《新唐書》卷一百六十四。❽駕部員外郎　官名，駕部為兵部第三司，掌車乘、傳驛、馬政，正、副長官為郎中、員外郎。❾丁公著　字平子，蘇州吳（今江蘇蘇州）人，官至太常卿。傳見《舊唐書》卷一百八十五、《新唐書》卷一百六十四。❿戎　薛戎（？—西元八二一年），字元夫，官至浙東觀察使。傳見《舊唐書》卷一百五十五、《新唐書》卷一百六十四。⓫丁未　閏正月四日。⓬臨　哭弔。大行在殯，臣子朝夕臨哭。⓭月華門　唐宮東內、西內皆有日華門和月華門。此指西內月華門。⓮崖州　州名，治所舍城，在今海南海口市瓊山區東南。⓯司戶　全稱為司戶參軍事，官名，州郡之僚屬，掌戶籍、婚姻等。⓰市井　市街，此指市街之人，即市民。⓱御史中丞　官名，御史臺副長官，協助御史大夫監察百官。⓲蕭俛　字思謙，穆宗時任宰相，敬宗時以少保分司東都。傳見《舊唐書》卷一百七十二、《新唐書》卷一百一。⓳辛亥　閏正月八日。⓴壬子　閏正月九日。㉑僧大通　法號大通的和尚。自言能致長生，皇甫鎛薦之於憲宗。憲宗崩，與柳泌同被處死。㉒嶺表　即嶺南。指五嶺以南地區。㉓循州　州名，治所歸善，在今廣東惠州東。㉔司馬　官名，唐為州郡佐吏，中期以後僅存其名，安置貶官。㉕癸丑　閏正月初十日。㉖給事中　官名，屬門下省，掌分判省事，駁正違失，並參與審理冤獄。㉗乙卯　閏正月十二日。㉘丁卯　閏正月二十四日。㉙釋服從吉　脫去喪服，穿上吉服。即除喪。㉚丁丑　二月初五日。㉛丁亥　二月十五日。㉜庚寅　二月十八日。㉝監察御史　官名，御史大夫屬官，掌分察百僚，巡按州縣。㉞楊虞卿　字師皐，虢州弘農（今河南靈寶）人，官至工部侍郎、京兆尹。傳見《舊唐書》卷一百七十六、《新唐書》卷一百七十五。㉟延　召見。㊱衡山　縣名，縣治在今湖南湘潭北。㊲遊畋　遊獵。

【語譯】閏正月初三日丙午，穆宗在太極殿東廂即皇帝位。這天，召見翰林學士段文昌等和兵部郎中薛放、駕部員外郎丁公著等，在思政殿談話。薛放，是薛戎的弟弟，丁公著，蘇州人，二人都是太子的侍讀。穆宗還沒有聽政時，薛放、丁公著常在禁中侍奉他，參與機密。穆宗想任命他們為宰相，二人堅決推辭。

閏正月初四日丁未，停止向西宮憲宗靈堂早晨的哭弔，召集群臣在月華門外會見。把皇甫鎛貶為崖州司戶，市民全都相互慶賀。

穆宗提議任命宰相，令狐楚推薦御史中丞蕭俛。閏正月初八日辛亥，任命蕭俛和段文昌都為中書侍郎、同平章事。令狐楚、蕭俛和皇甫鎛都是同年進士，穆宗想殺掉皇甫鎛，蕭俛和宦官拯救他，所以才能免於一死。

閏正月初九日壬子，用杖刑處死了柳泌和僧人大通，其餘的方士全都流放嶺南。把左金吾將軍李道古貶為循州司馬。

閏正月初十日癸丑，任命薛放為工部侍郎，丁公著為給事中。〇十二日乙卯，尊郭貴妃為皇太后。〇二十四日丁卯，穆宗與群臣都脫去喪服穿上吉服。

二月初五日丁丑，穆宗登上丹鳳門樓，大赦天下。事畢，在門內大設歌舞雜戲而觀賞。十五日丁亥，穆宗到左神策軍觀看搏鬥雜戲。

二月十八日庚寅，監察御史楊虞卿上疏，認為：「陛下應當召見群臣，和他們談話，廣泛地徵求意見，給他們和善的態度，使臣下進納忠言如同追求財利，討論政事如同訴說冤屈。這樣做而達不到天下太平，那是沒有的事。」衡山人趙知微也上疏勸諫穆宗遊獵沒有節制。穆宗雖不能採納，也不加罪他們。

壬辰❶，廢邕管❷，命容管經略使陽旻兼領之。

安南都護桂仲武至安南，楊清拒境不納。清用刑慘虐，其黨離心。仲武遣人說其酋豪，數月間，降者相繼，得兵七千餘人。朝廷以仲武為逗遛❸，甲午❹，以桂管觀察使裴行立為安南都護。乙未❺，以太僕卿❻杜式方❼為桂管觀察使。丙申❽，貶仲武為安州❾刺史。

丹王逾❿薨。〇吐蕃寇靈武⓫。

憲宗之末，回鶻⓬遣合達干來求昏⓭尤切，憲宗許之。三月癸卯朔⓮，遣合達干歸國。

上見夏州⑮觀察判官⑯柳公權⑰書跡，愛之。辛酉⑱，以公權為右拾遺、翰林侍書學士⑲。上問公權：「卿書何能如是之善？」對曰：「用筆在心，心正則筆正。」上默然改容，知其以筆諫也。公權，公綽⑳之弟也。

辛未㉑，安南將士開城納桂仲武，執楊清，斬之。裴行立至海門㉒而卒，復以仲武為安南都護。○吐蕃寇鹽州。

【章　旨】以上為第十段，寫安南再亂，吐蕃犯邊。

【注　釋】❶壬辰　二月二十日。❷邕管　即邕管經略使，治所邕州，在今廣西南寧。❸逗遛　延留；遲滯。遛，同「留」。❹甲午　二月二十二日。❺乙未　二月二十三日。❻太僕卿　官名，太僕寺長官，掌廄牧、車輿之政令。❼杜式方　名相杜佑長子，官至桂管觀察使。傳見《舊唐書》卷一百四十七、《新唐書》卷一百六十六。❽丙申　二月二十四日。❾安州　州名，治所安陸，在今湖北安陸。❿丹王逾　代宗子李逾。大曆十年（西元七七五年）封郴王，領渭北鄜坊節度大使。建中四年（西元七八三年）改封丹王。傳見《舊唐書》卷一百十六、《新唐書》卷八十二。⓫靈武　縣名，隋置，在今寧夏回族自治區靈武西南。⓬回鶻　古族名，亦稱回紇。唐天寶三年（西元七四四年），在今蒙古人民共和國鄂爾渾河流域建立政權。⓭昏　同「婚」。⓮癸卯朔　三月初一日。⓯夏州　州名，治所朔方，在今陝西靖邊白城子。⓰判官　官名，為節度、觀察等使僚屬，佐理政事，位於副使之下。⓱柳公權　字誠懸，京兆華原（今陝西耀州）人，著名書法家，官至太子少師。傳見《舊唐書》卷一百六十五、《新唐書》卷一百六十三。⓲辛酉　三月十九日。⓳翰林侍書學士　官名，掌書法及刪定字書等事。⓴公綽　柳公綽，字寬，歷仕憲、穆、敬、文四朝，位九卿。傳見《舊唐書》卷一百六十五、《新唐書》卷一百六十三。㉑辛未　三月二十九日。㉒海門　鎮名，在今越南海防。

【語譯】二月二十日壬辰，撤銷邕管，命令容管經略使陽旻兼領原邕管之事。

安南都護桂仲武到達安南，楊清在邊境拒絕接納他。楊清用刑慘虐，他的黨徒和他不同心。桂仲武派人去說服那些小頭目，幾個月間，歸降的人相繼不斷，得到兵卒七千多人。朝廷認為桂仲武逗留不進，二月二十二日甲午，任命桂管觀察使裴行立為安南都護。二十三日乙未，任命太僕卿杜式方為桂管觀察使。二十四日丙申，貶桂仲武為安州刺史。

丹王李逾去世。○吐蕃侵犯靈武。

憲宗末年，回鶻派合達干來求婚，特別懇切，憲宗答應了。三月初一日癸卯，遣送合達干回國。

穆宗看到夏州觀察判官柳公權書法手跡，很喜愛。三月十九日辛酉，任命柳公權為右拾遺、翰林侍書學士。穆宗問柳公權：「你的書法為什麼這樣好？」柳公權回答說：「用筆在心，心地端正，筆就端正。」穆宗默然動容，知道柳公權是借用寫字進行勸諫。柳公權，是柳公綽的弟弟。

三月二十九日辛未，安南將士開城接納桂仲武，抓住楊清，把他殺掉了。裴行立到達海門鎮就死了，朝廷再次任命桂仲武為安南都護。○吐蕃侵犯鹽州。

初，膳部員外郎❶元稹❷為江陵❸士曹❹，與監軍崔潭峻善。上在東宮，聞宮人誦稹歌詩而善之。及即位，潭峻歸朝，獻稹歌詩百餘篇。上問：「稹安在？」對曰：「今為散郎❺。」夏，五月庚戌❻，以稹為祠部郎中❼、知制誥❽，朝論鄙之。會同僚食瓜於閣❾下，有青蠅集其上，中書舍人武儒衡以扇揮之曰：「適從何來，遽集於此！」同僚皆失色，儒衡意氣自若。

庚申⑩，葬神聖章武孝皇帝于景陵⑪，廟號憲宗。

六月，以湖南觀察使崔羣為吏部侍郎，召對別殿。上曰：「朕升儲副⑫，知卿為羽翼。」對曰：「先帝之意，久屬聖明，臣何力之有！」

太后居興慶宮，每朔望⑬，上帥⑭百官詣宮上壽⑮。上性侈，所以奉養太后尤為華靡。

秋，七月乙巳⑯，以鄆、曹、濮節度為天平軍⑰。

門下侍郎、同平章事令狐楚坐為山陵使⑱，部吏盜官物，又不給工人傭直⑲，收其錢十五萬緡為羨餘⑳獻之，怨訴盈路，丁卯㉑，罷為宣、歙、池㉒觀察使。

八月癸巳㉓，發神策兵二千浚魚藻池㉔。○戊戌㉕，以御史中丞崔植㉖為中書侍郎、同平章事。○己亥㉗，再貶令狐楚衡州㉘刺史。

上甫㉙過公除㉚，即事遊畋聲色，賜與無節㉛。九月，欲以重陽大宴，拾遺李珏㉜帥其同僚上疏曰：「伏以元朔未改㉝，園陵尚新，雖陛下就易月㉞之期，俯從人欲，而禮經著三年之制，猶服心喪㉟。遵同軌之會始離京㊱，告遠夷㊲之使未復命。遏密弛禁㊳，蓋為齊人㊴；合樂[1]後[2]庭㊵，事將未可。」上不聽。

戊午㊶，加邠寧㊷節度使李光顏、武寧㊸節度使李愬並同平章事。

冬，十月，王承宗(44)薨，其下祕不發喪，子知感、知信皆在朝，諸將欲取帥於屬內諸州。參謀崔燧以承宗祖母涼國夫人(45)命，告諭諸將及親兵立承宗之弟觀察支使承元(46)。承元時年二十，將士拜之，承元不受，泣且拜。諸將固請不已，承元曰：「天子遣中使監軍，有事當與之議。」及監軍至，亦勸之。承元曰：「諸公未忘先德(47)，不以承元年少，欲使之攝軍務，承元請盡節(48)天子[3]，以遵忠烈王(49)[4]之志，諸公肯從之乎！」眾許諾。承元乃視事於都將聽事(50)，令左右不得謂己為留後，委事於參佐，密表請朝廷除帥。○庚辰(51)，監軍奏承宗疾亟，弟承元權知留後，并以承元表聞。

党項復引吐蕃寇涇州(52)，連營五十里。

辛巳(53)，遣起居舍人柏耆(54)詣鎮州(55)宣慰。

壬午(56)，羣臣入閤退[5]，諫議大夫鄭覃(57)、崔郾(58)等五人進言：「陛下宴樂過多，畋遊無度。今胡寇壓境(59)，忽有急奏，不知乘輿(60)所在。又晨夕與近習[6]倡優狎暱(61)，賜與過厚。夫金帛皆百姓膏血，非有功不可與。雖內藏(62)有餘，願陛下愛(63)之，萬一四方有事，不復使有司重斂百姓。」時久無閤中論事(64)者，上始甚訝(65)之，謂宰相曰：「此輩何人？」對曰：「諫官。」上乃使人慰勞之曰：「當依卿言。」宰相皆賀，然實不能用也。覃，珣瑜66之子也。

上嘗謂給事中丁公著曰：「聞外間人多宴樂，此乃時和人安，足用67為慰。」公著對曰：「此非佳事，恐漸勞聖慮。」上曰：「何故？」對曰：「自天寶68以來，公卿大夫競為遊宴，沈酣晝夜，優雜子女69，不愧左右。如此不已70，則百職皆廢，陛下能無獨憂勞乎！願少加禁止，乃天下之福也。」

【章旨】以上為第十一段，寫唐穆宗初即位，遊畋聲色無度。

【注釋】❶膳部員外郎　官名，膳部為禮部第三司，掌陵廟祭器、酒膳等事，其正副長官為郎中、員外郎。❷元稹　（西元七九九—八一三年）字微之，著名詩人。早年敢於言事，穆宗時依附宦官而拜相。憲宗元和五年（西元八一〇年）貶江陵士曹。傳見《舊唐書》卷一百六十六、《新唐書》卷一百七十四。❸江陵　府名，治所江陵，在今湖北江陵。❹士曹　州郡屬官，掌橋樑、舟車、舍宅及百工眾藝之事。❺散郎　即員外郎。❻庚戌　五月初九日。❼祠部郎中　官名，祠部為禮部第二司，掌祭祀，其長官為祠部郎中。❽知制誥　官名，本官為中書舍人。唐制，中書舍人六人，一人知制誥，掌起草詔令。開元初，以他官掌詔敕，稱兼知制誥。❾閣　指中書省。武則天曾改中書省為鳳閣，故有此稱。❿庚申　五月十九日。⓫景陵　憲宗陵，在今陝西蒲城。⓬儲副　儲君，即太子。⓭朔望　陰曆初一為朔日，十五為望日。⓮帥　同「率」。⓯上壽　祝健康長壽。⓰乙巳　七月初五日。⓱天平軍　方鎮名，元和十四年分淄青節度使置鄆曹濮節度使，至是改稱天平軍。仍治鄆州，在今山東東平西北。⓲山陵使　負責營建皇陵的專使。⓳傭直　工錢。直，同「值」。⓴羨餘　為常賦之外的無名雜稅。㉑丁卯　七月二十七日。㉒宣歙池　皆州名。宣州，治所宣城，在今安徽宣州。歙州，治所歙縣，在今安徽歙縣。池州，治所秋浦，在今安徽池州貴池區。㉓癸巳　八月二十四日。㉔魚藻池　禁苑中池名。㉕戊戌　八月二十九日。㉖崔植　（西元七七一—八二九年）字公修，京兆長安（今陝西西安）人，穆宗時官至宰相。傳見《舊唐書》卷一百十九、《新唐書》卷一百四十二。㉗己亥　八月三十日。㉘衡州　州名，治所衡陽，在今湖南衡陽。㉙甫　方；始。㉚公除　指除喪服。按禮，子為父應服喪三年，天子因公早日除服，謂之公除。其具體日期見下「易月」條注。㉛無節　無節制。㉜李珏　（西元七八四—八五三年）字待價，文宗時宰相。傳見《舊唐書》卷一百七十三、《新唐書》卷一百八十二。㉝元朔未改　元謂年始，朔謂月始，新君即位，當於次年改元。穆宗即位尚未逾年，故曰元朔未改。㉞易月　指天子服喪以日易月。穆宗用漢文帝遺制，「三年之喪，其實二十七月」（見《漢書·文帝紀》注），以日易月，故二十七日公除。㉟心喪　不穿喪服，內心哀悼，謂之心喪。㊱遵同軌之會始離京　謂諸侯會葬京師後方始離開。典出《左傳》隱公元年：「天子七月而葬，同軌畢至。」同軌，指華夏同文之國，即諸侯國。㊲告遠夷　唐制，國有大喪，遣使宣遺詔於四夷，稱為告哀使。㊳遏密弛禁　先帝去世不久即解除致哀的各種禁令。遏密，禁絕。語出《尚書·舜典》：「帝乃殂落，……三載，四海遏密八音。」㊴齊人　齊民；百姓。㊵合樂後庭　即上文所說「欲以重陽大宴」。後庭，指後宮。㊶戊午　九月十九日。㊷邠寧　方鎮名，唐肅宗乾元二年（西元七五九年）置，治所邠州，在今陝西彬縣。㊸武寧　方鎮名，唐德宗貞元十六年（西元八〇〇年）置，治所徐州，在今江蘇徐州。㊹王承宗　成德節度使王武俊之孫，王士真之子。父死，繼鎮成德。傳見《舊唐書》卷一百四十二、《新唐書》卷二百十一。㊺涼國夫人　王武俊之妻。㊻承元　王承元，承宗之弟，兄死，不襲節度，接受朝命鎮義成。傳見《舊唐書》卷一百四十二、《新唐書》卷一百四十八。㊼先德　祖先之德。指王武俊鎮成德時甚有恩惠。㊽盡節　謂效忠天子。㊾忠烈王　即王武俊，武俊封清河郡王，諡忠烈。㊿都將聽事　即都知兵馬使之廳堂。在此辦公，謂不敢以留後自居。(51)庚辰　十月十一日。(52)涇州　州名，治所安定，在今甘肅涇川縣北。(53)辛巳　十月十二日。(54)柏耆　善縱橫術，曾遊說王承宗而止成德軍叛。文宗時官諫議大夫。因爭功遭流放愛州，尋賜死。傳見《舊唐書》卷一百五十四、《新唐書》卷一百七十五。(55)鎮州　即恆州，因避穆宗李恆諱而改。(56)壬午　十月十三日。(57)鄭覃　（？—西元八四二年）鄭州滎澤（今河南鄭州西北）人，官至宰相。黨同李德裕。傳見《舊唐書》卷一百七十四、《新唐書》卷一百六十五。(58)崔郾　（西元七六七—八三六年）字廣略，貝州武城（今山東武城）人，官至浙江西道都團練觀察使。傳見《舊唐書》卷一百五十五、《新唐書》卷一百六十三。(59)胡寇壓境　指吐蕃入寇。(60)乘輿　皇帝的車駕，亦指代皇帝。(61)狎暱　戲耍、親近。(62)內藏　宮中府庫。(63)愛　愛惜。(64)閤中論事　諫官入閤論事，太宗之制。(65)訝　驚異。(66)珣瑜　鄭珣瑜（西元七三七—八〇五年），乃鄭覃之父，字元伯，德宗朝宰相。順宗立，鄭珣瑜不滿王叔文專權，臥家不出，罷為吏部尚書。傳見《新唐書》卷一百六十五。(67)用　以。(68)天寶　唐玄宗第三個年號（西元七四二—七五六年）。(69)優雜子女　謂舞戲時，男女混雜無別，有如猿猴一般。優，通「猱」。獸名，猿屬。(70)已　止。

【校　記】①樂　據章鈺校，十二行本作「譏」。②後　據章鈺校，十二行本、乙十一行本皆作「內」。③天子　原無此二字。據章鈺校，十二行本、乙十一行本、孔天胤本皆有此二字，張敦仁《通鑑刊本識誤》同，今據補。④王　原無此字。據章鈺校，十二行本、乙十一行本皆有此字，張敦仁《通鑑刊本識誤》同，今據補。⑤退　原無此字。據章鈺校，十二行本、乙十一行本皆有此字，今據補。⑥近習　原無此二字。據章鈺校，十二行本、乙十一行本、孔天胤本皆有此二字，張敦仁《通鑑刊本識誤》、張瑛《通鑑校勘記》同，今據補。

【語　譯】當初，膳部員外郎元稹為江陵士曹，和監軍崔潭峻友好。穆宗在東宮時，聽到宮人朗誦元稹的詩，很喜歡他的詩。等到即皇帝位，潭峻回到朝廷，獻上元稹的詩歌一百多篇。穆宗問：「元稹在什麼地方？」潭峻回答說：「現在擔任散郎。」夏，五月初九日庚戌，任命元稹為祠部郎中、知制誥，朝廷輿論鄙薄元稹。恰遇同事們在省閣中吃瓜，有青蠅落在瓜上，中書舍人武儒衡用扇子驅趕青蠅說：「剛才從哪裡飛來的，突然落在這裡！」同事都變了臉色，武儒衡和平時一樣若無其事。

五月十九日庚申，將神聖章武孝皇帝葬在景陵，廟號憲宗。

六月，任命湖南觀察使崔羣為吏部侍郎，在別殿召見談話。穆宗說：「朕被升為皇太子，知道你盡了羽翼之力。」崔羣回答說：「先帝的心意，久在陛下，臣出了什麼力！」

太后居興慶宮，每月的初一、十五，穆宗帶領百官到宮中祝福。穆宗本性奢侈，因而奉養太后尤為華麗奢靡。

秋，七月初五日乙巳，將鄆、曹、濮節度命名為天平軍。

門下侍郎、同平章事令狐楚因任山陵使，部吏盜竊公家的財物，又不給工人工資，將聚斂的十五萬串錢作為羨餘獻給穆宗，埋怨哭訴的人滿路而獲罪，七月二十七日丁卯，相位被罷免，改任宣、歙、池觀察使。

八月二十四日癸巳，派遣二千名神策兵疏浚魚藻池。○二十九日戊戌，任命御史中丞崔植為中書侍郎、同平章事。○三十日己亥，再貶令狐楚為衡州刺史。

穆宗剛剛過了公除日，就從事遊玩、打獵、聲色等活動，賞賜沒有節制。九月，想在重陽節大肆宴請，拾遺李珏帶領他的同事上疏說：「臣下認為年號還沒有改，先帝陵墓尚是新的，雖然陛下是按以日易月的喪期，順應天下人願望，而《禮經》上明載三年的喪期，內心還應哀悼。全國參加葬禮的侯王藩臣才離開京師，派到邊遠四夷的告哀使還沒有回來覆命。開放娛樂活動是為了全國百姓，但在後宮奏樂不應當。」穆宗不聽。

九月十九日戊午，穆宗加授邠寧節度使李光顏、武寧節度使李愬為同平章事。

冬，十月，王承宗去世，他的部下隱瞞不發布喪事消息，王承宗的兒子王知感、王知信都在朝廷，王承宗的將領想在所屬的州內選立統帥。參謀崔燧以王承宗祖母涼國夫人之命，告訴諸將和親兵立王承宗的弟弟觀察支使王承元為統帥。王承元當時二十歲，將士拜見他，王承元不接受，邊哭邊回拜。諸將堅決不停地請求，王承元說：「天子派遣中使監軍，有事應當和他商議。」等到監軍來到，也勸王承元繼任。王承元說：「諸公未忘記先人的恩德，不因承元年少，想要我暫時主持軍務，承元請求盡忠於天子，以遵從忠烈王的志願，諸公肯依從我嗎！」大家答應了。王承元於是在都將大廳上開始辦公，命令身邊的人不得稱自己為留後，把政事交給參軍和僚佐，祕密上表請求朝廷任命統帥。〇十一日庚辰，監軍上奏說王承宗病危，他的弟弟王承元暫時擔任留後，並且把王承元的奏表也告知了穆宗。

党項又帶領吐蕃侵犯涇州，軍營相連五十里。

十月十二日辛巳，穆宗派起居舍人柏耆到鎮州去表達朝廷的慰問。

十月十三日壬午，群臣到便殿去朝見穆宗，退下後，諫議大夫鄭覃、崔郾等五人向穆宗進言：「陛下飲宴娛樂過多，狩獵遊玩沒有節制。現在胡寇壓境，忽然有緊急奏報，不知道皇上在哪裡。又早晚和左右近習、歌伎雜耍藝人親暱，賞賜過於優厚。金銀綢帛都是民脂民膏，沒有功勞的人不能給予。雖然宮內庫藏很多，希望陛下愛惜它，萬一四方有變故，不再讓有關官員重斂百姓。」當時很久沒有在閣中議論政事了，穆宗開始感到很驚訝，問宰相說：「這些是什麼人？」宰相回答說：「諫官。」穆宗就派人慰勞他們說：「應當照你們說的去做。」宰相都向穆宗祝賀，然而實際上穆宗並未照辦。鄭覃，是鄭珣瑜的兒子。

穆宗曾對給事中丁公著說：「聽說外面的人多舉行宴樂，這是因社會穩定、人民安泰，足以自慰。」丁公著回答說：「這不是好事，恐怕慢慢要勞皇上操心。」穆宗說：「為什麼？」回答說：「自從天寶年間以來，公卿大夫爭著遊玩飲宴，日夜沉迷酣飲，倡優男女如同猿猴混雜，不知羞恥。這種情況不停止，那麼各項工作都會停頓，陛下能不獨自為之擔憂嗎！但願稍稍加以禁止，那才是天下的幸福。」

癸未❶，涇州奏吐蕃進營距州三十里，告急求救。以右軍中尉梁守謙為左・右神策、京西・北行營都監❷，將兵四千人，并發八鎮❸全軍救之。賜將士裝錢❹二萬緡。以郯王❺府長史❻邵同為太府少卿❼[1]兼御史中丞，充❽答吐蕃請和好使❾。

初，祕書少監❿田洎入吐蕃為弔祭使⓫，吐蕃請與唐盟於長武城⓬下。洎恐吐蕃留之不得還，唯阿⓭而已。既而吐蕃為党項⓮所引入寇，因以為辭曰：「田洎許我將兵赴盟。」於是貶洎郴州⓯司戶⓰。

成德軍⓱始奏王承宗薨。乙酉⓲，徙田弘正為成德節度使，以王承元為義成節度使，劉悟為昭義⓳節度使[2]，李愬為魏博節度使。又以左金吾將軍田布⓴為河陽節度使。

渭州㉑刺史郝玼數出兵襲吐蕃營，所殺甚眾。李光顏發邠寧兵救涇州。邠寧兵以神策受賞厚，皆慍㉒曰：「人給五十緡而不識戰鬬者，彼何人邪！常額衣資不得而前冒白刃者，此何人邪！」洶洶㉓不可止。光顏親為開陳大義以諭之，言與涕俱，然後軍士感悅而行。將至涇州，吐蕃懼而退。丙戌㉔，罷神策行營㉕。

西川㉖奏吐蕃寇雅州，辛卯㉗，鹽州奏吐蕃營於烏、白池㉘，尋亦皆退。

十一月癸卯㉙，遣諫議大夫鄭覃詣鎮州宣慰，賜錢一百萬緡以賞將士。王承元既請朝命，諸將及鄰道爭以故事勸之，承元皆不聽。及移鎮義成，將士諠譁㉚不受命，承元與柏耆召諸將以詔旨諭之，諸將號哭不從。承元出家財以散之，擇其有勞者擢之，謂曰：「諸公以先代之故，不欲承元去，此意甚厚。然使承元違天子之詔，其罪大矣。昔李師道之未敗也，朝廷嘗赦其罪，師道欲行，諸將固留之，其後殺師道者亦諸將也。諸將勿使承元為師道則幸矣。」因涕泣不自勝，且拜之。十將[3]李寂等十餘人固留承元，承元斬以徇，軍中乃定。丁未㉛，承元赴滑州㉜。將吏或以鎮州器用財貨行，承元悉命留之。

【章旨】以上為第十二段，寫成德留後王承元遵奉朝命。

【注釋】❶癸未　十月十四日。❷都監　官名，亦稱都監使，即監軍。❸八鎮　左、右神策軍分屯近畿，凡八鎮：長武、興平、好時、普潤、郃陽、良原、定平、奉天。❹裝錢　服裝費。❺郯王　李經，順宗子。❻長史　官名，為諸掾史之長，總管府中事務。❼太府少卿　官名，為少府寺長官太府卿之佐，掌財貨、廩藏等事。❽充　擔任。❾答吐蕃請和好使　回訪吐蕃之請雙方和好的特派專使。❿祕書少監　祕書省副長官，掌圖籍、修撰。⓫弔祭使　《新唐書》卷二百十六下〈吐蕃傳下〉載：「穆宗即位，遣祕書少監田洎往告。」據此，所遣當為告哀使，告吐蕃憲宗崩。⓬長武城　城名，在今陝西長武西北，為吐蕃入侵必由之路。⓭唯阿　應諾聲。⓮党項　漢西羌別種。唐時居於古析支地，當今青海東南部海南州、果洛州地區。⓯郴州　州名，治所郴縣，在今湖南郴縣。⓰司戶　州級行政佐吏諸判司之一，掌戶口、籍帳、婚姻、田宅、雜徭等事務。⓱成德軍　方鎮名，唐代宗寶應元年（西元七六二年）置，治所恆州，在今河北正定。⓲乙酉　十月十六日。⓳昭義　方鎮名，唐代宗廣德元年（西元七六三年）置相衛節度使，治所相州，在今河南安陽。大曆元年（西元七六六年）號昭義軍，十二年與澤潞節度使合為一鎮。德宗建中元年（西元七八〇年）移治潞州，在今山西長治。⓴田布　田弘正之子，官至魏博節度使。傳見《舊唐書》卷一百四十一、《新唐書》卷一百四十八。㉑渭州　州名，治所襄武，在今甘肅隴西縣東南。㉒慍惱　怒。㉓洶洶　喧鬧；騷動。㉔丙戌　十月十七日。㉕罷神策行營　指裁撤中尉梁守謙所領的神策軍。㉖西川　方鎮名，劍南西川節度使的簡稱。唐肅宗至德二載（西元七五七年）置。治所成都，在今四川成都。㉗辛卯　十月二十二日。㉘烏白池　烏池、白池。鹽池名，在今寧夏鹽池縣。㉙癸卯　十一月五日。㉚諠譁　哄鬧。㉛丁未　十一月初九日。㉜滑州　州名，治所白馬，在今河南滑縣東。

【校　記】①太府少卿　原作「大府少卿」。據章鈺校，十二行本、乙十一行本、孔天胤本皆作「太府少卿」，今從改。②使　原脫。據章鈺校，十二行本、乙十一行本皆有「使」字，今據補。按，補「使」字，方與上下文例同。③十將　嚴衍《通鑑補》改作「牙將」。

【語　譯】十月十四日癸未，涇州上奏說吐蕃推進營地離州城只三十里了，告急求救。任命右軍中尉梁守謙為左・右神策、京西・北行營都監，帶領四千名士兵，並徵發八鎮的全部軍隊去救援。賞賜將士治裝錢二萬串。任命郯王府長史邵同為太府少卿兼御史中丞，充任回訪吐蕃之請雙方和好的專使。

　當初，祕書少監田洎為告哀使到吐蕃去，吐蕃請求和唐朝在長武城下簽訂盟約。田洎怕吐蕃扣留他不能回朝，便「是啊是啊」而已。接著吐蕃被党項帶領侵擾邊境，便以此作藉口說：「田洎答應我帶領軍隊來參加盟會。」於是把田洎貶為郴州司戶。

成德軍這時才上奏王承宗已去世。十月十六日乙酉，改任田弘正為成德節度使，任命王承元為義成節度使，劉悟為昭義節度使，李愬為魏博節度使。又任命左金吾將軍田布為河陽節度使。

滑州刺史郝玼多次出兵襲擊吐蕃營，殺傷敵兵很多。

李光顏調發邠寧兵救援涇州。邠寧兵因神策兵受到的賞賜多，都惱怒地說：「每人賞給五十串錢而不知道打仗的，他們是什麼人！按常規應給的衣服資糧都領不到而在前線和敵人搏鬥的，這些又是什麼人！」喧鬧不停。李光顏親自講說大義來勸導他們，聲淚俱下，然後軍士們感動，高興地出發了。邠寧軍即將到達涇州，吐蕃害怕撤退了。十月十七日丙戌，裁撤神策軍行營。

西川節度使上奏說吐蕃侵犯雅州，十月二十二日辛卯，鹽州奏報說吐蕃在烏、白池紮營，不久也都退走了。

十一月初五日癸卯，派遣諫議大夫鄭覃到鎮州去宣撫慰問。賞賜將士們一百萬串錢。王承元已經請求朝廷任命元帥，諸將和鄰道爭著用過去的事例勸他繼任元帥，王承元一概不聽。等到他改任義成節度使時，將士吵鬧，不接受命令，王承元和柏耆召集諸將，把穆宗的詔旨告訴他們，諸將號哭著不服從。王承元把家中的財產拿出來散發給他們，選擇有功勞的人加以提拔，對他們說：「諸位由於先人的緣故，不想承元離開這裡，這種情意十分深厚。但如果讓承元違抗天子的詔命，那罪就很大了。過去李師道未敗亡的時候，朝廷曾赦免他的罪，李師道想離開鄆州，諸將堅決要留住他，後來殺李師道的也是諸將。諸將不要讓承元和師道一樣，那就很幸運了。」於是流淚悲傷不止，並且向諸將下拜。十將李寂等十多人堅持要挽留王承元，王承元殺了他們示眾，軍中才安定下來。初九日丁未，王承元趕往滑州。將吏們有的要把鎮州的用具財務等帶走，王承元命令都留下來。

上將幸華清宮❶。戊午❷，宰相率兩省❸供奉官❹詣延英門❺，三上表切❻諫，且言：「如此，臣輩當扈從❼。」求面對，皆不聽。諫官伏門下❽，至暮乃退。己未❾，未明，上自複道出城❿，幸華清宮，獨公主、駙馬、中尉、神策六軍使帥禁兵千餘人扈從，晡時⓫還宮。

十二月己巳朔⓬，鹽州奏吐蕃千餘人圍烏、白池。○庚辰⓭，西川奏南詔⓮二萬人入界，請討吐蕃。

癸未⓯，容管奏破黃少卿萬餘眾，拔營柵三十六。時少卿久未平，國子祭酒⓰韓愈⓱上言：「臣去年貶嶺外⓲，熟知黃家賊事。其賊無城郭可居，依山傍險，自稱洞主，尋常亦各營生，急則屯聚相保。比緣⓳邕管經略使多不得人，德既不能綏懷⓴，威又不能臨制㉑，侵欺虜縛，以致怨恨。遂攻劫州縣，侵暴平人，或復㉒私讎，或貪小利，或聚或散，終亦不能為事㉓。近者征討本起裴行立、陽旻，此兩人者本無遠慮深謀，意在邀功求賞。亦緣見賊未屯聚之時，將謂單弱，爭獻謀計。自用兵以來，已經二年，前後所奏殺獲計不下二萬餘人。儻㉔皆非虛，賊已尋盡。至今賊猶依舊，足明欺罔朝廷。邕、容兩管，經此凋弊，殺傷疾疫，十室九空，如此不已㉕，臣恐嶺南一道，未有寧息之時。自南討已來，賊徒亦甚傷損，察其情理，厭苦必深。賊所處荒僻，假如盡殺其人，盡得其地，在於國計不為有益。若因改元大慶㉖，赦其罪戾㉗，遣使宣諭，必望風降伏。仍為選擇有威信者為經略使，苟處置得宜，自然永無侵叛之事。」上不能用。

【章　旨】以上為第十三段，寫韓愈上奏安撫嶺南之策，穆宗不納。

【注　釋】❶華清宮　宮名，在今陝西臨潼驪山北麓。❷戊午　十一月二十日。❸兩省　指中書、門下兩省。❹供奉官　自左右常侍以下，至拾遺、補闕、起居郎、舍人等，皆為供奉官。❺延英門　即延英殿門。❻切　懇切。❼扈從　侍從。❽伏門下　拜伏在延英殿門下。❾己未　十一月二十一日。❿自複道出城　從複道至位於長安城內南端的興慶宮而出城，以免群臣知而扈從。⓫晡時　申時，下午三點至五點。⓬己巳朔　十二月初一日。⓭庚辰　十二月十二日。⓮南詔　古國名，唐時在今雲南境內以烏蠻為主體所建立的少數民族地方政權，貞元十年（西元七九四年）國號南詔。⓯癸未　十二月十五日。⓰國子祭酒　官名，國子監（太學）的主管。⓱韓愈　（西元七六七—八二四年）字退之，鄧州南陽（今河南南陽）人，著名文學家，唐代古文運動領導者。官至吏部侍郎。傳見《舊唐書》卷一百六十、《新唐書》卷一百七十六。⓲嶺外　即嶺南。此指韓愈貶所潮州，在今廣東潮州。⓳比緣　近因。⓴綏懷　安撫關懷。㉑臨制　管理控制。㉒復　報復。㉓不能為事　指不能有作為，成為大患。㉔儻　如果。㉕如此不已　謂繼續征討而不停止。㉖改元大慶　指穆宗即位明年改元，大赦天下。㉗罪戾　罪過。

【語　譯】穆宗將要到華清宮去。十一月二十日戊午，宰相帶領中書、門下兩省供奉官到延英殿門，三次上表懇切地勸阻，並且說：「這樣做，臣下們應當侍從。」請求當面對話，穆宗都不聽。諫官們伏在延英門下，到傍晚才退下。二十一日己未，天還未亮，穆宗從複道出城，幸臨華清宮，只有公主、駙馬、中尉、神策六軍使帶領禁兵千餘人跟隨，下午申時才回宮。

十二月初一日己巳，鹽州上奏吐蕃千餘人圍烏池、白池。○十二日庚辰，西川上奏南詔二萬人進入邊界，請求討伐吐蕃。

十二月十五日癸未，容管上奏打敗了黃少卿一萬多人，攻佔營柵三十六處。當時黃少卿久未平定，國子祭酒韓愈進言說：「臣去年貶到嶺外，熟知黃家賊的底細。他們沒有城郭可以居住，依靠山巖險要，自稱洞主，平常各自經營生計，危急時才聚集在一起自衛。近來因為邕管經略使大多不是合適的人選，德行既不能安撫他們，武力又不能控制他們，侵擾、欺陵、奴役、束縛，引起他們的怨恨。於是攻掠州縣，侵暴平民，有的報私仇，有的貪小利，或聚或散，最終不能有作為。近來的征討本來起因於裴行立、陽旻，這兩個人本來就沒有深謀遠慮，意在請功求賞。也是因為看到叛賊未聚集的時候，以為勢單力弱，才爭相提出征服他們的辦法。自從用兵征討以來，已經兩年，前後奏報殺死俘獲總共不少於兩萬餘人。如若都不假，敵人已可不久全部消滅。至今叛賊還是和從前一樣，足以證明他們欺騙了朝廷。邕、容兩管所轄的地方，經過這次戰爭的摧殘，殺傷疾疫，十室九空，照這樣不停地下去，臣恐怕嶺南一道，沒有安寧的時候了。自從南下征討以來，叛賊也受到很大的損傷，觀察他們的情況，一定也深深地對戰爭感到厭惡和愁苦。叛賊所處的地方很荒僻，假如把他們都殺了，全部佔有其地，對於國家也沒有什麼好處。要是乘改年號舉行慶祝，赦免他們的罪過，派遣使者宣撫告諭，他們一定聞風降服。再為他們選擇有威信的人擔任經略使，如果處置得宜，自然永遠不會再有侵擾叛亂的事情了。」穆宗沒能採納韓愈的意見。

穆宗睿聖文惠孝皇帝上

長慶元年（辛丑　西元八二一年）

春，正月辛丑❶，上祀圜丘❷，赦天下，改元。河北諸道各令均定兩稅❸。

門下侍郎、同平章事蕭俛介潔❹疾惡，為相，重惜官職，少所引拔。西川節度使王播❺大修貢奉，且以賂結宦官，求為相，段文昌復左右之❻，詔徵播詣京師。俛屢於延英❼力爭，言：「播纖邪❽，物論❾沸騰，不可以污台司❿。」上不聽，俛遂辭位。己未⓫，播至京師。壬戌⓬，俛罷為右僕射。俛固辭僕射，二月癸酉⓭，改吏部尚書。

盧龍⓮節度使劉總⓯既殺其父兄，心常自疑，數見父兄為祟⓰。常於府舍飯僧數百，使晝夜為佛事，每視事退則處其中，或處他室，則驚悸⓱不敢寐。晚年，恐懼尤甚。亦見河南、北皆從化，己卯⓲，奏乞棄官為僧，仍乞賜錢百萬緡以賞將士。

上面諭西川節度使王播令歸鎮，播累表乞留京師。會中書侍郎、同平章事段文昌請退，壬申⓳，以文昌同平章事，充西川節度使。以翰林學士杜元穎⓴為戶部侍郎、同平章事，以播為刑部尚書，充鹽鐵轉運使。元穎，淹㉑之六世孫也。

回鶻保義可汗卒。

三月癸丑㉒，以劉總兼侍中，充天平節度使，以宣武節度使張弘靖為盧龍節度使。○乙卯㉓，以權知㉔京兆尹盧士玫㉕為瀛莫㉖觀察使。

丁巳㉗，詔劉總兄弟子姪皆除官，大將僚佐亦宜超擢，百姓給復㉘一年，軍士賜錢一百萬緡。

戊午㉙，立皇弟憬為鄜王，悅為瓊王，惇為沔王，懌為婺王，愔為茂王，怡為光王，協為淄王，憺為衢王，惋為澶王；皇子湛為景王，涵為江王，湊為漳王，溶為安王，瀍為潁王。

劉總奏懇乞為僧，且以其私第為佛寺。詔賜總名大覺，寺名報恩。遣中使以紫僧服及天平節鉞㉚、侍中告身并賜之，惟其所擇。詔未至，總已削髮為僧。將士欲遮留㉛之，總殺其唱帥㉜者十餘人，夜，以印節授留後張玘，遁去。及明，軍中始知之。玘奏總不知所在。癸亥㉝，卒于定州之境㉞。

【章　旨】以上為第十四段，寫劉氏割據幽州歷三世，至劉總而滅。

【注　釋】❶辛丑　正月初四日。❷圜丘　古代祭天的圓形高壇，建於京師南郊。❸河北諸道各令均定兩稅　河北各藩鎮此時皆已歸順朝廷，奉圖請吏，輸租稅，故令行兩稅法。❹介潔　耿介廉潔。❺王播　（西元七五八－八三九年）太原（今山西太原）人，累官鹽鐵轉運使，以善賦斂，穆宗、文宗兩朝任宰相。傳見《舊唐書》卷一百六十九、《新唐書》卷一百六十七。❻左右之　指段文昌在穆宗身邊為王播延譽。左右，幫助。❼延英　指延英殿。❽纖邪　吝嗇奸邪。❾物論　輿論；議論。❿台司　指宰相之位。⓫己未　正月二十二日。⓬壬戌　正月二十五日。⓭癸酉　二月六日。⓮盧龍　方鎮名，唐代宗寶應元年（西元七六二年）以幽州節度使兼盧龍節度使，治所幽州，在今北京市。⓯劉總　幽州昌平（今北京市昌平）人。盧龍節度使劉濟第二子，殺其父兄而自領節度。後棄官為僧死於途中。傳見《舊唐書》卷一百四十三、《新唐書》卷二百十二。⓰崇鬼神為禍。⑰驚悸　心驚膽戰。⑱己卯　二月十二日。⑲壬申　二月初五日。⑳杜元穎　(西元七六八—八三二年)京兆杜陵(今陝西西安東南)人，唐太宗宰相杜如晦五世孫。穆宗時宰相，文宗時貶循州司馬。傳見《舊唐書》卷一百六十三、《新唐書》卷九十六。㉑淹　(?—西元六二八年)杜淹，杜如晦之叔，杜元穎六世從祖，亦唐太宗朝宰相。杜元穎、杜淹二人傳附〈杜如晦傳〉，見《舊唐書》卷六十六、《新唐書》卷九十六。㉒癸丑　三月十七日。㉓乙卯　三月十九日。㉔權知　代理。㉕盧士玫　(?—西元八二五年)歷任京兆少尹、權知京兆尹、瀛莫觀察使、太子賓客等。傳見《舊唐書》卷一百六十二、《新唐書》卷一百四十七。㉖瀛莫　方鎮名，穆宗長慶元年置瀛莫觀察使，治所瀛州，在今河北河間。長慶二年撤銷。㉗丁巳　三月二十一日。㉘給復　免除徭役賦稅。㉙戊午　三月二十二日。㉚節鉞　符節和斧鉞，為權位的象徵。㉛遮留　遮道留行，阻止劉總為僧。㉜唱帥　首倡遮留的將領。㉝癸亥　三月二十七日。㉞卒于定州之境　劉總祖父劉怦，割據幽州的朱滔姑母之子，德宗貞元元年(西元七八五年)朱滔死，劉怦得幽州，歷劉怦、劉濟、劉總三世，三十六年而滅。定州，州名，治所安喜，在今河北定州。

【語　譯】穆宗睿聖文惠孝皇帝上

長慶元年(辛丑　西元八二一年)

春，正月初四日辛丑，穆宗到圜丘祭天，大赦天下，更改年號。命令河北各道各自把兩稅的稅額定下來。

門下侍郎、同平章事蕭俛耿直廉潔，憎恨邪惡，任宰相時，很珍惜官職，很少引薦提拔人。西川節度使王播向朝廷大量供奉財物，又用賄賂交結宦官，謀求任宰相，段文昌又幫助王播，穆宗下詔徵召王播到京師來。蕭俛多次在延英殿極力阻止，並說：「王播吝嗇奸邪，社會上議論紛紛，不能讓他玷汙了宰相的職位。」穆宗不聽，蕭俛於是辭職。正月二十二日己未，王播到達京師。二十五日壬戌，蕭俛被降職為右僕射。蕭俛堅辭右僕射，二月初六日癸酉，改為吏部尚書。

盧龍節度使劉總殺了父兄之後，心中常常自我疑懼，多次看到父兄的鬼神作怪。他常在府中養著幾百名僧人，讓他們白天黑夜都做佛事，劉總公事辦完了就與和尚們混在一起，有時住在別的房間，就驚怕不敢睡覺。晚年，驚恐更加嚴重。他又看到大河南北都已歸順朝廷，二月十二日己卯，上奏請求放棄官位去做和尚，仍請求賜錢百萬串用來賞給將士。

穆宗當面告諭西川節度使王播要他回到西川節度使任上，王播多次上表請求留在京師。適逢中書侍郎、同平章事段文昌請求退位，二月初五日壬申，穆宗任命段文昌帶著同平章事官銜，充任西川節度使。任命翰林學士杜元穎為戶部侍郎、同平章事，任命王播為刑部尚書，充當鹽鐵轉運使。杜元穎，是杜淹的六世孫。

回鶻保義可汗去世。

三月十七日癸丑，任命劉總兼侍中，擔任天平節度使，任命宣武節度使張弘靖為盧龍節度使。○十九日乙卯，任命代理京兆尹職務的盧士玫為瀛莫觀察使。

三月二十一日丁巳，穆宗詔令劉總的兄弟子姪都授予官職，大將僚佐也應破格提升，百姓免除徭役賦稅一年，賞賜軍士一百萬串錢。

三月二十二日戊午，冊立穆宗的弟弟李憬為鄜王，李悅為瓊王，李惲為沔王，李懌為婺王，李愔為茂王，李怡為光王，李協為淄王，李憺為衢王，李惋為澶王；冊立穆宗的兒子李湛為景王，李涵為江王，李湊為漳王，李溶為安王，李瀍為潁王。

劉總上奏懇切請求為僧。並且把他的私人住宅作為佛寺。穆宗下詔賜劉總佛名大覺，寺名報恩。派遣中使把紫色的僧衣和天平軍的符節斧鉞、侍中的任命書一併賜給他，聽任他自己選擇。

詔書尚未送到，劉總已經削髮為僧。將士想阻攔他，劉總把為首的將領殺了十多人，到夜晚，把大印和符節交給留後張玘，逃走了。等到天亮，軍隊中才知道此事。張玘上奏說不知劉總在什麼地方。三月二十七日癸亥，劉總死在定州地界。

翰林學士李德裕❶，吉甫❷之子也，以中書舍人李宗閔❸嘗對策譏切❹其父，恨之。宗閔又與翰林學士元稹爭進取有隙。右補闕❺楊汝士❻與禮部侍郎❼錢徽❽

掌貢舉，西川節度使段文昌、翰林學士李紳❾各以書屬所善進士❿於徽。及榜出，文昌、紳所屬皆不預⓫焉[1]。及第者，鄭朗，覃之弟⓬；裴譔，度之子；蘇巢，宗閔之壻；楊殷士，汝士之弟也。

文昌言於上曰：「今歲禮部殊不公，所取進士皆子弟無藝⓭，以關節⓮得之。」上以問諸學士，德裕、稹、紳皆曰：「誠如文昌言。」上乃命中書舍人王起⓯等覆試⓰。夏，四月丁丑⓱，詔黜朗等十人，貶徽江州⓲刺史，宗閔劍州⓳刺史，汝士開江⓴令。

或勸徽奏文昌、紳屬書㉑，上必悟。徽曰：「苟無愧心，得喪一致㉒，柰何奏人私書，豈士君子所為邪！」取而焚之，時人多㉓之。紳，敬玄㉔之曾孫；起，播之弟也。自是德裕、宗閔各分朋黨，更相傾軋㉕，垂四十年。

【章旨】以上為第十五段，寫唐李宗閔、李德裕黨爭，史稱牛李黨爭，始於知貢舉，此是第一回合。

【注釋】❶李德裕（西元七八七—八五〇年）字文饒，李吉甫之子，文宗、武宗二朝宰相，後被牛黨排擠，貶死崖州。傳見《舊唐書》卷一百七十四、《新唐書》卷一百八十。❷吉甫　李吉甫（西元七五七—八一四年），字弘憲，趙郡（治今河北趙縣）人，憲宗時兩度拜相。著有《元和郡縣志》。傳見《舊唐書》卷一百四十八、《新唐書》卷一百四十六。❸李宗閔（？—西元八四七年）唐宗室，文宗時宰相。依附宦官，牛黨主將。後死於貶所。傳見《舊唐書》卷一百七十六、《新唐書》卷一百七十四。❹譏切　諷刺指責。憲宗元和三年，李宗閔、牛僧孺應賢良方正科，對策譏切時政，觸犯宰相李吉甫，不得重用。由是種下牛李黨爭的惡果。事見本書卷二百三十七憲宗元和三年。❺補闕　官名，分左右，掌規諫。❻楊汝士　文宗時官至刑部尚書。傳見《舊唐書》卷一百七十六、《新唐書》卷一百七十五。❼禮部侍郎　官名，掌禮儀、祭禮、貢舉等事。❽錢徽　（西元七五四－八二九年）官至華州刺史。傳見《舊唐書》卷一百六十八、《新唐書》卷一百七十七。❾李紳　（？－西元八四六年）潤州無錫（今江蘇無錫）人，武宗時宰相。傳見《舊唐書》卷一百七十三、《新唐書》卷一百八十一。❿進士　引薦士人。⓫不預　不在榜上，即榜上無名。⓬鄭朗二句　鄭覃，故相鄭珣瑜之子，以父蔭補弘文校理，長慶元年時任諫議大夫，唐文宗時官至宰相，清正廉直，時人重之。其弟鄭朗（？－西元八五七年），字有融，宣宗時為相。兩人同傳，見《舊唐書》卷一百七十三、《新唐書》卷一百六十五。⓭皆子弟無藝　謂皆公卿子弟，無才能。⓮關節　指暗中請託，打通關節。⓯王起　（西元七五九－八四七年）字舉之，宰相王播之弟。官至尚書左僕射、山南西道節度使。傳見《舊唐書》卷一百六十四、《新唐書》卷一百六十七。⓰覆試　指審查錢徽等所取進士，進行複考。⓱丁丑　四月十一日。⓲江州　州名，治所潯陽，在今江西九江市。⓳劍州　州名，治所普安，在今四川劍閣。⓴開江　縣名，縣治在今四川開江縣。㉑屬書　託請之信。屬，同「囑」。㉒得喪一致　得與失均一樣。㉓多　稱讚。㉔敬玄　李敬玄（西元六一四－六八二年），亳州譙（今安徽亳州）人，高宗朝宰相。傳見《舊唐書》卷八十一、《新唐書》卷一百六。㉕各分朋黨二句　牛、李各自拉幫結派，交相爭鬥。按，牛李黨爭是唐朝後期政治中的一件大事，它雖起源於個人恩怨，卻因長期水火而致使政局動盪，是加速唐亡的一個重要原因。大體上說，李德裕為相，力主削藩，維護國家統一，抑制宦官，對邊患撫剿並用，謀求長期安定，王室幾中興；而牛僧孺、李宗閔藉宦官之力居臺閣，引納同黨，專事排除異己，姑息幽州節度擁兵自重，對外喪失西蜀扼控吐蕃之要地，幾傾王室。故范祖禹說：「牛李之黨多小人，德裕之黨多君子。」（《困學紀聞》引《唐鑑》卷十九）

【校　記】①焉　原無此字。據章鈺校，十二行本、乙十一行本皆有此字，今據補。

【語　譯】翰林學士李德裕，是李吉甫的兒子，由於中書舍人李宗閔曾在對策時譏諷指責李德裕的父親，李德裕憎恨李宗閔。李宗閔又和翰林學士元稹爭奪官位有矛盾。右補闕楊汝士和禮部侍郎錢徽主持進士考試，西川節度使段文昌、翰林學士李紳各自寫信把親友所推薦的應考者囑託給錢徽。等到發榜，段文昌、李紳所囑託的人都不在榜上。考取進士的人中，鄭朗，是鄭覃的弟弟；裴譔，是裴度的兒子；蘇巢，是李宗閔的女婿；楊殷士，是楊汝士的弟弟。

段文昌對穆宗說：「今年禮部特別不公平，所錄取的進士都是沒有才能的公卿子弟，是利用打通關節取得的。」穆宗就此事詢問學士們，李德裕、元稹、李紳都說：「真如段文昌說的那樣。」穆宗就命令中書舍人王起等舉行覆試。夏，四月十一日丁丑，穆宗下詔免去鄭朗等十人的進士資格，貶錢徽為江州刺史，李宗閔為劍州刺史，楊汝士為開江縣令。

有人勸錢徽把段文昌、李紳寫的囑託信奏呈上去，穆宗一定明白。錢徽說：「如果問心無愧，得失都一樣，為什麼要奏呈別人的私信，這難道是士人君子應當做的嗎！」把信拿來燒了，當時人都稱讚他。李紳，是李敬玄的曾孫；王起，是王播的弟弟。從這時候起李德裕、李宗閔各分黨派，互相傾軋，將近四十年。

丙戌❶，冊❷回鶻嗣君為登囉羽錄沒密施句主毗伽崇德可汗。

五月丙申朔❸，回鶻遣都督、宰相等五百餘人來逆❹公主。

壬子❺，鹽鐵使王播❻奏：約榷茶額❼，每百錢加稅五十。右拾遺李珏等上疏，以為「榷茶近起貞元多事之際，今天下無虞❽，所宜寬橫斂之目❾。而更增之，百姓何時當得息肩❿！」不從。

丙辰⓫，建王恪薨。

癸亥⓬，以太和長公主⓭嫁回鶻。公主，上之妹也。吐蕃聞唐與回鶻婚，六月辛未⓮，寇青塞堡，鹽州刺史李文悅擊卻之。戊寅⓯，回鶻奏：「以萬騎出北庭⓰、萬騎出安西⓱拒吐蕃，以迎公主。」

初，劉總奏分所屬為三道：以幽、涿、營⑱為一道，請除張弘靖為節度使；平、薊、嬀、檀⑲為一道，請除平盧節度使薛平為節度使；瀛、莫為一道，請除權知京兆尹盧士玫為觀察使。

弘靖先在河東，以寬簡得眾。總與之鄰境，聞其風望，以燕人桀驁⑳日久，故舉弘靖自代以安輯㉑之。平，嵩㉒之子，知河朔風俗，而盡誠於國，故舉之。士玫，則總妻族之親也。

總又盡擇麾下宿將有功[1]伉健㉓難制者都知兵馬使朱克融㉔等送之京師，乞加獎拔，使燕人有慕羨朝廷祿位之志。又獻征馬萬五千匹，然後削髮委去㉕。克融，滔㉖之孫也。

是時上方酣宴，不留意天下之務。崔植、杜元穎無遠略，不知安危大體，苟欲崇重弘靖，惟割瀛、莫二州，以士玫領之，自餘皆統於弘靖。朱克融等[2]久羈旅㉗京師，至假匄㉘衣食，日詣中書求官，植、元穎不之省。及除弘靖幽州，勒克融輩歸本軍驅使，克融輩皆憤怨。

先是，河北㉙節度使皆親冒寒暑，與士卒均勞逸。及弘靖至，雍容驕貴，肩輿㉚於萬眾之中，燕人訝之。弘靖莊默自尊，涉旬乃一出坐決事，賓客將吏罕得聞其言，情意不接，政事多委之幕僚。而所辟判官韋雍㉛輩多年少輕薄之士，嗜酒豪縱，出入傳呼甚盛，或夜歸燭火滿街，皆燕人所不習也。詔以錢百萬緡賜將士，弘靖留其二十萬緡充軍府雜用；雍輩復裁刻㉜軍士糧賜，繩之以法，數以反虜詬責㉝吏卒，謂軍士曰：「今天下太平，汝曹能挽兩石弓，不若識一『丁』字！」由是軍中人人怨怒。

【章旨】以上為第十六段，寫穆宗遊宴，輔臣無略，喪失撫慰幽州最佳時機，朱克融回鎮，亂將再起。

【注釋】❶丙戌　四月二十日。❷冊　冊封。❸丙申朔　五月初一日。❹逆　迎。❺壬子　五月十七日。❻王播　字明敬，進士及第，歷仕德宗、順宗、憲宗、穆宗、敬宗、文宗六代皇帝，歷官監察御史、京兆尹、鹽鐵轉運使，入相官終尚書左僕射同平章事，文宗太和四年卒。播有吏才，交結宦官王守澄，四度領鹽鐵使，聚財進奉以固其位。傳見《舊唐書》卷一百六十四、《新唐書》卷一百六十七。❼約榷茶額　規定徵收茶稅的數額。❽無虞　無憂，即太平之意。❾寬橫斂之目　減少橫徵暴斂的名目。❿息肩　卸去負擔，休養生息。⓫丙辰　五月二十一日。⓬癸亥　五月二十八日。⓭太和長公主　憲宗女。傳見《新唐書》卷八十三。⓮辛未　六月初七日。⓯戊寅　六月十四日。⓰北庭　都護府名，武后長安二年（西元七〇二年）置，治所庭州，在今新疆奇臺西北。⓱安西　都護府名，唐太宗貞觀十四年（西元六四〇年）置，初治西州，在今新疆吐魯番東。唐高宗顯慶三年（西元六五八年）移治龜茲，在今新疆庫車。⓲幽涿營　皆州名。幽州，治所薊縣，在今天津市。涿州，治所范陽，在今河北涿州。營州，治所柳城，在今遼寧朝陽。⓳平薊嬀檀　皆州名。平州，治所盧龍，在今河北盧龍。薊州，治所漁陽，在今天津市薊縣。嬀州，治所清夷軍城，在今河北懷來東南。檀州，治所密雲，在今北京市密雲。⓴桀驁　凶暴乖戾。㉑安輯　安撫。㉒嵩　薛嵩（？—西元七七三年），絳州龍門（今山西河津）人，名將薛仁貴之孫。史思明部將，唐代宗初降唐，官至昭義節度使。傳見《舊唐書》卷一百二十四、《新唐書》卷一百十一。㉓伉健　強健。㉔朱克融　穆宗長慶元年十二月任平盧節度使。傳見《舊唐書》卷一百八十、《新唐書》卷二百十二。㉕委去　棄官離去。㉖滔　朱滔（西元七四五—七八五年），幽州昌平（今北京市昌平）人，代宗大曆九年（西元七七四年）為盧龍節度留後，德宗建中三年（西元七八二年）反叛，僭稱冀王。興元元年（西元七八四年）兵敗，歸附朝廷。傳見《舊唐書》卷一百四十三、《新唐書》卷二百十二。㉗羈旅　寄居作客。㉘假匄　借貸乞求。匄，同「丐」。㉙河北　道名，治所魏州，在今河北大名東北。㉚肩輿　轎子。㉛韋雍　憲宗宰相韋貫之之子。官至尚書郎、盧龍節度使判官。事附《舊唐書》卷一百八十五〈韋貫之傳〉。㉜裁刻　削減剋扣。㉝詬責　辱罵。

【校記】①宿將有功　原無此四字。據章鈺校，十二行本、乙十一行本皆有此四字，張敦仁《通鑑刊本識誤》、張瑛《通鑑校勘記》同，今據補。②等　據章鈺校，十二行本、乙十一行本皆作「輩」。

【語譯】四月二十日丙戌，冊封回鶻嗣君為登囉羽錄沒密施句主毗伽崇德可汗。

五月初一日丙申，回鶻派遣都督、宰相等五百多人前來迎接公主。

五月十七日壬子，鹽鐵使王播上奏：規定收茶稅的數額，每百錢再增加五十文。右拾遺李珏等上疏，認為「徵茶稅起始於貞元年間國家動亂的時候，如今國家太平，應當減少橫徵暴斂的收稅名目。現在反而增加收稅，老百姓什麼時候才能卸去負擔！」朝廷沒有聽從。

五月二十一日丙辰，建王李恪去世。

五月二十八日癸亥，把太和長公主嫁往回鶻。公主是穆宗的妹妹。吐蕃得知唐朝和回鶻通婚，六月初七日辛未，侵擾青塞堡，鹽州刺史李文悅打退了他們。十四日戊寅，回鶻上奏說：「用一萬名騎兵從北庭開出，一萬名騎兵從安西開出，抵抗吐蕃，迎接公主。」

當初，劉總奏請把所統屬的地方分為三道：以幽、涿、營三州為一道，請求任命張弘靖為節度使；平、薊、媯、檀四州為一道，請求任命平盧節度使薛平為節度使；瀛、莫二州為一道，請求任命暫兼京兆尹的盧士玫為觀察使。

張弘靖當初在河東，由於施政寬緩簡約，很得民心。劉總和他轄地相鄰，聽到他的名聲，認為燕人很久以來就兇暴乖戾，於是推薦張弘靖代替自己以安輯燕人。薛平，是薛嵩的兒子，瞭解河朔地方的風俗，對國家很忠誠，所以推薦他。盧士玫，是劉總妻族的親戚。

劉總又把老將有功、強健難制的部下都知兵馬使朱克融等人，全部挑選出來送往京師，請求加以獎賞提拔，使燕人有羨慕朝廷祿位的意願。又獻上戰馬一萬五千匹，然後削髮為僧，棄官離去。朱克融，是朱滔的孫子。

當時穆宗正沉迷飲宴，不關心國家政務。崔植、杜元穎沒有長遠治國方略，不知安危大體，只想到尊崇張弘靖，僅割瀛、莫二州，由盧士玫統領，其餘都歸張弘靖統轄。朱克融等人長期寄居京師，以致穿衣吃飯都要向別人借貸，時常去中書省請求授官，崔植和杜元穎置之不理。等到任命張弘靖為幽州節度使，強令朱克融等人回到本軍供差遣，朱克融等人全都憤怨。

此前，河北節度使都是親冒寒暑，和兵士們同甘共苦。等到張弘靖到任，雍容驕貴，在萬眾之中坐著轎子，燕人都感到驚訝。張弘靖莊嚴沉默自尊自大，十多天才出來處理一次政事，賓客將吏很少聽到他的講話，感情不交流，政事多半交給幕僚。而他所任用的判官韋雍等人多半是年少輕薄之人，好飲酒，放蕩不羈，進進出出都要大量使喚人，有時晚上回來燭火滿街，這些都是燕人所不習慣的。朝廷詔令賜給將士一百萬串錢，張弘靖從中扣留二十萬串作為軍府的雜用；韋雍等又裁減剋扣軍士糧餉和賞賜，用法令制裁士卒，多次用「反虜」的字眼辱罵吏卒，對軍士說：「今天下太平，你們能拉開兩石弓，比不上認識一個『丁』字！」因此軍中人人既怨恨，又憤怒。

【研　析】唐憲宗靖亂，削平藩鎮割據，高奏凱歌，又正當英年，當大有作為之時，突發政變，有為之君卻死於臣豎之手，唐王室亦由此衰落不振。伴隨唐憲宗之死，唐王室由中唐政治步入了晚唐政治。如何評介憲宗功過，透視當時的各種社會矛盾，這是本卷研析的重點。

憲宗之功。憲宗是中唐政治的終結者。中唐時期，從唐玄宗天寶元年起到唐憲宗元和十五年止，當西元七四二至八二〇年，共九十七年，約一個世紀，歷玄宗後期、肅宗、代宗、德宗、順宗、憲宗六代皇帝。中唐是唐王朝的亂世，前期是安史之亂，中後期是藩鎮割據，與朝廷對立，統一與割據成為壓倒一切的主要矛盾。唐憲宗二十八歲即位，年輕有為，雄心勃勃，有振作朝廷的意願，也有掌控執政的能力。唐德宗不委政宰相，人間細務，都要親自過問，宰相備位，實際大權旁落。自貞元十年以後，朝廷威福日削，方鎮權重，無視朝廷。憲宗慕唐太宗創業之為人，尊為先聖。從太子監國，以至臨御，訖於元和，軍國樞機，盡歸之於宰相。憲宗所用宰相杜黃裳、武元衡、裴垍、李絳、裴度等，皆一時之選，李吉甫善逢迎，還不是奸佞。後期用皇甫鎛，是依附宦官的奸佞小人，但為時不長，未造成大害。憲宗有納諫的雅量，也多少做了一些改革，因此在政治上出現中興的新氣象，軍事上獲得了討伐叛逆的成功，朝廷重新控制了河北三鎮，掃平淮西、淄青的割據，全國統一於中央。唐憲宗是安史之亂以來六代帝王中最有為的一代明君，他勝過了肅宗、代宗、德宗、順宗這些先輩，更超過了晚唐穆宗、敬宗、文宗、武宗、宣宗等他的後輩。《舊唐書・憲宗紀》史臣蔣係評價說：「中外咸理，紀律再張，果能剪削亂階，誅除羣盜。睿謀英斷，近古罕儔，唐室中興，章武而已。」這個評價是符合實際的。

憲宗之過。但是憲宗沒有成為中興之主，唐王朝沒有像西漢那樣出現昭宣中興，憲宗死於宦官之手，既是他個人的悲劇，也是唐王朝的悲劇。憲宗死後，不過三年，河朔再失，統一局面喪失，憲宗一朝經過十餘年間的統一戰爭成就，頓時化為烏有。主要責任是繼任者穆宗、敬宗兩代皇帝誤國，而禍亂之端也是憲宗一手製造，這就是憲宗之過。

晚唐政治有三大社會主要矛盾。一是藩鎮跋扈，無視中央；二是宦官專政，為禍朝野；三是朋黨傾軋，南北司對立。穆宗長慶二年（西元八二二年），朝廷放棄統一河朔，藩鎮與朝廷對立的矛盾退居次要，宦官擅權與朋黨傾軋上升成為主要的兩個矛盾，其中宦官擅權是最主要的矛盾。這兩大矛盾都在憲宗朝表面化。宦官之禍不自憲宗始，而憲宗的寵信，強化了宦官之禍的體制，使皇帝的家奴騎在了主子的頭上。唐代宦官得勢，始於唐玄宗寵信高力士，宦官監軍也是唐玄宗開的惡例。肅宗朝的李輔國、程元振，代宗朝的魚朝恩，都是跋扈一時的大宦官。德宗任用宦官為中尉掌控神策軍，宦官掌握了軍權。代宗設樞密二人陵駕於宰相之上，出納章奏與傳達詔令，代皇帝立言。宰相的任用，先由皇帝與樞密商量，聽取樞密意見。這樣，宦官既掌握了軍權，又掌握了宰輔的任用之權，於是宦官擅權陵駕在皇權之上。宮中左右樞密與左右神策軍中尉被稱為「四貴」，是最有權勢的宦官。而且從唐代宗時起，節度使多從禁軍將領派出，宦官勢力從朝內擴大到了地方。唐憲宗忌刻功臣與朝士大夫，而寵信宦官，認為宦官是家奴好控制，他沒有削弱宦官權力，反而強化了四貴的權力，導致憲宗被宦官弒殺，朝官不敢追問。晚唐宦官掌控皇帝廢立，追根溯源，憲宗的先輩皇帝有責任，憲宗也不能辭其咎。

憲宗討逆，本可大有為而無大為，則是由於他的剛愎個性和猜忌心理造成。唐肅宗平定安史之亂，德宗用兵河朔，都派宦官監軍，控制諸將不得自專。用兵將領，戰敗要承擔責任，戰勝功歸監軍，因此消極作戰，官軍總是在優勢狀態中打敗仗，幾乎敗壞國事。憲宗討逆，高崇文平定西川之亂，李愬平定淮西之亂，田弘正平定淄青之亂，都是由宰相掌控大政，撤除監軍或削弱監軍職權取得的。唐憲宗明明知道這才是用兵的正軌，但他卻違眾用吐突承璀為統帥，更違眾加給吐突承璀諸道行營兵馬使、招討處置使之職，用兵河朔討王承宗。朝官群起反對，憲宗仍固執己見，用吐突承璀為主帥，只是名義上改為宣慰使。官軍動員二十萬以上，十倍於叛軍，耗費軍資七百餘萬緡，無功而返，使朝廷威信大損為天下笑。唐玄宗逃蜀，馬嵬兵變，使以後各代皇帝錯誤地吸取教訓，猜忌功臣，信用家奴。吐突承璀的失敗，嚴酷的現實給唐憲宗上了一課，他認識到與割據勢力作鬥爭，要想有成就，必須任用李絳等朝官。李絳是一個直臣，與宦官勢不兩立。用李絳就得抑制宦官。元和五年（西元八一〇年），唐憲宗出吐突承璀為淮南監軍，李絳為相，一群直臣得勢，朝廷才頗有振作氣象。按照李絳的策劃，朝廷不用兵而魏博歸服。對於李絳的才智，唐憲宗不是重用，反而猜疑，於是元和九年，李絳罷相，吐突承璀還朝，重任神策軍中尉，宦官勢力上升，朝官勢力下降。當元和十五年，宦官殺唐憲宗，立唐穆宗，朝官不敢過問，開了宦官廢立皇帝的先例，從此宦官掌握唐政權，皇帝成了傀儡。唐憲宗以家奴待宦官，任其權力擴張，中尉掌禁軍，樞密定宰相，宦官勢力尾大不掉，這是唐憲宗施政的最大失敗，也是唐憲宗的最大之過。

憲宗之短。短與過有別。過是指犯錯誤，短是指缺失，有局限。唐憲宗剛愎而固執，小氣無大量，這是他的短，從而障蔽了他的明識與決斷，是以建功不深。史館修撰李翺上奏憲宗興文德，即革新政治，提出六條主張：其一，恢復唐高祖、唐太宗之舊制，指武德、貞觀年間的善政；其二，用忠直，遠邪佞；其三，改稅法，以布帛代錢繳納，減輕民眾負擔；其四，絕進獻，寬百姓租賦；其五，厚邊兵，以制戎狄侵盜；其六，訪問待制官，以通塞蔽。這些政治主張得以施行，唐朝中興有望。唐憲宗能用忠直，但不遠邪佞；唐憲宗尚能納諫，但用心不專，更信用宦官，唐憲宗在六條中做到了兩個半條，取得了顯著成績。其他各條，唐憲宗能做卻不做。各道州府進獻，實質是變相賣官，這一弊政，皇帝心知肚明，就是割捨不下。皇帝貪財怎能明？厚邊兵，以制戎狄侵盜，在聖明之朝，三尺童子都明白的道理，但是政治腐敗，觸及既得利益者，這一至關國防的善政，也就推不動了。例如駐京西、京北的神策軍，本是加強邊防以禦回鶻、吐蕃。由於神策軍掌握在宦官手中，平時給養優厚，戰時不聽邊將指揮，引起邊兵不滿，反而削弱了戰鬥力。邊將吃空額，兵不滿員，武備廢弛。李絳提出，把駐防京西、京北的神策軍劃歸節度使統率；又提出檢閱邊兵，革除邊將吃空額的積弊。如受降城，額定四百名守軍，實際只有五十人，武器只有弓一張。這些具體建議，觸犯宦官和邊將利益，都被唐憲宗擱置。像這樣邊防要事而只是涉及局部人利益的事唐憲宗都做不到，而涉及全國民生國計的大政，當然就更做不到了。

憲宗無容人之量，為朋黨傾軋樹立了壞的榜樣。朋黨比周，就是不分是非，排斥異己。永貞革新，有許多利國利民的善政，唐憲宗統統取消，二王八司馬全都一棍子打死。唐憲宗以市井小民報私仇的心態來處置不同政見的朝士，從此開了一個惡例，皇帝用人，當做自己的奴僕，後任皇帝把前任皇帝所用的人看做是前任皇帝的奴僕，不分功過是非，一律排斥。朋黨傾軋在憲宗朝方興未艾。憲宗本意也是忌刻朋黨比周，但自己行事卻黨同伐異，卻要臣屬坦坦蕩蕩，自然是不可能了。

此外，唐憲宗處置沂州兵變，派中使授予兵變頭目王弁開州刺史，在半道設伏捕拿，用欺詐手段行法，又濫殺無辜，五人作亂，屠了一千多人。堂堂皇帝，處置一個小州的兵變，採用下流手段，食言不信，受到司馬光嚴厲批評，說唐憲宗開了中興事業的頭，卻不能完成中興的事業，就是由於只追求眼前功利而丟了長遠大信的緣故。司馬光的批評是中肯的，但沒有觸及根本。專制帝王不受制衡力的約束，沒有幾個不食言的。君不見現代社會還有人用「引蛇出洞」的下作手段消滅異端，因此我們也就不能苛責古人了。

「性格決定成敗」，這句話也適用於唐憲宗。

卷第二百四十二

唐紀五十八

起重光赤奮若（辛丑　西元八二一年），七月，盡玄黓攝提格（壬寅　西元八二二年），凡一年有奇。

【題　解】本卷記事起西元八二一年，迄西元八二二年，凡一年又六個月。當唐穆宗長慶元年至二年。穆宗李恆繼位，河北三鎮歸服，應是安史之亂以來形勢最好的時候，即使是一個中庸之君也可有一番作為。無奈李恆是一個典型的花花太歲，只知吃喝玩樂，即位伊始就遊宴無度，放手宦官恣意所為，逐走賢相裴度，政治急轉直下。幽州、成德、相州、瀛州、武寧、宣武接二連三發生兵變，朱克融據幽州，王庭湊據成德，河北復亂。穆宗發諸鎮兵討成德，雖然起用裴度為招討使，又有烏重胤、李光顏當時名將助陣，但朝政不肅、宰相庸劣、宦官監軍，裴度及各鎮主將受多方牽制，官軍十倍於叛軍，以十五萬之眾討一萬餘之叛軍，屢戰不勝，屯圍逾年，竟無成功，財竭力盡。白居易上奏靖亂良策，穆宗不納，而是姑息，授節朱克融與王庭湊，各為節度使，朝廷再失河朔，直至滅亡，不能復取。兵部侍郎韓愈宣慰成德，不辱君命。

穆宗睿聖文惠孝皇帝中

長慶元年（辛丑　西元八二一年）

秋，七月甲辰❶，韋雍出，逢小將策馬衝其前導。雍命曳下，欲於街中杖之。河朔軍士不貫❷受杖，不服。雍以白弘靖，弘靖命軍虞候❸繫治之。是夕，士卒連營呼譟作亂，將校不能制。遂入府舍，掠弘靖貨財、婦女，囚弘靖於薊門館❹，殺幕僚韋雍、張宗元、崔仲卿、鄭塤、都虞候劉操、押牙❺張抱元。明日，軍士稍稍❻自悔，悉詣館謝❼弘靖，請改心事之。凡三請，弘靖不應，軍士乃相謂❽曰：「相公無言，是不赦吾曹。軍中豈可一日無帥！」乃相與迎舊將朱洄，奉以為留後。洄，克融之父也，時以疾廢❾臥家，自辭老病，請使克融為之，眾從之。眾以判官張徹長者，不殺。徹罵曰：「汝何敢反，行且❿族滅！」眾共殺之。

壬子⓫，羣臣上尊號曰文武孝德皇帝，赦天下。

甲寅⓬，幽州監軍奏軍亂。丁巳⓭，貶張弘靖為賓客⓮、分司⓯。己未⓰，再貶吉州⓱刺史。庚申⓲，以昭義節度使劉悟為盧龍節度使。悟以朱克融方彊，奏請「且授克融節鉞⓳，徐圖之。」乃復以悟為昭義節度使⓴。

【章旨】以上為第一段，寫幽州軍變起，朱克融據幽州。

【注　釋】❶甲辰　七月初十日。❷貫　同「慣」。❸軍虞候　軍法官。唐中葉以後，藩鎮皆置都虞候，主不法。❹薊門館　幽州驛館。❺押牙　藩鎮所置親信武官，出入衙內，與聞軍政，可直接統軍。主官為都押牙。❻稍稍　漸漸。❼謝　道歉；請罪。❽相謂　相互說。❾疾廢　即廢疾，神經不健全，或身體殘廢。❿行且　行將；即將。⓫壬子　七月十八日。⓬甲寅　七月二十日。⓭丁巳　七月二十三日。⓮賓客　即太子賓客，官名，掌侍從規諫，贊相禮儀。⓯分司　即分司東都，在東都洛陽執行職務。⓰己未　七月二十五日。⓱吉州　州名，治所廬陵，在今江西吉安。⓲庚申　七月二十六日。⓳且授克融節鉞　暫且封拜朱克融為節度使。⓴乃復以悟為昭義節度使　唐憲宗改授劉悟為盧龍節度使，乃是接管幽州，因朱克融勢盛，劉悟不願赴任，故仍留原任。

【語　譯】穆宗睿聖文惠孝皇帝中

長慶元年（辛丑　西元八二一年）

秋，七月初十日甲辰，韋雍外出，遇到小將領策馬衝撞了他的前導。韋雍命令把小將領從馬上拉下來，想在街道上用杖打他。河朔軍士不習慣受杖刑，不服從。韋雍把這件事報告給張弘靖，張弘靖命令軍虞候把那人抓起來治罪。當晚，士卒連營呼叫作亂，將校不能控制。於是士卒衝入節度使府中，搶掠張弘靖的財物、婦女，把張弘靖囚禁在薊門館，殺死幕僚韋雍、張宗元、崔仲卿、鄭塤、都虞候劉操、押牙張抱元。第二天，軍士們漸漸後悔，都到薊門館去向張弘靖認罪，請求改正錯誤來服侍他。一共請求了三次，張弘靖都未答話，軍士們於是互相說：「相公不說話，就是不肯赦免我們。軍中哪能一天沒有統帥！」於是共同去接舊將朱洄，擁舉他為留後。朱洄是朱克融的父親，當時因為生病，臥床在家，他以年老有病謝絕，請他們讓朱克融擔任這個職務，大家聽從了。軍眾認為判官張徹是一個寬厚謹慎的人，沒有殺他。張徹卻罵道：「你們怎敢造反，將要遭滅族之災！」大家一起把他殺了。

七月十八日壬子，群臣上尊號稱文武孝德皇帝，大赦天下。

七月二十日甲寅，幽州監軍上奏軍士作亂。二十三日丁巳，貶張弘靖為太子賓客、分司東都。二十五日己未，再貶吉州刺史。二十六日庚申，任命昭義節度使劉悟為盧龍節度使。劉悟認為朱克融勢力正強大，上奏請求「暫時封拜朱克融為節度使，慢慢再來算計他。」於是又以劉悟為昭義節度使。

辛酉❶，太和公主❷發長安❸。

初，田弘正受詔鎮成德，自以久與鎮人戰，有父兄之仇❹，乃以魏兵二千從赴鎮，因留以自衛，奏請度支供其糧賜❺。戶部侍郎、判度支崔倰❻性剛褊❼，無遠慮，以為魏、鎮各自有兵，恐開事例，不肯給。弘正四上表，不報，不得已，遣魏兵歸。倰，沔之孫也。

弘正厚於骨肉，兄弟子姪在兩都❽者數十人，競為侈靡，日費約二十萬。弘正輦❾魏、鎮之貨以供之，相屬❿於道，河北將士頗不平。詔以錢百萬緡賜成德軍，度支輦運不時⓫至，軍士益不悅。◯都知兵馬使王庭湊⓬，本回鶻阿布思之種也，性果悍陰狡⓭，潛謀作亂，每抉⓮其細故以激怒之，尚以魏兵故，不敢發。及魏兵去，壬戌⓯夜，庭湊結牙兵⓰譟⓱於府署，殺弘正及僚佐、元從⓲將吏并家屬三百餘人。庭湊自稱留後，逼監軍宋惟澄奏求節鉞。八月己巳⓳[1]，惟澄以聞，朝廷震駭。崔倰於崔植為再從兄⓴，故時人莫敢言其罪。◯初，朝廷易置魏、鎮帥臣，左金吾將軍楊元卿㉑上言，以為非便，又詣宰相深陳利害。及鎮州亂，上賜元卿白玉帶。辛未㉒，以元卿為涇原節度使。

瀛莫將士家屬多在幽州，壬申㉓，莫州都虞候張良佐潛引朱克融兵入城，刺史吳暉不知所在。

癸酉㉔，王庭凑遣人殺冀州㉕刺史王進岌，分兵據其州。

魏博節度使李愬聞田弘正遇害，素服㉖令將士曰：「魏人所以得通聖化，至今安寧富樂者，田公之力也。今鎮人不道，輒敢害之，是輕魏以為無人也。諸君受田公恩，宜如何報之？」眾皆慟哭。深州㉗刺史牛元翼㉘，成德良將也，愬使以寶劍、玉帶遺㉙之，曰：「昔吾先人以此劍立大勳㉚，吾又以之平蔡州，今以授公，努力翦庭凑。」元翼以劍、帶徇于軍，報曰：「願盡死！」愬將出兵，會疾作，不果。元翼，趙州人也。

乙亥㉛，起復㉜前涇原節度使田布為魏博節度使，令乘驛㉝之鎮。布固辭不獲，與妻子、賓客訣曰：「吾不還矣！」悉屏㉞去旌節導從㉟而行，未至魏州㊱三十里，被髮徒跣㊲，號哭而入，居于堊室㊳。月俸千緡，一無所取，賣舊產，得錢十餘萬緡，皆以頒士卒，舊將老者兄事之。

丙子㊴，瀛州軍亂，執觀察使盧士玫及監軍僚佐送幽州，囚於客館。○王庭湊遣其將王立攻深州，不克。

丁丑㊵，詔魏博、橫海、昭義、河東、義武㊶諸軍各出兵臨成德之境，若王庭湊執迷不復，宜即進討。成德大將王儉[2]等五人謀殺王庭湊，事泄，并部兵三千人皆死。

己卯㊷，以深州刺史牛元翼為深冀節度使。

丁亥㊸，以殿中侍御史㊹溫造㊺為起居舍人，充鎮州四面諸軍宣慰使㊻，歷澤潞、河東、魏博、橫海、深冀、易定㊼等道，諭以軍期。造，大雅㊽之五世孫也。

○己丑㊾，以裴度為幽、鎮兩道招撫使㊿。

癸巳(51)，王庭湊引幽州兵圍深州。

【章旨】以上為第二段，寫成德都知兵馬使王庭湊殺田弘正叛據鎮州。

【注釋】❶辛酉　七月二十七日。❷太和公主　穆宗妹，下嫁回鶻崇德可汗和親，會昌三年回唐，改封定安長公主。傳見《新唐書》卷八十三。❸發長安　從長安出發，前往回鶻。❹有父兄之仇　憲宗之世，成德鎮叛，田弘正兩度出討，久與鎮人戰。憲宗元和十一年（西元八一六年），田弘正討王承宗，破其兵於南宮，殺二千餘人，故與成德鎮人有殺父殺兄之仇。事見本書〈憲宗紀〉元和十一年，及兩《唐書》田弘正本傳。❺度支供其糧賜　唐制，諸鎮兵出境，度支給其衣糧。度支，戶部第二司，掌財政。❻崔倰　字德長，唐玄宗時中書侍郎崔沔之孫，德宗時宰相崔祐甫之子。官至戶部侍郎、判度支。田弘正遇害，咎在崔倰不供給田弘正魏博親兵給養，田弘正失親兵而遇害。崔倰出為鳳翔節度使，以戶部尚書致仕。傳見《舊唐書》卷一百十九、《新唐書》卷一百四十二。❼剛褊　性格剛強，心胸狹窄。❽兩都　西都長安，東都洛陽。❾輦　以車載運。⑩屬　連接不斷。⑪不時　未能及時。⑫王庭湊　回鶻人，曾祖五哥之，驍勇善戰，成德節度使王武俊養為子，故冒姓王。庭湊原為武俊之孫承元兵馬使，後田弘正為成德節度使，庭湊殺弘正，自立為節度使。傳見《舊唐書》卷一百四十二、《新唐書》卷二百十一。⑬果悍陰狡　果敢強悍，陰險狡猾。⑭抉　挑。⑮壬戌　七月二十八日。⑯結牙兵　集結親兵。⑰譟　吶喊、起哄或鼓噪。⑱元從　自始相隨從的人員。⑲己巳　八月初六日。⑳再從兄　堂祖父之孫互稱再從兄弟。崔倰之祖崔濤，乃崔植之祖崔沔之弟，故倰與植為再從兄弟。時崔植為相，故時人莫敢言崔倰之罪。㉑楊元卿　（西元七六三—八三三年）歷任涇原、河陽、宣武等節度、觀察使。傳見《舊唐書》卷一百六十一、《新唐書》卷一百七十一。㉒辛未　八月初八日。㉓壬申　八月初九日。㉔癸酉　八月初十日。㉕冀州　州名，治所信都，在今河北冀州。㉖素服　穿著白色喪服。㉗深州　州名，治所陸澤，在今河北深州西。㉘牛元翼　趙州（今河北趙縣）人，原為成德節度使大將，王庭湊叛，穆宗任為深冀節度使，旋為山南東道節度使。傳見《新唐書》卷一百四十八。㉙遺　贈送。㉚立大勳　指平朱泚叛亂。㉛乙亥　八月十二日。㉜起復　官員服喪未滿期而起用，謂之「起復」。居喪期滿而起用，亦可謂之「起復」，或云「奪情」。田布係弘正子，任涇原節度使。弘正遇害，服喪居家。穆宗召布，解縗拜魏博節度使，故曰「起復」。㉝驛　指驛車。㉞屏　除去。㉟導從　官員出行，前驅者稱導，後隨者稱從。㊱魏州　州名，治所貴鄉，在今河北大名東北。㊲徒跣　赤腳步行。㊳堊室　白土塗刷之室，守喪所居。㊴丙子　八月十三日。㊵丁丑　八月十四日。㊶義武　方鎮名，唐德宗建中三年（西元七八二年）置，治所定州，在今河北定州。㊷己卯　八月十六日。㊸丁亥　八月二十四日。㊹殿中侍御史　官名，掌殿廷供奉之儀式及京城之糾察。㊺溫造　（西元七六五—八三五年）字簡輿，官至禮部尚書。傳見《舊唐書》卷一百六十五、《新唐書》卷九十一。㊻宣慰使　官名，朝廷所派宣慰巡視戰地及軍隊之使臣。㊼澤潞河東魏博橫海深冀易定　皆方鎮名，澤潞即昭義軍，領澤、潞、邢、銘、磁五州，故簡稱澤潞。深冀本成德軍所轄二州，成德叛亂，遂置深冀節度使以離析其軍。易定即義武軍節度使，領易、定、滄三州，故簡稱易定。㊽大雅　溫大雅，字彥弘，太原祁（今山西祁縣）人，仕唐高祖、唐太宗二朝，官至禮部尚書。傳見《舊唐書》卷六十一、《新唐書》卷九十一。㊾己丑　八月二十六日。㊿招撫使　官名，朝廷所派掌招撫歸順事宜之使臣。(51)癸巳　八月三十日。

【校　記】①己巳　原作「癸巳」。嚴衍《通鑑補》改作「己巳」，今從改。②王儉　嚴衍《通鑑補》改作「王位」。

【語　譯】七月二十七日辛酉，太和公主從長安出發。

當初，田弘正受皇帝詔命為成德軍節度使，他自己覺得過去長久與鎮州人作戰，有殺死他們父兄的仇恨，就帶了二千名魏博鎮士兵跟隨到鎮州去，於是把他們留下來用以自衛，奏請度支供應他們糧餉和賞賜。戶部侍郎兼度支崔倰性情剛強褊狹，沒有遠見，認為魏州和鎮州各自都有兵眾，怕開先例，不肯供應。弘正四次上表，沒有回覆，不得已，只好把魏博鎮士兵打發回去。崔倰，是崔沔的孫子。

田弘正對自己的骨肉之親很優厚，兄弟子姪在兩都的有數十人，競相侈靡，每天用費大約要二十萬錢。田弘正用車運送魏、鎮二鎮貨物供應親戚，車輛在路上絡繹不絕，河北將士很不平。穆宗命令拿一百萬串錢賜給成德軍，度支運送的車輛沒有及時到達，軍士更加不高興。○都知兵馬使王庭湊，本是回鶻阿布思的後裔，性情果敢強悍、陰險狡猾，暗地謀劃作亂，常常挑出一些小問題來激怒士兵，暫因魏博鎮士兵在，不敢行動。等到魏博鎮士兵離去，七月二十八日壬戌夜裡，王庭湊糾集牙兵在節度使府作亂，殺死田弘正和幕僚佐吏、隨從將士並家屬三百多人。王庭湊自己號稱留後，逼迫監軍宋惟澄上奏求做節度使。八月初六日己巳，宋惟澄上報這件事，朝廷震驚。崔倰是崔植的同族兄弟，所以當時人們不敢說崔倰的罪過。○當初，朝廷調換魏州、鎮州的節度使，左金吾將軍楊元卿上奏，認為不合適，又到宰相那裡深切陳述利害關係。等到鎮州軍叛亂，穆宗賞賜楊元卿白玉帶。初八日辛未，任命楊元卿為涇原節度使。

瀛莫將士家屬很多住在幽州，八月初九日壬申，莫州都虞候張良佐暗地帶領朱克融的士兵入城，刺史吳暉不知跑到什麼地方去了。

八月初十日癸酉，王庭湊派人殺了冀州刺史王進岌，分派軍隊佔領冀州。

魏博節度使李愬聽到田弘正遇害，穿著喪服對將士說：「魏州人之所以能接受朝廷教化，至今安寧富樂，是因為田公之力。現在鎮州人不遵法度，就敢殺害田公，這是看不起魏鎮，以為魏鎮無人。諸君受田公的恩惠，應當如何報答他呢？」大家都悲痛大哭。深州刺史牛元翼，是成德軍的良將，李愬派人把寶劍、玉帶贈給他，說：「過去我的先輩用這柄劍立了大功，我又用它平定了蔡州吳元濟，現在送給你，努力翦滅王庭湊。」牛元翼將寶劍和玉帶在軍中展示，回報李愬說：「願盡死力！」李愬將要出兵，恰巧疾病發作，未能如願。

牛元翼是趙州人。

八月十二日乙亥，穆宗起用前涇原節度使田布為魏博節度使，命令他乘驛站車馬趕赴鎮所。田布堅決推辭未獲允許，就與妻兒、賓客告別說：「我回不來了！」他全部去掉旌旗符節和隨從就出發了，離魏州還有三十里，他披頭散髮赤著腳，號哭進入魏州城，居住在守喪的白土粉刷的房子裡。月俸一千串錢，一點也未動用，賣掉舊有的產業，得錢十多萬串，全都用來分給士卒，對年紀大的舊將，如兄長般對待。

八月十三日丙子，瀛洲軍作亂，觀察使盧士玫和監軍僚佐都被送往幽州，囚禁在客館中。〇王庭湊派他的部將王立攻打深州，沒有攻下。

八月十四日丁丑，詔令魏博、橫海、昭義、河東、義武諸軍各出兵到達成德軍所轄的邊境，如果王庭湊執迷不悟，應當立即進軍征討。成德軍大將王儉等五人謀劃殺掉王庭湊，事機洩露，和部下兵士三千人都被殺死。

八月十六日己卯，任命深州刺史牛元翼為深冀節度使。

八月二十四日丁亥，任命殿中侍御史溫造為起居舍人，充任鎮州四面諸軍宣慰使，歷經澤潞、河東、魏博、橫海、深冀、易定等道，告訴他們進軍的日期。溫造，是溫大雅的五世孫。〇二十六日己丑，任命裴度為幽、鎮兩道招撫使。

八月三十日癸巳，王庭湊帶領幽州兵包圍深州。

九月乙巳❶，相州❷軍亂，殺刺史邢濋。

吐蕃遣其禮部尚書論訥羅來求盟。庚戌❸，以大理卿❹劉元鼎為吐蕃會盟使❺。

王子❻，朱克融焚掠易州❼、淶水、遂城、滿城❽。

自定兩稅法❾[1]以來，錢日重，物日輕❿，民所輸三倍其初，詔百官議革其弊。戶部尚書楊於陵以為：「錢者所以權⓫百貨，貿遷⓬有無，所宜流散⓭，不應蓄聚。今稅百姓錢藏之公府，又，開元中天下鑄錢七十餘爐⓮，歲入百萬，今纔十餘爐，歲入十五萬，又積於商賈之室及流入四夷。又，大曆以前，淄青、太原、魏博貿易雜用鉛鐵，嶺南雜用金、銀、丹砂、象齒，今一用錢⓯。如此，則錢焉得不重，物焉得不輕！今宜使天下輸稅課⓰者皆用穀、帛，廣鑄錢而禁滯積⓱及出塞⓲者，則錢日滋矣。」朝廷從之，始令兩稅皆輸布、絲、纊⓳，獨鹽、酒課用錢。

冬，十月丙寅⓴，以鹽鐵轉運使、刑部尚書王播為中書侍郎、同平章事，使職如故㉑。播為相，專以承迎為事，未嘗言國家安危。

以裴度為鎮州四面行營都招討使㉒。左領軍大將軍杜叔良以善事權倖㉓得進，時幽、鎮兵勢方盛，諸道兵未敢進，上欲功速成，宦官薦叔良，以為深州諸道行營節度使。以牛元翼為成德節度使。

癸酉㉔，命宰相及大臣凡十七人與吐蕃論訥羅盟于城西。遣劉元鼎與訥羅入吐蕃，亦與其宰相以下盟。

乙亥㉕，以沂州刺史王智興㉖為武寧節度副使。先是，副使皆以文吏為之，上聞智興有勇略，欲用之於河北，故以是寵之。

丁丑㉗，裴度自將兵出承天軍㉘故關㉙，以討王庭湊。○朱克融遣兵寇蔚州㉚。○戊寅㉛，王庭湊遣兵寇蔚州[2]。○己卯㉜，易州刺史柳公濟敗幽州兵於白石嶺，殺千餘人。○庚辰㉝，橫海軍節度使烏重胤奏敗成德兵於饒陽㉞。○辛巳㉟，魏博節度使田布將全軍三萬人討王庭湊，屯於南宮㊱之南，拔其二柵。

翰林學士元稹與知樞密㊲魏弘簡深相結，求為宰相，由是有寵於上，每事咨訪焉。稹無怨於裴度，但以度先達㊳重望，恐其復有功大用，妨己進取，故度所奏畫軍事，多與弘簡從中沮壞㊴之。度乃上表極陳其朋比姦蠹㊵之狀，以為：「逆豎㊶構亂，震驚山東；姦臣㊷作朋，撓敗㊸國政。陛下欲掃蕩幽、鎮，先宜肅清朝廷。何者？為患有大小，議事有先後。河朔逆賊，祗亂山東，禁闈㊹姦臣，必亂天下，是則河朔患小，禁闈患大。小者臣與諸將必能翦滅，大者非陛下覺寤㊺制斷㊻無以驅除。今文武百寮㊼，中外萬品，有心者無不憤忿，有口者無不咨嗟，直㊽以獎用方深，不敢抵觸，恐事未行而禍已及，不為國計，且為身謀。臣自兵興以來，所陳章疏，事皆要切，所奉書詔，多有參差㊾，蒙陛下委付之意不輕，遭姦臣抑損之事不少。臣素與佞倖(50)亦無纖嫌，正以臣前請乘傳(51)詣闕，面陳軍事，姦臣最所畏憚，恐臣發其過惡[3]，百計止臣。臣又請與諸軍齊進，隨便攻討。姦臣恐臣或有成功，曲加阻礙，逗遛日時，進退皆受羈牽(52)，意見悉遭蔽塞。但欲令臣失所，使臣無成，則天下理亂，山東勝負，悉不顧矣。為臣事君，一至於此！若朝中姦臣盡去，則河朔逆賊不討自平；若朝中姦臣尚存，則逆賊縱平無益。陛下儻(53)未信臣言，乞出臣表，使百官集議，彼不受責，臣當伏辜(54)。」表三上，上雖不悅，以度大臣，不得已，癸未(55)，以弘簡為弓箭庫使(56)，稹為工部侍郎。稹雖解翰林，恩遇如故。

宿州(57)刺史李直臣坐贓當死，宦官受其賂，為之請。御史中丞牛僧孺(58)固請誅之。上曰：「直臣有才，可惜[4]！」僧孺對曰：「彼不才者，無過溫衣飽食以足妻子，安足慮！本設法令，所以擒制有才之人。安祿山、朱泚(59)皆才過於人，法不能制者也。」上從之。

橫海節度使烏重胤將全軍救深州，諸軍倚重胤獨當幽、鎮東南。重胤宿將，知賊未可破，按兵觀釁(60)。上怒，丙戌(61)[5]，以杜叔良為橫海節度使，徙重胤為山南西道(62)節度使。

靈武(63)節度使李進誠奏敗吐蕃三千騎於大石山(64)下。

十一月辛酉(65)，淄青節度使薛平奏突將(66)馬廷崟作亂，伏誅。時幽、鎮兵攻棣州，平遣大將李叔佐將兵救之。刺史王稷(67)供饋稍薄，軍士怨怒，宵潰，推廷崟為主，行且收兵至七千餘人，徑逼青州。城中兵少，不敵，平悉發府庫及家財召募，得精兵二千人，逆(68)戰，大破之，斬廷崟，其黨死者數千人。

橫海節度使杜叔良將諸道兵與鎮人戰，遇敵輒北。鎮人知其無勇，常先犯之。十二月庚午(69)，監軍謝良通奏叔良大敗於博野(70)，失亡七千餘人。叔良脫身還營，喪其旌節。

丁丑(71)，義武節度使陳楚(72)奏敗朱克融兵於望都及北平(73)，斬獲萬餘人。

戊寅(74)，以鳳翔(75)節度使李光顏為忠武(76)節度使、兼深州行營節度使，代杜叔良。

自憲宗征伐四方，國用已虛。上即位，賞賜左右及宿衛諸軍無節，及幽、鎮用兵久無功，府藏空竭，勢不能支。執政乃議：「王庭湊殺田弘正而朱克融全張弘靖，罪有重輕，請赦克融，專討庭湊。」上從之。乙酉(77)，以[6]朱克融為平盧(78)節度使。

戊子(79)，義武奏破莫州清源(80)等三柵，斬獲千餘人。

【章旨】以上為第三段，寫唐穆宗發諸鎮兵討成德，朝政不肅，招討使裴度受諸多牽制，官軍多於賊而屢戰不勝。

【注釋】❶乙巳　九月十二日。❷相州　州名，治所安陽，在今河南安陽。❸庚戌　九月十七日。❹大理卿　官名，大理寺內掌刑獄的官署，其正、副長官為大理寺卿、少卿。❺會盟使　官名，朝廷臨時派遣主持會見結盟事宜之專使。❻壬子　九月十九日。❼易州　州名，治所易縣，在今河北易縣。❽淶水遂城滿城　皆縣名，淶水縣治在今河北淶水縣，遂城縣治在今河北徐水縣西，滿城縣治在今河北滿城西。❾兩稅法　建中元年（西元七八〇年）楊炎廢租庸調制，改行兩稅法。事見本書卷二百二十六德宗建中元年。❿錢日重二句　錢一天天增值，布帛穀糧等生活物資一天比一天降價。⓫權　衡量。⓬貿遷　交易。⓭流散　流通。⓮天下鑄錢七十餘爐　全國擁有製造銅錢的鑄錢爐七十餘座。⓯今一用錢　現今統一用銅錢作貨幣。⓰稅課　賦稅。⓱禁滯積　禁止囤積銅錢不用於流通。⓲出塞　謂流入夷狄。塞，邊關。⓳纊　絲綿。⓴丙寅　十月三日。㉑使職如故　指王播拜相後，原任鹽鐵轉運使，依然不變。㉒招討使　官名，掌招收討殺盜賊之事，位在宣撫使之下，制置使之上。四面行營都招討使，即各路討伐軍的總指揮。㉓權倖　權貴親幸。倖，同「幸」。㉔癸酉　十月十日。㉕乙亥　十月十二日。㉖王智興　（西元七五七—八三六年）字匡諫，懷州溫（今河南溫縣）人，歷仕憲宗、穆宗、文宗三朝，先後任武寧、河中、宣武等節度使。傳見《舊唐書》卷一百五十六、《新唐書》卷一百七十二。㉗丁丑　十月十四日。㉘承天軍　軍鎮名，治所在今山西平定東北。㉙故關　即娘子關，在今山西平定東北，與河北交界，為軍事要隘。㉚蔚州　州名，治所靈丘，在今山西靈丘。㉛戊寅　十月十五日。㉜己卯　十月十六日。㉝庚辰　十月十七日。㉞饒陽　縣名，縣治在今河北饒陽。㉟辛巳　十月十八日。㊱南宮　縣名，縣治在今河北南宮西北。㊲知樞密　官名，即知樞密事，亦稱樞密使，掌承受表奏，參與機密，權勢很重，以宦者任之。㊳先達　先輩。㊴沮壞　敗壞；毀壞。㊵朋比姦蠹　結黨為奸。㊶逆豎　指王庭湊、朱克融等。㊷姦臣　指元稹、魏弘簡等。㊸撓敗　阻撓破壞。㊹禁闈　宮中。㊺覺寤　覺察。㊻制斷　專斷。㊼寮　同「僚」。㊽直　僅；只。㊾參差　不一致。㊿佞倖　諂媚而得親幸之人。(51)乘傳　乘驛車。(52)羈牽　牽制。(53)儻　同「倘」。倘若。(54)伏辜　甘心服罪。(55)癸未　十月二十日。(56)弓箭庫使　官名，掌內廷弓矢，以宦者為之。(57)宿州　州名，治所符離，在今安徽宿州北。(58)牛僧孺　（西元七七八—八四七年）字思黯，安定鶉觚（今甘肅靈臺）人，穆宗、文宗兩朝宰相。牛李黨爭牛派首領。傳見《舊唐書》卷一百七十二、《新唐書》卷一百七十四。(59)朱泚　朱滔兄，任盧龍節度使，後出鎮鳳翔，德宗時禍亂京師，一度稱帝。事詳本書卷二百二十九德宗建中四年。傳見《舊唐書》卷二百下、《新唐書》卷二百二十五中。(60)觀釁　窺伺間隙。(61)丙戌　十月二十三日。(62)山南西道　方鎮名，唐代宗廣德元年（西元七六三年）置，治所梁州，在今陝西漢中。(63)靈武　方鎮名，即朔方節度使，又稱靈州、靈鹽節度使。唐玄宗開元九年（西元七二一年）置，治所靈州，在今寧夏靈武西南。(64)大石山　今址不能確指，疑在今內蒙古烏審旗西南一帶。(65)辛酉　十一月二十八日。(66)突將　衝鋒陷陣的猛將。(67)王稷　憲宗朝河中節度使王鍔之子，官至棣州刺史（兩《唐書》本傳均作德州刺史，《舊唐書·李全略傳》作棣州刺史，是）。傳見《舊唐書》卷一百五十一、《新唐書》卷一百七十。(68)逆　迎。(69)庚午　十二月初八日。(70)博野　縣名，縣治在今河北蠡縣。(71)丁丑　十二月十五日。(72)陳楚　定州（今河北定州）人，官至河陽三城節度使。傳見《舊唐書》卷一百四十一、《新唐書》卷一百四十八。(73)望都及北平　皆縣名，望都縣治在今河北望都，北平縣治在今河北順平東南。(74)戊寅　十二月十六日。(75)鳳翔　方鎮名，唐肅宗上元元年（西元七六〇年）置，治所鳳翔府，在今陝西鳳翔。(76)忠武　方鎮名，唐德宗貞元三年（西元七八七年）置陳許節度使，治許州，在今河南許昌。十年賜號忠武軍。(77)乙酉　十二月二十三日。(78)平盧　當作盧龍。《舊唐書·穆宗紀》：「乙酉，以幽州都知兵馬使朱克融檢校右散騎常侍，充幽州盧龍軍節度使。」(79)戊子　十二月二十六日。(80)清源　地名，在今河北任丘西南。

【校記】[1]法　原無此字。據章鈺校，十二行本、乙十一行本皆有此字，今據補。[2]蔚州　據章鈺校，十二行本、乙十一行本、孔天胤本皆作「貝州」，張瑛《通鑑校勘記》、熊羅宿《胡刻資治通鑑校字記》同。[3]惡　原無此字。據章鈺校，十二行本、乙十一行本皆有此字，今據補。[4]可惜　此下原有三字空格。據章鈺校，十二行本、乙十一行本、孔天胤本皆無空格，今據改。[5]丙戌　原無此二字。據章鈺校，十二行本、乙十一行本皆有此二字，今據補。[6]以　此下原有一空格。據章鈺校，十二行本、乙十一行本、孔天胤本皆無空格，今據改。

【語譯】九月十二日乙巳，相州軍作亂，殺死刺史邢濋。

吐蕃派遣它的禮部尚書論訥羅前來請求簽訂盟約。九月十七日庚戌，任命大理卿劉元鼎為吐蕃會盟使。

九月十九日壬子，朱克融焚燒搶掠易州、淶水、遂城、滿城。

自從制定兩稅法以來，錢幣一天天增值，實物一天天降價，民眾繳納的賦稅是當初的三倍，穆宗詔令百官討論革除這種弊病。戶部尚書楊於陵認為：「錢是用來衡量百貨價值，交易有無的，它應當流通，不應蓄聚不使用。現在百姓交納的稅錢藏在國家倉庫裡，另外，開元年間國家鑄錢七十多爐，每年收進來百萬。現在才十多爐，每年收進來十五萬，又聚積在富商大賈家裡和流入到四方外族手中。還有，大曆年間以前，淄青、太原、魏博諸道貿易雜用鉛鐵，嶺南雜用金、銀、丹砂、象齒，現在統一用錢。這樣一來，錢哪能不貴重，貨物哪能不輕賤！今天應當讓天下交納賦稅全都用穀、帛，擴大鑄錢的數量，禁止囤積不流通，以及流出邊關，那麼錢就會一天天多起來了。」朝廷採納了楊於陵的意見，開始命令兩稅都交納布、絲、纊，只有鹽、酒稅交錢。

冬，十月初三日丙寅，任命鹽鐵轉運使、刑部尚書王播為中書侍郎、同平章事，轉運使的職務仍舊不變。王播任宰相，只幹奉承逢迎之事，沒有議論過國家安危大事。

任命裴度為鎮州四面行營都招討使。左領軍大將軍杜叔良由於善於侍奉權貴寵幸而得到進用，當時幽州和鎮州兵力正強大，諸道征討兵不敢前進，穆宗想很快就取得成功，宦官推薦杜叔良，任命他為深州諸道行營節度使。任命牛元翼為成德軍節度使。

十月初十日癸酉，命令宰相和大臣共十七人與吐蕃論訥羅在城西會盟。派遣劉元鼎與訥羅去吐蕃，也與吐蕃宰相以下諸官會盟。

十月十二日乙亥，任命沂州刺史王智興為武寧節度副使。此前，副使都由文職官員擔任，穆宗聽說王智興有勇有謀，想在河北任用他，所以就用這樣的職位寵待他。

十月十四日丁丑，裴度親自帶兵從承天軍故關出發，討伐王庭湊。〇朱克融派兵寇掠蔚州。〇十五日戊寅，王庭湊派兵寇掠蔚州。〇十六日己卯，易州刺史柳公濟在白石嶺打敗幽州兵，殺死一千多人。〇十七日庚辰，橫海軍節度使烏重胤奏報在饒陽打敗成德兵。〇十八日辛巳，魏博節度使田布率領全軍三萬人討伐王庭湊，駐紮在南宮縣的南面，攻佔了王庭湊的兩個營柵。

翰林學士元稹和知樞密魏弘簡結交很深，尋求當宰相，由此被穆宗寵幸，事事都徵求元稹的意見。元稹對裴度沒有怨恨，只因裴度是先輩，威望高，擔心裴度再立大功而受到重用，妨礙自己取得高位，所以裴度上奏謀劃的軍國大事，元稹多和魏弘簡從中加以阻撓破壞。裴度於是上表極力陳述他們結黨為奸的情形，以為：「叛逆者作亂，震驚山東；奸臣朋比結黨，敗壞國家政事。陛下要想掃平幽、鎮兩鎮的叛亂，首先應當肅清朝廷。為什麼這麼說？造成的禍患有大小，謀議的國事有先後。河朔叛賊，僅擾亂山東，禁闈中的奸臣，必然使天下大亂，可見河朔禍患小，禁闈禍患大。小的禍患臣與諸將一定能消除，大的禍患除非陛下覺察專斷是不能驅除的。現在文武百官，中外各類人物，有忠心者沒有不憤怒的，能說話者沒有不歎息的，只是由於朝廷正深加獎賞任用這些奸臣，才不敢抵觸他們，擔心檢舉的事尚未開始而禍患已經臨頭，不為國家打算，暫且為自己謀劃。臣自從戰事發生以來，所陳章疏，講的事情都很重要迫切，收到的書函詔令，內容多有不同，承蒙陛下重託，責任不輕，遭奸臣抑制貶損的事件不少。臣向來與佞倖奸臣沒有仇隙猜疑，只是由於臣前時請求乘驛傳回朝，向皇上面陳軍事，奸臣最懼怕這件事，恐怕臣揭發他們的罪過，千方百計阻止臣回來。臣又請與諸軍一起進軍，隨機攻討叛亂。奸臣擔心臣或許成功，想方設法加以阻礙，拖延時間，進退都受到牽制，意見全遭阻塞。只想使臣失去依靠，讓臣不能成功，而天下治亂，山東勝負，全都不管不顧了。為臣事君，竟然到了如此地步！假如朝廷中奸臣都消除了，那麼河朔叛賊不討自平；假如朝廷中奸臣尚在，那麼叛賊即使平定了也沒有好處。陛下倘若不信臣的話，請求把臣的表章拿出來，交給百官一起討論，如果奸臣不受到責備，臣當即伏罪。」奏表三次呈上，穆宗雖然不高興，由於裴度是元老大臣，迫不得已，十月二十日癸未，改任魏弘簡為弓箭庫使，元稹為工部侍郎。元稹雖然解除翰林職務，恩寵待遇還和過去一樣。

宿州刺史李直臣因貪贓當死，宦官接受了他的賄賂，為他說情。御史中丞牛僧孺堅決請求殺掉李直臣。穆宗說：「李直臣有才能，殺了可惜！」牛僧孺回答說：「那些沒有才能的人，不過追求衣食溫飽和養活妻子，哪裡值得擔心！設置法令的本意，就是用來控制有才能的人。安祿山、朱泚都是才能過人，而法令又控制不了的人。」穆宗依從了牛僧孺的意見。

橫海節度使烏重胤率領全軍救援深州，諸軍依靠烏重胤獨當幽州、鎮州東南方面。烏重胤是老將，知道敵人不能打敗，便按兵不動觀察機會。穆宗很生氣，十月二十三日丙戌，任命杜叔良為橫海節度使，調烏重胤為山南西道節度使。

靈武節度使李進誠上奏在大石山下打敗吐蕃騎兵三千人。

十一月二十八日辛酉，淄青節度使薛平上奏突將馬廷崟作亂，已被處決。當時幽州和鎮州兵進攻棣州，薛平派大將李叔佐率軍救援。刺史王稷供應糧餉略少，軍士怨怒，在晚上潰逃了，推選馬廷崟為主將，邊走邊收攬潰兵達七千多人，逕直逼近青州。青州城兵少，不能抵擋，薛平把府庫的錢財和家中的錢財都拿出來招募戰士，得到精兵二千人，迎戰馬廷崟，大敗叛軍，殺死了馬廷崟，馬廷崟的黨徒死的有數千人。

橫海節度使杜叔良率領諸道軍隊和鎮州人作戰，遇到敵人就逃跑。鎮州人知道他沒有勇氣，常常先進攻他。十二月初八日庚午，監軍謝良通奏報杜叔良在博野大敗，損失七千多人。杜叔良脫身返回軍營，丟失了旌旗符節。

十二月十五日丁丑，義武節度使陳楚上奏在望都和北平打敗了朱克融的軍隊，殺死和俘虜了一萬多人。

十二月十六日戊寅，任命鳳翔節度使李光顏為忠武節度使，兼深州行營節度使，替代杜叔良。

自從憲宗征伐四方，國家財政已經空虛。穆宗即位，賞賜左右和宿衛諸軍沒有節制，等到幽州和鎮州用兵很久不能成功，國庫空竭，力不能支。當權的大臣就商議：「王庭湊殺了田弘正而朱克融保全了張弘靖，他們的罪有重有輕，請赦免朱克融，專門討伐王庭湊。」穆宗依從了。十二月二十三日乙酉，任命朱克融為盧龍節度使。

二年（壬寅　西元八二二年）

十二月二十六日戊子，義武節度使上奏攻破莫州清源等敵人的三個營柵，殺死和俘虜一千多人。

春，正月丁酉❶，幽州兵陷弓高❷。先是，弓高守備甚嚴，有中使❸夜至，守將不內❹，旦，乃得入，中使大詬❺怒。賊諜知之，他日，偽遣人為中使，投❻夜至城下，守將遽內之，賊眾隨之，遂陷弓高，又圍下博❼。中書舍人白居易❽上言，以為：「自幽、鎮逆命，朝廷徵諸道兵，計十七八萬，四面攻圍，已踰半年。王師無功，賊勢猶盛。弓高既陷，糧道不通，下博、深州，飢窮日急。蓋由節將太眾，其心不齊，莫肯率先，遞相顧望。又，朝廷賞罰，近日不行，未立功者或已拜官，已敗衄❾者不聞得罪，既無懲勸，以至遷延❿，若不改張⓫，必無所望。請令李光顏將諸道勁兵約三四萬人從東速進，開弓高糧路⓬，合下博諸軍[1]，解深邢⓭重圍，與元翼合勢。今裴度將太原全軍兼招討舊職，西面壓境⓮，觀釁而動。若乘虛得便，即令同力翦除；若戰勝賊窮，亦許受降納款⓯。如此，則夾攻以分其力，招諭以動其心，必未及誅夷，自生變故。又請詔光顏選諸道兵精銳者留之，其餘不可用者悉遣歸本道，自守土疆。蓋兵多而不精，豈唯虛費衣[2]糧，兼恐撓敗軍陣⓰故也。今既祗留東、西二帥⓱，請各置都監一人，諸道監軍，一時停罷。如此，則眾齊令一，必有成功。又，朝廷本用田布，令報父讎，今領全師出界，供給度支⓲，數月已來，都不進討，非田布固欲如此，抑有其由。聞魏博一軍，屢經優賞，兵驕將富，莫肯為用。況其軍一月之費，計實錢近[3]二十八萬緡，若更遷延，將何供給？此尤宜早令退軍者也。若兩道⑲止共留兵六萬，所費無多，既易支持，自然豐足。今事宜日急，其間變故遠不可知。苟兵數不抽，軍費不減，食既不足，眾何以安！不安之中，何事不有！況有司迫於供軍，百端斂率⑳，不許即㉑用度交闕㉒，盡許則人心無憀㉓。自古安危皆繫於此，伏乞聖慮察而念之。」疏奏，不省。

【章　旨】以上為第四段，寫中書舍人白居易上奏靖亂良策，唐穆宗不納。

【注　釋】❶丁酉　正月初五日。❷弓高　縣名，縣治在今河北東光西北。東至滄州一百二十里，西北至深州二百里，為深州後援的軍事重鎮。弓高陷落，深州孤危。❸中使　皇帝宮中派出的宦官使者。❹內　同「納」。❺詬　辱罵。❻投　臨；至。❼下博　縣名，縣治在今河北深州東南。❽白居易　（西元七七一－八四六年）字樂天，太原（今山西太原）人，著名詩人。歷官蘇、杭二州刺史，太子少傅等。有文集七十五卷傳世。傳見《舊唐書》卷一百六十六、《新唐書》卷一百十九。❾敗衄　戰敗。❿遷延　拖延。⓫改張　改弦更張。⓬開弓高糧路　收復弓高，打開救援深州的糧運路線。⓭深邢　胡三省注云「當作『深州』」。⓮西面壓境　指壓鎮州之境。⓯納款　接受投誠。⓰陳　同「陣」。⓱東西二帥　東帥指李光顏，西帥指裴度。⓲供給度支　軍資仰給於度支。⓳兩道　指裴度所領河東軍、李光顏所領橫海軍。⓴百端斂率　多方聚斂。㉑即　則。㉒交闕　俱缺。㉓憀　依賴；依托。

【校　記】[1]合下博諸軍　原無此五字。據章鈺校，十二行本、乙十一行本皆有此五字，張瑛《通鑑校勘記》同，今據補。[2]衣　據章鈺校，十二行本、乙十一行本皆作「資」。[3]近　原無此字。據章鈺校，十二行本、乙十一行本皆有此字，今據補。

【語　譯】二年（壬寅　西元八二二年）

春，正月初五日丁酉，幽州兵攻陷弓高。此前，弓高守備很嚴密，有中使夜裡到達，守將不讓進城，早晨，才進入城中，中使發怒大罵。敵人的間諜知道了這件事，有一天，派人假裝中使，臨夜到達城下，守將很快讓他進城，眾多的叛賊跟在後面，於是攻陷了弓高，又包圍了下博。中書舍人白居易上奏，認為：「自從幽州和鎮州反叛朝廷以來，朝廷徵發各道的兵士，共計有十七八萬人，四面圍攻，已經超過半年。王師沒有取得成功，叛賊的勢力還很強大。弓高陷落後，運糧的道路阻塞了，下博和深州，飢餓和窮困一天比一天嚴重。原因大概是由於節度使將領太多，他們的思想不統一，沒有人肯帶頭進攻，互相觀望。另外，朝廷賞罰，近日沒有施行，未立功的人有的已當了官，已經打了敗仗的人沒有聽說被治罪，既然沒有懲罰和獎勵，導致拖延觀望，假若不改變這種狀態，一定不會有勝利的希望。請令李光顏帶領諸道精兵約三四萬人從東道速進，開通弓高運糧的道路，會合下博各路軍隊，解救深州、邢州的重重包圍，與牛元翼的兵力會合。命令裴度帶領太原全部軍隊兼任招討使舊職，從西面逼近鎮州，見機行動。如果乘敵人之虛得到合適的機會，就命令共同殲滅敵人；如果打了勝仗，敵人已窮途末路了，也允許他們接受敵人投降。這樣，用夾攻分散敵人的兵力，用招降動搖敵人的軍心，一定會沒有等到消滅敵人，敵人內部自生變故。又請詔令李光顏挑選諸道兵中精銳的人留下來，其餘不能用的都打發回本道去，自守疆土。因為兵多而不精，不僅白白浪費衣服糧餉，還怕敗壞軍陣。現在既然只留下東、西兩位將帥，請各置都監一人，其他各道監軍，同時撤除。這樣，就能士眾齊心，軍令統一，一定能取得成功。再有，朝廷本用田布，讓他報殺父之仇，現在他帶領全部軍隊出界，軍資仰給於度支，幾個月以來，全不進軍征討，不是田布本來就想這樣，也是有原因的。聽說魏博鎮這支軍隊，屢次得到朝廷重賞，兵士驕傲，將領富有，不肯聽從指揮。況且這支軍隊一個月的費用，共計需要錢近二十八萬串，要是再拖延下去，怎麼供應得起？這就尤其應當下命令讓他們早些撤退回本鎮去。假若東、西兩道只共留兵六萬人，所需的費用不太多，既然容易支持，自然軍資充足。現在形勢一天比一天緊急，中間的變故很難預先知道。假若兵額不壓縮，軍費不減少，糧食既然不足，兵眾怎麼能安心！在不安心的情況下，什麼事情做不出來！何況有關部門由於供應軍隊的任務緊迫，多方聚斂，不許他們那樣做就用度俱缺，全答應他們就會人心動搖。從古以來國家安危都聯繫在這件事上，請求皇上明察深思。」奏疏呈上去了，穆宗沒有看。

己亥❶，度支饋滄州❷糧車六百乘，至下博，盡為成德軍所掠。時諸軍匱乏，供軍院❸所運衣糧，往往不得至院，在塗為諸軍邀奪，其懸軍❹深入者，皆凍餒無所得。

初，田布從其父弘正在魏，善視牙將史憲誠❺，屢稱薦，至右職❻。及為節度使，遂寄以腹心，以為先鋒兵馬使，軍中精銳，悉以委之。憲誠之先，奚人也，世為魏將。魏與幽、鎮本相表裏，及幽、鎮叛，魏人固搖心。布以魏兵討鎮，軍于南宮。上屢遣中使督戰，而將士驕惰，無鬭志，又屬❼大雪，度支饋運不繼。布發六州❽租賦以供軍，將士不悅，曰：「故事，軍出境，皆給朝廷❾。今尚書❿刮六州肌肉以奉軍，雖尚書瘠⓫己肥國，六州之人何罪乎！」憲誠陰蓄異志，因眾心不悅，離間鼓扇之。會有詔分魏博軍與李光顏，使救深州。庚子⓬，布軍大潰，多歸憲誠，布獨與中軍八千人還魏。壬寅⓭，至魏州。

癸卯⓮，布復召諸將議出兵，諸將益偃蹇⓯，曰：「尚書能行河朔舊事⓰，則死生以之，若使復戰，則不能也。」布無如之何，歎曰：「功不成矣！」即日，作遺表具其狀⑰，略曰：「臣觀眾意，終負國恩。臣既無功，敢忘即⑱死。伏願陛下速救光顏、元翼，不然者，忠臣義士[1]皆為河朔屠害矣！」奉⑲表號哭，拜授幕僚李石，乃入啓⑳父靈㉑，抽刀而言曰：「上以謝君父，下以示三軍！」遂刺心而死。憲誠聞布已死，乃諭其眾，遵河北故事㉒。眾悅，擁憲誠還魏，奉為留後。戊申㉓，魏州奏布自殺。己酉㉔，以憲誠為魏博節度使。憲誠雖喜得旄鉞㉕，外奉朝廷，然內實與幽、鎮連結。

庚戌㉖，以德州刺史王日簡㉗為橫海節度使。日簡，本成德牙將也。○壬子㉘，貶杜叔良為歸州㉙刺史。

王庭湊圍牛元翼於深州，官軍三面救之㉚，皆以乏糧不能進，雖李光顏亦閉壁自守而已。軍士自采薪芻，日給不過陳米一勺。深州圍益急，朝廷不得已，二月甲子㉛，以庭湊為成德節度使，軍中將士官爵皆復其舊。以兵部侍郎韓愈為宣慰使。

上之初即位也，兩河㉜略定，蕭俛、段文昌以為「天下已太平，漸宜消兵，請密詔天下，軍鎮有兵處，每歲百人之中限八人逃、死。」上方荒宴㉝，不以國事為意，遂可其奏。軍士落籍㉞者眾，皆聚山澤為盜。及朱克融、王庭湊作亂，一呼而亡卒皆集。詔徵諸道兵討之，諸道兵既少，皆臨時召募，烏合之眾。又，諸節度既有監軍，其領偏軍[2]者亦置中使監陳，主將不得專號令，戰小勝則飛驛奏捷，自以為功，不勝則迫脅主將，以罪歸之。悉擇軍中驍勇以自衛，遣羸㉟懦者就戰，故每戰多敗。又凡用兵，舉動皆自禁中授以方略，朝令夕改，不知所從，不度㊱可否，惟督令速戰。中使道路如織，驛馬不足，掠行人馬以繼之，人不敢由驛路行。故雖以諸道十五萬之眾，裴度元臣宿望㊲，烏重胤、李光顏皆當時名將，討幽、鎮萬餘之眾，屯守踰年，竟無成功，財竭力盡。

崔植、杜元穎、王播[3]為相，皆庸才，無遠略。史憲誠既逼殺田布，朝廷不能討，遂并朱克融、王庭湊以節鉞[4]授之。由是再失河朔，迄于唐亡，不能復取。

○朱克融既得旌節，乃出張弘靖及盧士玫。

丙寅㊳，以牛元翼為山南東道節度使，以左神策行營樂壽鎮㊴兵馬使清河傅良弼㊵為沂州刺史，以瀛州博野鎮遏使㊶李寰㊷為忻州㊸刺史。良弼、寰所戍在幽、鎮之間，朱克融、王庭湊互加誘脅，良弼、寰不從，各以其眾堅壁，賊竟不能取，故賞之。

【章旨】以上為第五段，寫穆宗姑息，庸臣當道，宦官監軍，主將不得專號令，是以官軍無功，朝廷再失河朔，直至唐亡，不能復取。

【注釋】❶己亥　正月初七日。❷滄州　州名，治所清池，在今河北滄州東南。❸供軍院　穆宗因幽、鎮用兵，置南北供軍院，供應軍隊糧餉衣物。其置於行營者，謂之北供軍院，度支自南供軍院運送供給。❹懸軍　深入敵境之孤軍。❺史憲誠（？—西元八二九年）其祖先奚族人，內徙靈武，為建康（今甘肅高臺東南）人，本魏博兵馬使，田布死，自立為帥。後徙河東節度使，未及赴任，為軍眾所殺。傳見《舊唐書》卷一百八十一、《新唐書》卷二百十。❻右職　重要職位。❼屬　適值。❽六州　指魏博鎮所轄魏、博、貝、衛、澶、相六州。❾皆給朝廷　唐制：凡鎮兵出境，軍需皆仰給於朝廷。❿尚書　指田布，時為檢校工部尚書。⓫瘠　瘦。⓬庚子　正月初八日。⓭壬寅　正月初十日。⓮癸卯　正月十一日。⓯偃蹇　驕傲。⓰河朔舊事　指河朔成德、魏博、盧龍三鎮擁兵割據，不聽朝命，父死子繼，或牙將殺帥自立。⓱具其狀　將情況一一進行呈述。⓲即　就；赴。⓳奉　同「捧」。⓴啓　同「晵」。省視。㉑靈　指靈位。㉒遵河北故事　即行河朔舊事。㉓戊申　正月十六日。㉔己酉　正月十七日。㉕旄鉞　旗幟和斧鉞，借指節度使官職。㉖庚戌　正月十八日。㉗王日簡　原為鎮冀牙將，後任代州、德州刺史。杜叔良兵敗，遂代叔良為橫海節度使。賜名李全略。傳見《舊唐書》卷一百四十七、《新唐書》卷二百十三。㉘壬子　正月二十日。㉙歸州　州名，治所秭歸，在今湖北秭歸，舊縣城已沒入三峽庫區。㉚官軍三面救之　裴度以河東軍臨其西，李光顏以橫海諸軍營其東，陳楚以易定軍逼其北，是三面救深州。㉛甲子　二月初二日。㉜兩河　指河南、河北兩道，為藩鎮割據集中之地，如平盧、魏博、義昌、成德、盧龍等節度使。㉝荒宴　荒廢政事，沉湎宴樂。㉞落籍　除去名籍。㉟羸　瘦弱。㊱度　考慮。㊲元臣宿望　老臣重望。㊳丙寅　二月初四日。㊴樂壽鎮　軍鎮名，置於深州樂壽縣，在今河北獻縣。㊵傅良弼　字道安，清河（今河北清河縣）人，官至橫海節度使。事附《新唐書》卷一百四十八〈牛元翼傳〉。㊶鎮遏使　官名，位於節度使之下的軍鎮長官。㊷李寰　官至夏綏銀節度使。事附《新唐書》卷一百四十八〈牛元翼傳〉。㊸忻州　州名，治所秀容，在今山西忻州。

【校記】[1]忠臣義士　據章鈺校，十二行本、乙十一行本皆作「義士忠臣」。[2]軍　據章鈺校，十二行本、乙十一行本皆作「師」。[3]王播　原無此二字。據章鈺校，十二行本、乙十一行本皆有此二字，今據補。[4]鉞　原無此字。據章鈺校，十二行本、乙十一行本皆有此字，今據補。

【語譯】正月初七日己亥，度支運往滄州的糧車六百輛，到達下博，全被成德軍搶走了。當時諸軍匱乏，供軍院運送的衣糧，往往不能到達軍前供軍院，在路上就被各軍攔路搶奪，那些孤軍深入敵人邊境的，都挨餓受凍得不到衣糧。

起初，田布跟隨他父親田弘正在魏博，善待牙將史憲誠，多次稱讚推薦他，使他升到重要職位。等到田布擔任節度使，就將史憲誠作為心腹，任命他為先鋒兵馬使，軍隊中的精銳部隊，都交給他。史憲誠的祖先，是奚族人，世代為魏博將領。魏博和幽、鎮二州本來互相依從，到幽、鎮二州反叛，魏州人也已動搖。田布統帥魏州兵討伐鎮州，在南宮駐紮。穆宗多次派遣中使督戰，然而將士驕惰，沒有鬥志，又遇上下大雪，度支運送糧餉沒有接上。田布徵發所領六州的租賦用來供應軍隊，將士不高興，說：「按照舊例，軍隊出州境，都由朝廷供給軍餉。現在尚書搜刮六州的民脂民膏用來供奉軍隊，雖然尚書損了自己肥了國家，但六州的民眾有什麼罪呢！」史憲誠暗地裡懷有反叛的打算，利用軍心不悅，從中離間鼓動他們。恰好有詔令分派魏博軍歸李光顏指揮，使救深州。正月初八日庚子，田布軍大規模潰散，多數投歸史憲誠，田布單獨和中軍八千人轉向魏州。初十日壬寅，到達魏州。

正月十一日癸卯，田布再次召集諸將商議出兵，諸將更加驕傲，說：「尚書如能按照河朔舊事辦，那麼我們都死生以赴，若要再去打鎮州，那是不行的。」田布拿他們沒有辦法，歎著氣說：「功業完成不了了！」當天，寫好遺表把情況一一呈述，大略是說：「臣觀察眾人的心意，終究是要背叛國家的。臣既然沒有功勞，怎敢忘記赴死。唯願陛下趕快去救援李光顏、牛元翼，不然的話，忠臣義士都被河朔屠殺了！」他捧著遺表大哭，跪著交給幕僚李石，於是入內省視父親的靈位，抽出佩刀說：「上向君父謝罪，下向三軍表明心跡！」於是刺心而死。史憲誠聽說田布已死，於是告諭他的部下，遵照河北的舊例行事。軍眾很高興，簇擁著史憲誠回到魏州，推舉他為留後。十六日戊申，魏州上奏田布自殺。十七日己酉，任命史憲誠為魏博節度使。史憲誠雖然高興得到節度使官職，表面上尊奉朝廷法令，然而在內部實際上和幽州、鎮州勾結在一起。

正月十八日庚戌，任命德州刺史王日簡為橫海節度使。王日簡，本是成德軍的牙將。〇二十日壬子，貶杜叔良為歸州刺史。

王庭湊在深州包圍牛元翼，官軍從東、西、北三個方面救援他，都因為缺乏糧食不能前進，就是李光顏也關閉壁壘自守而已。軍士自己去打柴割草，每天發給的糧食不過一勺陳米。深州被包圍得更加緊迫，朝廷不得已，在二月初二日甲子，任命王庭湊為成德節度使，軍中將士官爵都照舊恢復。任命兵部侍郎韓愈為宣慰使。

穆宗初即位時，兩河地區大體平定，蕭俛、段文昌以為「天下已經太平，應當逐漸減少兵員，請求祕密詔令全國，軍鎮駐紮軍隊的地方，每年在一百人中限定要有八人或逃或死。」穆宗當時正荒廢政事，沉湎宴樂，不把國家的大事放在心上，就批准了蕭、段的奏摺。軍士被除去名籍的人很多，都聚集在山寨水澤當強盜。等到朱克融、王庭湊作亂，一聲召喚，逃亡的兵卒都集中起來了。下詔令徵發諸道兵去討伐，諸道兵既少，又全是臨時招募的烏合之眾。還有，諸節度使處既有監軍，那些統領一支軍隊的地方也置中使監督作戰，主將不能獨自發號施令，作戰小勝就驛馬飛奔報捷，認為是自己的功勞，失敗了就威脅逼迫主將，把罪責推給主將。又把軍隊中勇敢的士兵全部挑選出來用以自衛，派遣那些懦弱膽小的人去作戰，所以每次作戰多半失敗。另外，凡是用兵打仗，一舉一動都要由宮禁中授給方略，朝令夕改，不知所從，又不考慮是否可行，只是催促迅速作戰。中使在路上往來如穿梭織布，驛站的馬匹供應不上，就搶行人的馬來滿足需要，使得人們都不敢在驛道上行走。所以雖調用諸道十五萬人馬，有裴度這樣老成望重之臣，烏重胤、李光顏這樣當時的名將，征討幽州、鎮州一萬多人的軍隊，駐紮攻守超過了一年，終究未取得勝利，財竭力盡。

崔植、杜元穎、王播為宰相，全是庸才，沒有遠謀。史憲誠逼殺田布後，朝廷無力討伐他，就連同朱克融、王庭湊一起任命為節度使。由此再度丟了河朔地方，一直到唐朝滅亡，沒有能夠再收復。○朱克融得到節度使以後，就釋放了張弘靖和盧士玫。

二月初四日丙寅，任命牛元翼為山南東道節度使，任命左神策行營樂壽鎮兵馬節度使清河人傅良弼為沂州刺史，任命瀛州博野鎮遏使李寰為忻州刺史。傅良弼、李寰所戍在幽州和鎮州之間，朱克融、王庭湊互加引誘威脅，傳良弼和李寰不順從，各自帶領部下堅壁防守，敵人最終也沒能佔取，所以朝廷賞賜他們。

丙子❶，賜橫海節度使王日簡姓名為李全略。

辛巳❷，中書侍郎、同平章事崔植罷為刑部尚書，以工部侍郎元稹同平章事。

癸未❸，加李光顏橫海節度、滄景觀察使，其忠武、深州行營節度如故。以橫海節度使李全略為德棣節度使❹。時朝廷以光顏懸軍深入，饋運難通，故割滄景以隸之。

王庭湊雖受旌節，不解深州之圍。丙戌❺，以知制誥東陽馮宿❻為山南東道節度副使，權知留後，仍遣中使入深州督牛元翼赴鎮。裴度亦與幽、鎮書，責以大義。朱克融即解圍去，王庭湊雖引兵少退，猶守之不去。

元稹怨裴度，欲解其兵柄，故勸上雪庭湊❼而罷兵。丁亥❽，以度為司空、東都留守，平章事如故。諫官爭上言：「時未偃兵❾，度有將相全才，不宜置之散地❿。」上乃命度入朝，然後赴東都。

以靈武節度使李聽為河東節度使。初，聽為羽林將軍，有良馬。上為太子，遣左右諷⓫求之。聽以職總親軍⓬，不敢獻。及河東缺帥，上曰：「李聽不與朕馬[13]，是必可任。」遂用之。

昭義監軍劉承偕恃恩[14]陵轢[15]節度使劉悟，數眾辱之，又縱其下亂法。陰與磁州[16]刺史張汶謀縛悟送闕下，以汶代之。悟知之，諷其軍士作亂，殺汶。圍承偕，欲殺之。幕僚賈直言入，責悟曰：「公所為如是，欲效李司空[17]邪！此軍中安知無如公者[18]！使李司空有知，得無笑公於地下乎！」悟遂謝直言，救免承偕，囚之府舍。

初，上在東宮[19]，聞天下厭苦憲宗用兵，故即位，務優假[20]將卒以求姑息[21]。三月壬辰[22]朔[1]，詔：「神策六軍使及南牙常參武官[23]具由歷[24]、功績牒送中書，量加獎擢。其諸道大將久次[25]及有功者，悉奏聞，與除官。應天下諸軍，各委本道據守舊額，不得輒有減省。」於是商賈、胥吏[26]爭賂藩鎮，牒補列將而薦之，即升朝籍[27]。奏章委積[28]，士大夫皆扼腕[29]歎息。

武寧節度副使王智興將軍中精兵三千討幽、鎮，節度使崔羣忌之，奏請即用智興為節度使，不[30]則召詣闕，除以它官。事未報，智興亦自疑。會有詔赦王庭湊，諸道皆罷兵，智興引兵先期入境。羣懼，遣使迎勞，且使軍士釋甲[31]而入，智興不從。乙巳[32]，引兵直進，徐人開門待之，智興殺不同己者十餘人，乃入府牙，見羣及監軍，拜伏曰：「軍眾之情，不可如何！」為羣及判官、從吏具人馬及治裝，皆素㉝所辦也，遣兵衛送[2]羣至埇橋㉞而返。遂掠鹽鐵院錢帛，及諸道進奉在汴中者㉟，并商旅之物，皆三分取二。

【章旨】以上為第六段，寫穆宗昏庸，削裴度之權，又處置失宜，逼反武寧軍鎮。

【注釋】❶丙子　二月十四日。❷辛巳　二月十九日。❸癸未　二月二十一日。❹德棣節度使　方鎮名，穆宗長慶元年（西元八二一年）置德棣觀察使。二年二月升為節度使，同年三月罷德棣節度使，復合滄、景二州為橫海節度使。❺丙戌　二月二十四日。❻馮宿　（西元七六六—八三六年）字拱之，婺州東陽（今浙江金華）人，歷工、刑二部侍郎、東川節度使。傳見《舊唐書》卷一百六十八、《新唐書》卷一百七十七。❼雪庭湊　為王庭湊昭雪，不再追究殺田弘正之事。❽丁亥　二月二十五日。❾偃兵　息兵。❿置之散地　使居閒散官職，指以裴度為司空、東都留守。⓫諷　以言語暗示。⓬職總親軍　擔任統領天子親軍的職務。所謂「親軍」，即指左右羽林軍、左右神武軍、左右龍武軍等六軍。⓭李聽不與朕馬　謂李聽忠於職守，不徇私阿諛取容。⓮劉承偕恃恩　元和十五年（西元八二〇年），憲宗崩，劉承偕等宦官殺左軍中尉吐突承璀及其謀立為太子的豐王惲，而擁立穆宗即位。因有擁立之功，才得以「恃恩」。⓯陵轢　欺壓。⓰磁州　州名，治所滏陽，在今河北磁縣。⓱李司空　指李師道，曾加官檢校司空。賈直言為其舊屬，故仍尊稱其官而不呼名。⓲安知無如公者　言李師道叛亂，劉悟倒戈取而代之。今劉悟效李師道所為，昭義軍中亦將有倒戈取悟而代之者。⓳上在東宮　指穆宗為太子之時。⓴優假　寬容；寬待。㉑姑息　苟且取安。㉒壬辰　三月初一日。㉓南牙常參武官　指定時入朝的十六衛上將軍、大將軍、將軍。常參，定時入朝。㉔由歷　即得官之由和所歷職任。㉕久次　久未升遷。次，滯留。㉖胥吏　小吏。㉗升朝籍　藩鎮列將帶朝銜者著錄於朝籍。㉘委積　堆積。㉙扼腕　握腕。㉚不　同「否」。㉛釋甲　解甲；不帶武器。㉜乙巳　三月十四日。㉝素　平時。㉞埇橋　橋名、地名，在今安徽宿州。唐於此地置鹽鐵巡院，緝捕私鹽。㉟諸道進奉在汴中者　謂停在汴河中的裝載諸道進奉給朝廷物品的船隻。

【校記】[1]朔　原無此字。據章鈺校，十二行本、乙十一行本皆有此字，今據補。[2]送　原作「從」。據章鈺校，十二行本、乙十一行本皆作「送」，今從改。

【語　譯】二月十四日丙子，賜橫海節度使王日簡姓名為李全略。

二月十九日辛巳，中書侍郎、同平章事崔植免職，改任刑部尚書，任命工部侍郎元稹同平章事。

二月二十一日癸未，加任李光顏為橫海節度使兼滄景觀察使，他原任忠武節度使兼深州行營節度使還照舊擔任。任命橫海節度使李全略為德棣節度使。當時朝廷認為李光顏孤軍深入，難得運送軍糧，所以把滄、景二州劃歸他領屬。

王庭湊雖然得到旌節，仍不解除對深州的包圍。二月二十四日丙戌，任命知制誥東陽人馮宿為山南東道節度副使，暫時擔任留後，仍舊派遣中使去深州督促牛元翼赴鎮。裴度也寫信給幽州和鎮州，以大義要求他們。朱克融當即撤了包圍離去，王庭湊雖帶兵稍稍後退，還是駐守在那裡不離開。

元稹怨恨裴度，想解除他的兵權，所以勸穆宗為王庭湊昭雪，撤回軍隊。二月二十五日丁亥，任命裴度為司空、東都留守，同平章事仍舊。諫官爭著向穆宗說：「現在還沒有罷兵，裴度有將相全才，不應當把他置於閒散的位置上。」穆宗於是令裴度來朝廷，然後去東都上任。

任命靈武節度使李聽為河東節度使。當初，李聽為羽林軍將軍，有良馬。穆宗為太子，派身邊的人暗示想要那匹馬。李聽因擔任總領親軍的職務，不敢把馬獻給太子。等到河東需要繼任元帥，穆宗說：「李聽不把馬給我，這件事說明他是可以信任的。」於是任用他。

昭義軍監軍劉承偕依仗立穆宗的恩寵欺壓節度使劉悟，多次當眾陵辱他，又放縱他的下屬違抗法令。還暗地裡和磁州刺史張汶陰謀捆押劉悟送往京城，讓張汶取代他為節度使。劉悟得知了這個陰謀，暗示他的軍士作亂，殺了張汶。又包圍劉承偕，想殺掉他。幕僚賈直言進來，責備劉悟說：「你這樣做，想效法李師道司空嗎！在這些將卒中怎麼知道會沒有和你一樣的人呢！假如李師道有知，能不在地下笑你嗎！」劉悟於是向賈直言謝罪，把劉承偕救出來，囚禁在府舍內。

當初，穆宗在東宮，聽到天下人厭惡憲宗用兵打仗，所以即位以後，盡量對將士兵卒採取寬容政策，苟且求安。三月初一日壬辰，下詔：「神策六軍使和南牙常參武官，將得官的原因和所歷職任、功績具體寫出來送到中書省，酌量加以獎賞和提拔。其他各道的大將長久沒有升遷和有功績的，都奏報上來，給予升遷官職。當前天下的各軍，各交付本道按照舊的數額為準審定，不得隨便減省。」於是商人和差役小吏爭相賄賂藩鎮，補入列將的名冊而向朝廷推薦，隨即著錄於朝官的名籍。這種推薦人員的奏章堆積很多，士大夫都握腕歎息。

武寧節度副使王智興率領軍中三千名精兵討伐幽、鎮二州的叛亂，節度使崔羣妒忌他，奏請朝廷就任命王智興為節度使，否則召他到京城去，另外安排官職。朝廷沒有回答，王智興也起了疑心。恰遇有詔旨赦免王庭湊，各道都收兵，王智興帶領軍隊早於預定日期進入州境。崔羣很害怕，派人迎接慰勞，並且要軍士脫去鎧甲進城，王智興沒有聽從。三月十四日乙巳，王智興帶兵挺進徐州城，守城人開城門迎接。王智興殺了不贊同自己的十多人，便進入節度使府，進見崔羣和監軍，跪著說：「軍眾要這麼做，我也沒有辦法！」他為崔羣和判官、隨從官吏準備的人馬和行裝，都預先辦好了，派兵士護送崔羣到埇橋後返回。在埇橋，他掠取了鹽鐵院的錢帛以及諸道在汴河中船隻上進奉的財物，連同商人旅客的財物，都被搶去了三分之二。

丙午❶，加朱克融、王庭湊檢校工部尚書。上聞其解深州之圍，故褒之，然庭湊之兵實猶在深州城下。

韓愈既行，眾皆危之。詔愈至境更觀事勢，勿遽入。愈曰：「止，君之仁；死，臣之義。」遂往。至鎮，庭湊拔刃弦弓❷以逆之。及館，甲士羅❸於庭。庭湊言曰：「所以紛紛❹者，乃此曹所為，非庭湊心。」愈厲聲曰：「天子以尚書❺有將帥材，故賜之節鉞，不知尚書乃不能與健兒❻語邪！」甲士前曰：「先太師為國擊走朱滔❼，血衣猶在。此軍何負朝廷，乃以為賊乎！」愈曰：「汝曹尚能記先太師則善矣。夫逆順之為禍福豈遠邪！自祿山、思明以來，至元濟❽、師道，其子孫有今尚存仕宦者乎！田令公❾以魏博歸朝廷，子孫雖在孩提，皆為美官；王承元以此軍歸朝廷，弱冠❿為節度使，劉悟、李祐⓫今皆為節度使，汝曹亦聞之乎！」庭湊恐眾心動，麾之使出，謂愈曰：「侍郎⓬來，欲使庭湊何為？」愈曰：「神策六軍之將如牛元翼者不少，但朝廷顧大體，不可棄之耳！尚書何為圍之不置⓭？」庭湊曰：「即當出之。」因與愈宴，禮而歸之。未幾，牛元翼將十騎突圍出，深州大將臧平等舉城降，庭湊責其久堅守，殺平等將吏百八十餘人。

戊申⓮，裴度至長安，見上，謝討賊無功。先是，上詔劉悟送劉承偕詣京師，悟託以軍情，不時奉詔。上問度：「宜如何處置？」度對曰：「承偕在昭義驕縱不法，臣盡知之，悟在行營與臣書，具論其事。時有中使趙弘亮在臣[1]軍中，持悟書去，云欲自奏之，不知嘗奏不？」上曰：「朕殊不知也。且悟大臣，何不自奏！」對曰：「悟武臣，不知事體。然今事狀籍籍⓯如此，臣等面論，陛下猶不能決，況悟當日單辭⑯，豈能動聖聽哉！」上曰：「前事勿論，直言此時如何處置？」對曰：「陛下必欲收天下心，止應下半紙詔書，具陳承偕驕縱之罪，令悟集將士斬之，則藩鎮之臣，孰不思為陛下效死！非獨悟也。」上俛首良久⑰，曰：「朕不惜承偕，然太后以為養子，今茲囚縶⑱，太后尚未知之，況殺之乎！卿更思其次。」度乃與王播等奏請「流承偕於遠州，必得出。」上從之。後月餘，悟乃釋承偕。

李光顏所將兵聞當留滄景⑲，皆大呼西走⑳，光顏不能制，因驚懼成疾。己酉㉑，上表固辭橫海節，乞歸許州㉒，許之。

壬子㉓，以裴度為淮南㉔節度使，餘如故㉕。○加劉悟檢校司徒，餘如故。自是悟浸㉖驕，欲效河北三鎮㉗，招聚不逞㉘，章表多不遜。

裴度之討幽、鎮也，回鶻請以兵從。朝議以為不可，遣中使止之。回鶻遣其臣李義節將三千人已至豐州㉙北，卻之，不從，詔發繒帛七萬匹以賜之。甲寅㉚，始還。

王智興遣輕兵二千襲濠州㉛。丙辰㉜，刺史侯弘度棄城奔壽州㉝。

言事者皆謂裴度不宜出外，上亦自重之。戊午㉞，制留度輔政，以中書侍郎、同平章事王播同平章事，代度鎮淮南，仍兼諸道鹽鐵轉運使。

李寰帥其眾三千出博野，王庭湊遣兵追之。寰與戰，殺三百餘人，庭湊兵乃還，餘眾二千猶固守博野。

朝廷以新罷兵，力不能討徐州，己未㉟，以王智興為武寧節度使。○復以德棣節度使李全略為橫海節度使。

夏，四月辛酉朔㊱，日有食㊲之。

甲戌㊳，以傅良弼、李寰為神策都知兵馬使。

【章旨】以上為第七段，寫韓愈宣撫成德，不辱君命，裴度再度被任用為宰相。

【注釋】❶丙午　三月十五日。❷弦弓　張弓；拉弓。弦，用如動詞。❸羅　羅列；排列。❹紛紛　擾亂不安。❺尚書　指王庭湊。時王庭湊加官檢校工部尚書。❻健兒　指士卒。❼先太師句　先太師指王武俊。武俊任成德節度使，死後贈太師。其擊朱滔事見本書卷二百三十一德宗興元六年。❽元濟　吳元濟（西元七八二—八一七年），滄州清池（今河北滄縣東南）人，淮西節度使吳少陽之子。父死，襲位未准，叛亂。後被李愬所擒，斬於京師。傳見《舊唐書》卷一百四十五、《新唐書》卷二百十四。❾田令公　即田弘正。因其加官中書令，故稱。❿弱冠　《禮記・曲禮上》：「二十曰弱，冠。」後泛指年少。王承元十八歲為義成節度使，故曰弱冠。⓫李祐　字慶之，本吳元濟部將，為李愬擒獲，遂為愬謀劃，竟破蔡。以功授夏綏銀宥節度使。傳見《舊唐書》卷一百六十一、《新唐書》卷二百十四。⓬侍郎　謂韓愈。韓愈時為兵部侍郎。⓭圍之不置　謂不解深州之圍。不置，指不解圍。⓮戊申　三月十七日。⓯籍籍　紛亂。⓰單辭　單方面的言辭。⓱俛首良久　低頭想了很久。俛，「俯」的異體字。⓲囚縶　拘繫囚禁。⓳滄景　方鎮名，即橫海節度使，唐德宗貞元三年（西元七八七年）置，治所滄州，在今河北滄縣東南。唐文宗太和五年（西元八三一年）號義昌軍。⓴西走　指西歸許州。㉑己酉　三月十八日。㉒乞歸許州許州，治所長社，又為忠武軍治所，在今河南許昌。李光顏本忠武帥，因軍心思許，故乞歸之。㉓壬子　三月二十一日。㉔淮南　方鎮名，唐肅宗至德元載（西元七五六年）置，治所揚州，在今江蘇揚州。㉕餘如故　其餘的官職不變。㉖浸　漸漸。㉗河北三鎮　即黃河以北的成德、魏博、盧龍三鎮。㉘不逞　指為非作歹的不逞之徒。㉙豐州　州名，治所九原，在今內蒙古五原南。㉚甲寅　三月二十三日。㉛濠州　州名，治所鍾離，在今安徽鳳陽東北。㉜丙辰　三月二十五日。㉝壽州　州名，治所壽春，在今安徽壽縣。㉞戊午　三月二十七日。㉟己未　三月二十八日。㊱辛酉朔　四月初一日。㊲食　同「蝕」。㊳甲戌　四月十四日。

【校　記】①臣　原無此字。據章鈺校，十二行本、乙十一行本皆有此字，今據補。

【語　譯】三月十五日丙午，加任朱克融、王庭湊檢校工部尚書。穆宗聽到他們解除了對深州的包圍，所以褒獎他們，然而王庭湊的軍隊實際上還在深州城下。

韓愈已經出發，大家都認為他有危險。朝廷詔令他到邊境上再觀察形勢，不要馬上進去。韓愈說：「停止不前，是君主的仁德；進入而死，是臣子的道義。」於是前往。到達鎮州，王庭湊拔刀張弓來迎接他。到客館，穿著鎧甲的士兵羅列在庭院中。王庭湊說：「這樣紛紛擾擾的原因，是這幫人所為，不是我王庭湊的心意。」韓愈厲聲說：「天子認為尚書有將帥之才，所以賜給你節度使之職，不知道尚書連與士兵們說話都不行！」甲士上前說：「先太師為國家打敗朱滔，血衣還在。這支軍隊有什麼對不起朝廷的地方，竟然把我們當賊啊！」韓愈說：「你們還能記得先太師，這就很好。由逆順導致禍福的事例難道很遠嗎！自從安祿山、史思明以來，到吳元濟、李師道，他們的子孫有現在還在做官的嗎！田令公把魏博的政權交還朝廷，子孫雖在幼小，都得到美官，王承元把成德這支軍隊交給朝廷，弱冠之年當上了節度使，劉悟、李祐現在都是節度使，你們也聽說了吧！」王庭湊怕軍心動搖，揮手叫他們離開，對韓愈說：「侍郎前來，想要我做什麼？」韓愈說：「神策軍等六軍中的將領和牛元翼一樣的人還很多，但是朝廷顧念大體，不能拋棄牛元翼！尚書為什麼對他不解圍？」王庭湊說：「馬上放他出來。」隨即設宴招待韓愈，依禮送他回朝。不久，牛元翼帶領十位騎士突圍出來。深州大將臧平等獻城投降了，王庭湊責備臧平等長久堅守，殺了臧平等將吏一百八十多人。

三月十七日戊申，裴度到達長安，拜見穆宗，為討賊沒有成功而謝罪。此前，穆宗詔令劉悟送劉承偕到京師，劉悟以軍情為藉口，沒有按時執行詔命。穆宗問裴度：「應當如何處理這件事？」裴度回答說：「劉承偕在昭義軍驕縱不法，臣全都知道，劉悟在行營給臣寫信，詳盡敘述了那些事。當時有中使趙弘亮在臣軍中，把劉悟的信拿去了，說是要親自向皇上報告，不知他報告了沒有？」穆宗說：「朕完全不知道。再說劉悟是大臣，為何不自己親自上奏！」裴度回答說：「劉悟是武臣，不懂辦事體統。然而現在這件事情這麼紛亂，臣等當面陳述，陛下還是不能做出決斷，何況劉悟當時是一面之詞，難道能打動皇上嗎！」穆宗說：「以前的事就不追究了，只說當前如何處理？」裴度回答說：「陛下要想收攏天下民心，只要發下半張紙的詔書，具體陳述劉承偕驕橫放縱的罪惡，命令劉悟招集將士殺掉劉承偕，那麼藩鎮大臣，誰不想為陛下出死力！豈止是劉悟一人。」穆宗低頭沉默了好一會，說：「朕不可惜劉承偕，然而太后把他收為養子，現在囚禁了他，太后還不知道，更何況殺他呢！你再想其他辦法。」裴度於是和王播等奏請「把劉承偕流放到僻遠的州縣去，一定能夠被劉悟放出來。」穆宗依從了。過了一個多月，劉悟釋放了劉承偕。

李光顏所率軍隊聽說要留在滄景鎮，都大喊大叫向西邊逃跑，李光顏制止不了，因驚慌恐懼病倒了。三月十八日己酉，呈上表文堅決辭去橫海節度使職務，請求回到許州去，朝廷答應了。

三月二十一日壬子，任命裴度為淮南節度使，其餘的官職仍舊不變。○加授劉悟檢校司徒官銜，其他官職照舊。從此劉悟逐漸驕傲起來，想仿效河北三鎮，招集那些為非作歹的人，呈送朝廷的章表大多不恭敬。

裴度在征討幽州和鎮州叛亂時，回鶻請求派兵相從。朝廷討論認為不可以，於是派中使去阻止派兵。回鶻派大臣李義節率領三千人已經到達豐州北面，朝廷讓他們退回去，他們不聽從，穆宗命令徵調繒帛七萬匹賞賜他們。三月二十三日甲寅，他們才回去。

王智興派遣輕裝士兵二千人襲擊濠州。三月二十五日丙辰，刺史侯弘度棄城投奔壽州。

進諫的言官都說裴度不應當離開朝廷去做地方官，穆宗自己也很看重他。三月二十七日戊午，下詔留裴度在朝廷輔政，任命中書侍郎、同平章事王播同平章事，代裴度為淮南節度使，仍舊兼任諸道鹽鐵轉運使。

李寰率領他的部眾三千人離開博野，王庭湊派兵追擊他。李寰與王庭湊軍交戰，殺死三百多人，王庭湊的部隊這才退回去。李寰留下的二千人仍堅守博野。

朝廷由於剛剛結束戰爭，無力討伐徐州，三月二十八日己未，任命王智興為武寧節度使。〇又任命德棣節度使李全略為橫海節度使。

夏，四月初一日辛酉，發生日蝕。

四月十四日甲戌，任命傅良弼、李寰為神策軍都知兵馬使。

戶部侍郎、判度支張平叔上言：「官自糶鹽，可以獲利一倍」，又請「令所由❶將鹽就村糶易」，又乞「令宰相領鹽鐵使」，又請「以糶鹽多少為刺史、縣令殿最❷」，又乞「檢責所在實戶，據口團保❸，給一年鹽，使其四季輸價❹」，又「行此策後，富商大賈或行財賄，邀截❺喧訴❻，其為首者所在杖殺，連狀人❼皆杖脊。」詔百官議其可否。

兵部侍郎韓愈上言，以為：「城郭之外，少有見❽錢糴鹽，多用雜物貿易。鹽商則無物不取，或賒貸徐還，用此取濟，兩得利便。今令吏人坐鋪❾自糶，非得見錢，必不敢受。如此，貧者無從得鹽，自然坐失常課❿，如何更有倍利！又若令人吏將⓫鹽家至戶而糶之[1]，必索百姓供應⓬，騷擾極多。又，刺史、縣令職在分憂⑬，豈可惟以鹽利多少為之升黜，不復考其理行⑭！又，貧家食鹽至少，或有淡食動經旬月。若據口②給鹽，依時徵價，官吏畏罪，必用威刑。臣恐因此所在不安，此尤不可之大者也。」

中書舍人韋處厚⑮議，以為：「宰相處論道⑯之地，雜以鹺⑰務，實非所宜。竇參、皇甫鎛⑱皆以錢穀為相，名利難兼，卒蹈禍敗。又欲以重法禁人喧訴⑲，夫強人之所不能，事必不立；禁人之所必犯，法必不行矣。」事遂寢。

平叔又奏徵遠年逋欠⑳。江州刺史李渤上言：「度支徵當州㉑貞元二年逃戶所欠錢四千餘緡，當州今歲旱災，田損什九，陛下奈何於大旱中徵三十六年前逋負！」詔悉免之。

【章旨】以上為第八段，寫唐穆宗罷鹽鐵專賣和三十六年前欠賦。

【注釋】❶所由　主管物資的官吏。事必經由其手，故稱所由。❷殿最　考核政績的等次，第一為最，倒數第一為殿。❸團保　猶如商鞅什伍之法，使鄰戶相聚為團，互相保識。❹輸價　交納價款。❺邀截　阻攔。❻喧訴　喊冤申訴。❼連狀人　連名告狀者。❽見　同「現」。❾坐鋪　設置門市，陳物而賣，謂之坐鋪。❿常課　正常稅額。⓫將　攜；帶領。⓬供應　百姓各供其物以應官吏所需。⓭分憂　謂置官治民，其職就是撫養百姓以分擔人君憂民之責。⓮理行　治績。⓯韋處厚（西元七七三—八二八年）字德載，京兆（今陝西西安）人，文宗時任宰相，封靈昌郡公。撰《德宗實錄》五十卷、《六經法言》二十卷。傳見《舊唐書》卷一百五十九、《新唐書》卷一百四十二。⓰論道　語出《尚書・周官》：「三公論道經邦。」⓱鹺　鹽。⓲竇參皇甫鎛　唐代兩名聚斂大臣。竇參事詳本書〈德宗紀〉，皇甫鎛事詳本書〈憲宗紀〉。⓳以重法禁人喧訴　用嚴刑禁止聚眾申訴。重法，指為首者用刑杖打死，連名者打背脊。⑳逋欠 逋負、拖欠。㉑當州 刺史稱所守之州為當州，即本州。

【校 記】①至戶而糶之 原作「至而戶糶」。據章鈺校，十二行本、乙十一行本皆作「至戶到而糶之」，今據改。從文義來看，「到」字當是衍文。②口 原作「戶」。據章鈺校，十二行本、乙十一行本皆作「口」，今據改。

【語 譯】戶部侍郎、判度支張平叔上奏說：「由官府直接賣鹽，可以獲得加倍的利益」，又請求「叫所由官把鹽拿到村裡去發賣」，又請求「讓宰相兼任鹽鐵轉運使」，又請求「以賣鹽多少考核刺史、縣令政績的先後等級」，又請求「核實各地實有戶口，依據戶口組織在一起互相擔保，由政府給予一年的鹽，讓他們按四季交納鹽價款」，又要求「實行這一政策以後，富商大賈有用財物進行賄賂，攔路喊冤申訴，為首的人就地用杖打死，連名告狀的人都用杖打脊背。」下詔令百官討論這一政策是否可行。

兵部侍郎韓愈向穆宗進言，認為：「城郊以外，很少用現錢買鹽，大多用雜物來交換。鹽商在交易中什麼東西都收，有的還可以賒貸，以後慢慢還款，用這種辦法作補充，兩方面都得到好處。現在要官吏坐在店鋪內賣鹽，不是現錢的話，一定不敢接受。這樣，貧窮的人無法得到鹽，自然正常的鹽稅也會收不到，哪裡還會有加倍的利益！如果又讓官吏把鹽拿到各家各戶去賣，必定又要向老百姓索取供應，騷擾極多。再說，刺史、縣令的職責是為皇上分憂，怎能只用得到鹽利的多少來決定他們的升降，不再考核他們的治民政績！另外，貧窮人家鹽吃得很少，有的甚至動不動就一個月也不吃鹽。如果按口數給鹽，依時來徵收鹽款，官吏怕收不齊鹽款而得罪，一定會用嚴厲的刑罰。臣擔心這樣一來到處都不會安寧，這是不能實行最大的一個原因。」

中書舍人韋處厚認為：「宰相處於議論國家大政的地位，夾雜著管理鹽務，實在是不相宜。竇參、皇甫鎛都是兼管錢穀的宰相，名利難以兼而有之，最後陷於禍敗。又想用嚴刑重法禁止民眾喊冤告狀，強人之所不能，這種事一定不成功；禁人之所必犯，這種法律一定行不通。」這件事便擱置了。

張平叔又奏請徵收好些年前拖欠的賦稅。江州刺史李渤上奏說：「度支徵收本州貞元二年逃亡戶所欠稅錢四千多串，本州今年遭旱災，耕地十分之九受災，陛下為什麼在大旱災的年分催徵三十六年前的欠稅！」於是穆宗下詔免徵。

邕州❶人不樂屬容管，刺史李元宗以吏人狀授御史，使奏之。容管經略使嚴公素聞之，遣吏按元宗擅以羅陽縣❷歸蠻酋黃少度。五月壬寅❸，元宗將兵百人并州印奔黃洞❹。

王庭湊之圍牛元翼也，和王❺傅于方❻欲以奇策干進❼，言於元稹，請「遣客王昭、于友明間說賊黨，使出元翼。仍❽賂兵、吏部令史❾偽出告身❿二十通⓫，令以便宜給賜。」稹皆然之。有李賞者，知其謀，乃告裴度，云方為稹結客刺度，度隱而不發。賞詣左神策告其事。丁巳⓬，詔左僕射韓皋⓭等鞫⓮之。

戊午⓯，幽州節度使朱克融進馬萬匹、羊十萬口，而表云先請其直充犒賞。三司⓰按于方刺裴度事，皆無驗。六月甲子⓱，度及元稹皆罷相，度為右僕射，稹為同州⓲刺史。以兵部尚書李逢吉⓳為門下侍郎、同平章事。

党項寇靈州⓴、渭北，掠官馬。

諫官上言：「裴度無罪，不當免相。元稹與于方為邪謀，責之太輕。」上不得已，壬申㉑，削積長春宮使㉒。○吐蕃寇靈武。

庚辰㉓，鹽州奏党項都督拔跋萬誠㉔請降。○壬午㉕，吐蕃寇鹽州。○戊子㉖，復置邕管經略使。

初，張弘靖為宣武節度使，屢賞以悅軍士，府庫虛竭。李愿㉗繼之，性奢侈，賞勞既薄於弘靖時，又峻威刑，軍士不悅。愿以其妻弟竇瑗典宿直㉘兵，瑗驕貪，軍中惡之。牙將李臣則等作亂，秋，七月壬辰㉙夜，即帳中斬瑗頭，因大呼，府中響應，愿與一子踰城奔鄭州㉚。亂兵殺其妻，推都押牙李㝏為留後。

丙申㉛，宋王㉜結薨。○戊戌㉝，宣武監軍奏軍亂。○庚子㉞，李㝏自奏已權知留後。

乙巳㉟，詔三省官㊱與宰相議汴州事㊲，皆以為宜如河北故事，授李㝏節。李逢吉曰：「河北之事，蓋非獲已。今若并汴州棄之，則是江、淮以南皆非國家有也。」杜元穎、張平叔爭之曰：「柰何惜數尺之節，不愛一方之死乎！」議未決，會宋、亳、潁三州㊳刺史[1]各上奏，請別命帥。上大喜，以逢吉議為然，遣中使詣三州宣慰。逢吉因請「以將軍徵㝏入朝，以義成節度使韓充㊴鎮宣武。充，弘之弟，素寬厚得眾心。脫㊵㝏旅拒㊶，則命徐、許兩軍㊷攻其左右而滑軍㊸蹙㊹其北，充必得入矣。」上皆從之。

丙午㊺，貶李愿為隨州㊻刺史，以韓充為宣武節度兼義成節度使。徵李㝏為右金吾將軍，㝏不奉詔。宋州刺史高承簡㊼斬其使者，㝏遣兵二千攻之，陷寧陵、襄邑㊽。宋州有三城，賊已陷其南城，承簡保北二城，與賊十餘戰。癸丑㊾，忠武節度使李光顏將兵二萬五千討李㝏，屯尉氏㊿。兗海(51)節度使曹華聞㝏作亂，不俟詔，即發兵討之。㝏遣兵三千人攻宋州，適至城下，丙辰(52)，華逆擊，破之。丁巳(53)，李光顏敗宣武兵於尉氏，斬獲二千餘人。

八月辛酉(54)，大理卿劉元鼎自吐蕃還。

甲子(55)，韓充入汴境，軍于千塔(56)。武寧節度使王智興與高承簡共破宣武兵，斬首千餘級，餘眾遁去。壬申(57)，韓充敗宣武兵於郭橋(58)，斬首千餘級，進軍萬勝(59)。

初，李㝏既為留後，以都知兵馬使李質(60)為腹心。及㝏除將軍，不奉詔，質屢諫不聽。會㝏疽發於首，遣李臣則等將兵拒李光顏於尉氏。既而官軍四集，兵屢敗。㝏疾甚，悉以軍事屬李質，臥於家。丙子(61)，質與監軍姚文壽擒㝏，殺之。詐為㝏牒，追臣則等，至，皆斬之，執㝏四子送京師。

韓充未至，質權知軍務，時牙兵三千人，日給酒食，物力不能支。質曰：「若韓公始至而罷之，則人情大去矣！不可留此弊以遺吾帥。」即命罷給而後迎充。丁丑[62]，充入汴。

癸未[63]，以韓充專為宣武節度使，以曹華為義成節度使，高承簡為兗、海、沂、密節度使，加李光顏兼侍中，以李質為右金吾將軍。

韓充既視事，人心粗定，乃密籍[64]軍中為惡者千餘人，一朝，并父母妻子悉逐之，曰：「敢少[65]留境內者斬。」於是軍政大治。

九月戊子朔[66]，浙西[67]觀察使京兆竇易直[68]奏大將王國清作亂伏誅。初，易直聞汴州亂而懼，欲散金帛以賞軍士。或曰：「賞之無名，恐益生疑。」乃止。而外已有知之者，故國清作亂。易直討擒之，并殺其黨二百餘人。

德州刺史王稷，承父鍔[69]餘貲[70]，家富厚。橫海節度使李景略[71]利其財，丙申[72]，密教軍士殺稷，屠其家，納其女為妾，以軍亂聞。

朝廷之討李㝏也，遣司門郎中[73]韋文恪宣慰魏博。史憲誠表請授㝏旌節，又於黎陽[74]築馬頭[75]，為度河之勢。見文恪，辭禮倨慢[76]。及聞㝏死，辭禮頓[77]恭，曰：「憲誠，胡人，譬如狗，雖被捶擊，終不離主耳。」

冬，十一月庚午[78]，皇太后幸華清宮。辛未[79]，上自複道幸華清宮，遂畋于驪山[80]，即日還宮。太后數日乃返。

丙子[81]，集王[82]緗薨。

庚辰[83]，上與宦者擊毬[84]於禁中，有宦者墜馬，上驚，因得風疾，不能履地[85]。自是人不聞上起居，宰相屢乞入見，不報。裴度三上疏請立太子，且請入見。十二月辛卯[86]，上見群臣於紫宸殿，御大繩牀[87]，悉去左右衛官，獨宦者十餘人侍側，人情稍安。李逢吉進言：「景王[88]已長，請立為太子。」裴度請速下詔，副[89]天下望，上無言[2]。既而[90]兩省官亦繼有請立太子者。癸巳[91]，詔立景王湛為皇太子。上疾浸瘳[92]。

是歲，初行宣明曆[93]。

【章旨】以上為第九段，寫宣武兵變被韓充撫定。穆宗冊立景王李湛為太子。

【注釋】❶邕州　州名，治所宣化，在今廣西南寧南。亦為邕管治所，邕管罷置，隸屬容管。❷羅陽縣　縣名，當在安南都護府西原州，今廣西大新西北。本為黃洞蠻之地，元和中裴行立攻黃洞蠻得之。❸壬寅　五月十二日。❹黃洞　地名，黃洞蠻所居，在羅陽縣。❺和王　指李綺，唐順宗第十一子，太和七年（西元八三三年）薨。傳見《舊唐書》卷一百五十、《新唐書》卷八十二。❻于方　憲宗宰相于頔之子。事附《舊唐書》卷一百五十六、《新唐書》卷一百七十二〈于頔傳〉。❼干進　謀求進升。❽仍　乃。有「然後」之義。❾令史　低級辦事人員，屬流外官。❿偽出告身　偽造文武官的委任狀。文官告身，賄賂吏部令史作偽；武官告身，賄賂兵部令史作偽。⑪通　份。⑫丁巳　五月二十七日。⑬韓皋　（西元七四五—八二四年）字仲聞，京兆長安（今陝西西安）人，歷官兵部侍郎、京兆尹、忠武節度使、吏部尚書、尚書左僕射。傳見《舊唐書》卷一百二十九、《新唐書》卷一百二十六。⑭鞫　查問；審理。⑮戊午　五月二十八日。⑯三司　唐以御史大夫、中書、門下為三司，主刑獄。⑰甲子　六月初五日。⑱同州　州名，治所馮翊，在今陝西大荔。⑲李逢吉　（西元七五九—八二四年）憲宗、穆宗兩朝宰相。傳見《舊唐書》卷一百六十七、《新唐書》卷一百七十四。⑳靈州　州名，治所回樂，在今寧夏靈武西南。㉑壬申　六月十三日。㉒削稹長春宮使　元稹出刺同州時兼長春宮使，此時削去。長春宮使，官名，宮觀使多為大臣兼領，亦安置閒散或降黜官員。長春宮在今陝西大荔朝邑鎮西北。㉓庚辰　六月二十一日。㉔拔跋萬誠　人名，「拔跋」當作「托（拓）跋」。㉕壬午　六月二十三日。㉖戊子　六月二十九日。㉗李愿　（？—西元八二五年）洮州臨潭（今甘肅臨潭）人，名將李晟之子，李愬、李聽之兄。官至河中節度使。傳見《舊唐書》卷一百三十三、《新唐書》卷一百五十四。㉘宿直　值宿。宿值兵，即帳中兵、親兵。㉙壬辰　七月四日。㉚鄭州　州名，治所管城，在今河南鄭州。㉛丙申　七月初八日。㉜宋王　指李結，唐順宗第九子，貞元二十一年（西元八〇五年）封。傳見《舊唐書》卷一百五十、《新唐書》卷八十二。㉝戊戌　七月初十日。㉞庚子　七月十二日。㉟乙巳　七月十七日。㊱三省官　指中書、門下、尚書三省自拾遺、補闕、舍人、丞、郎以上官員。㊲議汴州事　討論宣武節度使都押牙李㝏為留後事。㊳宋亳潁三州　宋州治所宋城，在今河南商丘南。亳州治所譙縣，在今安徽亳州。潁州治所汝陰，在今安徽阜陽。㊴韓充　（西元七六九—八二四年）滑州匡城（今河南封丘東北）人，歷官鄜坊、義成、宣武等節度使。傳見《舊唐書》卷一百五十六、《新唐書》卷一百五十八。㊵脫　倘若。㊶旅拒　聚眾抗拒。㊷徐許兩軍　即武寧、忠武兩鎮之兵。㊸滑軍　即義成節度之軍。㊹蹙　迫近。㊺丙午　七月十八日。㊻隨州　州名，治所隨縣，在今湖北隨縣。㊼高承簡　邠寧節度使高崇文之子，歷任兗海、義成、邠寧等節度使。傳見《舊唐書》卷一百五十一、《新唐書》卷一百七十。㊽寧陵襄邑　皆縣名，寧陵縣治在今河南寧陵，襄邑縣治在今河南睢縣。㊾癸丑　七月二十五日。㊿尉氏　縣名，縣治在今河南尉氏。(51)兗海　方鎮名，唐憲宗元和十四年（西元八一九年）置，治所兗州，在今山東兗州。(52)丙辰　七月二十八日。(53)丁巳　七月二十九日。(54)辛酉　八月初三日。(55)甲子　八月初六日。(56)千塔　地名，當在今河南封丘境內。(57)壬申　八月十四日。(58)郭橋　鎮名，在今河南封丘西南。(59)萬勝　鎮名，屬中牟縣，在今河南中牟西北。(60)李質　（？—西元八二三年）本宣武軍牙將，官至金吾將軍。事附兩《唐書・韓充傳》。(61)丙子　八月十八日。(62)丁丑　八月十九日。(63)癸未　八月二十五日。(64)密籍　暗中訪察登記。(65)少　稍。(66)戊子朔　九月初一日。(67)浙西　方鎮名，即浙江西道的簡稱，唐肅宗乾元元年（西元七五八年）置，治所潤州，在今江蘇鎮江市。(68)竇易直　（？—西元八三三年）字宗玄，京兆始平（今陝西興平）人，官至宰相，封晉陽郡公。傳見《舊唐書》卷一百六十七、《新唐書》卷一百五十一。(69)鍔　王鍔（西元七三九—八一五年），字昆吾，自言太原（今山西太原）人，官至河中、河東等節度使。傳見《舊唐書》卷一百五十一、《新唐書》卷一百七十。(70)貲　同「資」。資財。(71)李景略　當作李全略，即王日簡。(72)丙申　九月初九日。(73)司門郎中　官名，刑部第四司長官，掌天下諸門及關之出入往來。(74)黎陽　即黎陽津，為魏博至宣武途經的黃河渡口，在今河南浚縣東南古黃河上。(75)馬頭　即碼頭。(76)辭禮倨慢　言談與禮節傲慢。(77)頓　頓時；立刻。(78)庚午　十一月十四日。(79)辛未　十一月十五日。(80)驪山　山名，在今陝西臨潼東南。(81)丙子　十一月二十日。(82)集王　指李緗，唐順宗子，貞元二十一年（西元八〇五年）封。傳見《舊唐書》卷一百五十、《新唐書》卷八十二。(83)庚辰　十一月二十四日。(84)毬　古代足球。毬，「球」的異體字。(85)不能履地　癱瘓在床，不能下地。履，鞋，此作動詞用。踩踏；站立。(86)辛卯　十二月初五日。(87)繩牀　一種可折疊的輕便坐具。其座以橫木列孔，穿繩成平面，使之可坐，故稱繩床。因其足相交，而從胡人中傳入，故亦名交床、交椅、胡床。(88)景王　指李湛，唐穆宗長子。長慶元年（西元八二一年）封景王，穆宗崩，即位，是為敬宗。本紀見《舊唐書》卷十七、《新唐書》卷八。(89)副　符合。(90)既而　不久。(91)癸巳　十二月初七日。(92)浸瘳　逐漸好轉。(93)宣明曆　唐朝曆法之一。依據開元中僧一行所作《大衍曆》增減而成。從穆宗長慶三年至僖宗，皆用此曆。

【校　記】[1]刺史　原無此二字。據章鈺校，十二行本、乙十一行本皆有此二字，今據補。[2]上無言　原無此三字。據章鈺校，十二行本、乙十一行本皆有此三字，張敦仁《通鑑刊本識誤》、張瑛《通鑑校勘記》同，今據補。

【語　譯】邕州人不願隸屬容管，刺史李元宗把官吏們的奏狀交給御史，讓上奏朝廷。容管經略使嚴公素聽到這件事，派遣官吏去審查李元宗擅自把羅陽縣劃歸蠻酋黃少度一事。五月十二日壬寅，李元宗帶領一百名兵士連同州印投奔黃洞。

王庭湊圍困牛元翼時，和王李綺的老師于方想通過獻奇異計策求得升官，對元稹說，請「派說客王昭、于友明私下遊說賊黨，使他們放出牛元翼。然後賄賂兵部和吏部的令史，假造告身二十通，叫王昭他們酌情賞賜對方。」元稹都同意了。有個叫李賞的，知道了這個計謀，就告訴裴度，說是于方為元稹勾結刺客要殺裴度，裴度隱匿了這件事而沒有揭發。李賞前往左神策軍那裡報告這件事。五月二十七日丁巳，詔令左僕射韓皋等審理此事。

五月二十八日戊午，幽州節度使朱克融進獻一萬匹馬、十萬頭羊，但是在奏表中說請求先給價錢以便作犒賞之用。

三司審理于方謀刺裴度一事，都沒有證據。六月初五日甲子，裴度和元稹都罷免了宰相職務，裴度為右僕射，元稹為同州刺史。任命兵部尚書李逢吉為門下侍郎、同平章事。

党項寇掠靈州、渭北，搶奪官馬。

諫官向穆宗進言：「裴度無罪，不應當罷免宰相。元稹和于方為奸謀之事，譴責他太輕了。」穆宗不得已，六月十三日壬申，削除元稹長春宮使之職。○吐蕃侵犯靈武。

六月二十一日庚辰，鹽州上奏党項都督拔跋萬誠請求投降。○二十三日壬午，吐蕃侵犯鹽州。○二十九日戊子，又設置邕管經略使一職。

當初，張弘靖擔任宣武節度使，屢次獎賞軍士，讓他們高興，府庫空竭。李愿接任，性奢侈，獎賞既比張弘靖時少，又使用嚴刑峻法，軍士們很不高興。李愿任用他的妻弟竇瑗主管宿衛當值的軍隊，竇瑗驕傲貪財，軍中都厭惡他。牙將李臣則等作亂，秋，七月初四日壬辰夜裡，在軍帳中砍了竇瑗的頭，接著大聲呼叫，府中都響應他們，李愿和他的一個兒子跑出城投奔鄭州。亂兵殺了李愿的妻子，推舉都押牙李㝏為留後。

七月初八日丙申，宋王李結去世。○初十日戊戌，宣武軍監軍奏報本軍作亂。○十二日庚子，李㝏自己上奏稱已暫時擔任留後。

七月十七日乙巳，詔令三省官和宰相一起商議汴州反叛事，都認為應當照河北成例，授予李㝏符節。李逢吉說：「河北的做法，那是不得已。現在要是連汴州也放棄，那麼江、淮以南的地方都不是國家所有了。」杜元穎、張平叔爭論道：「為什麼要愛惜數尺長的符節，而不憐憫一個地方人民的死難呢！」議而未決，恰遇宋、亳、潁三州刺史各上奏本，請朝廷另外任命節度使。穆宗大喜，認為李逢吉的意見是對的，派遣中使到三州宣撫慰勞。李逢吉接著請求「用提升為將軍的名義徵召李岕到朝廷來，任命義成節度使韓充為宣武節度使。韓充是韓弘的弟弟，向來由於寬容厚道而得民心。倘若李岕聚眾抗拒，就要徐州和許州兩支軍隊從左右兩個方向向他們進攻，而滑州軍隊從北面迫近他們，這樣韓充一定能進入汴州。」穆宗全都答應了。

七月十八日丙午，貶李愿為隨州刺史，任命韓充為宣武節度使兼義成節度使。徵召李岕為右金吾將軍，李岕不接受詔命。宋州刺史高承簡殺了李岕的使者，李岕派遣二千名士兵攻打他，攻陷了寧陵、襄邑兩縣。宋州有三座城池，敵人已攻陷了南城，高承簡保衛著北邊兩城，與敵人十多次交戰。二十五日癸丑，忠武節度使李光顏率領二萬五千軍隊討伐李岕，屯駐尉氏縣。兗海節度使曹華聽說李岕作亂，沒有等穆宗下詔令，就發兵討伐他。李岕派遣三千人攻打宋州，剛到城下，二十八日丙辰，曹華迎擊，打敗了他們。二十九日丁巳，李光顏在尉氏打敗宣武兵，斬首和俘虜了二千多人。

八月初三日辛酉，大理寺卿劉元鼎從吐蕃返回。

八月初六日甲子，韓充進入汴州境內，駐紮在千塔。武寧節度使王智興和高承簡一起打敗了宣武兵，殺了一千多人，餘下的部眾逃走了。十四日壬申，韓充在郭橋打敗了宣武兵，殺了一千多人，進軍萬勝。

當初，李岕擔任了留後之後，把都知兵馬使李質當做心腹。等到李岕拜任將軍，不接受詔令，李質多次勸說，他都不聽。恰逢李岕頭上長疽，派遣李臣則等帶兵在尉氏抵抗李光顏。很快官軍從四面八方聚集，軍隊多次打敗仗。李岕病重，把軍務全都交給李質，自己躺在家裡。八月十八日丙子，李質和監軍姚文壽抓住李岕，把他殺了。又偽造李岕的文牒，追回李臣則等人，人一到，全都殺了，又抓捕李岕的四個兒子送往京師。

在韓充還未抵達汴州時，李質暫時主管軍務，當時府衙中士兵三千人，每天供應他們酒食，物力維持不了。李質說：「要是韓公一到就撤銷酒食供應，那麼就大失人心！不能把這個弊病留給我們的統帥。」當即命令撤銷供給，然後迎接韓充。八月十九日丁丑，韓充進入汴州。

八月二十五日癸未，命韓充專任宣武節度使，任命曹華為義成節度使，高承簡為兗、海、沂、密節度使，加授李光顏兼侍中，任命李質為右金吾將軍。

韓充理政後，人心大體安定，於是祕密登記軍中做惡的一千多人，一天早上，連同他們的父母妻子全部驅逐出境，說：「膽敢稍稍在境內逗留的，處死。」於是軍政大治。

九月初一日戊子，浙西觀察使京兆人竇易直奏報大將王國清作亂處死。當初，竇易直聽說汴州軍士作亂，因而恐懼，想散發金錢布帛用以獎賞軍士。有人說：「沒有名義的賞賜，恐怕更加引起軍士猜疑。」於是作罷。然而外面已有人知道了這回事，所以王國清作亂。竇易直征討，擒獲了王國清，把他和他的同黨二百多人一起殺了。

德州刺史王稷，繼承了他父親王鍔留下的財產，家中富有。橫海節度使李全略貪圖他的財產，九月初九日丙申，祕密教唆軍士殺了王稷，屠滅了他的全家，把他的女兒收為妾，向朝廷報告說軍士發生變亂。

朝廷討伐李岕時，派遣司門郎中韋文恪到魏博軍進行宣撫慰勞。史憲誠上表請求授給李岕旌節，又在黎陽修建碼頭，作出要派兵渡過黃河以支援李岕的態勢。見到韋文恪，言辭、禮節顯得很傲慢。等到聽說李岕被殺，言辭、禮節馬上恭敬了，並說：「憲誠是胡人，好比狗，雖被主人鞭打，終究不離開主人。」

冬，十一月十四日庚午，皇太后到華清宮。十五日辛未，穆宗從複道到華清宮，於是在驪山打獵，當天返回宮中。太后幾天後才返回。

十一月二十日丙子，集王李緗去世。

十一月二十四日庚辰，穆宗和宦官在宮中打毬，有宦官從馬上摔下來，穆宗受到驚嚇，因而得了風病，不能下地行走。從此人們不知穆宗生活情況，宰相多次請求進宮見穆宗，都沒有答覆。裴度三次上疏請求立太子，並且請求入宮謁見。十二月初五日辛卯，穆宗在紫宸殿接見群臣，坐在大繩床上，全部撤去身邊衛官，只有十多個宦官在身旁侍候，大家的情緒才稍稍安定下來。李逢吉向穆宗進言說：「景王已經長大了，請立為太子。」裴度請求趕快下詔，以符合天下人的願望，穆宗沒有說話。不久兩省的官員也繼續有人請求立太子的。初七日癸巳，下詔立景王李湛為皇太子。穆宗的病漸漸好轉。

這一年，開始用《宣明曆》。

【研　析】本卷研析河朔再失、白居易上奏靖亂良策、韓愈宣慰成德。

河朔再失。唐穆宗李恆昏庸懦弱，只知遊樂嬉戲，根本不懂治國為何物。穆宗是依靠大宦官王守澄發動宮廷政變上的臺，甘心做傀儡。宦官勢力抬頭，以裴度為首的鯁直派朝官受到壓抑。見風使舵的朝官則投靠宦官來爭權。中唐著名詩人元稹，憲宗朝進士，元和五年（西元八一〇年）貶為江陵士曹，於是得與監軍崔潭峻交結，他寫的詩歌為穆宗所稱善。崔潭峻歸朝，向穆宗獻元稹詩百餘首，元稹因之得官為祠部郎中知制誥。元稹走宦官門路，被朝官們鄙視。有一次同僚相聚吃瓜，有蒼蠅飛來，中書舍人武儒衡揮扇驅蠅，隨口指桑罵槐說：「這東西從哪裡來，也到此湊熱鬧。」朝官們對依附宦官的朝官視作蒼蠅，雙方積怨很深，把個人門氣陵駕於國家大政之上。河北戰事重起，元稹幫助宦官破壞裴度對叛鎮的用兵計畫，穆宗長慶二年（西元八二二年），河北戰爭結束，官軍無功，裴度被宦官排擠出朝，元稹入相，達到個人的目的，朝廷卻丟掉了河北三鎮。

河北戰事重啟，起於成德節度使王承宗之死，朝廷錯誤調防節度，引起戰亂。元和十五年憲宗死，穆宗立，新君威望不孚。河北三鎮，驕兵悍將，不聽朝廷號令，積習日久。三鎮歸順以後，朝廷應慎擇主將以便駕御。元和十五年十月，成德節度使王承宗死，朝廷趁此調換節度，以王承宗之弟王承元為義成節度使，徙義成節度使劉悟為昭義節度使，徙昭義節度使李愬為魏博節度使，徙魏博節度使田弘正為成德節度使。朝廷調換節度使，目的有二。一是不讓王承元留在成德，杜絕世襲；二是各鎮換帥避免兵將長期結合形成一體的割據勢力。初衷是好的，也顯示朝命的威望。由於田弘正是討伐成德最賣力的主將，成德驕兵悍將視田弘正為仇人。田弘正要求帶領二千名魏博兵士赴任，朝廷不供給養，田弘正只好讓魏博士兵回鎮。徙田弘正為成德節度使就是一個錯誤，不讓田弘正帶魏博士兵赴任又是一個錯誤。幽州節度使劉總弒父殺兄自為留後，良心受到譴責患了神經分裂症，夜不能寐，自動辭官出家，朝廷派張延賞為幽州鎮節度使，處事不當激起兵變。

成德都知兵馬使王庭湊趁機殺田弘正，發動叛亂。唐穆宗發六鎮兵討成德，招討使裴度受諸多牽制，元稹與樞密使魏弘簡狼狽為奸，惟恐裴度建功，沮壞裴度奏劃的軍事，是以無功。又不幸的是，魏博節度使李愬病死，朝廷任命田弘正之子田布為魏博節度使。魏博先鋒兵馬使史憲誠暗中與成德相勾結，田布悉以精兵委史憲誠。史憲誠陰蓄異志，煽動士兵離心，田布大敗自殺，史憲誠自為留後，朝廷授以節鉞。史憲誠外奉朝廷，內實與幽、鎮連結。河北三鎮於是再叛。

唐憲宗征伐四方，國庫已虛，穆宗即位，遊宴無度，又賞賜宿衛禁軍沒有節制，河朔再次用兵，國庫不能支撐。河朔戰事引發連鎖變亂。相州軍亂，瀛州軍亂，武寧、宣武也發生兵變。長慶二年，朝廷放棄統一河朔三鎮，罷兵停戰，姑息割據，直至唐亡。

白居易上奏靖亂良策。白居易，字樂天，太原人，中唐大詩人。德宗貞元十四年，白居易進士及第入仕，為祕書省校書郎。唐憲宗元和元年，白居易應策試制舉為第四等，授盩厔縣尉、集賢校理。白居易所著詩歌，皆意存諷諭，針砭時弊，補政之缺，受到士大夫的稱讚。上百篇流入禁中，憲宗皇帝納諫思治，非常欣賞。元和二年十一月，憲宗召白居易入翰林為學士，三年五月拜左拾遺，元和十年授太子左贊善大夫。白居易居官正直，敢直言切諫，能言人之難言者，憲宗多有採納。執政惡居易言直，一度貶白居易為江州司馬。元和十三年冬，白居易量移忠州刺史，元和十四年冬，召還京師，拜司門員外郎。穆宗即位，轉主客郎中，知制誥，加朝散大夫。長慶元年十月，轉中書舍人。白居易仕進二十餘年，因其言直，才未盡其用。當河朔戰事再起，穆宗荒縱，宰執非其人，白居易上奏靖亂良策，指出官軍十七八萬，四面圍攻，已過半年，還沒有成功。白居易總結原因有四：一是節度將領太多，沒有統一指揮；二是賞罰不明；三是供應短缺；四是官軍人數雖眾而不精。如不改變現狀，沒有人帶頭進攻，互相觀望，恐有軍潰之虞。白居易建議，裁撤各道官軍回本鎮，只留李光顏和裴度兩支軍隊夾攻鎮州，留下各道精兵五六萬人，也易於供應，減輕財政負擔。再用招降辦法動搖敵人軍心。這樣士眾一心，軍令統一，一定能取得成功。白居易奏疏呈上，穆宗根本就不看。從白居易奏議的內容，以及所遭冷遇，可見當時政治已腐敗到極點，將士怎能用命打仗！宦官不願看到裴度取勝，南司望重，元稹不願看到裴度取勝，深恐阻礙自己的仕途。穆宗長慶二年二月，元稹進言穆宗罷兵，解除了裴度的兵權，元稹達到了入相的目的。

元稹，字微之，河南人，與白居易同科進士，兩人友善，詩才與白居易齊名，並稱元白。白居易為官守正仕途不顯，元稹黨附宦官而得宰相。故兩人品德不可同日而語。

韓愈宣慰成德。韓愈，字退之，河北昌黎人。唐代大文學家，古文運動的發起者，世稱唐宋八大家之首。韓愈亦進士出身，德宗朝官至監察御史。德宗晚年，韓愈上奏極言宮市之弊，貶連州陽山令，量移江陵府掾曹。元和初召為國子博士，遷都官員外郎。裴度督師淮西，兼彰義軍節度使，請韓愈為行軍司馬。淮西平，韓愈隨裴度還朝，授刑部侍郎。元和十四年，憲宗迎佛骨入京，韓愈上疏諫迎佛骨，謂東漢奉佛以來，信佛帝王「亂亡相繼，運祚不長」，「事佛求佛，乃更得禍」。憲宗大怒，要處以極刑，宰相裴度、崔羣，乃至國戚諸貴交章救護，減刑貶潮州刺史，量移袁州刺史。元和十五年，穆宗即位，徵韓愈為國子祭酒，轉兵部侍郎。河朔再度用兵，王庭湊圍深州，上表效順。穆宗加王庭湊檢校工部尚書，令韓愈往鎮州宣慰。王庭湊陽奉陰違，實際未解深州之圍。朝臣憂慮韓愈的安全，穆宗詔命韓愈到了鎮州，觀察形勢，不要貿然進入。韓愈慷慨宣言曰：「詔令臣停止，是皇上的仁愛；不畏死而立即進入，是臣子應當做的。」韓愈視死如歸，毫不遲疑入鎮州宣慰。韓愈意氣軒昂，義正辭嚴責王庭湊以大義，諭以順逆禍福，辭情懇切，王庭湊敬畏有加，以禮相待。韓愈奉使叛軍賊臣，不辱君命，是士人的脊樑。

韓愈奉使回京，改吏部侍郎，長慶四年十二月，韓愈卒於官，享年五十七歲，贈禮部尚書，謚曰文。

卷第二百四十三

唐紀五十九

起昭陽單閼（癸卯 西元八二三年），盡著雍涒灘（戊申 西元八二八年），凡六年。

【題解】本卷記事起西元八二三年，迄西元八二八年，凡六年。當唐穆宗長慶三年至唐文宗太和二年。一卷書記事，僅六年時間，載兩代皇帝史事，歷穆宗、敬宗至文宗初年，說明此時期乃多事之秋。穆宗、敬宗兩代都是昏庸皇帝，共同的特點都是馴服在宦官手下做傀儡，他們只要求奢侈放縱得到滿足，根本不關心朝政。穆宗、敬宗又都柔弱無能，穆宗識李逢吉之奸，卻畏而用之，敬宗明李紳之冤，卻容忍李逢吉排擠李紳出朝，只是嗟歎而已。裴度再度入相，曾巧諫敬宗罷遊幸東都，但無大的作為。懲治宦官撓亂市井的縣令崔發遭繫獄，以致牛僧孺畏懼宦官而自動離相位。穆宗服食長生藥而死，敬宗竟被宦官劉克明所殺。樞密使王守澄等四貴擁立文宗即位，殺了已經接見過朝官的絳王李悟，朝官們只能噤若寒蟬。宦官權力陵駕在皇權之上，唐文宗感到自身危險，想要誅除宦官。西元八二八年，名士劉蕡應賢良方正科，對策公開反對宦官，主考不敢錄取，劉蕡落第，卻是發出了清流朝官反擊宦官的信號。南衙北司的鬥爭在文宗朝表面化，潛伏著重大的政治危機。

穆宗睿聖文惠孝皇帝下

長慶三年（癸卯　西元八二三年）

春，正月癸未❶，賜兩軍❷中尉❸以下錢。二月辛卯❹，賜統軍❺、軍使❻等錦[1]綵❼、銀器各有差❽。

戶部侍郎牛僧孺素為上所厚。初，韓弘之子右驍衛將軍❾公武❿為其父謀，以財結中外。及公武卒，弘繼薨，穉⓫孫紹宗嗣，主藏奴與吏訟於御史府。上憐之，盡取弘財簿自閱視。凡中外主權⓬，多納弘貨，獨朱句細字曰：「某年月日，送戶部牛侍郎錢千萬，不納。」上大喜，以示左右曰：「果然，吾不繆知人！」

三月壬戌⓭，以僧孺為中書侍郎、同平章事。

時僧孺與李德裕皆有入相之望⓮。德裕出為浙西觀察使，八年不遷⓯，以為李逢吉排己⓰，引僧孺為相，由是牛、李之怨愈深。

夏，四月甲午⓱，安南奏陸州獠⓲攻掠州縣。

丙申⓳，賜宣徽院⓴供奉官錢，紫衣者㉑百二十緡，下至承旨㉒各有差。

【章　旨】以上為第一段，寫牛僧孺不受賄而得相，李德裕疑是李逢吉引薦牛僧孺，由是牛、李之怨益深。

【注　釋】❶癸未　正月二十七日。❷兩軍　即南、北衙兵。南衙為十二衛；北衙為禁軍，有左右羽林軍、左右龍武軍、左右神武軍等六軍。安史之亂起，北衙禁軍擴張，最著者為左右神策軍。❸中尉　護軍中尉之省稱，武官名，統領神策軍。❹辛卯　二月初六日。❺統軍　統領北衙六軍的武官，位次大將軍。❻軍使　武官名，唐代在衝要之地屯兵戍守，置軍鎮，統兵官稱軍使。❼錦綵　即綢緞。❽差　差別；等級。❾右驍衛將軍　官名，掌統領宮廷警衛。❿公武　韓公武，字從偃，歷官鄜坊節度使、右金吾將軍、驍騎大將軍等。傳見《舊唐書》卷一百五十六、《新唐書》卷一百五十八。⓫穉　「稚」的異體字。幼。⓬主權　掌權。⓭壬戌　三月初七日。⓮皆有入相之望　御史中丞牛僧孺與翰林學士李德裕兩人，都具有做宰相的資歷與聲望。⓯八年不遷　長慶三年李德裕出為浙西觀察使，至文宗三年因裴度推薦徵入京師，前後七年。又為李宗閔所排，出任鄭滑節度使。⓰以為李逢吉排己　認為李逢吉引牛僧孺為相，恐李德裕在禁中（翰林）阻撓，故使李德裕出鎮浙西。⓱甲午　四月初十日。⓲陸州獠　居於陸州的蠻族，即今之仡佬族。陸州，治所烏雷，在今廣西欽州南。⓳丙申　四月十二日。⓴宣徽院　官署名，唐中葉以後始置，總領宮內諸司及三班內侍之名籍，以及郊祀朝會宴享供帳等，所掌皆宮內細碎之事。其主官為南北院使，以宦者為之。㉑紫衣者　指三品以上官員，著紫衣。㉒承旨　官名，翰林院、樞密院均置，參與重要公事。

【校　記】[1]錦　原誤作「綿」。胡三省注云：「綿，當作『錦』。」據章鈺校，十二行本作「錦」，今據校正。按，下文數載敬宗賜錦綵，「錦」字均不誤。

【語　譯】穆宗睿聖文惠孝皇帝下

長慶三年（癸卯　西元八二三年）

春，正月二十七日癸未，賞賜錢給兩軍中尉以下的官員。二月初六日辛卯，按等級賞賜統軍、軍使等官員綢緞、銀器。

戶部侍郎牛僧孺一向為穆宗所厚待。當初，韓弘的兒子右驍衛將軍韓公武為他父親謀劃，用錢財交結朝廷內外權勢。等到韓公武死後，韓弘也相繼死去，幼小的孫子韓紹宗繼承其家業，主管財產的家奴與官吏向御史府起訴韓家行賄。穆宗憐惜韓家，全部拿來韓弘家的財產帳簿親自查看。凡是朝廷內外掌權的官吏，大多接受了韓弘的財貨，只有一處用紅筆小字寫道：「某年月日，送戶部牛侍郎一千萬錢，不收。」穆宗大喜，把這給身邊的人看，並說：「果然如此，我沒有看錯人！」三月初七日壬戌，任命牛僧孺為中書侍郎、同平章事。

當時牛僧孺與李德裕都有入朝為相的聲望。李德裕調任浙西觀察使，八年沒有升遷，以為是李逢吉排擠自己，引薦牛僧孺為宰相，因此牛、李兩派的怨恨更加深了。

夏，四月初十日甲午，安南上奏陸州的獠人攻掠州縣。

四月十二日丙申，賞賜宣徽院供奉官錢，服紫衣品級的一百二十串，以下直到承旨，各有等差。

初，翼城人鄭注❶，眇小❷，目下視，而巧譎❸傾諂❹，善揣人意，以醫遊四方，羇❺貧甚。嘗以藥術干徐州牙將，牙將悅之，薦於節度使李愬。愬餌其藥頗驗，遂有寵，署為牙推❻，浸預軍政❼，妄作威福，軍府患之。監軍王守澄以眾情白愬，請去之。愬曰：「注雖如是，然奇才也，將軍❽試與之語，苟無❾可取，去之未晚。」乃使注往謁守澄。守澄初有難色，不得已見之，坐語未久，守澄大喜，延❿之中堂，促膝笑語，恨相見之晚。明日，謂愬曰：「鄭生誠如公言。」自是又有寵於守澄，權勢益張。愬署為巡官，列於賓席。注既用事，恐牙將薦己者泄其本末，密以他罪譖⓫之於愬，愬殺之。及守澄入知樞密，挈⓬注以西，為立居宅，贍給之，遂薦於上，上亦厚遇之。

自上有疾，守澄專制國事，勢傾中外。注日夜出入其家，與之謀議，語必通夕⑬，關通賂遺⑭，人莫能窺其迹。始則有微賤巧宦⑮之士，或因以求進，數年之後，達官車馬滿其門矣。工部尚書鄭權⑯家多姬妾，祿薄不能贍，因注通於守澄以求節鎮。己酉⑰，以權為嶺南節度使。

五月壬申⑱，以尚書左丞⑲柳公綽為山南東道節度使。公綽過鄧縣⑳，有二吏，一犯贓，一舞文㉑，眾謂公綽必殺犯贓者。公綽判曰：「贓吏犯法，法在；姦吏亂法，法亡。」竟誅舞文者。

【章旨】以上為第二段，寫王守澄、鄭注兩人狼狽為奸，專擅弄權。

【注釋】❶鄭注　（？—西元八三五年）翼城（今山西翼城）人，奸佞小人，善醫術，依附宦官王守澄而飛黃騰達。官至鳳翔節度使，誅死。傳見《舊唐書》卷一百六十九、《新唐書》卷一百七十九。❷眇小　矮小。❸巧譎　奸巧詭詐。❹傾諂　傾陷諂媚。❺羇　同「羈」。寄居。❻牙推　官名，為節度、觀察、團練等使屬官，位在推官、巡官之下。牙，同「衙」。❼浸預軍政　逐漸染指軍務。❽將軍　此指監軍王守澄。時中官多加諸衛將軍，稱為內將軍。❾苟無　如果沒有。❿延　迎請。⓫譖　進讒言。⓬挈　帶領。⓭通夕　通宵。⓮關通賂遺　打通關節，進行賄賂。⓯巧宦　鑽營求官。⓰鄭權　（？—西元八二四年）汴州開封（今河南開封）人，官至嶺南節度使。傳見《舊唐書》卷一百六十二、《新唐書》卷一百五十九。⓱己酉　四月二十五日。⓲壬申　五月十八日。⓳尚書左丞　官名，在尚書令、僕射之下設左、右丞，左丞總轄吏、戶、禮三部，右丞總轄兵、刑、工三部。⓴鄧縣　縣名，縣治在今湖北襄樊北。㉑舞文　玩弄法律條文以作弊。

【語譯】起初，翼城人鄭注，個子矮小，眼睛往下看，而且奸巧詭詐，傾陷諂媚，善於揣摩人意，以行醫遊於四方，寄食旅途，非常貧困。曾用醫術謁見徐州節度使府牙將，牙將喜歡他，把他推薦給節度使李愬。李愬吃了他的藥頗有效驗，於是得到寵信，任命為牙推，漸漸參與軍政，任意作威作福，軍府中的人為此憂慮。監軍王守澄把大家不滿的情況告訴李愬，請求辭掉鄭注。李愬說：「鄭注雖這樣，但他是一個奇才，將軍與他談話試試看，若是沒有什麼可取，辭掉他也不遲。」於是叫鄭注前去謁見王守澄。王守澄開始表情很為難，不得已，接見了他，坐下談話不久，王守澄大為高興，迎請他到中堂，促膝談笑，遺憾見面太晚了。第二天，告訴李愬說：「鄭先生的確是如你所說的那樣。」從這時起，鄭注又被王守澄寵信，權勢更大。李愬任命鄭注為巡官，列在賓客的席位之中。鄭注受到重用後，害怕推薦自己的牙將洩露自己的底細，暗中以其他的罪過向李愬誣陷牙將，李愬便把牙將殺掉了。等到王守澄到朝廷任樞密使，帶著鄭注西行，為鄭注建立住宅，供給衣食，又把鄭注推薦給穆宗，穆宗也厚待他。

自從穆宗得病，王守澄專斷國家政事，勢力超過了朝廷內外任何人。鄭注日夜來往他家，與他商量謀劃，談話通宵達旦，他們通關節、行賄賂，沒有人能看到他們幹壞事的痕跡。開始時有些微賤鑽營之士，借助鄭注以求進取，數年以後，達官貴人的車馬已擠滿鄭注門前了。工部尚書鄭權家裡姬妾很多，俸祿少不能贍養，通過鄭注打通了王守澄，請求擔任節度使。四月二十五日己酉，任命鄭權為嶺南節度使。

五月十八日壬申，任命尚書左丞柳公綽為山南東道節度使。柳公綽到達鄧縣，縣裡有二吏，一個犯有貪贓罪，一個犯有舞文罪，大家認為公綽一定會殺掉犯貪贓罪的人。公綽判決說：「貪贓的官吏犯法，法令還在；奸巧的官吏亂法，法令消亡。」最後把犯有舞文罪的人殺了。

丙子❶，以晉、慈二州❷為保義軍，以觀察使李寰為節度使。

六月己丑❸，以吏部侍郎韓愈為京兆尹，六軍不敢犯法，私相謂曰：「是尚欲燒佛骨❹，何可犯也！」

秋，七月癸亥❺，嶺南奏黃洞蠻寇邕州，破左江鎮❻。丙寅❼，邕州奏黃洞蠻破欽州❽千金鎮❾，刺史楊嶼奔石南砦❿。

南詔勸利卒，國人請立其弟豐祐。豐祐勇敢，善用其眾，始慕中國，不與父連名⓫。

八月癸巳⓬，邕管奏破黃洞蠻。

丙申⓭，上自複道幸興慶宮，至通化門樓，投絹二百匹施山僧。上之濫賜皆此類，不可悉紀⓮。

癸卯⓯，以左僕射裴度為司空、山南西道節度使，不兼平章事。李逢吉惡度，右補闕張又新⓰等附逢吉，競流謗毀傷度，竟出之。又新，薦⓱之子也。

九月丙辰⓲，加昭義節度使劉悟同平章事。

李逢吉為相，內結知樞密王守澄，勢傾朝野。惟翰林學士李紳每承顧問，常排抑之，擬狀至內庭，紳多所臧否⓳，逢吉患之。而上待遇方厚，不能遠也。會御史中丞缺，逢吉薦紳清直，宜居風憲⓴之地。上以中丞亦次對官㉑，不疑而可之。會紳與京兆尹、兼[1]御史大夫韓愈爭臺參㉒及他職事，文移往來，辭語不遜。

逢吉奏二人不協，冬，十月丙戌㉓，以愈為兵部侍郎，紳為江西㉔觀察使。己丑㉕，以中書侍郎、同平章事杜元穎同平章事、充西川節度使。○辛卯㉖，安南奏黃洞蠻為寇。○韓愈、李紳入謝，上各令自敘其事，乃深寤。壬辰㉗，復以愈為吏部侍郎，紳為戶部侍郎。

【章　旨】以上為第三段，寫李逢吉挑動韓愈與李紳二人相爭以排之，唐穆宗優柔，識李逢吉之奸，仍用之不疑。

【注　釋】❶丙子　五月二十二日。❷晉慈二州　晉州治所臨汾，在今山西臨汾。慈州治所吉昌，在今山西吉縣。❸己丑　六月初六日。❹燒佛骨　元和十四年（西元八一八年），憲宗遣使於鳳翔法門寺迎佛骨至京師。刑部侍郎韓愈上表切諫，請燒佛骨，絕後代之惑。憲宗怒，貶愈潮州刺史。❺癸亥　七月十一日。❻左江鎮　地名，在今廣西南寧。❼丙寅　七月十四日。❽欽州　州名，治所欽江，在今廣西欽州東北。❾千金鎮　地名，在欽州西南。❿砦　「寨」的異體字。⓫連名　南詔父子以名相連屬。如異牟尋生尋閣勸，尋閣勸生勸利。⓬癸巳　八月十一日。⓭丙申　八月十四日。⓮紀　同「記」。⓯癸卯　八月二十一日。⓰張又新　字孔昭，宰相李逢吉鷹犬，官終左司郎中。傳見《舊唐書》卷一百四十九、《新唐書》卷一百七十五。⓱薦　張薦（西元七四三—八〇四年），字孝舉，深州陸澤（今河北深州西）人，著名文學家張鷟之孫。官至工部侍郎。傳見《舊唐書》卷一百四十九、《新唐書》卷一百六十一。⓲丙辰　九月五日。⓳臧否　褒貶。⓴風憲　指御史臺。御史臺為執掌風紀法度之地，故以「風憲」指代御史臺。㉑次對官　皇帝於延英殿召問，先宰相，其他常參官以次俟對，謂之次對官。㉒紳與京兆尹兼御史大夫韓愈爭臺參　唐制：京兆尹上任，按例須至御史臺參謁。李逢吉想排擠李紳出朝，運用權謀，挑動韓愈與之相爭。李逢吉薦李紳為御史中丞，隨後薦韓愈為京兆尹兼御史大夫。因御史大夫位高於御史中丞，故不臺參，於是李紳、韓愈果相爭。㉓丙戌　十月初五日。㉔江西　方鎮名，即江南西道，唐代宗廣德二年（西元七六四年）置，治所洪州，在今江西南昌。㉕己丑　十月初八日。㉖辛卯　十月初十日。㉗壬辰　十月十一日。

【校記】①兼 原無此字。據章鈺校，十二行本、乙十一行本皆有此字，今據補。

【語譯】五月二十二日丙子，把晉、慈二州設置為保義軍，任命觀察使李寰為節度使。

六月初六日己丑，任命吏部侍郎韓愈為京兆尹，六軍不敢犯法，私下裡互相說：「這人連佛骨都想燒，怎麼能觸犯！」

秋，七月十一日癸亥，嶺南上奏黃洞蠻侵擾邕州，攻破左江鎮。十四日丙寅，邕州上奏黃洞蠻攻破欽州千金鎮，刺史楊嶼奔往石南砦。

南詔勸利死了，國人請求立他的弟弟豐祐。豐祐勇敢，善於駕御他的部眾，開始仰慕中國，兒子之名不與父親名相連屬。

八月十一日癸巳，邕管上奏打敗了黃洞蠻。

八月十四日丙申，穆宗從複道幸臨興慶宮，到達通化門城樓時，投下絹二百匹布施山僧。穆宗的隨意賞賜都像這樣，不能全部記載下來。

八月二十一日癸卯，任命左僕射裴度為司空、山南西道節度使，不兼平章事。李逢吉憎惡裴度，右補闕張又新等人依附李逢吉，爭相製造流言誹謗傷害裴度，終於把裴度排擠出朝廷。張又新，是張薦的兒子。

九月初五日丙辰，加任昭義節度使劉悟同平章事。

李逢吉任宰相，宮禁內勾結樞密使王守澄，勢傾朝野。只有翰林學士李紳每次接受穆宗諮詢時，常常排抑逢吉，草擬的文書送到宮內，李紳多所褒貶，李逢吉為此憂慮。但穆宗正對李紳很重視，李逢吉不能使李紳遠離皇上。恰好御史中丞缺人，李逢吉推薦李紳清廉正直，應當在御史臺擔任官職。穆宗認為御史中丞也是次對官，就毫不懷疑地答應了。正值李紳和京兆尹、兼御史大夫韓愈爭論臺參和其他職事，雙方文件往來，辭語不禮貌。李逢吉就上奏章，說二人不和諧，冬，十月初五日丙戌，改任韓愈為兵部侍郎，李紳為江西觀察使。

十月初八日己丑，任命中書侍郎、同平章事杜元穎同平章事、充西川節度使。〇初十日辛卯，安南奏報黃洞蠻侵擾為寇。〇韓愈、李紳入宮辭謝，穆宗要他們各自敘述不和之事，於是深悟其中底細。十一日壬辰，又改任韓愈為吏部侍郎，李紳為戶部侍郎。

四年（甲辰　西元八二四年）

春，正月辛亥朔❶，上始御含元殿❷朝會。

初，柳泌等既誅，方士稍復因左右以進，上餌❸其金石之藥。有處士張皐者上疏，以為：「神慮澹則血氣和，嗜欲勝則疾疢❹作。藥以攻疾，無疾不可餌也。昔孫思邈❺有言：『藥勢有所偏助，令人藏❻氣不平。借使有疾用藥，猶須重慎。』庶人尚爾，況於天子！先帝信方士妄言，餌藥致疾，此陛下所詳知也，豈得復循其覆轍乎！今朝野之人紛紜竊議，但畏忤旨，莫敢進言。臣生長蓬艾❼，麋鹿與遊，無所邀求，但粗知忠義，欲裨萬一耳！」上甚善其言，使求之，不獲。

丁卯❽，嶺南奏黃洞蠻寇欽州，殺將吏。

庚午❾，上疾復作。壬申，大漸❿，命太子監國。宦官欲請郭太后臨朝稱制，太后曰：「昔武后稱制，幾危[1]社稷。我家世守忠義，非武氏之比也。太子雖少，但得賢宰相輔之，卿輩勿預朝政，何患國家不安！自古豈有女子為天下主而能致唐、虞之理乎！」取制書手裂之。太后兄太常卿⓫劍聞有是議，密上牋曰：「茍果徇⓬其請，臣請先帥諸子納官爵歸田里。」太后泣曰：「祖考⓭之慶⓮，鍾⓯於吾兒。」是夕，上崩于寢殿。○癸酉⓰，以李逢吉攝冢宰⓱。○丙子⓲，敬宗即位于太極東序。

初，穆宗之立，神策軍士人賜錢五十千⓳。宰相議以太厚難繼，乃下詔稱：「宿衛之勤，誠宜厚賞，屬⓴頻年㉑旱歉，御府空虛，邊兵尚未給衣，霑卹㉒期於均濟。神策軍士人賜絹十匹、錢十千，畿內諸鎮又減五千。仍出內庫綾二百萬匹付度支，充邊軍春衣。」時人善之。

自戊寅至庚辰㉓，上賜宦官服色及錦綵、金銀甚眾，或今日賜綠㉔，明日賜緋㉕。

【章旨】以上為第四段，寫唐穆宗步憲宗後塵，食金丹而亡。敬宗即位。

【注釋】❶辛亥朔　正月初一日。❷始御含元殿　謂穆宗即位已四年，至是始於正殿會見群臣。含元殿，東內正殿。❸餌　呑服。❹疢　病。❺孫思邈　（？—西元六八二年）京兆華原（今陝西耀州）人，名醫，著有《千金方》三十卷。傳見《舊唐書》卷一百九十一、《新唐書》卷一百九十六。❻藏　同「臟」。❼生長蓬艾　謂生長於鄉間。蓬艾，兩種草本植物，此處泛指野草，指鄉間。❽丁卯　正月十七日。❾庚午　正月二十日。❿大漸　病危。⓫太常卿　官名，太常寺掌宗廟禮樂祭祀之事，其正、副長官為卿、少卿。⓬徇　依從。⓭祖考　祖先。⓮慶　善；福慶。⓯鍾　集聚。⓰癸酉　正月二十三日。⓱冢

宰 宰相。⑱丙子 正月二十六日。⑲神策軍士人賜錢五十千 事在憲宗元和十五年(西元八二〇年)。⑳屬 適值。㉑頻年 連年。㉒霑衄 得益。霑,同「沾」。㉓自戊寅至庚辰 正月二十八日至三十日。㉔賜綠 謂賜六、七品官位。六品服深綠,七品服淺綠。㉕賜緋 謂賜四、五品官位。四品服深緋,五品服淺緋。

【校 記】①危 據章鈺校,十二行本、乙十一行本皆作「傾」。

【語 譯】四年(甲辰 西元八二四年)

春,正月初一日辛亥,穆宗第一次到含元殿朝會。

當初,柳泌等被殺以後,方士們漸漸又通過穆宗身邊的人員得到進用,穆宗服食他們的金石藥物。有名叫張皐的處士上疏,認為:「思慮淡泊血氣就和暢,嗜欲過多疾病就會發生。藥物是用來治病的,沒有病不應當吃藥。從前孫思邈說:『藥力偏助某個方面,令人內臟氣血不得平和。即使有病用藥,猶須慎重。』平民尚且如此,何況天子呢!先帝聽信方士的胡言亂語,服藥得病,這是陛下詳細知道的,豈能重蹈覆轍!現在朝野的人們都私下紛紛議論,只是怕得罪皇上,沒有人敢向您進言。臣生長在草野鄉間,與麋鹿同遊,沒有什麼要求,只略知忠義,想對國家補益萬一而已!」穆宗認為張皐說得非常好,派人找他,沒有找到。

正月十七日丁卯,嶺南奏報黃洞蠻寇掠欽州,殺戮將吏。

正月二十日庚午,穆宗的舊病復發。二十二日壬申,病危,命太子監理國家政事。宦官想請郭太后臨朝稱制,太后說:「從前武后稱制主政,幾乎使國家滅亡。我家世代堅守忠義,不是武氏那一類人。太子雖年少,只須得到賢能宰相輔佐他,你們這些人不要干預朝政,用不著擔心國家不安定!從古以來哪有女子為天下君主而能使國家治理得如唐、虞時代的呢!」隨即把制書拿來親手撕碎了。太后兄太常卿郭釗聽到要太后稱制的言論,祕密給太后寫信說:「假如真的依從了宦官的請求,臣請預先就帶領諸子交出官爵返回鄉里。」太后流著淚說:「祖先的福慶,集中表現在哥哥身上。」當晚,穆宗在寢殿去世。〇二十三日癸酉,任命李逢吉為代理冢宰。〇二十六日丙子,敬宗在太極殿東廂正式即皇帝位。

當初，穆宗即位，對神策軍士每人賜錢五十千。宰相們商議，認為賞賜太豐厚，難以為繼，於是下詔說：「宿衛很辛苦，確實應當給以優厚的賞賜，適值連年乾旱歉收，宮中府庫空虛，邊兵尚未供給衣服，布施的恩惠希望平均一些。神策軍士每人賞賜絹十匹、錢十千，京畿內各鎮又減少五千。仍然從內庫取出綾二百萬匹交給度支，用來作邊軍春衣。」當時人認為這件事辦得好。

從正月二十八日戊寅到三十日庚辰，敬宗賞賜給宦官的服飾和錦綵、金銀極多，有的今日賜綠色服，明日賜紅色服。

初，穆宗既留李紳，李逢吉愈忌之。紳族子虞頗以文學知名，自言不樂仕進，隱居華陽川❶。及從父耆為左拾遺，虞與耆書求薦，誤達於紳，紳以書誚❷之，且以語於眾人。虞深怨之，乃詣逢吉，悉以紳平日密論逢吉之語告之。逢吉益怒，使虞與補闕張又新及從子前河陽掌書記❸仲言❹等伺求紳短，揚之於士大夫間，且言：「紳潛察士大夫有羣居議論者，輒指為朋黨，白之於上。」由是士大夫多忌之。

及敬宗即位，逢吉與其黨快紳失勢，又恐上復用之，日夜謀議，思所以害紳者。楚州❺刺史蘇遇謂逢吉之黨曰：「主上初聽政，必開延英，有次對官，惟此可防。」其黨以為然，亟白逢吉曰：「事迫矣，若俟聽政，悔不可追！」逢吉乃令王守澄言於上曰：「陛下所以為儲貳，臣備知之，皆逢吉之力也。如杜元穎、李紳輩，皆欲立深王❻。」度支員外郎❼李續之等繼上章言之。上時年十六，疑未信。會逢吉亦有奏，言「紳謀[1]不利於上，請加貶謫。」上猶再三覆問❽，然後從之。

二月癸未❾，貶紳為端州❿司馬。逢吉仍帥百官表賀，既退，百官復詣中書賀，逢吉方與張又新語，門者弗內⓫。良久，又新揮汗而出，旅揖⓬百官曰：「端溪⓭之事，又新不敢多讓。」眾駭愕辟易⓮，憚之。右拾遺內供奉吳思獨不賀，逢吉怒，以思為吐蕃告哀使。丙戌⓯，貶翰林學士龐嚴⓰為信州⓱刺史，蔣防為汀州⓲刺史。嚴，壽州人，與防皆紳所引也。給事中于敖⓳素與嚴善，封還敕書。人為之懼，曰：「于給事為龐、蔣直冤，犯宰相怒，誠所難也！」及奏下，乃言貶之太輕，逢吉由是獎之。

張又新等猶忌紳，日上書言貶紳太輕，上許為殺之。朝臣莫敢言，獨翰林侍讀學士⓴韋處厚上疏，指述「紳為逢吉之黨所讒，人情歎駭。紳蒙先朝獎用，借使㉑有罪，猶宜容假㉒，以成三年無改之孝㉓，況無罪乎！」於是上稍開寤㉔。會閱禁中文書，有穆宗所封文書一篋，發之，得裴度、杜元穎、李紳疏請立上為太子。上乃嗟歎，悉焚人所上譖紳書，雖未即召還，後有言者，不復聽矣。

【章　旨】以上為第五段，寫唐敬宗如同乃父優柔寡斷，既識奸相李逢吉排擠李紳出朝，只是嗟歎而不敢召還。

【注　釋】❶華陽川　地名，在虢州（今河南靈寶）華陽山南。❷譖　讒諷。❸掌書記　官名，節度、觀察等使的屬官，掌文書，位在判官之下。❹仲言　李訓（？—西元八三五年），字仲言。文宗太和九年（西元八三五年），從流配之人一年即躍升為宰相。謀誅宦官，事敗被殺。傳見《舊唐書》卷一百六十九、《新唐書》卷一百七十九。❺楚州　州名，治所山陽，在今江蘇淮安。❻深王　指李察，憲宗第四子。元和元年（西元八〇六年）封，改名鷩。傳見《舊唐書》卷一百七十五、《新唐書》卷八十二。❼度支員外郎　官名，為戶部第二司副長官，長官為郎中，掌財政收支。❽覆問　查問。❾癸未　二月初三日。❿端州　州名，治所高要，在今廣東肇慶。⓫內　通「納」。⓬旅揖　接連拱手作揖。⓭端溪　縣名，屬端州，縣治在今廣東德慶，以產硯聞名。這裡代指端州。⓮辟易　驚退。⓯丙戌　二月初六日。⓰龐嚴　字子肅，壽州（今安徽壽縣）人，官至太常少卿，權知京兆尹。傳見《舊唐書》卷一百六十六、《新唐書》卷一百四。⓱信州　州名，治所上饒，在今江西上饒。⓲汀州　州名，治所長汀，在今福建長汀。⓳于敖　（西元七六四—八三〇年）字蹈中，長慶四年，以迎合丞相李逢吉，自給事中遷工、刑、戶等部侍郎。傳見《舊唐書》卷一百四十九、《新唐書》卷一百四。⓴翰林侍讀學士　官名，掌解答經史疑義。㉑借使　假使；如果。㉒容假　寬容。㉓三年無改之孝　語出《論語・學而》：「三年無改於父之道，可謂孝矣。」㉔開寤　覺悟；醒悟。寤，同「悟」。

【校　記】①謀　原無此字。據章鈺校，十二行本、乙十一行本皆有此字，張敦仁《通鑑刊本識誤》、張瑛《通鑑校勘記》同，今據補。

【語　譯】當初，穆宗留下李紳以後，李逢吉更加忌恨他。李紳的族子李虞頗以文學知名，自己說不喜歡當官，隱居在華陽川。等到他的叔父李耆擔任了左拾遺，李虞寫信給李耆請求推薦，信被誤送到李紳手裡，李紳寫信譏諷李虞，並且把這件事告訴了眾人。李虞深深怨恨李紳，於是去到李逢吉那裡，詳細把李紳平日祕密議論李逢吉的話告訴了他。李逢吉更加憤怒，指使李虞與補闕張又新及姪子前河陽掌書記李仲言等窺伺尋求李紳的短處，在士大夫之間散布，並且說：「李紳在暗地裡偵查群聚在一起議論的士大夫，就指為朋黨，報告皇上。」因此，士大夫大多忌恨李紳。

等到敬宗即位，李逢吉和他的同黨為李紳失去權勢而高興，又怕敬宗再用李紳，日夜商量謀劃，思考陷害李紳的辦法。楚州刺史蘇遇對李逢吉的黨羽說：「主上初聽政，必定開延英殿，召見次對官問話，只有這一著可以防止皇上復用李紳。」李逢吉的黨羽認為可行，馬上報告李逢吉說：「事情很緊迫了，若是等到皇上聽政，後悔都來不及了！」李逢吉於是叫王守澄對敬宗說：「陛下當儲君的原因，臣全都知道，都是李逢吉出的力。至於杜元穎、李紳他們，都想立深王。」度支員外郎李續之等接著上奏章說這件事。敬宗當時十六歲，有懷疑，不相信。恰好李逢吉也有奏章，說：「李紳謀劃對陛下不利，請加貶謫。」敬宗仍然再三反覆查問，之後還是聽從了李逢吉的話。

二月初三日癸未，貶李紳為端州司馬。李逢吉便帥百官上表慶賀，退朝以後，百官又前往中書省祝賀，當時李逢吉正與張又新談話，守門的人不讓入內。好長時間，張又新擦著汗出來，向百官接連拱手作揖說：「端州這件事，又新不敢多謙讓。」眾人驚愕後退，都很怕他。右拾遺內供奉吳思獨自不去道賀，李逢吉很生氣，讓吳思任吐蕃告哀使。初六日丙戌，貶翰林學士龐嚴為信州刺史，蔣防為汀州刺史。龐嚴是壽州人，與蔣防都是李紳引薦的。給事中于敖一向與龐嚴友好，把敬宗的敕書封好退回。人們都為于敖擔心，說：「于給事為龐、蔣申冤，觸犯宰相發怒，真是難得！」等到奏章發下來，才知道于敖封還敕書是說貶得太輕，李逢吉因此誇獎了于敖。

張又新等人仍然忌恨李紳，每日上書說貶斥李紳太輕，敬宗答應處死李紳。朝臣沒有人敢說話，只有翰林侍讀學士韋處厚上疏，陳述說：「李紳為李逢吉一黨的人所讒害，人們都歎息驚駭。李紳承蒙先朝獎勵任用，即使有罪，還應該寬容，以實現三年不改變父親成規的孝道，何況沒有罪呢！」於是敬宗開始有所醒悟。恰巧翻閱宮中文書，看到穆宗封存的一箱文書，打開後，內有裴度、杜元穎、李紳請求立敬宗為太子的奏疏。

敬宗於是感歎，把別人所上毀謗李紳的奏疏全部燒了，雖然沒有立即召回李紳，但以後再有說李紳壞話的，就不再聽了。

己亥❶，尊郭太后為太皇太后。○乙巳❷，尊上母王妃為皇太后。太后，越州❸人也。

丁未❹，上幸中和殿擊毬，自是數遊宴、擊毬、奏樂，賞賜宦官、樂人，不可悉紀。

三月壬子❺，赦天下。諸道常貢之外，毋得進奉。○甲寅❻，上始對宰相於延英殿。

初，牛元翼在襄陽❼，數賂王庭湊以請其家，庭湊不與。聞元翼薨，甲子❽，盡殺之。

上視朝每晏❾，戊辰❿，日絕高尚未坐。百官班於紫宸門外，老病者幾至僵踣⓫。諫議大夫李渤白宰相曰：「昨日疏論坐晚⓬，今晨愈甚，請出閤待罪於金吾仗⓭。」既坐班退，左拾遺劉栖楚⓮獨留，進言曰：「憲宗及先帝皆長君，四方猶多叛亂。陛下富於春秋，嗣位之初，當宵衣求理⓯。而嗜寢樂色，日晏方起，梓宮⑯在殯，鼓吹⑰日喧，令聞⑱未彰，惡聲遐布。臣恐福祚之不長，請碎首玉階，以謝諫職之曠。」遂以額叩龍墀⑲，見血不已，響聞閤外。李逢吉宣曰：「劉棲楚休叩頭，俟進止⑳！」棲楚捧首而起，更論宦官事，上連揮令出。棲楚曰：「不用臣言，請繼以死。」牛僧孺宣曰：「所奏知，門外俟進止！」棲楚乃出，待罪於金吾仗，於是宰相贊成其言。上命中使就仗，并李渤宣慰令歸。尋擢棲楚為起居舍人，仍賜緋。棲楚辭疾不拜，歸東都。

庚午㉑，賜內教坊㉒錢萬緡，以備行幸㉓。

夏，四月甲午㉔，淮南節度使王播罷鹽鐵轉運使。

乙未㉕，以布衣姜洽為補闕，試大理評事㉖陸洿、布衣李虞、劉堅為拾遺。時李逢吉用事，所親厚者張又新、李仲言、李續之、李虞、劉棲楚、姜洽及拾遺張權輿、程昔範，又有從而附麗㉗之者，時人惡逢吉者，目之為八關、十六子㉘。

卜者蘇玄明與染坊供人㉙張韶善，玄明謂韶曰：「我為子卜，當升殿坐，與我共食。今主上晝夜毬獵，多不在宮中，大事可圖也。」韶以為然，乃與玄明謀結染工無賴者百餘人，丙申㉚，匿兵於紫草㉛，車載以入銀臺門，伺夜作亂。未達所詣，有疑其重載而詰之者。韶急，即殺詰者，與其徒易服揮兵，大呼趣㉜禁庭。

上時在清思殿擊毬，諸宦者見之，驚駭，急入閉門，走白上；盜尋斬關而入。先是，右神策中尉梁守謙有寵於上，每兩軍角伎藝，上常佑右軍。至是，上狼狽欲幸右軍，左右曰：「右軍遠，恐遇盜，不若幸左軍近。」上從之。左神策中尉河中馬存亮㉝聞上至，走出迎，捧上足涕泣，自負㉞上入軍中，遣大將康藝全將騎卒入宮討賊。上憂二太后㉟隔絕，存亮復以五百騎迎二太后至軍。

張韶升清思殿，坐御榻，與蘇玄明同食，曰：「果如子言！」玄明驚曰：「事止此邪！」韶懼而走。會康藝全與右軍兵馬使尚國忠引兵至，合擊之，殺韶、玄明及其黨，死者狼藉，逮夜始定，餘黨猶散匿禁苑中，明日，悉擒獲之。

時宮門皆閉，上宿於左軍。中外不知上所在，人情恇駭㊱。丁酉㊲，上還宮，宰相帥百官詣延英門賀，來者不過數十人。盜所歷諸門，監門宦者三十五人法當死。己亥㊳，詔並杖之，仍不改職任。壬寅㊴，厚賞兩軍立功將士。

五月乙卯㊵，以吏部侍郎李程㊶、戶部侍郎・判度支竇易直並同平章事。上問相於李逢吉，逢吉列上當時大臣有資望者，程為之首，故用之。上好治宮室，欲營別殿，制度甚廣。李程諫，請以所具木石回奉山陵，上即從之。

六月己卯朔㊷，以左神策大將軍康藝全為鄜坊㊸節度使。

【章旨】以上為第六段，寫唐敬宗好遊宴擊毬，日晏方起，劉栖楚強諫不聽，招致宮廷變亂。

【注釋】❶己亥　二月十九日。❷乙巳　二月二十五日。❸越州　州名，治所山陰，在今浙江紹興。❹丁未　二月二十七日。❺壬子　三月初三日。❻甲寅　三月初五日。❼牛元翼在襄陽　牛元翼出深州，鎮襄陽，在長慶二年（西元八二二年）。襄陽，縣名，縣治在今湖北襄樊。牛元翼為山南東道節度使，駐節於此。❽甲子　三月十五日。❾晏　晚。❿戊辰　三月十九日。⓫踣　仆倒。⓬坐晚　指穆宗很晚方才上朝。⓭金吾仗　金吾衛左、右儀仗，在宣政殿前。⓮劉栖楚　（？—西元八二七年）原為鎮州小吏，李逢吉擢為左拾遺，曾為逢吉中傷裴度、李紳。官至桂管觀察使。傳見《舊唐書》卷一百五十四、《新唐書》卷一百七十五。⓯宵衣求理　意謂勤政求治。宵衣，天未亮而著衣。理，治。⓰梓宮　皇帝棺材，梓木為之，故稱。⓱鼓吹　一種樂曲，即鼓吹樂，以鼓鉦簫笳等演奏。亦指演奏這種音樂的樂隊。⓲令聞　美譽。⓳龍墀　宮殿臺階，中間刻有龍形，兩邊供人行走，故稱。⓴進止　猶言處分。㉑庚午　三月二十一日。㉒教坊　官署名，武德年間後，禁中置內教坊，武后如意間，改稱雲韶府，開元間又置內教坊於蓬萊宮側，負責教習演唱俗樂。㉓行幸　皇帝出巡。㉔甲午　四月十五日。㉕乙未　四月十六日。㉖評事　官名，為大理寺屬官，與司直同掌出使、推按。從八品下。㉗附麗　依附。㉘八關十六子　自張又新至程昔範八人，附麗者又有八人，共十六個關子。關子，謂能通關節者。㉙染坊供人　即染工。㉚丙申　四月十七日。㉛紫草　草名，其根可作染料。㉜趣　同「趨」。㉝馬存亮　字季明，河中（今山西永濟）人，以忠謹著稱，為宦官中之賢者。官至淮南監軍使、內飛龍使。傳見《新唐書》卷二百七。㉞負　背。㉟二太后　敬宗祖母太皇太后郭氏、敬宗母皇太后王氏。兩太后傳見《舊唐書》卷五十二、《新唐書》卷七十七。㊱恇駭　驚慌。㊲丁酉　四月十八日。㊳己亥　四月二十日。㊴壬寅　四月二十三日。㊵乙卯　五月初七日。㊶李程　字表臣，唐宗室。歷仕穆宗、敬宗、文宗、武宗四朝，官至宰相、僕射。傳見《舊唐書》卷一百六十七、《新唐書》卷一百三十一。㊷己卯朔　六月一日。㊸鄜坊　方鎮名，肅宗上元二年（西元七六一年）分邠寧節度使所轄鄜、坊等州而置，治所坊州。德宗建中四年（西元七八三年），徙治鄜州，在今陝西富縣。

【語譯】二月十九日己亥，尊郭太后為太皇太后。〇二十五日乙巳，尊母親王妃為皇太后，太后是越州人。

二月二十七日丁未，敬宗到中和殿擊毬，從此一再遊宴、擊毬、奏樂，賞賜宦官、樂人財物，不能一一記載。

三月初三日壬子，大赦天下。諸道常規貢品以外，不得再進奉財物。〇初五日甲寅，敬宗第一次在延英殿召見宰相對答問題。

當初，牛元翼鎮襄陽，多次送財物給王庭湊，請求釋放他的家屬，王庭湊不答應。聽說牛元翼去世，三月十五日甲子，王庭湊把他的家屬全部殺死了。

敬宗上朝常常很晚，三月十九日戊辰，太陽很高了尚未坐朝。百官在紫宸門外排著隊，年老有病的人有的幾至仆倒。諫議大夫李渤告訴宰相說：「昨日上疏講到坐朝太晚，今天早晨更晚了，請出閣的人留下來，向皇上進諫。」坐朝退班以後，左拾遺劉栖楚一個人留下來，向敬宗進諫說：「憲宗和先帝穆宗都是年長的君主，四方還多有叛亂，陛下年紀很輕，繼承皇位初期，應當勤政求治。然而貪睡好色，很晚才起床。梓宮在殯，就天天奏樂，好名聲沒有顯現，壞名聲卻傳播很遠。臣擔心國家福壽不長，請讓我死在玉階之前，為沒有盡到諫官的職責謝罪。」於是用額頭叩殿中龍形臺階，血流不止，磕頭聲閤門外都聽到。李逢吉宣布旨意說：「劉栖楚休要磕頭，等候皇上的處置！」劉栖楚捧著頭站起來，又講宦官的事情，敬宗連連揮手讓他出去。劉栖楚說：「不採納我說的，就請讓我死在這裡。」牛僧孺宣布旨意說：「你上奏的皇上知道了，在門外等候處置！」劉栖楚才退出朝堂，在金吾仗中等待處理。這時宰相都贊成劉栖楚的話。敬宗命令中使到金吾仗，連同李渤一起安慰劉栖楚，叫他回家。不久，提升劉栖楚為起居舍人，還賜給他紅色的官服。劉栖楚藉口有病不接受，回到東都洛陽。

三月二十一日庚午，賞賜內教坊一萬串錢，為皇上出巡作準備。

夏，四月十五日甲午，免去淮南節度使王播的鹽鐵轉運使職務。

四月十六日乙未，任命布衣姜洽為補闕，試大理評事陸洿、布衣李虞、劉堅為拾遺。當時李逢吉當權，他所親近重視的人有張又新、李仲言、李續之、李虞、劉栖楚、姜洽及拾遺張權輿、程昔範，又有跟從依附他們的人，當時憎恨李逢吉的人，稱他們為八關、十六子。

占卜者蘇玄明與染工張韶交情好，蘇玄明向張韶說：「我替你占卜過，你會到金殿上坐皇位，和我一起進食。現在皇上日夜擊毬、打獵，很多時候不在宮中，奪取他的皇位是可以做到的。」張韶認為對，於是和蘇玄明商量，勾結染工中不務正業的一百多人，四月十七日丙申，把兵器藏在紫草中，用車載入銀臺門，等夜裡作亂。還沒有到達所去的地方，有人懷疑他們的車子裝載著重物而盤問他們。張韶著急，就把盤問的人殺了，與他的同夥換了衣服舉著武器，大聲呼喚著奔向禁中。

敬宗當時在清思殿擊毬，那些宦官看見張韶等人，既震驚又駭異，急忙入內關上門，跑去報告敬宗。叛亂的人不久衝破宮門進到裡面。此前，右神策軍中尉梁守謙為敬宗所寵愛，每每兩軍比賽武藝，敬宗常常偏袒右軍。到這時，敬宗狼狽之中想到右軍去，身邊侍從說：「右軍路遠，怕遇上叛亂的人，不如到左軍去路近。」敬宗聽從了。左神策軍中尉河中府人馬存亮聽說敬宗到來，跑出來迎接，捧著敬宗的腳直哭，親自背著敬宗進入軍營，派遣大將康藝全率領騎兵入宮討賊。敬宗擔心與兩位太后分開了，馬存亮又用五百名騎兵迎接兩位太后到軍中來。

張韶登上清思殿，坐在御榻上，與蘇玄明共同吃飯，說：「果然和你說的一樣！」蘇玄明吃驚地說：「事情只能到此結束啊！」張韶害怕，逃走了。正好康藝全與右軍兵馬使尚國忠帶領部隊趕到，合兵攻打叛軍，殺死了張韶、蘇玄明和他們的黨徒，死的人到處都是，到夜裡才安定下來，殘餘的黨徒還分散躲藏在禁苑中，第二天，全部抓了起來。

當時宮門都關閉了，敬宗住在左軍中。朝廷內外不知道敬宗在什麼地方，人心驚慌不安。四月十八日丁酉，敬宗回宮，宰相帶領百官到延英門祝賀，參加的只有數十人。叛亂者所經過的那些宮門，守門的宦官三十五人依法應當處死。二十日己亥，詔令都只受杖罰，仍讓他們擔任原職。二十三日壬寅，重賞神策軍左右兩軍立功將士。

五月初七日乙卯，任命吏部侍郎李程、戶部侍郎・判度支竇易直並同平章事。敬宗詢問李逢吉誰適合擔任宰相，李逢吉列舉當時大臣中有資望的人，以李程為首，所以任命李程為相。敬宗喜歡修建宮室，想營造別殿，規模很大。李程諫阻，請求把準備了的木材石料拿去修陵墓，敬宗立即聽從了。

六月初一日己卯，任命左神策軍大將軍康藝全為鄜坊節度使。

上聞王庭湊屠牛元翼家，歎宰輔非才，使凶賊縱暴。翰林學士韋處厚因上疏言：「裴度勳高中夏❶，聲播外夷。若置之巖廊❷，委其參決，河北、山東必稟朝筭❸。管仲曰❹：『人離而聽之則愚，合而聽之則聖。』理亂之本，非有他術，順人則理，違人則亂。伏承陛下當食歎息，恨無蕭、曹❺，今有一[1]裴度尚不能留，此馮唐❻所以謂漢文得廉頗、李牧不能用也。夫御宰相，當委之，信之，親之，禮之。於事不效，於國無勞，則置之散寮❼，黜之遠郡。如此，則在位者不敢不厲❽，將進者不敢苟求。臣與逢吉素無私嫌，嘗為裴度無辜貶官❾。今之所陳，上答聖明，下達羣議耳。」上見度奏狀無平章事，以問處厚。處厚具言李逢吉排沮之狀。上曰：「何至是邪！」李程亦勸上加禮於度。丙申❿，加度同平章事。

張韶之亂，馬存亮功為多，存亮不自矜，委權⓫求出。秋，七月，以存亮為淮南監軍使。

夏綏⑫節度使李祐入為左金吾大將軍，壬申⑬，進馬百五十匹，上卻之。甲戌⑭，侍御史溫造於閤內奏彈祐違敕⑮進奉，請論如法，詔釋之。祐謂人曰：「吾夜半入蔡州城⑯取吳元濟，未嘗心動，今日膽落於溫御史矣！」

八月丁卯朔⑰，安南奏黃蠻入寇。

龍州⑱刺史尉遲銳上言：「牛心山⑲素稱神異，有掘斷處，請加補塞。」從之。役數萬人於絕險之地，東川為之疲弊。

九月丁未⑳，波斯㉑李蘇沙獻沈香亭子材。左拾遺李漢㉒上言：「此何異瑤臺瓊室！」上雖怒，亦優容之。漢，道明㉓之六世孫也。

冬，十月戊戌㉔，翰林學士韋處厚諫上宴遊曰：「先帝以酒色致疾損壽，臣是時不死諫者，以陛下年已十五故也。今皇子纔一歲，臣安敢畏死而不諫乎！」上感其言，賜錦綵百匹、銀器四。

十一月戊午㉕，安南奏黃蠻與環王㉖合兵攻陷陸州，殺刺史葛維。

庚申㉗，葬睿聖文惠孝皇帝于光陵㉘，廟號穆宗。

王播以錢十萬緡賂王守澄，求復領利權㉙。十二月癸未㉚，諫議大夫獨孤朗㉛、張仲方㉜、起居郎㉝柳公權、起居舍人宋申錫㉞、拾遺李景讓㉟、薛廷老㊱等[2]請開延英論其奸邪。上問：「前廷爭者不在中邪？」即日，除劉栖楚諫議大夫。景讓，憕㊲之曾孫。廷老，河中人也。

十二月庚寅㊳，加天平節度使烏重胤同平章事。

乙未㊴，徐泗觀察使㊵王智興以上生日㊶，請於泗州㊷置戒壇㊸，度僧尼以資福㊹，許之。自元和以來，敕禁此弊。智興欲聚貨，首請置之。於是四方輻湊㊺，江、淮尤甚，智興家貲由此累鉅萬。浙西觀察使李德裕上言：「若不鈐制㊻，至降誕日㊼方停，計兩浙、福建當失六十萬丁㊽。」奏至，即日罷之。

是歲，回鶻崇德可汗卒，弟曷薩特勒立。

【章　旨】以上為第七段，寫唐敬宗納韋處厚之諫，起用裴度，聽王智興之請，剃度僧尼，是一個與善人處則為善，與惡人處則為惡的中庸之君。

【注　釋】❶中夏　中國。❷巖廊　指朝廷。❸朝筭　朝廷謀劃。筭，同「算」。謀劃；策劃。❹管仲曰　所引管仲曰二句，語出《管子》卷十〈君臣上〉。❺蕭曹　蕭何、曹參，皆西漢開國功臣。❻馮唐　此指馮唐諫說漢文帝用賢，史稱馮唐論將。事詳本書卷十五漢文帝十四年。❼散寮　散官。❽厲　同「勵」。努力。❾嘗為裴度無辜貶官　憲宗時，韋處厚為考功郎，韋貫之免相，韋處厚因為與韋貫之關係好，被免職，出刺開州。此即韋處厚所言「為裴度無辜貶官」事。❿丙申　六月十八日。⓫委權　放棄權力。⓬夏綏　方鎮名，唐德宗貞元三年（西元七八七年）置，治所夏州，在今陝西靖邊北。⓭壬申　七月二十五日。⓮甲戌　七月二十七日。⓯違敕　指違背三月壬子之敕：「諸道常貢之外，毋得進奉。」⓰夜半入蔡州城　李愬雪夜破蔡州城擒吳元濟，時李祐為愬將。事見本書卷二百四十憲宗元和十二年。⓱丁卯朔　八月丁丑朔，無丁卯日，疑記載有誤。⑱龍州　州名，治所江油，在今四川平武東南。⑲牛心山　山名，在龍州江油縣西一里。據說唐高祖李淵的祖父李虎葬於牛心山，人稱「國之祖墓」，所以此山神異。⑳丁未　九月初一日。㉑波斯　國名，即今伊朗。㉒李漢　字南紀，唐宗室，韓愈子婿。官至吏部侍郎，坐牛黨，貶汾州司馬。傳見《舊唐書》卷一百七十一、《新唐書》卷七十八。㉓道明　李道明，唐高祖從兄之子，淮陽王道玄之弟。道玄死，無子，道明嗣王，官終鄆州刺史。事附《舊唐書》卷六十、《新唐書》卷七十八〈淮陽王道玄傳〉。㉔戊戌　十月二十三日。㉕戊午　十一月十三日。㉖環王　古國名，即林邑，亦稱占婆、占不勞。故址在今越南中南部。㉗庚申　十一月十五日。㉘光陵　穆宗陵墓，在同州奉先縣（今陝西蒲城北）北十五里堯山。㉙復領利權　本年四月，王播罷鹽鐵轉運使，今欲復領此職。㉚癸未　十二月初九日。㉛獨孤朗　文學家獨孤及之子，官至工部侍郎。傳見《舊唐書》卷一百六十八、《新唐書》卷一百六十二。㉜張仲方　歷官京兆尹、祕書監等。傳見《舊唐書》卷九十九、《新唐書》卷一百二十六。㉝起居郎　官名，掌錄天子起居法度。㉞宋申錫　文宗朝任宰相，謀除宦官，未果，貶開州司馬。傳見《舊唐書》卷一百六十七、《新唐書》卷一百五十二。㉟李景讓　官至御史大夫。傳見《舊唐書》卷一百八十七下、《新唐書》卷一百七十七。㊱薛廷老　（？—西元八三八年）字商叟，河中寶鼎（今山西萬榮西南）人，寶曆中為右拾遺、史館修撰，因論宰相李逢吉黨人張權輿、程昔範不宜任諫官，逢吉怒，出薛廷老為臨晉縣令。文宗立，召為侍御史，拜翰林學士，遷給事中。傳見《舊唐書》卷一百五十三、《新唐書》卷一百六十二。㊲憕　李憕，太原文水（今山西文水縣東）人，玄宗天寶時官至禮部尚書、東都留守。安祿山陷洛陽，不屈，被害死。傳見《舊唐書》卷一百八十七下、《新唐書》卷一百九十一。㊳庚寅　十二月十六日。㊴乙未　十二月二十一日。㊵徐泗觀察使　王智興時為武寧節度使，領徐、泗、濠、宿四州，故兼徐泗觀察使。㊶上生日　唐敬宗生於元和四年六月九日，今王智興於十二月請置戒壇，預請之也。㊷泗州　州名，治所臨淮，在今江蘇盱眙淮水北岸。㊸戒壇　剃度僧尼的法壇。凡初度僧尼，均詣戒壇受戒。泗州有大聖塔，受人敬事，王智興即置戒壇於此。㊹資福　祈福。指專為唐敬宗祈福而剃度僧尼為之頌經。㊺輻湊　聚集。㊻鈐制　控制。㊼降誕日　即生日。當時至敬宗六月九日降誕日尚有半年。㊽當失六十萬丁　出家為僧，可逃避賦稅，免除徭役，故人爭剃度。

【校　記】①一　原無此字。據章鈺校，十二行本、乙十一行本皆有此字，張敦仁《通鑑刊本識誤》同，今據補。②等　原無此字。據章鈺校，十二行本、乙十一行本皆有此字，今據補。

【語　譯】敬宗聽說王庭湊屠殺了牛元翼全家，感歎宰相輔臣沒有才能，致使兇賊肆暴。翰林學士韋處厚因而上書說：「裴度的功勳超過全國的人，聲譽傳播到外夷。要是把他安置在朝廷中，把參政決策的權力交給他，河北、山東的割據勢力一定會遵從朝廷的旨意。管仲說過：『人只聽個別人的話就愚昧，兼聽眾人的話就聰明。』治亂的根本，並沒有別的方法，順乎人心，國家就能治理好，違反了人心，國家就會動亂。看到陛下在吃飯時歎息，遺憾沒有蕭何、曹參，如今有一個裴度尚且不能留在朝廷中，這就是馮唐所說的漢文帝得到廉頗、李牧也不能用。任用宰相，應當交給他職權，信任他，親近他，尊重他。辦事沒有成效，對國家沒有貢獻，就把他安置在閒散的位置上，或貶黜到邊遠的州郡去。這樣，那些在職的人不敢不努力，即將任職的也不敢苟且妄求。臣與李逢吉向來沒有個人恩怨，曾被裴度在沒有過錯的情況下貶了官。現在所陳述的，在上是用以報答聖明的皇上，在下是轉達了大家的意見而已。」敬宗見裴度奏狀上無平章事官銜，就問韋處厚。韋處厚詳細說明了李逢吉排擠裴度的情況。敬宗說：「為何到了這個地步！」李程也勸敬宗對裴度加以禮遇。六月十八日丙申，加給裴度同平章事官銜。

平定張韶的叛亂，馬存亮功勞最大，馬存亮不自我誇耀，放棄兵權要求到地方任職。秋，七月，任命馬存亮為淮南監軍使。

夏綏節度使李祐擔任左金吾大將軍，七月二十五日壬申，進獻馬一百五十匹，敬宗拒絕了。二十七日甲戌，侍御史溫造在閣內上奏彈劾李祐違反敕令進奉馬匹，請求按照法令治罪，詔令免予追究。李祐對人說：「我夜半攻入蔡州城捉拿吳元濟，心裡未曾懼怕，今天被溫御史嚇掉了膽！」

八月丁卯朔，安南上奏黃洞蠻侵擾邊境。

龍州刺史尉遲銳上奏說：「牛心山向來以神異著稱，有被挖斷的地方，請加填補。」敬宗依從了。在危險的地方使數萬人服勞役，東川地方因這件事疲弊不堪。

九月初一日丁未，波斯李蘇沙進獻沉香亭子的材料。左拾遺李漢上奏說：「這和瑤臺瓊室有什麼不同呢！」敬宗雖然發怒，也寬容了他。李漢，是李道明的第六代孫。

冬，十月二十三日戊戌，翰林學士韋處厚勸諫敬宗宴遊說：「先帝因為酒色引起疾病減短了壽命，臣當時不拼死進諫，是因為陛下已經十五歲了。現今皇子才一歲，臣哪裡敢怕死而不進諫呢！」敬宗為他的話所感動，賞賜他錦綵一百匹、銀器四件。

十一月十三日戊午，安南都護上奏黃洞蠻和環王聯合出兵攻陷了陸州，殺了刺史葛維。

十一月十五日庚申，把睿聖文惠孝皇帝安葬在光陵，廟號穆宗。

王播用十萬串錢賄賂王守澄，請求再次兼任鹽鐵轉運使。十二月初九日癸未，諫議大夫獨孤朗、張仲方，起居郎柳公權，起居舍人宋申錫，拾遺李景讓、薛廷老等請求開延英殿討論王播的奸邪情況。敬宗問道：「以前廷爭的那個人怎麼不在其中啊？」當天，任命劉栖楚為諫議大夫。李景讓，是李憕的曾孫。薛廷老，是河中府人。

十二月十六日庚寅，加授天平節度使烏重胤同平章事。

十二月二十一日乙未，徐泗觀察使王智興因為敬宗的生日，請求在泗州設置戒壇，剃度僧尼以求福祐，敬宗答應了。自從元和年間以來，詔令禁止這種弊端。王智興想聚斂財貨，首次請求設置戒壇。於是四面八方的人都聚集到這裡來受戒，江、淮一帶來的人尤多，王智興的家財由此積累到億萬。浙西觀察使李德裕上奏說：「如果不加控制，到皇上生日那天才停止，計算兩浙、福建應該失去六十萬服役納稅的丁口。」奏章送到朝廷，立即停止剃度僧尼。

這一年，回鶻崇德可汗去世，弟弟曷薩特勒繼位。

敬宗❶睿武昭愍孝皇帝

寶曆元年（乙巳　西元八二五年）

春，正月辛亥❷，上祀南郊❸，還，御丹鳳樓，赦天下，改元。

先是，鄠❹令崔發聞外喧囂，問之，曰：「五坊❺人毆百姓。」發怒，命擒以入，曳之於庭。時已昏黑，良久，詰之，乃中使也。上怒，收發，繫御史臺。是日，發與諸囚立金雞❻下，忽有品官❼數十人執梃亂捶發，破面折齒，絕氣❽乃去。數刻而蘇，復有繼來求擊之者，臺吏以席蔽之，僅免。上命復繫發於臺獄❾而釋諸囚。

中書侍郎、同平章事牛僧孺以上荒淫，嬖幸❿用事，又畏罪不敢言，但累表求出。乙卯⓫，升鄂岳⓬為武昌軍，以僧孺同平章事、充武昌節度使。◯中旨⓭復以王播兼鹽鐵轉運使，諫官屢爭之，上皆不納。

牛僧孺過襄陽，山南東道節度使柳公綽服櫜鞬⓮候於館舍。將佐諫曰：「襄陽地高於夏口⓯，此禮太過。」公綽曰：「奇章公⓰甫離台席⓱，方鎮重宰相，所以尊朝廷也。」竟行之。

上遊幸無常，昵比⓲羣小，視朝月不再三⓳，大臣罕得進見。

二月壬午⓴，浙西觀察使李德裕獻丹扆㉑六箴：一曰宵衣，以諷視朝稀[1]晚；二曰正服，以諷服御乖異；三曰罷獻，以諷徵求玩好；四曰納誨，以諷侮棄讜言㉒；五曰辨邪，以諷信任羣小；六曰防微，以諷輕出遊幸。其納誨箴略曰：「漢鷙㉓流湎㉔，舉白㉕浮鍾㉖；魏叡侈汰㉗，陵霄作宮㉘。忠雖不忤，善亦不從。以規為瑱㉙，是謂塞聰㉚。」防微箴略[2]曰：「亂臣猖獗，非可遽數㉛。玄服莫辨㉜，觸瑟始仆㉝。柏谷微行㉞，豺豕㉟塞路。覘㊱貌獻餐，斯可戒懼㊲。」上優詔答之。

上既復繫崔發於獄，給事中李渤上言：「縣令不應曳中人，中人不應毆御囚㊳，其罪一也。然縣令所犯在赦前，中人所犯在赦後。中人橫暴，一至於此，若不早正刑書㊴，臣恐四方藩鎮聞之，則慢易之心生矣！」諫議大夫張仲方上言，略曰：「鴻恩將布於天下而不行御前，霈澤㊵偏被於昆蟲而獨遺崔發。」自餘諫官論奏甚眾，上皆不聽。戊子㊶，李逢吉等從容言於上曰：「崔發輒㊷曳中人，誠大不敬㊸，然其母，故相韋貫之㊹之姊也，年垂八十，自發下獄，積憂成疾。陛下方以孝理天下，此所宜矜念㊺。」上乃愍然㊻曰：「比諫官但言發冤，未嘗言其不敬，亦不言有老母，如卿所言，朕何為不赦之！」即命中使釋其罪，送歸家，仍慰勞其母，母對中使杖發四十。

【章　旨】以上為第八段，寫唐敬宗荒淫，嬖幸用事，懲治中人的縣令崔發遭繫獄。牛僧孺畏懦離朝，李德裕獻箴言諷諫。

【注　釋】❶敬宗　李湛，穆宗長子。西元八二五—八二七年在位。❷辛亥　正月初七日。❸祀南郊　一種祭祀大典，正月上辛（上旬的辛日），祭天地於南郊以祈穀。❹鄠　縣名，縣治在今陝西戶縣北。❺五坊　官署名，一曰雕坊，二曰鶻坊，三曰鷂坊，四曰鷹坊，五曰狗坊。閑廄使掌之，屬殿中省。❻金雞　唐制，大赦之日，刑部先集合囚徒於闕下，衛尉在宮城門之右設金雞於竿，以示吉辰。囚徒至此受杖刑，然後宣布赦令。因雞以黃金飾首，故名金雞。❼品官　內侍省中有品級的宦官。❽絕氣　氣息斷絕。❾臺獄　御史臺牢獄。❿嬖幸　帝王寵幸之人。⓫乙卯　正月十一日。⓬鄂岳　方鎮名，唐代宗永泰元年（西元七六五年）置鄂岳觀察使，憲宗元和元年（西元八〇六年）升為武昌軍節度使，五年罷，現復置。治所鄂州，在今湖北武漢武昌。⓭中旨　不由朝官請奏，直接由皇帝發出的詔書。⓮櫜鞬　指代戎裝。櫜，弓衣。鞬，箭袋。柳公綽戎裝迎候，表示為之先驅。⓯襄陽地高於夏口　山南東道節度使治所襄陽，地勢高於武昌節度使治所夏口（即鄂州），意思是柳公綽為大鎮節度使，地位高於牛僧孺，不應戎裝迎候。⓰奇章公　牛僧孺先祖牛弘相隋封奇章公，故以稱僧孺。⓱台席　相位。⓲昵比　親近偏袒。⓳不再三　不過兩三次。再，兩次。⓴壬午　二月初八日。㉑丹扆　天子視朝處所立之赤色屏風。㉒讜言　正直的言論。㉓漢驁　指漢成帝劉驁。㉔流湎　沉溺於酒。㉕舉白　乾杯。白，罰酒所用酒杯。㉖浮鍾　罰酒。浮，罰。事見本書卷三十一漢成帝永始二年。㉗魏叡侈汰　指魏明帝曹叡奢靡淫侈。㉘陵霄作宮　形容宮殿宏偉，高入雲霄。事見本書卷七十三魏明帝青龍三年。㉙以規為瑱　把規諫當做塞耳之玉。瑱，冠冕上垂在兩側用以塞耳的玉。㉚聰　聽覺。㉛非可遽數　不是很快能數得完的。遽，急遽。㉜玄服莫辨　漢宣帝時，霍光外孫任宣坐謀反誅，任宣之子任章亡在渭城，夜，玄服入廟，裝扮成守門衛士。帝至，欲為逆，發覺，誅死。玄服，黑色衣服。莫辨，不可辨認，即認不出來。㉝觸瑟始仆　漢武帝時，侍中馬何羅欲為逆，袖藏白刃欲入天子臥內，觸瑟而仆倒，行刺未果。事見本書卷二十二漢武帝後元元年。㉞柏谷微行　漢武帝微服出行，夜至柏谷，投宿旅店。店主疑帝為盜，聚少年欲攻之。主人嫗睹帝狀貌而異之，止其翁，殺雞而為之食。事見本書卷十七漢武帝建元三年。㉟豕　野豬。㊱覩　「睹」的異體字。㊲戒懼　敬畏地引為鑑戒。㊳御囚　赦旨囚繫的罪犯。㊴刑書　即刑法。㊵霈澤　恩澤。㊶戊子　二月十四日。㊷輒　擅自。㊸大不敬　不敬皇帝的罪名，唐律把它列為十惡之一。㊹韋貫之　（西元七五九—八二一年）名純，避憲宗諱，以字行，京兆（今陝西西安）人，憲宗朝宰相。傳見《舊唐書》卷一百五十八、《新唐書》卷一百六十九。㊺矜念　憐憫顧念。㊻愍然　哀傷。

【校　記】①稀　原作「希」。據章鈺校，十二行本、乙十一行本皆作「稀」，張瑛《通鑑校勘記》同，今據改。②略　原無此字。據章鈺校，十二行本、乙十一行本皆有此字，今據補。

【語　譯】敬宗睿武昭愍孝皇帝

寶曆元年（乙巳　西元八二五年）

春，正月初七日辛亥，敬宗到南郊祭天，返回時，登上丹鳳門城樓，大赦天下，改換年號。

此前，鄠縣縣令崔發聽到外面喧鬧，問旁人，回答說：「是五坊的人毆打百姓。」崔發大怒，命令把打百姓的人抓進來，拖到廳堂上。當時天已昏黑，過了好一會，責問那人，原來是中使。敬宗大怒，把崔發抓起來，押在御史臺。大赦這天，崔發和其他的囚犯站在金雞竿下，忽然有品級的宦官數十人執木棒亂打崔發，臉被打破了，牙齒被打掉了，沒氣了才離開。過了幾刻時間崔發蘇醒，又有繼續來要求打崔發的人，御史臺的小吏用席子遮住崔發，才避免了再挨打。敬宗命令再把崔發關押在御史臺的監獄中，而釋放了其他囚犯。

中書侍郎、同平章事牛僧孺因敬宗荒淫無道，寵幸的人掌權，又怕獲罪因而不敢直說，只是多次上表請求調到地方。正月十一日乙卯，升鄂岳地方為武昌軍，任命牛僧孺同平章事、充武昌軍節度使。〇宮中又直接下詔任命王播兼鹽鐵轉運使，諫官多次爭論這件事，敬宗都不採納。

牛僧孺經過襄陽，山南東道節度使柳公綽戎裝在客館等候。將佐諫止說：「襄陽的政治地位比夏口高，這種禮節太過分了。」柳公綽說：「奇章公剛離開相位，方鎮尊重宰相，也就是尊重朝廷。」最終照柳公綽的意見辦了。

敬宗遊玩沒有節制，親近群小，坐朝的時間一個月不過兩三次，大臣都難得見到他。

二月初八日壬午，浙西觀察使李德裕獻《丹扆六箴》：一曰〈宵衣〉，是諷諫敬宗坐朝少，時間晚；二曰〈正服〉，是諷諫服飾的奇形怪狀，不合禮制；三曰〈罷獻〉，是諷諫徵求珍奇玩好的東西；四曰〈納誨〉，是諷諫輕視或不接受正直的勸諫；五曰〈辨邪〉，是諷諫信任群小；六曰〈防微〉，是諷諫輕易外出遊玩。其中〈納誨箴〉大略說：「漢成帝劉驁沉溺於酒，終日乾杯罰酒；魏明帝曹叡生活奢侈，修造的宮殿高入雲霄。雖然不違背忠良之臣，對於好的意見也不接受。把規勸的話當做塞耳的玉，這叫堵塞聽覺。」〈防微箴〉大略說：「亂臣猖獗，多得不是很快能數得完的。穿著黑色衣服的刺客分辨不出來，陰謀殺害皇帝的馬何羅因觸瑟跌倒了才被發現。漢武帝微服出行到柏谷，豺狼野豬塞滿道路，店主夫人看到武帝形貌奇偉才獻上食物，這些都應戒懼。」敬宗下詔書褒揚李德裕。

敬宗又把崔發投入監獄後，給事中李渤上奏說：「縣令不應該拖扯中人，中人不應該打御囚，他們所犯的罪是一樣的。然而縣令所犯的罪在大赦以前，中人所犯的罪在大赦以後。中人橫暴，竟然到這種地步，若不及早按刑法治罪，臣恐怕四方藩鎮聽到了，那麼輕慢朝廷之心就產生了！」諫議大夫張仲方上奏，大略說：「大的恩惠將散布於天下而在御前卻沒有施行，恩澤連昆蟲也都沾了光而只有崔發被遺忘。」其餘的諫官上奏議論的很多，敬宗都聽不進去。二月十四日戊子，李逢吉等人閒談時對敬宗說：「崔發擅自拖扯中人，實在是犯了大不敬罪，然而他的母親，是前宰相韋貫之的姐姐，快八十了，自從崔發坐牢後，積憂成疾。陛下正用孝來治理天下，這是應該憐憫顧念的。」敬宗於是哀憐地說：「近來諫官只說崔發冤枉，沒有講到他的不敬罪，也沒有講到還有老母，像你說的這樣，我為什麼不赦免他呢！」隨即命令中使赦免了崔發的罪，送他回家，又安慰他的母親，他母親當著中使的面打了崔發四十杖。

三月辛酉❶，遣司門郎中于人文冊回鶻❷曷薩特勒為愛登里囉汨沒密於合毗伽昭禮可汗。

夏，四月癸巳❸，羣臣上尊號曰文武大聖廣孝皇帝，赦天下。赦文但云「左降官已經量移❹者，宜與量移」，不言未量移者。翰林學士韋處厚上言：「逢吉恐李紳量移，故有此處置。如此，則應❺近年流貶官，因李紳一人皆不得量移也。」上即追赦文改之，紳由是得移江州長史。

秋，七月甲辰❻，鹽鐵使王播進羨餘❼絹百萬匹。播領鹽鐵，誅求嚴急，正入❽不充而羨餘相繼。

己未❾，詔王播造競渡船❿二十艘，運材於京師造之，計用轉運半年之費。諫議大夫張仲方等力諫，乃減其半。

諫官言京兆尹崔元略以諸父事內常侍崔潭峻。丁卯⓫，元略遷戶部侍郎。

昭義節度使劉悟之去鄆州也，以鄆兵二千自隨為親兵。八月庚戌⓬，悟暴疾薨。子將作監主簿⓭從諫匿其喪，與大將劉武德及親兵謀，以悟遺表求知留後。司馬賈直言入責從諫曰：「爾父提十二州地歸朝廷⓮，其功非細，祗以張汶之故⓯，自謂不潔⓰淋頭，竟至羞死。爾孺子，何敢如此！父死不哭，何以為人！」從諫恐悚不能對，乃發喪。

初，陳留⓱人武昭罷石州⓲刺史，為袁王⓳府長史，鬱鬱怨執政。李逢吉與李程不相悅，水部郎中⓴李仍叔，程之族人，激怒之云：程欲與昭官，為逢吉所沮。昭因酒酣，對左金吾兵曹㉑茅彙言欲刺逢吉，為人所告。九月庚辰㉒，詔三司鞫之。前河陽掌書記李仲言謂彙曰：「君言李程與昭謀則生，不然必死。」彙曰：「寃死甘心！誣人自全，彙不為也！」獄成，冬，十月甲子㉓，武昭杖死，李仍叔貶道州㉔司馬，李仲言流象州㉕，茅彙流崖州。

上欲幸驪山溫湯㉖，左僕射李絳㉗、諫議大夫張仲方等屢諫不聽。拾遺張權輿伏紫宸殿下，叩頭諫曰：「昔周幽王幸驪山，為犬戎所殺㉘；秦始皇葬驪山，國亡；玄宗宮驪山㉙而祿山亂；先帝幸驪山而[1]享年不長。」上曰：「驪山若此之凶邪？我宜一往以驗彼言。」十一月庚寅㉚，幸溫湯。即日還宮，謂左右曰：「彼叩頭者之言，安足信哉！」

丙申㉛，立皇子普為晉王㉜。

朝廷得劉悟遺表，議者多言上黨㉝內鎮，與河朔異，不可許。左僕射李絳上疏，以為：「兵機尚速，威斷貴定，人情未一，乃可伐謀。劉悟死已數月，朝廷尚未處分，中外人意，共惜事機。今昭義兵眾，必不盡與從諫同謀。縱使其半叶㉞同，尚有其半效順。從諫未嘗久典兵馬，威惠未加於人。又此道㉟素貧，非時必無優賞。今朝廷但速除近澤潞一將充昭義節度使，令兼程赴鎮。從諫未及布置，新使已至潞州，所謂『先人奪人之心㊱』也。新使既至，軍心自有所繫。從諫無位，何名主張，設使謀撓朝命，其將士必不肯從。今朝廷久無處分，彼軍不曉朝廷之意，欲效順則恐忽授從諫，欲同惡則恐別更除人。猶豫之間，若有姦人為之畫策，虛張賞設㊲錢數，軍士覬望，尤難指揮。伏望速賜裁斷，仍先下明敕㊳，宣示軍衆，獎其從來忠節，賜新使繒五十萬匹，使之賞設，續除劉從諫一刺史。從諫既粗有所得，必且擇利而行，萬無違拒。設不從命，臣亦以為不假攻討。何則？臣聞從諫已禁山東三州軍士不許自畜兵刃，足明羣心殊未得一，帳下之事㊴亦在不疑。熟計利害，決無即授從諫之理。」時李逢吉、王守澄計議已定，竟不用絳等謀。十二月辛丑㊵，以從諫為昭義留後。劉悟煩苛，從諫濟以寬厚，衆頗㊶附之。

李絳好直言，李逢吉惡之。故事，僕射上日㊷，宰相送之，百官立班，中丞列位於廷，尚書以下每月當牙㊸。元和中，伊慎㊹為僕射，太常博士韋謙上言舊儀太重，削去之。御史中丞王播恃逢吉之勢，與絳相遇於塗，不之避。絳引故事上言：「僕射，國初為正宰相㊺，禮數至重。儻人才忝位，自宜別授賢良，若朝命守官，豈得有虧法制。乞下百官詳定。」議者多從絳議。上聽行舊儀。甲子㊻，以絳有足疾，除太子少師、分司。

言事者多稱裴度賢，不宜棄之藩鎮。上數遣使至興元㊼勞問㊽度，密示以還期。度因求入朝，逢吉之黨大懼。

【章 旨】以上為第九段，寫唐敬宗偏聽親信，不納忠言，輕授劉從諫節度，李絳反遭貶黜。

【注 釋】❶辛酉 三月十七日。❷冊回鶻 是年，登囉羽錄沒密施句主毗伽崇德可汗卒，唐冊封其弟曷薩特勒為毗伽昭禮可汗。❸癸巳 四月二十日。❹量移 貶到遠方的官吏，遇赦，可酌情移至靠近京師的州縣任職。❺應 當是。❻甲辰 七月初二日。❼羨餘 正稅以外徵收的財物，以賦稅盈餘的名義進貢朝廷，謂之羨餘。❽正入 常賦收入。❾己未 七月十七日。❿競渡船 即端午節所划龍舟。⓫丁卯 七月二十五日。⓬庚戌 八月十日。⓭將作監主簿 官名，將作監掌宮室、宗廟、陵園、官署等土木建築，其長官為監、少監。主簿為其屬官，掌監內官吏糧料、俸食等。⓮爾父提十二州地歸朝廷 指劉悟殺李師道，以淄、青十二州歸朝廷事。見本書卷二百四十一憲宗元和十四年。⓯以張汶之故 昭義監軍劉承偕與磁州刺史張汶密謀逐劉悟，以汶代之。謀洩，張汶為劉悟所殺。事見本書卷二百四十二穆宗長慶二年。⓰不潔 指屎。⓱陳留 縣名，縣治在今河南開封東陳留城。⓲石州 州名，治所離石，在今山西離石。⓳袁王 即李紳，唐順宗第十九子。貞元二十一年（西元八〇五年）封，咸通元年（西元八六〇年）薨。傳見《舊唐書》卷一百五十、《新唐書》卷八十二。⓴水部郎中 官名，水部為工部第四司，掌天下川瀆陂池之政令，其正、副長官為郎中、員外郎。㉑左金吾兵曹 左金吾，指左金吾衛，十六衛之一。兵曹為其屬官，兵曹參軍事之省稱，掌翊府、外府武官，兼掌畋獵的獵師。㉒庚辰 九月初十日。㉓甲子 十月二十五日。㉔道州 州名，治所營道，在今湖南道縣西。㉕象州 州名，治所武化，在今廣西象州東北。㉖溫湯 溫泉。㉗李絳 （西元七六三—八三〇年）字深之，贊皇（今河北贊皇）人，唐憲宗朝宰相，官終山南西道節度使。傳見《舊唐書》卷一百六十四、《新唐書》卷一百五十二。㉘周幽王幸驪山二句 事見《史記》卷四〈周本紀〉。周幽王，西周亡國之君，被犬戎所殺。㉙宮驪山 在驪山修築宮室。宮，作動詞用，指修建宮室。㉚庚寅 十一月二十一日。㉛丙申 十一月二十七日。㉜晉王 即李普，敬宗長子，太和二年（西元八二八年）薨，年五歲。傳見《舊唐書》卷一百七十五、《新唐書》卷八十二。㉝上黨 縣名，縣治在今山西長治。為潞州及昭義節度使治所，此指代昭義。㉞叶 同「協」。㉟此道 指昭義節度使。㊱先人奪人之心 行動在敵人之前而有奪取敵人的決心。語出《左傳》文公七年：「先人有奪人之心。」㊲賞設 犒賞。㊳明敕 明詔。即鮮明地闡明朝廷主張的詔書。㊴帳下之事 言帳下必有圖謀從諫以立功朝廷的人。㊵辛丑 十二月初三日。㊶頗 遂。㊷上日 上朝之日。㊸牙 即牙參。在衙門排班，參見上司。㊹伊慎 （西元七四三—八一一年）字寡悔，兗州（今山東兗州）人，官至尚書右僕射。傳見《舊唐書》卷一百五十一、《新唐書》卷一百七十。㊺僕射二句 唐太宗曾任尚書令，自是此官不授人，而以左右僕射為尚書省長官，其任為正宰相。以後他官加參議朝政、同平章事等雖皆宰相之職，然非正宰相。㊻甲子　十二月二十六日。㊼興元　府名，治所南鄭，在今陝西漢中。興元又為山南西道節度使治所。㊽勞問　慰勞問候。

【校　記】①而　原無此字。據章鈺校，十二行本、乙十一行本皆有此字，今據補。

【語　譯】三月十七日辛酉，派遣司門郎中于人文冊封回鶻曷薩特勒為愛登里囉汨沒密於合毗伽昭禮可汗。

夏，四月二十日癸巳，群臣給敬宗加上文武大聖廣孝皇帝的尊號，大赦天下。赦文只說「左降官已經量移的人，應當予以量移」，沒有言及未量移的人。翰林學士韋處厚上奏說：「李逢吉害怕李紳量移，所以有這樣的處置。這樣一來，當是近年來流貶的官吏，因為李紳一個人都不能量移了。」敬宗立即追回赦文進行了修改，李紳因此得移為江州長史。

秋，七月初二日甲辰，鹽鐵轉運使王播進獻羨餘絹一百萬匹。王播兼任鹽鐵轉運使，搜刮嚴厲急迫，正額的賦稅沒有收足而羨餘相繼不斷。

七月十七日己未，詔令王播製造競渡船二十艘，把材料運到京師造船，計算要用去鹽鐵轉運半年的收入。諫議大夫張仲方等極力諫阻，於是減少一半的費用。

諫官說京兆尹崔元略用對伯父叔父的禮節侍奉內常侍崔潭峻。七月二十五日丁卯，崔元略遷為戶部侍郎。

昭義節度使劉悟離開鄆州時，讓鄆兵二千人跟隨自己作為親兵。八月初十日庚戌，劉悟得暴病死了。他的兒子將作監主簿劉從諫祕不發喪，與大將劉武德及親兵商量，想用劉悟的遺表請求擔任留後。司馬賈直言入府內責備劉從諫說：「你的父親拿著十二州土地歸順朝廷，他的功勞不小，僅因為張汶的緣故，自認為屎淋到自己頭上了，竟至羞愧而死。你這個小孩子，怎麼敢這麼幹！父親死了不哭，怎麼在社會上做人！」劉從諫惶恐而無話可說，於是發布劉悟死訊。

當初，陳留人武昭被免去石州刺史，改任袁王府長史，心情鬱鬱不樂，埋怨朝廷當權的人。李逢吉與李程二人不和，水部郎中李仍叔，是李程同族之人，激怒武昭說：李程想給你一個好官職，被李逢吉阻止了。

武昭藉著酒醉，對左金吾衛兵曹茅彙說想刺殺李逢吉，被人告發了。九月初十日庚辰，詔令三司審理此案。從前的河陽掌書記的李仲言對茅彙說：「你說出李程與武昭合謀事就有生路，不然必死。」茅彙說：「含冤而死，心甘情願！誣陷別人，保全自己，茅彙不幹！」獄事結案，冬，十月二十五日甲子，武昭杖死，李仍叔貶為道州司馬，李仲言流放到象州，茅彙流放到崖州。

敬宗想到驪山溫泉去，左僕射李絳、諫議大夫張仲方等屢次諫止都不聽。拾遺張權輿伏在紫宸殿下，磕頭諫說：「從前周幽王到驪山，被犬戎所殺；秦始皇葬在驪山，國家滅亡；玄宗在驪山建華清宮而安祿山作亂；先帝穆宗到驪山而享年不長久。」敬宗說：「驪山有這樣兇險嗎？我應當去一次驗證你這些話。」十一月二十一日庚寅，到達溫泉。當天返回宮中，對身邊人說：「那個磕頭人講的話，哪裡值得相信！」

十一月二十七日丙申，立皇子李普為晉王。

朝廷收到劉悟的遺表，議論的人多半說上黨昭義軍是內地方鎮，與河北諸鎮不同，不應該允許它自置留後。左僕射李絳上奏疏，認為：「兵機貴快，決斷貴堅定，人心未一，才可以計謀討伐。劉悟已死幾個月了，朝廷尚未作出安排，朝廷內外的人心，都惋惜沒有及時抓住事機。現在昭義的兵眾，一定不會都和劉從諫同謀。即使有一半人和他同心協力，還有一半順從朝廷。劉從諫未曾長久掌管軍隊，威風和恩惠還沒有施加於將士。還有，此道向來貧窮，不是特殊的時節一定沒有過多的賞賜。現在朝廷只要迅速任命鄰近澤州、潞州的一員將領擔任昭義節度使，命令他趕快赴鎮上任。劉從諫還來不及布置，新節度使已經到達潞州，這就是前人所說的『行動在敵人之前而有奪取敵人的決心』。新的節度使到達後，軍心就有所維繫了。劉從諫沒有職位，拿什麼名義提出主張？假使劉從諫要阻撓朝廷的命令，他的將士必定不肯依從。現在朝廷久無處置，那些軍眾不明白朝廷的旨意，想效忠朝廷就怕忽然叫劉從諫做節度使，想同劉從諫一道行動又怕朝廷另外任命節度使。在猶豫不決的時候，要是有壞人為他們出謀劃策，虛設犒賞的錢數，軍士抱著獲賞的希望，就更難指揮了。希望皇上趕快作出決定，先下一道明確的詔旨，告訴軍眾，獎賞該道從來就忠於朝廷的，賜新上任的節度使縑五十萬匹，讓他用來設置賞格，再授給劉從諫一個刺史的官職。劉從諫既然略有所得，一定會選擇有利的事去做，肯定不會違抗。假設劉從諫不服從朝廷命令，臣也以為不用討伐他。為什麼呢？臣聽說劉從諫已禁令山東三個州的軍士，不許自己收藏武器，足以證明軍心還不一致，他的部下有反對他的人，這應無疑問。仔細分析利害關係，絕對沒有需要授予劉從諫以節鎮之權的理由。」當時李逢吉、王守澄已經商量好了辦法，終究沒有採用李絳等的謀略。十二月初三日辛丑，任命劉從諫為昭義節度使留後。劉悟政令煩雜苛刻，劉從諫用寬厚來補救，部眾於是歸附他。

李絳喜歡講直話，李逢吉厭惡他。按照舊例，僕射在上朝的那一天，宰相為僕射送行，百官排立班序，中丞列位廷中，尚書以下每月還要到牙門中去參拜。元和年間，伊慎為僕射，太常博士韋謙上奏說舊儀太繁重，廢止了。御史中丞王播倚仗李逢吉的權勢，和李絳在路上相遇，不迴避他，李絳援引舊例上奏說：「僕射，國初是正宰相，禮數最莊重。倘若人才不勝任職位，就應當另外選擇賢良的人擔任，要是朝廷認為這人還可以任職，怎麼能不遵守法制。請求交給百官議定。」參加討論的人多數依從李絳的意見。敬宗聽從按舊儀行事的意見。十二月二十六日甲子，因李絳有足疾，任命他為太子少師、分司東都。

進言時政的人大多稱讚裴度賢能，不應當棄置藩鎮。敬宗多次派遣使者到興元去慰問裴度，祕密告訴他回朝的時間。裴度因而要求入朝，李逢吉的黨羽大為恐懼。

二年（丙午　西元八二六年）

春，正月壬辰❶，裴度自興元入朝，李逢吉之黨百計毀之。先是民間謠云：「緋衣❷小兒坦其腹，天上有口❸被驅逐。」又，長安城中有橫亙六岡，如乾象，度宅偶居第五岡❹。張權輿上言：「度名應圖讖❺，宅占岡原❻，不召而來，其旨可見。」上雖年少，悉察其誣謗，待度益厚。

度初至京師，朝士填門，度留客飲。京兆尹劉栖楚附度耳語，侍御史崔咸⑦舉觴罰度曰：「丞相不應許所由官⑧呫囁⑨耳語。」度笑而飲之。栖楚不自安，趨出。

二月丁未⑩，以度為司空、同平章事。度在中書，左右忽白失印，聞者失色，度飲酒自如。頃之，左右白復於故處得印，度不應。或問其故，度曰：「此必吏人盜之以印書券耳，急之則投諸水火，緩之則復還故處。」人服其識量。

上自即位以來，欲幸東都，宰相及朝臣諫者甚眾。上皆不聽，決意必行，已令度支員外郎盧貞按視，修東都宮闕及道中行宮⑪。裴度從容言於上曰：「國家本設兩都，以備巡幸。自多難以來，茲事遂廢。今宮闕、營壘、百司廨舍⑫率已荒阤⑬，陛下儻欲行幸，宜命有司歲月間徐加完葺⑭，然後可往。」上曰：「從來言事者皆云不當往。如卿所言，不往亦可。」會朱克融、王庭湊皆請以兵匠助修東都。三月丁亥⑮，敕以修東都煩擾，罷之，召盧貞還。

先是，朝廷遣中使賜朱克融時服。克融以為疏⑯惡，執留敕使⑰。又奏「當道今歲將士春衣不足，乞度支給三十萬端匹⑱」。又奏「欲將兵馬及丁匠五千助修宮闕」。上患之，以問宰相，欲遣重臣宣慰，仍索敕使。裴度對曰：「克融無禮已甚，殆將斃矣！譬如猛獸，自於山林中咆哮跳踉⑲，久當自困，必不敢輒離巢穴。願陛下勿遣宣慰，亦勿索敕使。旬日之後，徐賜詔書云：『聞中官至彼，稍失去就，俟還，朕自有處分。時服，有司製造不謹，朕甚欲知之，已令區處⑳。其將士春衣，從來非朝廷徵發，皆本道自備。朕不愛數十萬匹物，但素無此例，不可獨與范陽㉑。』所稱助修宮闕，皆是虛語，若欲直挫其姦，宜云：『丁匠宜速遣來，已令所在排比供擬㉒。』彼得此詔，必蒼黃失圖㉓。若且示含容㉔，則云：『修宮闕事在有司，不假丁匠遠來。』如是而已。不足勞聖慮也。」上悅，從之。

立才人㉕郭氏為貴妃。妃，晉王普之母也。

橫海節度使李全略薨，其子副大使同捷㉖擅領留後，重賂鄰道，以求承繼。

夏，四月戊申㉗，以昭義留後劉從諫為節度使。

五月，幽州軍亂，殺朱克融及其子延齡，軍中立其少子延嗣主軍務。

【章旨】以上為第十段，寫裴度入朝重執相印，巧諫唐敬宗罷遊幸東都，裴度又籌策拒絕幽州求索而朱克融果自斃。

【注釋】❶壬辰　正月二十四日。❷緋衣　喻「裴」字。❸天上有口　為「吳」字。謂裴度能擒吳元濟，其才可用。❹長安城中有橫亙六岡三句　謂長安城中有六條平行高坡，象〈乾卦〉六爻，而裴度宅第坐落於第五條山坡，即在第五爻上。九五之位是「飛龍在天，利見大人」（見《周易・乾卦》），非常人可居，居則將有非常之事。❺名應圖讖　謂裴度姓名符應謠讖，有非常之相。圖讖，方術之士製作的圖符預言，此指緋衣小兒之謠。❻宅占岡原　謂裴度住宅在高亢平原上，風水有聖人之位。❼崔咸　（？—西元八三四年）字重易，博州博平（今山東高唐西南）人，官至祕書監。傳見《新唐書》卷一百七十七。❽所由官　指劉栖楚。唐人謂府縣官為所由官。❾呫囁　細語聲。❿丁未　二月初九日。⓫道中行宮　自長安經華州、陝州至洛陽，沿道皆有行宮，如華陰之瓊岳宮、金城宮，鄭縣之神臺宮，陝縣之繡嶺宮，澠池之芳桂宮，福昌之福昌宮，永寧之崎岫宮、蘭峰宮，壽安之連昌宮、興泰宮等。⓬廨舍　官署。⓭阤　廢。⓮完葺　修整。⓯丁亥　三月二十日。⓰疏　粗。⓱執留敕使　拘留宣讀詔書的中使。⓲端匹　量詞。布帛六丈為端，四丈為匹。端匹連用，即「匹」。⓳跳踉　跳躍。⓴區處　處置；處理。㉑范陽　方鎮名，即幽州節度使。唐玄宗開元二年（西元七一四年）置，天寶元年（西元七四二年）更名范陽節度使。治所薊縣，在今天津市。㉒排比供擬　安排供給食宿等。㉓蒼黃失圖　即倉皇失措，突然間無應變之策。蒼黃，同「倉皇」。㉔含容　寬容。㉕才人　妃嬪稱號。位於貴人、貴妃、貴嬪之下。㉖同捷　李同捷，橫海節度使李全略之子。父死，擅領留後事。文宗立，拜兗海節度使，拒命。朝廷令武寧、義成等節度使出兵討伐，降，傳首京師。傳見《舊唐書》卷一百四十三、《新唐書》卷二百十三。㉗戊申　四月十一日。

【語　譯】二年（丙午　西元八二六年）

春，正月二十四日壬辰，裴度從興元入朝，李逢吉的同黨千方百計詆毀他。此前民間歌謠說：「緋衣小兒坦其腹，天上有口被驅逐。」還有，長安城中有橫向的六條高坡，如〈乾卦〉六畫的樣子，裴度的住宅恰好處在第五條高坡末端。張權輿上奏說：「裴度之名和圖讖相應，住宅在高亢平原上，沒有被召就來京師，他的用意是看得出來的。」敬宗雖然年紀輕，能全部覺察他們的誣陷和誹謗，更加厚待裴度。

裴度剛回到京師，朝廷士大夫擠滿家門，裴度留他們飲酒。京兆尹劉栖楚貼近裴度的耳朵說話，侍御史崔咸舉起酒杯要罰裴度飲酒，並說：「丞相不應當允許所由官細聲耳語。」裴度笑著把罰酒飲了。劉栖楚感到不自在，快步離去。

二月初九日丁未，任命裴度為司空、同平章事。裴度在中書省，身邊的人忽然告訴他官印不見了，聽到這話的人臉色都變了，裴度飲酒自如。不一會兒，身邊的人又告訴他在原地找到了官印，裴度也不答話。有人問他原因，裴度說：「這一定是吏人偷了去蓋文書罷了，逼急了他就會把印丟在水火之中，事情緩辦就能回到原來的地方。」眾人歎服他的見識和度量。

敬宗從即位以來，就想到東都去，宰相和朝臣諫阻的很多。敬宗都不聽從，決意要去，已經命令度支員外郎盧貞先去察看，修整東都宮闕和沿途的行宮。裴度閒談時對敬宗說：「國家設兩個都城，本是準備皇上巡幸的。自從發生幾次叛亂以來，巡幸的事就停止了。今宮闕、營房、百官署舍大都已經荒廢了，陛下倘若想到那裡去，應當命令有關部門在一段時間裡慢慢把它修繕好，然後可以去。」敬宗說：「向來進言的人都說不應當去。像你說的這樣，不去也可以。」適逢朱克融、王庭湊都請求派兵匠協助修復東都。三月二十日丁亥，詔敕說由於修復東都太煩擾了，放棄修復，把盧貞也召了回來。

此前，朝廷派遣中使賞賜朱克融時令衣服。朱克融認為粗惡，扣留了宣讀詔書的中使。又上奏「本道今年將士春衣不足，請求度支發給三十萬匹布」。又奏「想帶兵馬和工匠五千人幫助修繕宮闕」。敬宗憂慮這件事，就詢問宰相，並說想派大臣去慰勞，並領回被扣留的使者。裴度回答說：「朱克融無禮已甚，大概快要死了！好像一頭猛獸，自己在山林中咆哮跳躍，時間久了自然疲倦，一定不敢隨意離開巢穴。希望陛下不要派使者宣撫慰勞，也不要索要使者。十天半月以後，慢慢賜給朱克融詔書說：『聽說中使到了你那裡，行動稍有失禮，等他返回，朕自有處分。時令服裝，有司製造不謹慎，朕很想瞭解毛病在哪裡，已經命令處理。你那裡將士的春衣，從來不是朝廷調發，都是本道自己備辦。朕不吝惜數十萬匹布物，只是向來沒有這個先例，不能特地給范陽一個道。』朱克融所說的幫助修宮闕，都是空話，如果要直接挫敗他的奸計，就應說：『丁匠應該快些派來，已命令各地安排供給食宿。』朱克融得到這封詔書，必定倉皇失措。如果示以寬容，就說：『修宮闕的事有關方面會去辦，不要借重你那裡的工匠從遠地趕來。』就這樣便可以了，不值得聖上辛勞憂慮。」敬宗很高興，依從了裴度的意見。

立才人郭氏為貴妃。郭妃，是晉王李普的生母。

橫海節度使李全略去世，其子副大使李同捷擅自擔任留後，厚禮賄賂相鄰各道，以求繼承父職。

夏，四月十一日戊申，任命昭義留後劉從諫為節度使。

五月，幽州軍作亂，殺死了朱克融和他的兒子朱延齡，軍中立他的小兒子朱延嗣主持軍務。

六月甲子❶，上御三殿❷，令左右軍❸、教坊❹、內園❺為擊毬、手搏、雜戲。戲酣❻，有斷臂、碎首者，夜漏數刻乃罷❼。

己卯❽，上幸興福寺❾，觀沙門❿文溆俗講⓫。○癸未⓬，衡王⓭絢薨。○壬辰⓮，宣索左藏⓯見在銀十萬兩、金七千兩，悉貯內藏⓰，以便賜與。

道士趙歸真說上以神仙，僧惟貞、齊賢、正簡說上以禱祠求福，皆出入宮禁，上信用其言。山人杜景先請徧歷江、嶺，求訪異人。有潤州⓱人周息元，自言壽數百歲，上遣中使迎之。八月乙巳⓲，息元至京師，上館之禁中山亭。

朱延嗣既得幽州，虐用其人，都知兵馬使李載義⓳與弟牙內兵馬使載寧共殺延嗣，并屠其家三百餘人。載義權知留後，九月，數延嗣之罪以聞。載義，承乾⓴之後也。

庚申㉑，魏博節度使史憲誠妄奏李同捷為軍士所逐，走歸本道，請束身㉒歸朝。尋奏同捷復歸滄州。○壬申㉓，以中書侍郎、同平章事李程同平章事、充河東節度使。

冬，十月己亥㉔[1]，以李載義為盧龍節度使。

十一月甲申㉕，以門下侍郎、同平章事李逢吉同平章事、充山南東道節度使。

上遊戲無度，狎暱㉖羣小㉗，善擊毬，好手搏，禁軍及諸道爭獻力士。又以錢萬緡付內園令召募力士，晝夜不離側。又好深夜自捕狐狸。性復褊急，力士或恃恩不遜，輒配流㉘、籍沒㉙，宦官小過，動遭捶撻，皆怨且懼。

十二月辛丑㉚，上夜獵還宮，與宦官劉克明㉛、田務澄、許文端及擊毬軍將蘇佐明、王嘉憲、石從寬、閻惟直等二十八人飲酒。上酒酣，入室更衣，殿上燭忽滅，蘇佐明等弒上於室內。劉克明等矯稱上旨，命翰林學士路隋㉜草遺制，以絳王㉝悟權句當㉞軍國事。○壬寅㉟，宣遺制，絳王見宰相百官於紫宸外廡㊱。

【章旨】以上為第十一段，寫唐敬宗好神仙，食金丹，喜怒無常，被蘇佐明等弒殺。

【注釋】❶甲子　六月二十八日。❷三殿　宮殿名，麟德殿之別名。❸左右軍　即左右神策軍。❹教坊　此為內教坊。❺內園　宮內園圃，有內園小兒種植蔬菜瓜果。此指內園小兒。❻戲酣　遊戲高潮時。❼夜漏數刻乃罷　直到夜間過了數刻才停止。銅壺滴漏計時，故稱夜間時刻為夜漏。其計算單位為刻，一晝夜共一百刻。❽己卯　七月十四日。❾興福寺　寺在修德坊，原為王君廓宅第，貞觀八年太宗為太穆皇后追福，立為弘福寺，神龍元年改名為興福寺。❿沙門　僧人。⓫俗講　佛經的通俗講解，即變文。⑫癸未　七月十八日。⑬衡王　指李絢，唐順宗第十二子，貞元二十一年（西元八〇五年）封。傳見《舊唐書》卷一百五十、《新唐書》卷八十二。⑭壬辰　七月二十七日。⑮左藏　府庫名，唐太府寺有左、右藏。左藏掌錢帛、雜綵；右藏掌金玉、珠寶等。⑯內藏　府庫名，皇室倉庫。⑰潤州　州名，治所丹徒，在今江蘇鎮江市。⑱乙巳　八月初十日。⑲李載義　（西元七八七—八三七年）字方谷，官至河東節度使。傳見《舊唐書》卷一百八十、《新唐書》卷二百十二。⑳承乾　即李承乾（？—西元八四五年），太宗長子，貞觀十七年（西元八四三年）謀反，廢為庶人。傳見《舊唐書》卷七十六、《新唐書》卷八十。㉑庚申　九月乙丑朔，無庚申。疑為庚午，即九月初六日。㉒束身　自縛歸順。㉓壬申　九月初八日。㉔己亥　十月初五日。㉕甲申　十一月二十一日。㉖狎暱　親昵。㉗羣小　一群小人。指為擊毬、手搏、雜戲的左右軍、教坊、內園諸人及內侍等。㉘配流　流放，發配有罪之人於邊遠荒僻之地。㉙籍沒　沒收財產入官。㉚辛丑　十二月初八日。㉛劉克明　（？—西元八二六年）宦官，得幸敬宗。後與蘇佐明弒帝，矯詔絳王即位。樞密使王守澄等迎立江王，克明被殺。傳見《新唐書》卷二百八。㉜路隋　（西元七七五—八三五年）字南式，唐文宗太和二年（西元八二八年）拜相，輔政七年。傳見《舊唐書》卷一百五十九、《新唐書》卷一百四十二。㉝絳王　指李悟，憲宗第六子，元和元年（西元八〇六年）封，寶曆二年（西元八二六年）被殺。傳見《舊唐書》卷一百七十五、《新唐書》卷八十二。㉞句當　辦理。㉟壬寅　十二月九日。㊱廡　廊屋。

【校記】①己亥　嚴衍《通鑑補》改作「乙亥」。

【語譯】六月二十八日甲子，敬宗登臨三殿，命令左右軍、教坊、內園進行擊毬、手搏和雜戲。玩得興起，有折斷手臂的，有打破頭的，夜深方才散場。

七月十四日己卯，敬宗到興福寺，觀看沙門文漵通俗講解佛經。〇十八日癸未，衡王李絢去世。〇二十七日壬辰，宣旨索取左藏現存銀十萬兩、金七千兩，全部存放到內藏，以便用於賞賜。

道士趙歸真用神仙一類事勸說敬宗，僧人惟貞、齊賢、正簡用禱祠求福一類事勸說敬宗，他們都出入宮禁，敬宗相信了他們的話。隱者杜景先請求敬宗讓他周遊江、嶺等地，尋訪異人。有潤州人周息元，自稱有數百歲年壽了，敬宗派中使去迎接他。八月初十日乙巳，周息元到達京師，敬宗安置他住在宮中山亭的客館中。

朱延嗣取得了幽州之後，暴虐地對待民眾，都知兵馬使李載義和弟弟牙內兵馬使李載寧一同殺了朱延嗣，並屠殺了朱延嗣家三百多人。李載義臨時擔任留後，九月，把朱延嗣的罪過一一報告朝廷。李載義，是李承乾的後代。

庚申日，魏博節度使史憲誠虛妄地上奏李同捷被軍士驅逐，逃到本道來了，請求自縛歸順朝廷。不久上奏李同捷又回到滄州。〇九月初八日壬申，改任中書侍郎、同平章事李程同平章事、充河東節度使。

冬，十月初五日己亥，任命李載義為盧龍節度使。

十一月二十一日甲申，改任門下侍郎、同平章事李逢吉同平章事、充山南東道節度使。

敬宗遊玩戲樂沒有節制，親暱群小，會打毬，又喜歡徒手搏鬥，禁軍和各道爭著進獻大力士。又用錢一萬緡交給內園，叫他們招募大力士，大力士晝夜不離敬宗身邊。敬宗又喜歡在深夜親自去捉狐狸。性情又狹隘急躁，大力士有的仗著皇上的恩寵而不謙虛，就被流放到邊遠地方並被沒收財物入官，宦官稍有過錯，動不動就挨鞭笞，大家既怨恨又懼怕。

十二月初八日辛丑，敬宗夜間打獵回宮，和宦官劉克明、田務澄、許文端及擊毬軍將蘇佐明、王嘉憲、石從寬、閻惟直等二十八人飲酒。敬宗喝足了酒，到室內去解大小便，殿上的燈燭忽然熄滅，蘇佐明等在室內把敬宗殺死了。劉克明等假稱敬宗的聖旨，命令翰林學士路隋起草遺詔，命絳王李悟臨時掌理國家軍政大事。〇初九日壬寅，宣布遺詔，絳王在紫宸殿外廊接見宰相百官。

克明等欲易置內侍之執權者，於是樞密使王守澄、楊承和、中尉魏從簡、梁守謙定議，以衛兵迎江王❶涵入宮，發左、右神策、飛龍兵進討賊黨，盡斬之。

克明赴井，出而斬之。絳王為亂兵所害。

時事起蒼猝，守澄以翰林學士韋處厚博通古今，一夕處置，皆與之共議。守澄等欲號令中外，而疑所以為辭。處厚曰：「正名討罪，於義何嫌！安可依違，有所諱避！」又問：「江王當如何踐阼❷？」處厚曰：「詰朝❸，當以王教布告中外以已平內難，然後羣臣三表勸進，以太皇太后令冊命即皇帝位。」當時皆從其言，時不暇復問有司，凡百儀法，皆出於處厚，無不叶宜。

癸卯❹，以裴度攝冢宰。百官謁見江王於紫宸外廡，王素服涕泣。甲辰❺，見諸軍使於少陽院❻。趙歸真等諸術士及敬宗時佞幸者，皆流嶺南或邊地。

乙巳❼，文宗即位，更名昂。戊申❽，尊母蕭氏為皇太后，王太后為寶曆太后。是時，郭太后居興慶宮，王太后居義安殿，蕭太后居大內，上性孝謹，事三宮如一，每得珍異之物，先薦郊廟❾，次奉三宮，然後進御。蕭太后，閩人也。

庚戌❿，以翰林學士韋處厚為中書侍郎、同平章事。

上自為諸王，深知兩朝⓫之弊。及即位，勵精求治，去奢從儉。詔宮女非有職掌者皆出之，出三千餘人。五坊鷹犬，準⓬元和故事，量留校獵⓭外，悉放之。有司供宮禁年支物，並準貞元故事。省教坊、翰林⓮、總監⓯冗食千二百餘員⓰，停諸司新加衣糧⑰。御馬坊場及近歲別貯錢穀、所占陂田，悉歸之有司。先宣索組繡、彫鏤之物，悉罷之。敬宗之世，每月視朝不過一二。上始復舊制，每奇日⑱未嘗不視朝，對宰相羣臣延訪政事，久之方罷。待制官⑲舊雖設之，未嘗召對，至是屢蒙延問。其輟朝、放朝皆用偶日，中外翕然⑳相賀，以為太平可冀。

【章　旨】以上為第十二段，寫宦官王守澄擁立唐文宗，初即位勵精求治，去奢從儉，中外翕然望治。

【注　釋】❶江王　指李涵，唐穆宗第二子，即文宗，即位更名昂。❷踐阼　皇帝即位。阼，王位前之階。❸詰朝　明日早上。❹癸卯　十二月初十日。❺甲辰　十二月十一日。❻少陽院　在皇城東北，太子所居，亦謂之東宮。❼乙巳　十二月十二日。❽戊申　十二月十五日。❾薦郊廟　祭祀天地宗廟。❿庚戌　十二月十七日。⓫兩朝　謂穆宗、敬宗兩朝。⓬準　依照。⓭校獵　本指以木欄圍圈野獸而獵取之，此處泛指狩獵。⓮翰林　即翰林院，職掌樞要的祕書機構。⓯總監　諸苑總管。⓰冗食千二百餘員　超額人員一千二百餘人。冗食，吃閒飯的超額人員。⓱停諸司新加衣糧　敬宗濫施恩賜，新增宮內諸司之衣糧，現悉停發。諸司，宮內二十四司宦官機構。⓲奇日　單日。⓳待制官　翰林院屬官，備顧問應對。⓴翕然　一致。

【語　譯】劉克明等人想更換掌權的宦官，於是樞密使王守澄、楊承和、中尉魏從簡、梁守謙商定，使用禁衛兵迎接江王李涵入宮，徵調左、右神策兵和飛龍兵進攻殺死敬宗的賊黨，把他們都殺了。劉克明逃入井中，被拖出來殺死。絳王也被亂兵殺了。

當時亂事發生得突然，王守澄認為翰林學士韋處厚通曉古今大事，整晚的所有安排，都和韋處厚共同商量。王守澄等人想號令朝廷內外，而又疑慮該怎麼講。韋處厚說：「名正言順地討伐罪人，對於大義來說有什麼可懷疑的！怎能猶豫不決，有所顧忌！」又問：「江王應當怎樣登位？」韋處厚說：「明天早上，應當用江王的教令布告中外，說已經平定了內難，然後群臣三次上表勸江王即位，再用太皇太后的命令，冊命他即皇帝位。」大家都聽從韋處厚的意見，沒有時間再去問有關的部門，所有的儀制法式，都出自韋處厚，沒有不恰當的。

十二月初十日癸卯，任命裴度代理冢宰。百官在紫宸殿外廊拜見江王，江王穿著白色衣服不停地涕泣。十一日甲辰，在少陽院接見各軍使。趙歸真等眾位術士和敬宗時一班奸巧得幸的人，都被流放到嶺南或邊遠之地。

十二月十二日乙巳，文宗即皇帝位，改名李昂。十五日戊申，尊生母蕭氏為皇太后，王太后為寶曆太后。當時，郭太后居興慶宮，王太后居義安殿，蕭太后居大內，文宗生性孝謹，侍奉三宮太后都一個樣子，每次收到珍貴奇異的東西，首先祭祀天地和宗廟，其次奉獻給三宮皇太后，然後自己享用。蕭太后是福建人。

十二月十七日庚戌，任命翰林學士韋處厚為中書侍郎、同平章事。

文宗從做王的時候起，深知穆宗、敬宗兩朝的弊病。等到即位做了皇帝，勵精圖治，去奢從儉。詔令沒有職掌的宮女都放回家去，放出宮三千多人。五坊馴養的鷹犬，依照元和年間的規定，酌量留下狩獵需用的以外，其餘全部放掉。有司供應宮禁中按年支給的物品，都按照貞元年間的舊例。裁減教坊、翰林院、苑總監閒散人員一千二百多人，停止宮內各司新增加的衣糧。御馬坊場和近年另外貯存的錢穀、佔有的陂田，都交給有關部門。以前宣詔索要的刺繡、雕刻物品，都免除。敬宗之世，每月上朝不過一二次。文宗開始恢復舊制，每逢單日沒有不上朝的，面對宰相群臣詢訪國家大事，很久才結束。待制官過去雖然設置了，但未曾召見詢問，到這個時候一再被召見詢問。停止上朝或放假不朝都在雙日，朝廷內外一致互相道賀，認為太平盛世有希望了。

文宗❶元聖昭獻孝皇帝上之上

太和[1]元年（丁未　西元八二七年）

春，二月乙巳❷，赦天下，改元。

李同捷擅據滄景，朝廷經歲不問。同捷冀易世之後或加恩貸❸，三月壬戌朔❹，遣掌書記崔從長奉表與其弟同志、同巽俱入見，請遵朝旨。

上雖虛懷聽納，而不能堅決，與宰相議事已定，尋復中變。夏，四月丙辰❺，韋處厚於延英極論之，因請避位❻，上再三慰勞之。

忠武節度使王沛❼薨。庚申❽，以太僕卿高瑀❾為忠武節度使。

自大曆以來，節度使多出禁軍。其禁軍大將資高者，皆以倍稱之息❿貸錢於富室，以賂中尉，動踰億萬，然後得之，未嘗由執政。至鎮，則重斂以償所負。及沛薨，裴度、韋處厚始奏以瑀代之。中外相賀曰：「自今債帥鮮矣！」

五月丙子⓫，以天平節度使烏重胤為橫海節度使，以前橫海節度副使李同捷為兗海節度使。朝廷猶慮河南、北⓬節度使搆扇⓭同捷使拒命，乃加魏博史憲誠同平章事。丁丑⓮，加盧龍李載義、平盧康志睦⓯、成德王庭湊檢校官⓰。

鹽鐵使王播自淮南入朝，力圖大用，所獻銀器以千計，綾絹以十萬計。六月癸巳⓱，以播為左僕射、同平章事。

秋，七月癸酉⓲，葬睿武昭愍孝皇帝于莊陵⓳，廟號敬宗。

李同捷託為將士所留，不受詔。乙酉⑳，武寧節度使王智興奏請將本軍三萬人，自備五月糧以討同捷，許之。八月庚子㉑，削同捷官爵，命烏重胤、王智興、康志睦、史憲誠、李載義與義成節度使李聽、義武節度使張璠各帥本軍討之。◯同捷遣其子弟以珍玩、女妓賂河北諸鎮。戊午㉒，李載義執其姪，并所賂獻之。史憲誠與李全略為婚姻㉓，及同捷叛，密以糧助之。裴度不知其所為，謂憲誠無貳心。憲誠遣親吏至中書請事，韋處厚謂曰：「晉公㉔於上前以百口㉕保爾使主㉖。處厚則不然，但仰俟所為，自有朝典㉗耳。」憲誠懼，不敢復與同捷通。王庭湊為同捷求節鉞不獲，乃助之為亂，出兵境上以撓㉘魏師㉙。又遣使厚賂沙陀㉚酋長朱邪執宜，欲與之連兵，執宜拒不受。

冬，十月，天平、橫海節度使烏重胤擊同捷，屢破之。

十一月丙寅㉛，重胤薨。庚辰㉜，以保義㉝節度使李寰為橫海節度使，從王智興之請也。

十二月庚戌㉞，加王智興同平章事。

【章旨】以上為第十三段，寫李同捷據滄景叛亂。

【注　釋】❶文宗　唐穆宗第二子，敬宗之弟，本名涵，即位更名昂。西元八二七—八四〇年在位。❷乙巳　二月十三日。❸恩貸　加恩寬恕。❹壬戌朔　三月初一日。❺丙辰　四月二十五日。❻避位　讓位。❼王沛　（？—西元八二七年）許州許昌（今河南許昌）人，歷官兗海、忠武等節度使。傳見《舊唐書》卷一百六十一、《新唐書》卷一百七十一。❽庚申　四月二十九日。❾高瑀　（？—西元八三四年）渤海蓨（今河北景縣）人，歷官忠武、武寧等節度使。傳見《舊唐書》卷一百六十二、《新唐書》卷一百七十一。❿倍稱之息　一倍於本金的利息。倍，息錢倍於本錢。稱，息錢與本錢相等。⓫丙子　五月十五日。⓬河南北　泛指黃河以南、以北地區。⓭搆扇　煽動。⓮丁丑　五月十六日。⓯康志睦　字得眾，靈州（今寧夏靈武西南）人，康日知子，歷官平盧、涇原等節度使。傳見《新唐書》卷一百四十八。⓰檢校官　加官名，唐代後期，為了籠絡方鎮，往往加官三公、宰相等榮銜，帶檢校二字，省稱檢校官。⓱癸巳　六月初三日。⓲癸酉　七月十三日。⓳莊陵　敬宗陵墓，在京兆三原縣西北五里，在今陝西富平西北。⓴乙酉　七月二十五日。㉑庚子　八月十一日。㉒戊午　八月二十九日。㉓婚姻　姻親。㉔晉公　裴度封晉國公，故稱。㉕百口　指全家。㉖使主　節度使為一道之主，故裴度對史憲誠的屬吏稱憲誠為使主。㉗朝典　朝廷典章。此謂將依法懲治。㉘撓　阻撓；阻遏。㉙魏師　魏博之軍。㉚沙陀　部族名，西突厥別部，唐貞觀中居於北庭蒲類之東（今新疆奇臺東南），其地有大磧，名沙陀，因取以為名。貞元初徙至鹽州，太和中遷至河東道北部。㉛丙寅　十一月初八日。㉜庚辰　十一月二十二日。㉝保義　方鎮名，唐穆宗長慶三年（西元八二三年）割河中節度使所轄晉、慈二州置保義軍，唐文宗太和元年（西元八二七年）廢。治所晉州，在今山西臨汾。㉞庚戌　十二月二十三日。

【校　記】①太和　原作「大和」。據章鈺校，乙十一行本、孔天胤本皆作「太和」，今從改。

【語　譯】文宗元聖昭獻孝皇帝上之上

太和元年（丁未　西元八二七年）

春，二月十三日乙巳，大赦天下，改換年號。

李同捷擅自佔據滄景，朝廷一年未追究。李同捷希望換了帝王之後或許會加恩寬恕。三月初一日壬戌，李同捷派遣掌書記崔從長帶著奏表與他的弟弟李同志、李同巽一同入朝見天子，請求遵奉朝旨。

文宗雖虛懷納諫，但是不能做到堅定不移，和宰相商議已經決定了的事情，不久又中途改變。夏，四月二十五日丙辰，韋處厚在延英殿極力諫諍，請求辭職，文宗再三安慰他。

忠武節度使王沛去世。四月二十九日庚申，任命太僕卿高瑀為忠武節度使。自大曆年間以來，節度使多半出自禁軍。那些資歷高的禁軍大將，都用一倍的利息向富有之家借錢，用來賄賂神策軍中尉，動不動就超過億萬貫，然後得到任命，未曾經過宰相。到了節鎮，就加重聚斂以償還所欠的債。到王沛死的時候，裴度、韋處厚才奏請用高瑀接替王沛。朝廷內外互相道賀說：「從今以後靠借債當上節度使的人就少了！」

五月十五日丙子，任命天平節度使烏重胤為橫海節度使，任命前橫海節度副使李同捷為兗海節度使。朝廷還擔心河南、河北節度使煽動李同捷讓他不服從命令，於是加授魏博節度使史憲誠同平章事。十六日丁丑，加任盧龍節度使李載義、平盧節度使康志睦、成德節度使王庭湊檢校官。

鹽鐵轉運使王播從淮南回到朝廷，力求得到朝廷重用，他進獻的銀器以千計，綾絹以十萬計。六月初三日癸巳，任命王播為左僕射、同平章事。

秋，七月十三日癸酉，在莊陵安葬睿武昭愍孝皇帝，廟號敬宗。

李同捷藉口被將士留住，不接受詔命。七月二十五日乙酉，武寧節度使王智興奏請率領本鎮部隊三萬人，自備五個月的糧食以討伐李同捷，朝廷答應了。八月十一日庚子，削除李同捷官爵，命令烏重胤、王智興、康志睦、史憲誠、李載義和義成節度使李聽、義武節度使張璠各率領本鎮部隊討伐李同捷。〇李同捷派遣他的子弟帶著珍玩、女伎賄賂河北各藩鎮。二十九日戊午，李載義抓住李同捷的姪子，連同他送的賄賂獻給朝廷。

史憲誠與李全略是姻親，等到李同捷反叛時，史憲誠祕密用糧食幫助他。裴度不知他幹的這些事，便說史憲誠對朝廷無貳心。史憲誠派親信官吏到中書省請示政務，韋處厚對他說：「晉國公在皇上面前用自己一百名家口擔保你的主人無貳心。我韋處厚就不那樣，只看著你們的所作所為，自有朝廷的法典在那裡。」史憲誠恐懼，不敢再和李同捷往來。

王庭湊替李同捷請求擔任節度使未成功，於是幫助他作亂，出兵到邊境上以阻撓魏博軍。又派遣使者厚禮賄賂沙陀酋長朱邪執宜，想和他兵力聯合，朱邪執宜拒絕了他的賄賂。

冬，十月，天平、橫海節度使烏重胤攻打李同捷，多次打敗了他。

十一月初八日丙寅，烏重胤去世。二十二日庚辰，任命保義節度使李寰為橫海節度使，這是依從了王智興的請求。

十二月二十三日庚戌，加授王智興同平章事。

二年（戊申　西元八二八年）

春，三月己卯❶，王智興攻棣州，焚其三門。

自元和之末，宦官益橫，建置天子在其掌握，威權出人主之右，人莫敢言。

辛巳❷[1]，上親策制舉人❸，賢良方正❹昌平劉蕡❺對策，極言其禍，其略曰：「陛下宜先憂者，宮闈將變，社稷將危，天下將傾，海內將亂。」又曰：「陛下將杜篡弒之漸，則居正位而近正人，遠刀鋸之賤❻，親骨鯁之直，輔相得以專其任，庶職❼得以守其官，柰何以褻近五六人總天下大政！禍稔蕭牆❽，姦生帷幄，臣恐曹節❾、侯覽❿復生於今日。」又曰：「忠賢無腹心之寄，閽寺⓫持[2]廢立之權，陷先君不得正其終，致陛下不得正其始⓬。」又曰：「威柄⓭陵夷⓮，藩臣跋扈。

或有不達人臣之節，首亂者以安君為名；不究春秋之微⑮，稱兵者以逐惡為義⑯。則政刑不由乎天子，征伐必自於諸侯。」又曰：「陛下何不塞⑰陰邪之路，屏⑱褻狎之臣，制侵陵⑲迫脅之心，復門戶掃除之役，戒其所宜戒，憂其所宜憂！既不能治於前，當治於後，既不能正其始，當正其終，則可以虔奉典謨⑳，克承㉑丕構㉒矣。昔秦之亡也失於彊暴，漢之亡也失於微弱。彊暴則賊臣㉓畏死而害上，微弱則姦臣㉔竊權而震主。伏見敬宗皇帝不虞㉕亡秦之禍，不翦其萌。伏惟陛下深軫㉖亡漢之憂，以杜其漸，則祖宗之鴻業㉗可紹㉘，三、五之遐軌㉙可追矣。」又曰：「臣聞昔漢元帝即位之初，更制七十餘事，其心甚誠，其稱甚美。然而紀綱日紊㉚、國祚日衰、姦宄㉛日彊、黎元㉜日困者，以其不能擇賢明而任之，失其操柄也。」又曰：「陛下誠能揭㉝國權以歸相，持兵柄以歸將，則心無不達，行無不孚㉞矣。」又曰：「法宜畫一㉟，官宜正名。今分外官、中官之員，立南司、北司之局㊱，或犯禁于南則亡命于北，或正刑于外則破律於中，法出多門，人無所措，實由兵農勢異，而中外法殊也。」又曰：「今夏官㊲不知兵籍，止於奉朝請；六軍㊳不主兵事，止於養勳階㊴。軍容㊵合中官之政，戎律㊶附內臣之職。首一戴武弁㊷，疾文吏如仇讎；足一蹈軍門，視農夫如草芥。謀不足以翦除兇逆，而詐足以抑揚威福[43]；勇不足以鎮衛社稷，而暴足以侵軼里閭[44]。羈紲藩臣[45]，干陵宰輔[46]，隳裂王度[47]，汩亂朝經[48]。張武夫之威[49]，上以制君父；假天子之命，下以御英豪。有藏姦觀釁[50]之心，無伏節[51]死難之義，豈先王經文緯武之旨邪！」又曰：「臣非不知言發而禍應[52]，計行而身戮，蓋痛社稷之危，哀生人之困，豈忍姑息時忌，竊陛下一命[53]之寵哉！」

閏月丙戌朔[54]，史憲誠奏遣其子副大使唐[55]、都知兵馬使亓志紹[56]將兵二萬五千趣[57]德州討李同捷。時憲誠欲助同捷，唐泣諫，且請發兵討之，憲誠不能違。

甲午[58]，賢良方正裴休、李郃、李甘、杜牧、馬植、崔璵、王式、崔慎由等二十二人中第，皆除官[59]。考官左散騎常侍[60]馮宿[61]等見劉蕡策，皆歎服，而畏宦官，不敢取。詔下，物論[62]囂然[63]稱屈。諫官、御史欲論奏，執政抑之。李郃曰：「劉蕡下第，我輩登科，能無厚顏！」乃上疏，以為：「蕡所對策，漢、魏以來無與為比。今有司以蕡指切左右，不敢以聞，恐忠良道窮，綱紀遂絕。況臣所對不及蕡遠甚，乞回臣所授以旌蕡直[64]。」不報。蕡由是不得仕於朝，終於使府御史[65]。牧[66]，佑之孫。植[67]，勛之子。式，起之子[68]。慎由[69]，融之玄孫也。

【章　旨】以上為第十四段，寫劉蕡對策，直言宦官之禍，主考不敢取，劉蕡落第。

【注　釋】❶己卯　三月二十三日。❷辛巳　三月二十五日。❸上親策制舉人　唐文宗發制書親自策問應試之人。❹賢良方正　制科名，此指應該科考試。❺劉蕡　字去華，昌平（今北京市昌平西南）人，太和二年（西元八二八年）應賢良方正，論宦官危害，考官以為對策超過西漢的鼂錯、董仲舒，但畏宦官而不敢錄取。終柳州司戶。傳見《舊唐書》卷一百九十下、《新唐書》卷一百七十八。❻刀鋸之賤　指宦官。宦官乃刑餘之人，地位卑下，故云「刀鋸之賤」。❼庶職　百官。❽禍稔蕭牆　禍亂起於宮室。蕭牆，屏風。語出《論語・子路》：「吾恐季孫之憂，不在顓臾，而在蕭牆之內也。」❾曹節　（？—西元一八一年）漢桓、靈時中常侍。曾矯詔誅太傅陳蕃、大將軍竇武，誣桓帝弟勃海王悝謀反等。❿侯覽　（？—西元一七二年）漢桓、靈時中常侍。挾持靈帝收捕黨人司隸校尉李膺、太僕杜密等百餘人下獄處死。曹、侯傳見《後漢書》卷七十八〈宦者傳〉。⓫閽寺　即宦官。⓬陷先君不得正其終二句　謂宦官弒敬宗而立今上。不得正其終，指唐敬宗之死非善終。不得正其始，指唐文宗之立不是正常繼位。二句語出《穀梁傳》定公元年：「昭公之終，非正終也；定之始，非正始也。昭無正終，故定無正始。」⓭威柄　威勢權柄。⓮陵夷　衰頹。⓯微　微旨。⓰逐惡為義　言強藩起兵作亂，往往以安定君位，驅逐君側惡臣為藉口。⓱塞　杜絕；堵塞。⓲屏　同「摒」。斥退。⓳陵　同「淩」。⓴虔奉典謨　恭謹地遵奉綱紀。典謨，《尚書》有典、謨、誓、誥、訓，用以指代文化圖籍、國家綱紀。㉑克承　能夠承擔。克，能。㉒丕構　大廈，喻國家政權。㉓賊臣　謂趙高，指像趙高一樣的弒主宦官。㉔姦臣　漢代專國奸臣為外戚、宦官，此處專指宦官。㉕虞　憂慮。㉖軫　悲痛。㉗鴻業　大業。㉘紹　繼承。㉙三五之遐軌　三皇五帝之遠古法則。㉚紀綱日紊　法紀日益混亂、敗壞。㉛姦宄　犯法作亂之人。㉜黎元　黎民百姓。㉝揭　舉。㉞孚　誠信。㉟畫一　統一；一致。㊱外官中官之員二句　唐代三省官署中書、門下、尚書位於宮城之南，謂之南司、南衙，其官員稱外官。內侍省設在皇宮之北，謂之北司，北司皆宦官，亦稱中官。㊲夏官　指兵部尚書。㊳六軍　唐制，六軍為左右羽林軍、左右龍武軍、左右神武軍。這裡泛指上將軍、大將軍、將軍、統軍等各級武官職位，有職無權，只不過用來安排人事，安置各種閒散人員罷了。㊴勳階　勳爵、官階。㊵軍容　觀軍容使之省稱。神策軍的最高長官，以宦官充任。這裡係泛指宦官充任的軍容使，以及諸鎮監軍使。㊶戎律　軍法。㊷首一戴武弁　頭上一戴上軍官帽。武弁，武士帽，這裡指武職。㊸抑揚威福　肆意作威作福。指專擅朝政。㊹侵軼里閭　侵害鄉里。㊺羈紲藩臣　控制藩鎮大臣。羈，馬絡頭。紲，韁繩。㊻干陵宰輔　欺陵宰相。㊼隳裂王度　毀壞王法。㊽汩亂朝經　擾亂朝綱。㊾張武

夫之威　擴展武夫的權力。指宦官憑藉方鎮之勢，以控制朝廷。張，伸展。50觀釁　伺機而動。51伏節　殉節。52言發而禍應　話一出口，禍患隨之而來。53一命　周時官階從一命到九命，一命為最低一級的官。後世用來泛指低級官職。命，官階。54丙戌朔　閏三月初一日。55副大使唐　節度副使史唐。史唐（西元八〇〇—八三九年），字得仁，史憲誠之子，後改名史孝章，官至邠寧節度使。曾諫其父盡忠朝廷，憲誠終為亂軍所害，孝章得以善終。傳見《舊唐書》卷一百八十一、《新唐書》卷一百四十八。56亓志紹　魏博鎮大將。《通鑑考異》：「《實錄》或作『于志沼』，或作『幵志沼』，或作『亓志紹』，〈舊紀〉作『幵志紹』。〈新紀〉、〈傳〉作『亓志沼』，今從之。」57趣　同「趨」。58甲午　閏三月初九日。59裴休李郃二句　裴休等二十二人對策後被選中為高第，全都拜授官職。裴休，字公美，宣宗時宰相，官終吏部尚書。傳見《舊唐書》卷一百七十七、《新唐書》卷一百八十二。李郃，兩《唐書》無傳。李甘，字和鼎，太和中任侍御史，因反對鄭注為相，被貶封州司馬。傳見《舊唐書》卷一百七十一。崔璵，字朗士，官至兵部侍郎。傳見《舊唐書》卷一百七十七。杜牧、馬植、王式、崔慎由，皆權臣之子孫，注詳後。60散騎常侍　官名，備顧問應對，與聞要政。唐代左散騎常侍隸門下省，右散騎常侍隸中書省。61馮宿　字拱之，時為左散騎常侍兼集賢殿學士。歷官工部、刑部二侍郎，終官東川節度使。傳見《舊唐書》卷一百六十八、《新唐書》卷一百七十七。62物論　輿論。63囂然　譁然。指紛紛抗憤為劉蕡鳴不平。64乞回臣所授以旌蕡直　李郃上疏請求朝廷收回授予他的職位，改授給劉蕡以表彰他的正直。旌，表彰。65使府御史　以御史官階寄祿於節度府為僚屬。使府，節度使幕府。御史，幕僚所帶寄祿官，亦稱之為憲官。66牧　杜牧，字牧之，為德宗時宰相杜佑之孫，官至中書舍人。晚唐著名文學家，有《樊川集》二十卷行於世。傳見《舊唐書》卷一百四十七、《新唐書》卷一百六十六。67植　馬植，字存之，為德宗時鳳州刺史馬勛之子，唐宣宗時宰相，終官宣武節度使。植傳見《舊唐書》卷一百七十六、《新唐書》卷一百八十四。馬勛事跡散見《舊唐書》卷一百十七、《新唐書》卷一百五十八、一百四十四。68式二句　王式、王起兩人為歷仕憲、穆、敬、文四朝的元老大臣王播親族，傳附《舊唐書》卷一百六十四、《新唐書》卷一百六十七〈王播傳〉。王起為王播之弟，歷任穆、敬、文、武四朝，終官山南西道節度使。王式歷文、武、宣、懿四朝，累歷方任，終官左金吾大將軍。《舊唐書》載王式為王播之子，則為王起之姪，《新唐書》載王式為王起之子。《通鑑》從《新唐書》。69慎由　崔慎由，字敬止，崔融之玄孫，宣宗朝宰相。傳見《舊唐書》卷一百七十七、《新唐書》卷一百十四。崔融，仕武后、唐中宗兩朝，終官國子司業。傳見《舊唐書》卷九十四、《新唐書》卷一百十四。

【校　記】①辛巳　原無此二字。據章鈺校，十二行本、乙十一行本皆有此二字，張敦仁《通鑑刊本識誤》、張瑛《通鑑校勘記》同，今據補。②持　據章鈺校，十二行本、乙十一行本皆作「恃」。

【語　譯】二年（戊申　西元八二八年）

春，三月二十三日己卯，王智興攻打棣州，燒了棣州三處城門。

自從元和末年以來，宦官更加專橫，天子的廢立都在他們掌握之中，威權在君主之上，沒有人敢說話。三月二十五日辛巳，文宗發制書親自策問應試之人，應試賢良方正的昌平人劉蕡對策，極力說明宦官對國家的危害，大略是說：「陛下應當首先憂慮的事是，宮廷中將有變亂，國家會遇到危險，天下將要傾覆，海內將要大亂。」又說：「陛下想要杜絕弒君篡位的發生，就要居於正位而接近正直的人，疏遠宦官一類低賤的人，親近耿直忠良的賢人，使宰相得以專任其職，百官得以盡守其位，為什麼要讓親近的五六個人總攬國家的大政呢！禍患在宮內醞釀，奸謀在帷幄間產生，臣擔心在今天又會出現像曹節、侯覽那樣的宦官。」又說：「忠良賢能的臣子沒有得到完全信任，宦官卻掌握了廢立君主的大權，使得先君敬宗未能得到善終，致使陛下即位不能名正言順。」又說：「朝廷權力衰落，方鎮藩臣卻飛揚跋扈。有的不懂得做臣子的禮節，為首作亂的反用安定君主為名號；不探究《春秋》書中的微言大義，興兵作亂的人還用驅逐惡人為藉口。那麼國家的賞罰大權已經不掌握在天子手中，軍事上的征伐大事一定是由諸侯所決定了。」又說：「陛下何不堵塞陰邪之人進升的道路，摒退那些賤俗的宦官，控制他們欺陵脅迫之心，恢復他們打掃門戶的工作，警惕應該警戒的事，憂慮應當擔心的事！既然不能把以前的事辦好，就應當把以後的事辦好，既然不能有一個好的開頭，就應當有一個好的結尾；這樣就可以恭謹地遵奉綱紀，能承擔國家大政了。從前秦朝的滅亡是由於強暴，漢朝的滅亡由於微弱。強暴則賊臣就會畏懼死亡而謀害主上，微弱則奸臣就會竊取權力而使主上感到不安。臣看到敬宗皇帝沒有憂慮秦朝滅亡的禍患，因而未翦除發生禍患的根子，臣希望陛下痛心漢朝滅亡的憂患，早些防止它發生，那麼祖宗的大業就可以繼承，三皇五帝遠古的法則就可以追求了。」又說：「臣聽說從前漢元帝剛即位的時候，改革七十多項舊制度，他的心意很誠懇，他的名譽很好。然而國紀朝綱一天比一天紊亂，國家政權一天比一天衰弱，犯法作亂之人一天比一天強大，黎民百姓一天比一天窮困的原因，就是因為他不能選擇賢明的人加以重用，喪失了統治國家的大權。」又說：「陛下真能把國家的行政權力交給宰相，把兵權交給領軍的大將，那麼心裡想的事一定能辦到，所作所為無不遵守誠信。」又說：「法令應當統一執行，官吏應當名實相副。現在分為外官、中官兩部分，建立南司、北司兩個系統，有的在南司犯法就逃往北司，有的在外官中要受刑罰而在中官中卻可以不受法律制裁，法令各個部門不一樣，人們不知怎麼辦才好，這實在是由於兵士和農民地位不一樣而朝廷內外法令不相同的緣故。」又說：「現在兵部不知道士兵的情況，只是參加朝會而已；六軍的將領不統領士兵作戰，只是享受勳爵官階的待遇。中官的政務集中到軍容使，軍中法紀附屬於內臣的職務之中。頭上把武士的帽子一戴，就把文官看成仇敵；腳剛踏進軍隊中，就把農夫看成草芥一般。計謀不能翦除兇逆，而奸詐卻足夠肆意作威作福；勇敢不足以保衛國家，暴逆卻足以侵害鄉里。隨意控制藩鎮大臣，欺陵宰相，毀壞王法，擾亂朝廷綱紀。擴展武夫的權力，對上控制君父；假借天子的名義，對下駕御英豪。有藏奸覬覦的心思，無殉節死難的義舉。這難道是先王用文武兩方面的人才治理國家的本意嗎！」又說：「臣不是不知道話一出口，禍患隨之而來，計議如果實行而本人就要被殺，實在是痛心國家危艱，哀惜生民的困苦，怎能忍受不去說那些犯忌諱的話而竊取陛下一命之官的恩惠啊！」

閏三月初一日丙戌，史憲誠上奏說派遣他的兒子副大使史唐、都知兵馬使亓志紹帶領二萬五千人的部隊前往德州討伐李同捷。當時史憲誠想幫助李同捷，史唐涕泣諫阻，並且請求發兵去討伐，史憲誠不能違背。

閏三月初九日甲午，應試賢良方正的裴休、李郃、李甘、杜牧、馬植、崔璵、王式、崔慎由等二十二人中第，皆授予官職。考官左散騎常侍馮宿等人看到劉蕡的對策，都很讚歎佩服，但是懼怕宦官，不敢錄取他。錄取的詔令頒發後，輿論譁然，為劉蕡叫屈。諫官和御史想彈劾考官，被宰相阻止了。李郃說：「劉蕡落第，我們登科，能不羞愧嗎！」於是上疏，認為：「劉蕡所寫的對策，漢、魏以來沒有哪個人比得上。現在有關部門由於劉蕡指責皇上身邊的人，不敢把策文報告朝廷，這樣恐怕忠良無路可走，國家的法紀便不存在了。

況且臣所作的對策遠遠趕不上劉蕡，請求把臣所得官職收回轉授給劉蕡，用來表彰他的正直。」朝廷沒有回答。劉蕡因此不能在朝廷做官，最終只擔任了節度使府御史。杜牧，是杜佑的孫子。馬植，是馬勛的兒子。王式，是王起的兒子。崔慎由，是崔融的玄孫。

夏，六月，晉王普❶薨。辛酉❷，贈[1]悼懷太子。

初，蕭太后幼去鄉里，有弟一人。上即位，命福建❸觀察使求訪，莫知所在。有茶綱役人❹蕭洪，自言有姊流落，商人趙縝引之見太后近親呂璋之妻，亦不能辯，與之俱見太后。上以為得真舅，甲子❺，以為太子洗馬❻。

峯州❼刺史王升朝叛。庚辰❽，安南都護武陵❾韓約討斬之。

王庭湊陰以兵及鹽糧助李同捷，上欲討之。秋，七月甲辰❿，詔中書集百官議其事。宰相以下莫敢違，衛尉卿⓫殷侑⓬獨以為：「庭湊雖附凶徒，事未甚露，宜且含容，專討同捷。」己巳⓭，下詔罪狀庭湊，命鄰道各嚴兵守備，聽其自新。

九月丁亥⓮，王智興奏拔棣州。○李寰自晉州引兵赴鎮，不戢⓯士卒，所過殘暴，至則擁兵不進，但坐索供饋。庚寅⓰，以寰為夏綏節度使。

甲午⓱，詔削奪王庭湊官爵，命諸軍四面進討。○加王智興守司徒，以前夏綏節度使傅良弼為橫海節度使。○岳王緄⓲薨。

庚戌⑲，容管奏安南軍亂，逐都護韓約。

冬，十月，洋王忻⑳薨。○魏博敗橫海兵於平原㉑，遂拔之。

十一月癸未朔㉒，易定節度使柳公濟奏攻李同捷堅固寨㉓，拔之，又破其兵於寨東。時河南、北諸軍討同捷久未成功，每有小勝，則虛張首虜以邀厚賞。朝廷竭力奉之，江、淮為之耗弊。

傅良弼至陝㉔而薨。乙酉㉕，以左金吾大將軍李祐為橫海節度使。

甲辰㉖，禁中昭德寺火，延及宮人所居，燒死者數百人。

十二月丁巳㉗，王智興奏兵馬使李君謀將兵濟河，破無棣㉘。

壬申㉙，中書侍郎、同平章事韋處厚薨。

李同捷軍勢日蹙，王庭湊不能救，乃遣人說魏博大將亓志紹，使殺史憲誠父子取魏博。志紹遂作亂，引所部兵二萬人還逼魏州。丁丑㉚，命諫議大夫柏耆宣慰魏博，且發義成、河陽兵以討志紹。

戊寅㉛，以翰林學士路隋為中書侍郎、同平章事。

辛巳㉜，史憲誠奏亓志紹兵屯永濟㉝，告急求援。詔義成節度使李聽帥滄州行營諸軍以討志紹。

【章旨】以上為第十五段，寫唐文宗詔命討賊王庭湊，河北戰事又起。

【注釋】❶晉王普　晉王李普，敬宗長子，寶曆元年封。薨年僅五歲，文宗惻念不能自已，故贈悼懷太子。傳見《舊唐書》卷一百七十五、《新唐書》卷八十二。❷辛酉　六月初七日。❸福建　方鎮名，唐肅宗上元元年（西元七六〇年）置，治所福州，在今福建福州。❹茶綱役人　徵茶稅的差人。茶綱，茶商販運茶葉，以一定數額為一綱計徵賦稅，稱茶綱。❺甲子　六月初十。❻太子洗馬　官名，東宮屬官，掌經籍，出入侍從。❼峯州　州名，屬安南都護府，治所嘉寧，在今越南河內西北。❽庚辰　六月二十六日。❾武陵　縣名，縣治在今湖南常德。❿甲辰　七月二十日。⓫衛尉卿　官名，衛尉寺掌兵器、儀仗等事，其正、副長官為卿、少卿。⓬殷侑　（西元七六六－八三八年）歷官義昌、山南東道、忠武等節度使。傳見《舊唐書》卷一百六十五、《新唐書》卷一百六十四。⓭己巳　七月乙酉朔，無己巳。己巳，八月十六日。按，己巳，疑為乙巳之誤。乙巳，七月二十一日。蓋甲辰廷議王庭湊罪狀，而於乙巳下詔。⓮丁亥　九月初四日。⓯戢　約束。⓰庚寅　九月初七日。⓱甲午　九月十一日。⓲岳王緄　岳王李緄，順宗第十八子，貞元二十一年（西元八〇五年）封。傳見《舊唐書》卷一百五十、《新唐書》卷八十二。⓳庚戌　九月二十七日。⓴洋王忻　洋王李忻，憲宗第五子，元和元年（西元八〇六年）封。傳見《舊唐書》卷一百七十五、《新唐書》卷八十二。㉑平原　縣名，縣治在今山東平原縣。㉒癸未朔　十一月一日。㉓堅固寨　寨名。李同捷為了抵抗官軍，在滄州西築此寨，以「堅固」為名。㉔陝　州名，治所陝縣，在今河南三門峽市。㉕乙酉　十一月初三日。㉖甲辰　十一月二十二日。㉗丁巳　十二月初六日。㉘無棣　縣名，縣治在今河北鹽山縣。㉙壬申　十二月二十一日。㉚丁丑　十二月二十六日。㉛戊寅　十二月二十七日。㉜辛巳　十二月三十日。㉝永濟　縣名，縣治在今山東館陶北。

【校記】[1]贈　原作「謚」。據章鈺校，十二行本、乙十一行本皆作「贈」，今從改。

【語譯】夏，六月，晉王李普去世。初七日辛酉，贈號悼懷太子。

當初，蕭太后年幼離開鄉里，有一個弟弟。文宗即位後，叫福建觀察使尋找，不知道在什麼地方。有一個徵茶稅的差人蕭洪，自己說有姐姐流落在外，商人趙縝把蕭洪帶去和太后的近親呂璋的妻子見面，也分不清真假，和他一同去謁見太后。文宗以為找到了真的舅舅，六月初十日甲子，任命他為太子洗馬。

峯州刺史王升朝反叛。六月二十六日庚辰，安南都護武陵人韓約討伐他，把他殺了。

王庭湊暗地裡派兵和用鹽糧幫助李同捷，文宗想討伐他。秋，七月二十日甲辰，詔令中書省召集百官商議這件事。宰相以下的官吏沒有人敢違背文宗，只有衛尉卿殷侑認為：「王庭湊雖然附和兇徒，這件事沒有特別外露，應當暫時容忍，專力討伐李同捷。」己巳日，下詔令宣布王庭湊的罪狀，命令與成德臨近的各道嚴兵防守，等待王庭湊改過自新。

九月初四日丁亥，王智興上奏攻下了棣州。○李寰從晉州帶兵往橫海鎮，沒有管束士兵，殘害經過的地方，到達後擁兵不進，只是駐守索取供應。初七日庚寅，任命李寰為夏綏節度使。

九月十一日甲午，下詔削去王庭湊的官爵，命令各路軍隊從四面進軍討伐。○加授王智興守司徒的官銜，任命前夏綏節度使傅良弼為橫海節度使。○岳王李緄去世。

九月二十七日庚戌，容管奏報安南軍隊叛亂，趕走了都護韓約。

冬，十月，洋王李忻去世。○魏博鎮的軍隊在平原打敗了橫海鎮的軍隊，於是攻取了平原縣。

十一月初一日癸未，易定節度使柳公濟上奏進攻李同捷的堅固寨，攻了下來，又在寨東打敗了他的軍隊。當時河南、河北各路軍隊討伐李同捷久未成功，每每打了小勝仗，就虛報斬首和俘虜的數字以求重賞。朝廷盡全力供應他們，江、淮一帶因而衰弊不堪。

傅良弼到陝州就去世了。十一月初三日乙酉，任命左金吾大將軍李祐為橫海節度使。

十一月二十二日甲辰，禁中的昭德寺發生火災，蔓延到了宮人居住的地方，燒死了幾百人。

十二月初六日丁巳，王智興上奏兵馬使李君謀帶兵渡河，攻下了無棣。

十二月二十一日壬申，中書侍郎、同平章事韋處厚去世。

李同捷的軍情一天天急迫，王庭湊不能救援，於是派人去勸說魏博軍的大將亓志紹，讓他殺死史憲誠父子，奪取魏博。亓志紹於是作亂，帶領他的部隊二萬人回頭進逼魏州。十二月二十六日丁丑，命令諫議大夫柏耆到魏博鎮去安撫慰勞，並且徵調義成、河陽二鎮兵用來討伐亓志紹。

十二月二十七日戊寅，任命翰林學士路隋為中書侍郎、同平章事。

十二月三十日辛巳，史憲誠上奏亓志紹的軍隊駐紮在永濟，向朝廷告急求援。詔令義成節度使李聽率領滄州行營各軍討伐亓志紹。

【研析】本卷研析穆、敬二宗昏庸誤國、宦官專皇權、劉蕡對策反對宦官三大史事。

穆、敬二宗昏庸誤國。憲宗用武，削平藩鎮割據，收功實在穆宗即位之初。頭一年，李師道授首，平盧平；穆宗即位當年，王承宗死，承元歸命，成德平；明年劉總盡納其土地士馬，為僧以去，盧龍平。至是，河北三鎮歸唐，割據跋扈之風，消盡無餘。穆宗趕上了曠世澄清的時代，當勵精圖治，重整唐室雄風，但穆宗卻遊宴無節度，君不像一個君；所用之臣崔植、杜元穎等庸懦不知遠略，臣不像一個臣；張弘靖出鎮盧龍，驕貴不明政事，帥不像一個帥。未幾，朱克融首亂，囚張弘靖，穆宗則授以盧龍節鉞；史憲誠逼迫忠孝之田布以死，而授以魏博節鉞；王庭湊殺忠誠平賊之田弘正，而授以成德節鉞，於是河朔三鎮再失，唐之不可以復興而至滅亡，這是一個先兆。穆宗如彼，敬宗更如此，比穆宗還要驕恣而狂愚，成天與嬖幸打鬧在一起，擊毬、酗酒，晏睡不早朝。歷仕憲宗、穆宗、敬宗、文宗、武宗五朝的大宦官仇士良，在會昌三年（西元八四三年）致仕時告誡宦官們說：「侍奉天子，不能讓他有閒暇時間，一有閒暇，他就要看書，會見儒臣，就會納諫，這樣天子就會增長見識，深謀遠慮，就不會再去追求享受、遊山玩水，那麼我們這些就不會受到寵信，就掌控不了大權了。」穆、敬二宗正是在仇士良及其同夥的掌控之中，不問國事，不知創業之艱難，不恤黎庶之疾苦，錯誤地認為只要威權在手，就可任意胡為，就可控馭萬方。敬宗整夜在殿中踢毬，卜者蘇玄明與染坊雜役張韶輕易地發動了一場入宮坐御榻的鬧劇，敬宗猶不知省，最後仍是在酗酒遊宴中遭了宦官的毒手。穆宗二十七歲即位，三十一歲食金丹中毒而亡，在位四年。敬宗十五歲即位，十八歲被宦官殺害，在位僅三年。一個是青年皇帝，一個是少年天子，都正當盛年而橫死，完全是咎由自取。兩代皇帝的荒淫，不但害了自身，因其為皇帝，更害了國家。敬宗之早死不幸，實乃唐王室社稷之福。設若敬宗不早死，唐王室將有可能毀於他之手。

宦官專皇權。唐憲宗元和十五年（西元八二〇年），憲宗死，穆宗立，中唐政治結束，進入了晚唐政治。宦官專皇權與朋黨之爭交織，是晚唐政治的特點。憲宗之死，為宦官所殺；穆宗之立，為宦官擁戴。事後，朝官無人聲討，由是宦官專權，以至於專皇權，開了廢立皇帝的先例。

宦官專皇權，有一個漸進的過程。唐憲宗尊寵宦官，四貴權力足以與朝官爭衡。主管宦官的內侍省在大內之北，稱北司。唐宰相辦公的尚書省在大內之南，稱南衙、南省。習慣，以北司為宦官之代稱，南衙為宰相和朝官之代稱。正常情況，太子之立是皇帝與宰輔大臣商定，按宗法制度是立嫡長子。太子之廢立，皇帝即位，是國家大政，宦官沒有插嘴的餘地。中唐自肅宗以後，宦官權力日增，由於皇帝的寵信，宦官插足，但沒有朝官的支持，宦官不具有單獨廢立的權力。憲宗元和六年十二月，憲宗之惠昭太子死，第二年七月，憲宗召群臣商議另立太子，當時有兩個人選。一是澧王李惲，年長，但非嫡子；二是遂王李恆，年次李惲而為嫡子。朝官按宗法，主張立遂王李恆。但這時宦官已有能力插手，分為兩派。最受憲宗寵信的吐突承璀與澧王李惲關係友好，主張立李惲。另一派大宦官梁守謙、王守澄想通過擁立太子與吐突承璀爭權，支持朝官擁立李恆。當吐突承璀外出為淮南監軍時，梁守謙與朝官的聯合勢力確立了李恆為太子。但是吐突承璀不死心，他回朝後極力主張更換太子。元和十五年正月，憲宗食金丹染疾，梁守謙、王守澄先下手為強，發動宮廷政變，殺了唐憲宗，立太子李恆為帝，是為穆宗。穆宗立，殺吐突承璀及澧王李惲。由於李恆是合法儲君，又是朝官擁立的，投鼠忌器，不敢追究唐憲宗之死，於是開了宦官廢立皇帝的惡例。敬宗寶曆三年（西元八二七年），宦官劉克明殺敬宗，擁立絳王李悟，還以唐敬宗遺詔名義向百官宣布，以絳王李悟主持軍國事務，李悟又在紫宸殿外廳接見宰相與百官，算是已經準備登位的皇帝了。樞密使王守澄、楊承和，中尉魏從簡、梁守謙等四貴合議，緊急發動兵變，用禁軍迎立江王李涵即皇帝位，殺宦官劉克明和李悟。江王即位是為文宗，更名李昂。這一次廢立完全由宦官一手遮天導演，還翻了朝官的案，沒有一個人敢吭聲。這一事件，鞏固了宦官專皇權的體制，直至唐亡，唐王室的皇帝逃不出宦官掌控的手心。

宦官專皇權，帶來了三個嚴重的後果。一是皇帝感到自身難保，唐文宗就不甘心做傀儡，想從朝官方面取得一些力量來和宦官對抗，皇帝有了這一傾向，朝官也就敢和宦官對抗。唐文宗發動了兩次誅滅宦官的行動，雖然失敗了，但鼓勵了南衙對抗北司，皇帝一得勢就寵信宦官，用內朝控制外朝。皇帝在宦官與朝官之間擺動，激起南北司的鬥爭勢同水火。二是宦官權重，吸引奸佞小人依附，分化朝官對立，加劇朋黨鬥爭。朋黨之爭的實質是爭奪仕途職位。唐高祖定制，「工商雜類，無預士流」。宦官的出身屬於雜類，宦官權勢擴張，朝官的職位遭侵奪，宦官的權力一直在上升，職官被侵奪的範圍也一直在擴大。宦官統率神策軍，給工商雜類大開方便之門，長安富家子弟納賄宦官，便可入神策軍籍。穆宗即位，重獎神策軍士。隨後又開禁，非正式取消雜類不得入仕的限制，允許神策軍及京外各鎮保薦有功將士，因此大批商賈、胥吏用賄賂取得朝官資格，士流無法抵制。宦官是工商雜類在政治上的代表，朝官是士流的代表，也就是宦官一方是官職的侵奪者，朝官一方是被侵奪者，南北司之爭水火不容，根本原因就是在這裡。三是宦官貪婪納賄，政治腐敗，激化社會矛盾。自唐代宗時起，節度使多從禁軍派出。禁軍大將用高利向富家借款，送給中尉，然後出朝做節度使，到鎮後，加緊敲剝搜刮民財來還本付息，利息一般是本錢的三倍。時人稱這種賄買來的節度使為債帥。節度要入朝為相，或得到加官榮銜，地方刺史等要入朝做京官，奸佞小人依附宦官，都要行賄賂。以上就是宦官專皇權帶來的社會三害，造成唐統治集團內部的紛爭不斷，各方勢力為爭奪官位而狂鬥，已得職位的官吏敲骨吸髓刻剝民眾。這就是晚唐宦官專皇權帶來的黑暗政治。穆、敬二宗之得位大寶與橫死，確立了宦官專皇權的體制。

劉蕡對策反對宦官。文宗太和二年（西元八二八年），文宗下詔求言，開舉賢良方正科。名士劉蕡在對策中，旗幟鮮明地反對宦官。劉蕡說：法律應該統一，官位應該正名。現在官員分為外官、內官，政權分為南司、北司，在南司犯法，跑到北司就沒有事，有的外官判了刑，內官認為無罪。法出多門，是非混亂，根源就是兵與農地位懸殊，中官外官各自有法。劉蕡還說：現在兵部不管軍政，六軍將領只存空名，軍政大權，全歸中官掌控。頭一戴武士帽，便把文官看作仇敵，腳一踏進軍門，便把農夫看作草芥。這些武夫，依靠宦官勢力，只會作威作福，欺壓民眾。宦官卻依靠武夫的驕橫挾制皇帝，再利用皇帝名義驅使朝官。這難道是先王經文緯武的治國原則嗎？劉蕡要求文宗遠離宦官，信任朝官，政權交給宰相，兵權交給將帥，這樣才能拯救國家，維護皇權。劉蕡還說：不能因為個人安危，就不說這些話。為了國家，他是不能不說了。劉蕡對策，大長朝士志氣，吐發人所難言之言，考官非常欣賞，但不敢錄取。許多人替劉蕡抱不平，反映到宰相裴度那裡，裴度為了局勢穩定，沒有上奏文宗，也保護了劉蕡未遭迫害。劉蕡雖然落第，他卻代表了朝士大夫鬱結於心中的怨憤，也是朝官發動對宦官反擊的信號。文宗達到了火力偵察的目的。他要依靠朝官來打擊宦官，誅滅宦官。這次開舉賢良方正科，吹響了文宗反擊宦官的號角。

卷第二百四十四

唐紀六十

起屠維作噩（己酉 西元八二九年），盡昭陽赤奮若（癸丑 西元八三三年），凡五年。

【題 解】本卷記事起西元八二九年，迄西元八三三年，凡五年。當唐文宗太和三年至七年，是唐文宗執政的前期。唐文宗優於穆宗、敬宗兩代皇帝，欲有一番作為，要擺脫宦官的控制，又厭惡朝官結朋黨。太和三年，文宗召浙西觀察使李德裕入朝任兵部侍郎，裴度推薦他做宰相。不到二十天就被李宗閔、牛僧孺排擠出朝，後任西川節度使，西疆穩固。吐蕃邊將降唐，李德裕上安邊之策，李宗閔、牛僧孺妒忌李德裕建功，不顧國家利益，敗壞其事，迫令李德裕送還吐蕃降人，使數千名吐蕃降人遭屠。李宗閔、牛僧孺勾結宦官，文宗惡之。太和六年牛僧孺被罷相，李德裕回朝任兵部尚書，第二年任相。李宗閔被李德裕排擠出朝，李黨得勢，牛黨失勢，這是牛李黨爭的第二回合。太和五年，文宗任命宋申錫為相，第一次謀誅宦官，宋申錫辦事不密敗下陣來。宦官王守澄使人誣告宋申錫謀立皇弟漳王李湊，欲興大獄，文宗竟信以為真，把宋申錫交給王守澄治罪，朝官力爭，宋申錫才免一死。這一冤案表明文宗也是一個昏聵之君，猜忌朝官甚於厭惡宦官，註定了他辦不了大事。文宗雖平定滄景節度使李同捷之亂，遇強鎮則姑息，容忍何進滔犯上自立為魏博節度，成德王庭湊假意效順復其官爵，盧龍兵馬使楊志誠逐帥得節度，強化了河朔三鎮的割據，受到司馬光的批評。

杜牧上奏〈罪言〉、〈原十六衛〉、〈守論〉等政論，論藩鎮割據，切中時弊。

文宗元聖昭獻孝皇帝上之下

太和三年（己酉　西元八二九年）

春，正月，亓志紹與成德合兵掠貝州❶。○義成行營兵三千人先屯齊州，使之禹城❷，中道潰叛，橫海節度使李祐討誅之。○李聽、史唐合兵擊亓志紹，破之，志紹將其眾五千奔鎮州❸。○李載義奏攻滄州長蘆❹，拔之。甲辰❺，昭義奏亓志紹餘眾萬五千人詣本道降，置之洺州❻[1]。

二月，橫海節度使李祐帥諸道行營兵擊李同捷，破之，進攻德州。

武寧捉生兵馬使❼石雄❽勇敢，愛士卒。王智興殘虐，軍中欲逐智興而立雄。智興知之，因雄立功，奏請除刺史。丙辰❾，以雄為壁州❿刺史。

史憲誠聞滄景將平而懼，其子唐勸之入朝。丙寅⓫，憲誠使唐奉表請入朝，且請以所管聽命。

石雄既去武寧，王智興悉殺軍中與雄善者百餘人。夏，四月戊午⓬，智興奏雄搖動軍情，請誅之。上知雄無罪，免死，長流白州⓭。

戊辰⓮，李載義奏攻滄州，破其羅城⓯。李祐拔德州，城中將卒三千餘人奔鎮州。李同捷與祐書請降，祐并奏其書。諫議大夫柏耆受詔宣慰行營，好張大聲勢以威制諸將，諸將已惡之矣。及李同捷請降於祐，祐遣大將萬洪代守滄州。耆疑同捷之詐，自將數百騎馳入滄州，以事誅洪，取同捷及其家屬詣京師。乙亥⓰，至將陵⓱，或言王庭湊欲以奇兵篡⓲同捷，乃斬同捷，傳首，滄景悉平。

五月庚寅⓳，加李載義同平章事。諸道兵攻李同捷，三年，僅能下之。而柏耆徑入城，取為己功，諸將疾之，爭上表論列。辛卯⓴，貶耆為循州司戶。李祐尋薨。

【章旨】以上為第一段，寫官軍平定滄景李同捷之亂。

【注釋】❶貝州　州名，治所清河，在今河北清河縣西。❷禹城　縣名，縣治在今山東禹城東北。❸鎮州　州名，治所真定府，在今河北正定。❹長蘆　縣名，縣治在今河北滄州。❺甲辰　正月二十三日。❻洺州　州名，治所永年，在今河北永年東南。❼捉生兵馬使　官名，軍鎮牙將之一，謂能活捉敵人。又有捉生將、捉生指揮使等。❽石雄　本徐州牙將，以戰功為壁州刺史，遷升河中、鳳翔等節度使。傳見《舊唐書》卷一百六十一、《新唐書》卷一百七十一。❾丙辰　二月初六日。❿壁州　州名，治所諸水，在今四川通江縣。⓫丙寅　二月十六日。⓬戊午　四月初九日。⓭白州　州名，治所博白，在今廣西博白。⓮戊辰　四月十九日。⓯羅城　外城。⓰乙亥　四月二十六日。⓱將陵　縣名，縣治在今山東陵縣北。⓲篡　奪取。⓳庚寅　五月十二日。⓴辛卯　五月十三日。

【校記】[1]洺州　原作「洛州」。據章鈺校，十二行本、乙十一行本、孔天胤本皆作「洺州」，今從改。

【語譯】文宗元聖昭獻孝皇帝上之下

太和三年（己酉 西元八二九年）

春，正月，亓志紹與成德鎮聯合出兵搶掠貝州。○義成行營兵三千人先是屯駐齊州，命令他們開赴禹城，在途中叛變潰散，橫海節度使李祐前去討伐，把他們殺了。○李聽和史唐合兵攻打亓志紹，打敗了他，亓志紹帶著他的部眾五千人投奔鎮州。○李載義上奏攻打滄州的長蘆，把它攻下了。

正月二十三日甲辰，昭義上奏亓志紹餘眾一萬五千人到本道投降，把他們安置在洺州。

二月，橫海節度使李祐率領各道行營兵攻打李同捷，打敗了他，進兵攻打德州。

武寧捉生兵馬使石雄很勇敢，愛士卒。王智興殘酷暴虐，軍中將士想驅逐王智興而擁立石雄。王智興知道此事後，藉口說石雄立了戰功，奏請任命他為刺史。二月初六日丙辰，任命石雄為壁州刺史。

史憲誠聽到滄景鎮即將平定而恐懼，他的兒子史唐勸他到朝廷去。二月十六日丙寅，史憲誠派史唐帶著奏表請求入朝，並且請求以他所管轄的地方聽從朝廷的指令。

石雄離開武寧以後，王智興把軍隊中和石雄要好的一百多人都殺掉了。夏，四月初九日戊午，王智興上奏說石雄動搖軍心，請求殺掉石雄。文宗知道石雄沒有罪，赦免了他的死罪，長久流放到白州。

四月十九日戊辰，李載義上奏說攻打滄州，攻下了外城。李祐攻取了德州，城中將卒三千多人逃往鎮州。李同捷寫信給李祐請求投降，李祐把他的信一併奏呈文宗。諫議大夫柏耆受詔宣撫慰勞行營將士，他喜歡擴大聲勢來壓制諸將，諸將已經討厭他了。等到李同捷向李祐請求投降，李祐派大將萬洪代守滄州。柏耆懷疑李同捷投降有詐，親自率領數百名騎兵馳入滄州，藉故殺了萬洪，帶著李同捷和他的家屬前往京師。二十六日乙亥，到達將陵，聽到有人說王庭湊想用奇兵救李同捷，於是把李同捷殺了，將他的頭送到京城，滄景一帶全部平定了。

五月十二日庚寅，加授李載義同平章事。各道部隊進攻李同捷，經過三年，才攻下來。而柏耆逕直進入滄州城，據為自己的功勞，諸將都憎恨他，爭相上表論說這件事。十三日辛卯，朝廷貶謫柏耆為循州司戶參軍。李祐不久去世了。

壬寅❶，攝❷魏博副使史唐奏改名孝章。

六月丙辰❸，詔：「鎮州四面行營各歸本道休息，但務保境，勿相往來。惟庭湊效順，為達章表，餘皆勿受。」

辛酉❹，以史憲誠為兼侍中、河中節度使，以李聽兼魏博節度使。分相、衛、澶三州❺，以史孝章為節度使。

初，李祐聞柏耆殺萬洪，大驚，疾遂劇。上曰：「祐若死，是耆殺之也！」癸酉❻，賜耆自盡。

河東節度使李程奏得王庭湊書，請納景州❼，又奏亓志紹自縊。

上遣中使賜史憲誠旌節，癸酉，至魏州。時李聽自貝州還軍館陶❽，遷延未進，憲誠竭府庫以治行❾。將士怒[1]，甲戌❿，軍亂，殺憲誠，奉牙內都知兵馬使靈武何進滔⓫知留後。李聽進至魏州，進滔拒之，不得入。秋，七月，進滔出兵擊李聽，聽不為備，大敗，潰走，晝夜兼行，趣淺口⓬，失亡過半，輜重兵械盡棄之。昭義兵救之，聽僅而得免，歸于滑臺⓭。

河北久用兵，餽運不給，朝廷厭苦之。八月壬子⑭，以進滔為魏博節度使，復以相、衛、澶三州歸之。

滄州承喪亂之餘，骸骨蔽地，城空野曠，戶口存者什無三四。癸丑⑮，以衛尉卿殷侑為齊、德、滄、景節度使⑯。侑至鎮，與士卒同甘苦，招撫百姓，勸之耕桑，流散者稍稍復業。先是，本軍三萬人皆仰給度支，侑至一年，租稅自能贍其半，二年，請悉罷度支給賜，三年之後，戶口滋殖，倉廩充盈。

王庭湊因鄰道微露請服之意。壬申⑰，赦庭湊及將士，復其官爵。

【章旨】以上為第二段，寫唐文宗姑息，容忍何進滔犯上自立為魏博節度，王庭湊陽奉陰違效順，而復其官爵，於是魏博、成德兩鎮叛臣得以授節。

【注釋】❶壬寅　五月二十四日。❷攝　代理。❸丙辰　六月初八日。❹辛酉　六月十三日。❺分相衛澶三州　即分魏博鎮的相、衛、澶三州置相衛澶三州節度使，治所相州，在今河南安陽。當時魏博為河北大鎮，領魏、博、洺、貝、相、衛、澶七州之地，唐文宗為了控制史憲誠，將其調離魏博為河中節度使，又分小魏博，置相衛澶三州節度使，以史憲誠之子史孝章為第一任節度使，以安其心。❻癸酉　六月二十五日。❼納景州　景州本隸橫海，因李同捷之亂，庭湊據有之。同捷既平，庭湊懼而交出。❽館陶　縣名，縣治在今河北館陶。❾竭府庫以治行　盡府庫所有錢財來治辦行裝。史憲誠意在把魏博府庫財物全部轉運到河中。❿甲戌　六月二十六日。⓫何進滔　(?—西元八四〇年)靈武(今寧夏靈武西北)人，為魏博牙內都知兵馬使。史憲誠死，何進滔為眾擁戴，誅為亂者，因留鎮魏博十餘年，民安之。傳見《舊唐書》卷一百八十一、《新唐書》卷二百十。⓬淺口　鎮名，在今河北館陶西北。⓭滑臺　城名，在今河南滑縣東。⓮壬子　八月初五日。⓯癸丑　八月初六日。⓰齊德滄景節度使　德滄景節度使即橫海軍。是年，姑以齊州隸橫海。⓱壬申　八月二十五日。

【校記】①將士怒　原無此三字。據章鈺校，十二行本、乙十一行本皆有此三字，張敦仁《通鑑刊本識誤》同，今據補。

【語譯】五月二十四日壬寅，代理魏博副使的史唐上奏改名史孝章。

六月初八日丙辰，下詔說：「鎮州四面的行營各自歸還本道休息，只做保衛邊境之事，不要互相往來。只有王庭湊表示歸順的表章，才可以傳送，其他都不要接受。」

六月十三日辛酉，任命史憲誠為兼侍中、河中節度使，任命李聽兼魏博節度使。劃分相、衛、澶三州為一道，任命史孝章為節度使。

當初，李祐聽說柏耆殺了萬洪，大驚，病就加重了。文宗說：「李祐如果死了，就是柏耆殺了他！」六月二十五日癸酉，賜柏耆自殺。

河東節度使李程上奏說收到王庭湊的書信，請求交出景州，又上奏說亓志紹自縊了。

文宗派遣中使賜給史憲誠旌節，六月二十五日癸酉，到達魏州。當時李聽從貝州回軍館陶，拖延時間，沒有向魏州進發，史憲誠竭盡府庫所有錢財來治辦行裝。將士們很生氣，二十六日甲戌，軍中叛亂，殺死了史憲誠，推舉牙內都知兵馬使靈武人何進滔為留後。李聽前進到魏州，何進滔抵禦他，不能進城。秋，七月，何進滔出兵攻打李聽，李聽沒有防備，大敗，潰散逃走，日夜兼程，奔赴淺口，兵員損失過半，輜重兵械全都丟掉了。昭義兵來救援他，李聽僅得脫身，回到滑臺。

河北長期打仗，運送的糧餉供應不足，朝廷深為苦惱。八月初五日壬子，任命何進滔為魏博節度使，又把相、衛、澶三州也劃歸給他。

滄州在喪亂之後，屍骨遍地，城鄉空曠，留存的戶口不到十分之三四。八月初六日癸丑，任命衛尉卿殷侑為齊、德、滄、景節度使。殷侑到達鎮府，和士卒同甘共苦，招撫百姓，鼓勵他們農耕植桑，流散在外的人逐漸恢復本業。此前，本道軍隊三萬人都要靠度支供給，殷侑到鎮一年，租稅收入就能自給一半，兩年就請求完全不需要度支供給了，三年以後，戶口增多，倉庫充實。

王庭湊通過鄉道稍露歸服朝廷的意思。八月二十五日壬申，赦免王庭湊和他的將士，恢復他們的官爵。

徵浙西觀察使李德裕為兵部侍郎，裴度薦以為相。會吏部侍郎李宗閔有宦官之助，甲戌❶，以宗閔同平章事。

上性儉素，九月辛巳❷，命中尉以下毋得衣紗縠❸綾羅，聽朝之暇，惟以書史自娛，聲樂遊畋，未嘗留意。駙馬韋處仁嘗著夾羅巾❹，上謂曰：「朕慕卿門地清素，故有選尚❺。如此巾服，聽❻其他貴戚為之，卿不須爾。」

壬辰❼，以李德裕為義成節度使。李宗閔惡其逼己，故出之。

冬，十月丙辰❽，以李聽為太子少師。

路隋言於上曰：「宰相任重，不宜兼金穀瑣碎之務，如楊國忠、元載、皇甫鎛皆奸臣❾，所為不足法也。」上以為然。於是裴度辭度支，上許之。

十一月甲午❿，上祀圜丘，赦天下。四方毋得獻奇巧之物，其纖麗布帛皆禁之，焚其機杼⓫。

【章　旨】以上為第三段，寫唐文宗昏庸，李德裕入朝為相，不到二十天，又被牛黨李宗閔排擠出京。此牛李黨爭第二回合。

【注釋】❶甲戌 八月二十七日。❷辛巳 九月初四日。❸紗縠 一種輕薄起縐的絲織品。❹夾羅巾 一種高級的絲製頭巾。❺選尚 指韋處仁尚穆宗女。胡注：「處仁尚穆宗女新豐公主。」《新唐書》卷八十三〈諸帝公主傳〉作「義豐公主」。❻聽 任憑。❼壬辰 九月十五日。❽丙辰 十月初九日。❾楊國忠元載皇甫鎛皆奸臣 楊國忠，唐玄宗時宰相。元載，肅、代二朝宰相。皇甫鎛，唐憲宗朝宰相。三人皆唐代權臣，以宰相而兼度支，後皆不得善終。故路隋以為「所為不足法也」。❿甲午 十一月十八日。⓫機杼 織布機。

【語譯】徵召浙西觀察使李德裕為兵部侍郎，裴度推薦任命他為宰相。適逢吏部侍郎李宗閔有宦官的幫助，八月二十七日甲戌，任命李宗閔為同平章事。

文宗本性節儉樸素，九月初四日辛巳，命令中尉以下不得服用紗縠綾羅，聽朝以外的閒暇時間，只以經史書籍自悅，聲樂遊獵等事，未曾留意。駙馬韋處仁曾戴著夾羅巾，文宗對他說：「朕羨慕你家門庭清貴樸素，所以選擇你娶了公主。這樣的頭巾服飾，讓其他貴戚使用，你不要這樣。」

九月十五日壬辰，任命李德裕為義成節度使。李宗閔忌恨李德裕威脅到自己的職位，所以把他調出朝廷。

冬，十月初九日丙辰，任命李聽為太子少師。

路隋對文宗說：「宰相職任重大，不應當兼理錢穀等瑣碎的事務，如楊國忠、元載、皇甫鎛都是奸臣，他們所幹的事不值得效法。」文宗認為是對的。於是宰相裴度辭去兼任度支的職務，文宗答應了。

十一月十八日甲午，文宗到圜丘祭天，大赦天下。命四方不許貢獻奇巧的東西，那些纖細華麗的布帛都禁止織造，燒掉織機。

丙申❶，西川❷節度使杜元穎奏南詔入寇。元穎以舊相，文雅自高，不曉軍事，專務蓄積，減削士卒衣糧。西南戍邊之卒，衣食不足，皆入蠻境鈔❸盜以自給，蠻人反以衣食資之。由是蜀中虛實動靜，蠻皆知之。南詔自嵯顛❹謀大舉入寇，邊州屢以告，元穎不之信。嵯顛兵至，邊城一無備禦。蠻以蜀卒為鄉導，襲陷嶲❺、戎二州。甲辰❻，元穎遣兵與戰於邛州❼南，蜀兵大敗，蠻遂陷邛州。

武寧節度使王智興入朝。

詔發東川❽、興元❾、荊南❿兵以救西川。十二月丁未朔⓫，又發鄂岳⓬、襄鄧⓭、陳許⓮等兵繼之。

以王智興為忠武節度使。

己酉⓯，以東川節度使郭釗為西川節度使，兼權東川節度事。

嵯顛自邛州引兵徑抵⓰成都⓱，庚戌⓲，陷其外郭。杜元穎帥眾保牙城以拒之，欲遁去[1]者數四。壬子⓳，貶元穎為邵州⓴刺史。

己未㉑，以右領軍大將軍㉒董重質㉓為神策、諸道西川行營節度使，又發太原、鳳翔兵㉔赴西川。南詔寇東川，入梓州㉕西。郭釗[2]兵寡弱不能戰，以書責嵯顛。嵯顛復書曰：「杜元穎侵擾我，故興兵報之耳。」與釗修好而退。

蠻留成都西郭十日，其始慰撫蜀人，市肆安堵㉖。將行，乃大掠子女、百工數萬人及珍貨而去。蜀人恐懼，往往赴江，流尸塞江而下。嵯顛自為軍殿㉗，及大度水㉘，嵯顛謂蜀人曰：「此南吾境也，聽汝哭別鄉國。」眾皆慟哭，赴水死者以千計，自是南詔工巧埒㉙於蜀中。

嵯顛遣使上表，稱：「蠻比修職貢，豈敢犯邊，正以杜元穎不恤軍士，怨苦元穎，競為鄉導，祈我此行以誅虐帥。誅之不遂，無以慰蜀士之心，願陛下誅之。」丁卯㉚，再貶元穎循州司馬，詔董重質及諸道兵皆引還。郭釗至成都，與南詔立約，不相侵擾。詔遣中使以國信賜嵯顛。

【章旨】以上為第四段，寫南詔侵擾西川。

【注釋】❶丙申　十二月二十日。❷西川　方鎮名，治所成都，在今四川成都。❸鈔　搶奪。❹嵯顛　本為南詔弄棟節度王，元和十一年（西元八一六年）殺其王勸龍晟，立其弟勸利，遂專國政。❺巂　州名，治所越巂，在今四川西昌。❻甲辰　十一月二十八日。❼邛州　州名，治所臨邛，在今四川邛崍。❽東川　方鎮名，東川節度使，唐肅宗置。治所在梓川，在今四川三臺。❾興元　即山南西道，因駐節興元府，故稱。府治南鄭縣，在今陝西漢中。❿荊南　方鎮名，唐肅宗至德二載（西元七五七年）置，治所荊州，在今湖北江陵。⓫丁未朔　十二月初一日。⓬鄂岳　即武昌軍，轄鄂、岳、蘄、黃、安、申等州，省稱鄂岳。⓭襄鄧　即山南東道，轄襄、鄧、均、房、安、復、隋、唐等州，省稱襄鄧。⓮陳許　即忠武軍，轄陳、許、蔡三州，省稱陳許。⓯己酉　十二月初三日。⓰徑抵　逕直抵達。⓱成都　都邑名，為成都府治所，在今四川成都。⓲庚戌　十二月初四日。⓳壬子　十二月初六日。⓴邵州　州名，治所邵陽，在今湖南邵陽。㉑己未　十二月十三日。㉒右領軍大將軍　官名，掌宮禁宿衛及儀仗。置上將軍、大將軍、將軍等。㉓董重質　（？—西元八三四年）本淮西牙將，李愬擒吳元濟，董重質請降。官至夏綏銀宥節度使。傳見《舊唐書》卷一百六十一。㉔發太原鳳翔兵　調發河東、鳳翔兩鎮兵馳援。河東節度使駐節太原，云發太原兵，即是發河東兵。㉕梓州　東川節度使治所，在今四川三臺。㉖市肆安堵　市中商店安穩無事。

㉗自為軍殿　自己作為軍隊的後尾，即走在隊伍最後。㉘大度水　水名，即大渡河，在今四川西南部。㉙埒　相等。㉚丁卯　十二月二十一日。

【校　記】①去　原無此字。據章鈺校，十二行本、乙十一行本皆有此字，今據補。②郭釗　「郭」字原作「川」，屬上句讀。據章鈺校，十二行本、乙十一行本皆無「川」字，而有「郭」字，今據改。胡三省注云：「『釗』上當更有『郭』字，蜀本正如此。」

【語　譯】十一月二十日丙申，西川節度使杜元穎上奏說南詔侵犯邊境。杜元穎自以為過去做過宰相，擺出一副文雅高傲的樣子，既不懂軍事，專門從事積蓄家財，削減士卒的衣糧。西南地區守邊的兵卒，衣食不足，都到蠻族境內去搶掠來維持生活，蠻人反而用衣食資助他們。因此蜀中虛實動靜，蠻人全都知道。自從南詔嵯顛計謀大舉入侵西川，西川邊境的州官屢次報告，杜元穎不相信有這回事。嵯顛的軍隊到達，邊城一點防備抵禦都沒有。蠻人用蜀卒為嚮導，襲擊攻下了巂州和戎州。十一月二十八日甲辰，杜元穎派軍隊在邛州南與蠻人交戰，蜀兵大敗，蠻人於是攻佔了邛州。

武寧節度使王智興入朝。

下詔徵發東川、興元、荊南三節度使的軍隊用來援救西川。十二月初一日丁未，又徵發鄂岳、襄鄧、陳許等鎮兵接著去援助。

任命王智興為忠武節度使。

十二月初三日己酉，任命東川節度使郭釗為西川節度使，暫時兼任東川節度使職事。

嵯顛從邛州帶兵直接抵達成都，十二月初四日庚戌，攻陷外城。杜元穎率領兵眾守衛牙城以抵抗蠻兵，多次想逃走。初六日壬子，貶謫杜元穎為邵州刺史。

十二月十三日己未，任命右領軍大將軍董重質為神策、諸道西川行營節度使，又徵發太原、鳳翔鎮部隊開赴西川。南詔入侵東川，進到梓州西面。郭釗的軍隊人少力弱，不能作戰，便寫信責備嵯顛。嵯顛回信說：「杜元穎侵擾我，所以起兵報復他。」與郭釗和好後就退兵了。

蠻人留在成都西城外十天，起初尚撫慰蜀人，市場安穩。將要走開時，就大肆掠奪男女、百工數萬人和珍貴財物而去。蜀人恐懼，常是投江自殺，漂流的屍體滿江都是，順江而下。嵯顛親自為軍隊的後衛，到大度水，嵯顛對蜀人說：「這裡南邊就是我國邊境，讓你們哭著告別家鄉和國家吧。」蜀人全都痛哭，投水死的數以千計，從此南詔的能工巧匠和蜀中的差不多。

嵯顛派使者上奏表，說：「我們近年一直進貢，哪裡敢侵犯邊界，只是因為杜元穎不體恤軍士，軍士怨恨元穎，爭著當嚮導，請求我這次去殺掉暴虐的統帥。沒有把杜氏殺掉，不能慰藉蜀地軍士的心願，希望陛下殺掉他。」十二月二十一日丁卯，又把杜元穎貶為循州司馬，詔令董重質和諸道兵都率軍返回本道。郭釗到達成都，與南詔訂立和約，互相不侵擾。文宗下詔派遣中使把作為兩國友好憑證的文書賜給嵯顛。

四年（庚戌　西元八三〇年）

春，正月辛巳❶，武昌節度使牛僧孺入朝。○戊子❷，立子永為魯王❸。

李宗閔引薦牛僧孺，辛卯❹，以僧孺為兵部尚書、同平章事。於是二人相與排擯李德裕之黨，稍稍逐之。

南詔之寇成都也，詔山南西道發兵救之。興元兵少，節度使李絳募兵千人赴之。未至，蠻退而還。

興元兵有常額，詔新募兵悉罷之。二月乙卯❺，絳悉召新軍，諭以詔旨而遣之，仍賜以廩麥。皆怏怏❻而退，往辭監軍。監軍楊叔元素惡絳不奉己，以賜物薄激之。眾怒，大譟，掠庫兵，趨使牙❼。絳方與僚佐宴，不為備，走登北城。或勸縋而出，絳曰：「吾為元帥，豈可逃去！」麾推官趙存約❽令去。存約曰：「存約受明公知，何可苟免！」牙將王景延與賊力戰死，絳、存約及觀察判官薛齊皆為亂兵所害，賊遂屠絳家。

戊午❾，叔元奏絳收新軍募直❿以致亂。庚申⓫，以尚書右丞溫造為山南西道節度使。是時，三省官上疏共論李絳之冤，諫議大夫孔敏行⓬具陳[1]叔元激怒亂兵，上始悟。

三月乙亥朔⓭，以刑部尚書柳公綽為河東節度使。先是，回鶻入貢及互市，所過恐[2]其為變，常嚴兵⓮迎送防衛之。公綽至鎮，回鶻遣梅錄⓯李暢以馬萬匹互市，公綽但遣牙將單騎迎勞於境，至則大闢牙門，受其禮謁。暢感泣，戒其下，在路不敢馳獵，無所侵擾。

陘⓰北沙陀素驍勇，為九姓⓱、六州胡所畏伏。公綽奏以其酋長朱邪執宜為陰山⓲都督、代北⓳行營招撫使，使居雲、朔⓴塞下，捍禦北邊。執宜與諸酋長入謁，公綽與之宴。執宜神彩㉑嚴整，進退有禮。公綽謂僚佐曰：「執宜外嚴而內寬，言徐而理當，福祿人也。」執宜母妻入見，公綽使夫人與之飲酒，饋遺之。

執宜感恩，為之盡力。塞下舊有廢府㉒十一，執宜修之，使其部落三千人分守之，自是雜虜㉓不敢犯塞。

溫造行至褒城㉔，遇興元都將衛志忠征蠻歸，造密與之謀誅亂者，以其兵八百人為牙隊，五百人為前軍，入府，分守諸門。己卯㉕，造視事，饗將士於牙門。造曰：「吾欲問新軍去留之意，宜悉使來前。」既勞問，命坐，行酒。志忠密以牙兵圍之，既合，唱「殺！」㉖新軍八百餘人皆死。楊叔元起，擁造靴求生，造命囚之。其手殺絳者，斬之百段，餘皆斬首，投尸漢水，以百首祭李絳，三十首祭死事者，具事以聞。己丑㉗，流楊叔元於康州㉘。

癸卯㉙，加淮南節度使段文昌同平章事，為荊南節度使。

【章旨】以上為第五段，寫河東節度使柳公綽誠信依禮待胡人，得其效力，山南西道節度使溫造巧計誅亂兵。

【注釋】❶辛巳　正月初六日。❷戊子　正月十三日。❸魯王　指李永，文宗長子。太和四年封魯王，六年立為太子。開成三年（西元八三八年）薨，諡曰莊恪。傳見《舊唐書》卷一百七十五、《新唐書》卷八十二。❹辛卯　正月十六日。❺乙卯　二月初十日。❻怏怏　不樂意的樣子。❼使牙　節度使居處稱使宅，辦公處稱使牙。牙，衙署。❽趙存約　（？—西元八三○年）懿宗朝宰相趙隱之父。事附《舊唐書》卷一百七十八〈趙隱傳〉。❾戊午　二月十三日。❿收新軍募直　收回招募新兵時所付的費用。⓫庚申　二月十五日。⓬孔敏行　（？—西元八三五年）字至之，越州山陰（今浙江紹興）人，歷任右拾遺、左補闕、司勳郎中、集賢殿學士、吏部郎中，官終諫議大夫。楊叔元激怒亂卒殺死李絳，人不敢發其事，敏行上書極諫，時論稱美。傳見《舊唐書》卷一百九十二、《新唐書》卷一百九十六。⑬乙亥朔　三月初一日。⑭嚴兵　整飭軍隊，保持戒備狀態。⑮梅錄　回鶻官名，軍隊中高級將領。⑯陘　即陘嶺，又名句注山，在今山西代縣北。元和中沙陀徙居陘北。⑰九姓　指居於漠南，今內蒙古境內的回紇九大部落種姓：藥羅葛、胡咄葛、咄羅勿、貊歌息訖、阿勿嘀、葛薩、斛嗢素、藥勿葛、奚耶勿。⑱陰山　山名。此指陰山府，初置於鹽州（今陝西定邊），以安頓內徙的沙陀，以酋長朱邪執宜為府兵馬使。後沙陀遷至陘北神武川黃花堆（今山西山陰北），以朱邪執宜為陰山府都督，隸河東節度。故此時陰山府當在今山西北部雲、朔二州一帶。⑲代北　泛指代州以北地區。代州治所雁門，在今山西代縣。⑳雲朔　皆州名。雲州治所雲中，在今山西大同。朔州治所善陽，在今山西朔州。㉑彩　同「采」。㉒廢府　兩《唐書・柳公綽傳》皆作「廢柵」，當是。胡注：「蓋考之〈唐志〉，雲、朔塞下無十一府也。」㉓雜虜　謂渾、回紇、韃靼、奚、室韋等少數民族。㉔褒城　縣名，縣治在今陝西漢中西北。㉕己卯　三月初五日。㉖唱殺　大聲喊「殺」，以此為誅亂號令。㉗己丑　三月十五日。㉘康州　州名，治所端溪，在今廣東德慶。㉙癸卯　三月二十九日。

【校　記】①陳　原作「呈」。據章鈺校，十二行本、乙十一行本皆作「陳」，今據改。②恐　據章鈺校，十二行本、乙十一行本皆作「懼」。

【語　譯】四年（庚戌　西元八三〇年）

春，正月初六日辛巳，武昌節度使牛僧孺入朝。〇十三日戊子，立皇子李永為魯王。

李宗閔引薦牛僧孺為相，正月十六日辛卯，任命牛僧孺為兵部尚書、同平章事。於是二人聯合排斥李德裕的黨羽，逐漸把他們趕走。

南詔入侵成都時，詔令山南西道發兵救援。興元鎮兵少，節度使李絳招募士兵一千人前往。還未趕到，南詔人撤退，他們返回興元。

興元的駐軍有一定的數額，朝廷詔令新招募的士兵全部裁撤。二月初十日乙卯，李絳把新兵都召集在一起，把朝廷詔旨告訴他們並宣布遣散，仍然將倉庫的麥子賜給他們。他們都不高興地退了下來，到監軍那裡辭行。監軍楊叔元向來就痛恨李絳不好好對待自己，就用賞賜的東西太少為藉口來激怒新兵。新兵很生氣，大聲喧鬧，搶奪兵器庫的武器，奔向節度使府衙。李絳正在和同僚們飲宴，沒有防備，他逃走登上北邊城牆。有人勸李絳用繩子吊出城外，李絳說：「我是元帥，怎麼可以逃去！」揮手叫推官趙存約離開。趙存約說：「存約得到明公的知遇，怎麼能苟且逃避此禍！」牙將王景延奮力與叛兵作戰而死，李絳、趙存約和觀察判官薛齊都被亂兵殺害，亂兵於是殺死了李絳全家。

二月十三日戊午，楊叔元上奏說是李絳沒收了招募新軍的費用而導致新兵叛亂。十五日庚申，任命尚書右丞溫造為山南西道節度使。這時，三省的官員都上疏共同說明李絳的冤屈，諫議大夫孔敏行詳細說明楊叔元如何激怒亂兵，文宗才明白。

三月初一日乙亥，任命刑部尚書柳公綽為河東節度使。此前，回鶻來進貢和做買賣，所過之處擔心回鶻人作亂，常常是整兵迎送，防備他們。柳公綽到鎮後，回鶻派遣梅錄李暢用馬一萬匹進行交易，柳公綽只派遣牙將單騎在邊境上迎接慰勞，到達時就大開衙門，接受他們的禮謁。李暢感動得流淚，告誡他的部下，在路上不要奔跑射獵，一點也不侵擾百姓。

陘嶺以北的沙陀部向來驍勇善戰，為九姓、六州胡所懼服。柳公綽上奏任命他們的酋長朱邪執宜為陰山都督、代北行營招撫使，讓他駐紮在雲、朔地區的關塞之下，守衛北方邊境。朱邪執宜和各酋長來拜見，柳公綽與他們宴飲。朱邪執宜神情莊嚴整肅，進退有禮。柳公綽對僚佐們說：「朱邪執宜外表嚴肅而內心寬和，說話從容而合乎道理，是有福祿的人。」朱邪執宜的母親和妻子進見時，柳公綽讓夫人和她們一起飲酒，送給她們禮物。朱邪執宜感激所受到的恩惠，為柳公綽很盡力。塞下過去有十一座廢棄了的宅院，朱邪執宜把它們修復了，派他的部落中的三千人分別駐守，從此別的少數民族不敢侵犯邊塞。

溫造行進到褒城，遇到興元都將衛志忠征討蠻人回來，溫造和衛志忠祕密商量誅殺叛亂新兵，把衛志忠部下八百名士兵作為牙府的衛隊，五百人為先頭部隊，進入節度使府，分別守衛各道門。三月初五日己卯，溫造正式上任，在牙門設宴招待將士。溫造說：「我想問一問新軍願留還是願去的意向，應當讓他們前來。」

尉勞詢問之後，叫他們坐下，開始上酒。衛志忠暗地命令牙兵包圍他們，包圍住了，大聲喊「殺！」新軍八百多人都被殺死。楊叔元站起來，抱著溫造的腳乞求生路，溫造命令把他囚禁起來。那個親手殺死李絳的人，被碎屍百段，其餘的人全都斬首，拋屍漢水，用一百個人頭祭奠李絳，三十個人頭祭奠死於戰亂的人，然後把這件事報告了朝廷。十五日己丑，把楊叔元流放到康州。

三月二十九日癸卯，加授淮南節度使段文昌同平章事，擔任荊南節度使。

奚❶寇幽州，夏，四月丁未❷，盧龍節度使李載義擊破之。辛酉❸，擒其王茹羯以獻。

裴度以高年多疾，懇辭機政❹。六月丁未❺，以度為司徒、平章軍國重事❻，俟疾損❼，三五日一入中書。

上患宦者彊盛，憲宗、敬宗弒逆之黨猶有在左右者。中尉王守澄尤專橫，招權納賄，上不能制。嘗密與翰林學士宋申錫言之，申錫請漸除其偪❽。上以申錫沈❾厚忠謹，可倚以事，擢為尚書右丞。七月癸未❿，以申錫同平章事。

初，裴度征淮西，奏李宗閔為觀察判官，由是漸獲進用。至是，怨度薦李德裕，因其謝病，九月壬午⓫，以度兼侍中，充山南東道節度使。

西川節度使郭釗以疾求代，冬，十月戊申⓬，以義成節度使李德裕為西川節度使。

蜀自南詔入寇，一方殘弊，郭釗多病，未暇完補⑬。德裕至鎮，作籌邊樓，圖蜀地形⑭，南入南詔，西達吐蕃。日召老於軍旅、習邊事者⑮，雖走卒蠻夷無所間⑯，訪以山川城邑，道路險易，廣狹遠近，未踰月，皆若身嘗涉歷。

上命德裕修塞清溪關⑰，以斷南詔入寇之路，或無土，則以石壘之。德裕上言：「通蠻細路至多，不可塞，惟重兵鎮守，可保無虞。但黎⑱、雅以來得萬人，成都得二萬人，精加訓練，則蠻不敢動矣。邊兵又不宜多，須力可臨制。崔旰之殺郭英乂⑲，張朏之逐張延賞⑳，皆鎮兵也。」時北兵皆歸本道，惟河中、陳許三千人在成都，有詔來年三月亦歸，蜀人恟懼㉑。德裕奏乞鄭滑㉒五百人、陳許㉓千人以鎮蜀，且言：「蜀兵脆弱，新為蠻寇所困，皆破膽，不堪征戍。若北兵盡歸，則與杜元穎時無異，蜀不可保。恐議者云蜀經蠻寇以來，已自增兵。曏者蠻寇已逼，元穎始募市人為兵，得三千餘人，徒有其數，實不可用。郭釗募北兵僅得百餘人，臣復召募得二百餘人，此外皆元穎舊兵也。恐議者又聞一夫當關之說㉔，以為清溪可塞㉕。臣訪之蜀中老將，清溪之旁，大路有三，自餘小徑無數，皆東蠻臨時為之開通。若言可塞，則是欺罔朝廷。要須大度水北更築一城，迤邐接黎州㉖，以大兵守之方可。況聞南詔以所掠蜀人二千及金帛賂遺吐蕃，若使二虜知蜀虛實，連兵入寇，誠可深憂。其朝臣建言者，蓋由禍不在身。望人責一狀，留入堂案㉗，他日敗事，不可令臣獨當國憲㉘。」朝廷皆從其請。德裕乃練士卒，葺保鄣，積糧儲以備邊，蜀人粗安。

是歲，勃海宣王㉙仁秀卒。子新德早死，孫彝震立，改元咸和。

【章旨】以上為第六段，寫李德裕鎮西川，西疆穩固。

【注釋】❶奚 少數民族名，本東胡別種，漢時為匈奴所破，退保烏桓山，因稱烏桓。隋、唐時稱奚。貞觀中內附，為置饒樂都督府，在今內蒙古老哈河上游及河北灤河中上游一帶。貞元中徙至幽州界。❷丁未 四月初三日。❸辛酉 四月十七日。❹機政 機要的國家政務。❺丁未 六月初五日。❻平章軍國重事 權宜所加官名，用以優禮裴度，仍主持軍國大政，但不參與煩苛細務。裴度為司徒、平章軍國重事，位在丞相之上。❼疾損 病情減輕。❽偪 「逼」的異體字。指宦官以權勢侵迫皇帝。❾沇 同「沉」。❿癸未 七月十一日。⓫壬午 九月十一日。⓬戊申 十月初七日。⓭完補 修補；治理。⓮圖蜀地形 繪製蜀地軍事地圖。⓯老於軍旅習邊事者 長期在軍中服役而熟悉邊防事務的人。老，此指長時間。⓰無所間 不嫌棄。此指李德裕不恥下問於習邊事者，即便是走卒蠻夷亦不嫌棄。⓱清溪關 關名，自四川進入雲南的重要關卡，在今四川漢源西南。⓲黎 州名，治所漢源，在今四川漢源北。⓳崔旰之殺郭英乂 崔旰，代宗時為西山兵馬使，與西川節度使郭英乂有隙，率兵攻成都。英乂敗走簡州，被殺。事見本書卷二百二十四代宗永泰元年。崔旰官至靈州大都督、朔方節度使。傳見《舊唐書》卷一百十七、《新唐書》卷一百四十四。郭傳見《舊唐書》卷一百十七、《新唐書》卷一百三十三。⓴張朏之逐張延賞 張延賞（西元七二六—七八七年），德宗時為西川節度使，部將西山兵馬使張朏率兵入成都為亂，延賞奔漢州，遣將討之，斬朏，復歸成都。事見本書卷二百二十九德宗建中四年。張延賞官至宰相。傳見《舊唐書》卷一百二十九、《新唐書》卷一百二十七。㉑蜀人恟懼 蜀中人心惶惶，害怕撤走中原之兵，南詔復來入寇。㉒鄭滑 即義成軍。㉓陳許 即忠武軍。

㉔一夫當關之說　此指人言蜀道艱險，一夫當關，萬夫莫前。㉕可塞　可以阻塞。㉖迤邐接黎州　黎州，在今四川漢源北，南距大渡河約百里，在大渡河邊築城，使之綿延相接，遙相呼應，以固邊防。迤邐，曲折蜿蜒。㉗人責一狀二句　凡言蜀中無虞者，每人留下一張文狀，放在政事堂的檔案中。案，文案。㉘獨當國憲　獨自承擔責任，受國法懲處。憲，法。㉙勃海宣王　姓大，名仁秀，勃海第十代王。死後諡曰宣王。勃，亦作「渤」。

【語　譯】奚人入侵幽州，夏，四月初三日丁未，盧龍節度使李載義打敗了奚人。十七日辛酉，抓獲了奚人首領茹羯，獻給了朝廷。

裴度由於年老多病，懇切要求辭去宰相職務。六月初五日丁未，改任裴度為司徒、平章軍國重事，等到疾病減輕後，三五天到中書省一次。

文宗憂慮宦官的強盛，殺死憲宗、敬宗的叛逆黨羽還有一些人在自己身邊。中尉王守澄尤其專橫，招攬權勢，接受賄賂，文宗控制不了。文宗曾祕密和翰林學士宋申錫講過此事，宋申錫請求逐漸消除他們的威逼。文宗認為宋申錫沉靜厚道，忠恪嚴謹，辦事可以依靠，提升他為尚書右丞。七月十一日癸未，任命宋申錫同平章事。

當初，裴度征討淮西時，奏用李宗閔擔任觀察判官，由此逐漸得到重用。到這時，李宗閔埋怨裴度推薦李德裕為宰相，藉著裴度因病辭相位的機會，九月十一日壬午，讓文宗任命裴度兼侍中，充山南東道節度使。

西川節度使郭釗因病請求替代，冬，十月初七日戊申，任命義成節度使李德裕為西川節度使。

蜀地自從南詔侵擾後，整個地方殘敗衰弊，郭釗多病，顧不上治理。李德裕到鎮後，修建一座籌邊樓，繪出蜀地地形，南邊到南詔，西邊到吐蕃。每天召集長期在軍隊服役、熟悉邊防事務的人，哪怕是走卒或蠻夷人也不嫌棄，向他們訊問山川城邑，道路險易，寬狹遠近，不超過一個月，都好像親身到過那裡一樣。

文宗命令李德裕堵塞清溪關，以此切斷南詔侵擾的道路，有的地方沒有泥土，就用石頭壘砌。李德裕上奏說：「通往蠻區的小路極多，堵塞不了，只有重兵防守，才能保證不出差錯。只要黎州、雅州以往得到一萬人，成都得到兩萬人，精心加以訓練，那麼蠻人就不敢行動了。但是邊地兵員又不宜太多，必須有能力駕御他們。崔旰殺死郭英乂，張朏驅逐張延賞，都是鎮兵所為。」當時北方的軍隊都返回本道，只有河中、陳許二道的三千人在成都，有詔令明年三月也要回去，蜀人很害怕。李德裕上奏請求留下鄭滑道五百人、陳許道一千人用來鎮守蜀地，並且說：「蜀兵脆弱，新近被蠻人所敗，都嚇破了膽，不能勝任征討戍守的任務。如果北方的軍隊全部回去，那麼和杜元穎時一樣，蜀地不能守得住。恐怕議論的人會說蜀地經過蠻人侵擾以後，已經自己增加了兵員。前時蠻寇已經逼近了，杜元穎才招募市肆中的人去當兵，得到了三千多人，空有這個人數，其實不能用來打仗。郭釗徵募北方兵員只得到一百多人，臣又招募到二百多人，除此以外都是杜元穎舊有的兵士。恐怕議論的人又聽說『一夫當關，萬夫莫前』的說法，認為清溪關可以阻塞敵人。臣訪問了蜀中的老將，得知清溪關的旁邊，大路有三條，其他小路無數，都是東蠻臨時需要開通的。要是說可以阻塞，就是欺騙朝廷。重要的是必須在大度水北面另外修築一座城，曲折蜿蜒連接黎州，派重兵駐守方可安全。況且聽說南詔把他們所搶掠的二千名蜀人和金帛等物送給吐蕃，如果讓這兩部夷人知道了蜀地虛實情況，連兵入寇，實在使人深為憂慮。那些提出建議的朝臣，大概是禍害不在他們身上。希望要他們每人留下一張文狀，放在政事堂的檔案中，將來事情失敗了，不能叫臣一個人承擔國法處治。」朝廷全部聽從了李德裕的請求。李德裕於是訓練士卒，修葺城堡亭障，儲備糧食，用來防禦邊患，蜀人大體上安定下來。

這一年，勃海宣王仁秀去世。他的兒子新德早死，孫子彝震繼立，改年號為咸和。

五年（辛亥　西元八三一年）

春，正月丁巳❶，賜滄、齊、德節度名義昌軍❷。

庚申❸，盧龍監軍奏李載義與敕使宴於毬場後院，副兵馬使楊志誠❹與其徒呼噪作亂，載義與子正元奔易州，志誠又殺莫州刺史張慶初。上召宰相謀之。牛僧孺曰：「范陽自安、史以來，非國所有，劉總蹔❺獻其地，朝廷費錢八十萬緡而無絲毫所獲。今日志誠得之，猶前日載義得之也，因而撫之，使捍北狄，不必計其逆順。」上從之。載義自易州赴京師，上以載義有平滄景之功，且事朝廷恭順，二月壬辰❻，以載義為太保❼，同平章事如故。以楊志誠為盧龍留後。

臣光曰：「昔者聖人順天理，察人情，知齊民❽之莫能相治也，故置師長以正之；知羣臣之莫能相使也，故建諸侯以制之；知列國之莫能相服也，故立天子以統之。天子之於萬國，能褒善而黜惡❾，抑彊而扶弱❿，撫服而懲違⓫，禁暴而誅亂⓬，然後發號施令，而四海之內莫不率從⓭也。詩曰：『勉勉我王，綱紀四方。』⓮載義藩屏大臣，有功於國，無罪而志誠逐之，此天子所宜治也。若一無所問，因以其土田爵位授之，則是將帥之廢置殺生，皆出於士卒之手，天子雖在上，何[1]為哉！國家之有方鎮，豈專利其財賦而已乎！如僧孺之言，姑息偷安之術耳，豈宰相佐天子御天下之道哉！」

【章旨】以上為第七段，寫司馬光批評唐文宗姑息盧龍副兵馬使楊志誠犯上逐帥得留後，只責相而不責君，非中肯之論。

【注釋】❶丁巳　正月十八日。❷義昌軍　方鎮名，唐文宗太和三年（西元八二九年）置滄齊德節度使，五年賜號義昌軍。

治所滄州，在今河北滄州東南。❸庚申　正月二十一日。❹楊志誠　（？—西元八三四年）本為盧龍牙將，逐李載義而為節度使。因私製天子服飾，圖謀不軌，被誅。傳見《舊唐書》卷一百八十、《新唐書》卷二百十二。❺蹔　「暫」的異體字。❻壬辰　二月二十三日。❼太保　官名，三師之一，無實職，僅為大臣加官。❽齊民　平民。❾褒善而黜惡　褒揚善人，貶黜惡人。❿抑彊而扶弱　壓制強暴，扶助弱小。⓫撫服而懲違　安撫順服的人，懲治違法的人。⓬禁暴而誅亂　禁絕暴虐，誅除逆亂。⓭率從　順從。⓮詩曰三句　謂周文王勤勉不倦治理天下。詩見《詩經・棫樸》。

【校　記】①何　據章鈺校，十二行本、乙十一行本皆作「奚」。

【語　譯】五年（辛亥　西元八三一年）

春，正月十八日丁巳，賜給滄、齊、德節度名號為義昌軍。

正月二十一日庚申，盧龍監軍上奏說李載義與敕使在毬場後院舉行宴會，副兵馬使楊志誠和他的黨徒大喊大叫發動叛亂，李載義和他的兒子李正元逃往易州，楊志誠又殺了莫州刺史張慶初。文宗召集宰相商議這件事，牛僧孺說：「范陽自從安、史之亂以來，就不是國家管轄的了，劉總暫時獻出這塊地方，朝廷花了八十萬串錢而沒有絲毫收穫。今天楊志誠得到了它，如同前日李載義得到一樣，順著事勢安撫他，使他去防禦北狄，不必計較他的逆順。」文宗聽從了牛僧孺的建議。李載義從易州來到京師，文宗因為李載義有平定滄景的功勞，並且侍奉朝廷很恭順，二月二十三日壬辰，任命李載義為太保，同平章事依舊。任命楊志誠為盧龍節度使留後。

臣司馬光說：「過去聖人順從天理，察知人情，知道平民不能自己管理好自己，所以就設置州縣官來治理他們；知道群臣不能互相役使的，所以封建諸侯來駕御他們；知道各諸侯國不能相互臣服，所以就設立天子來統領他們。天子對於眾多的諸侯國，如果能夠做到褒揚善人而貶黜惡人，抑制強暴而扶助弱小，安撫順服的人而懲罰違法的人，禁止暴虐而誅殺叛逆，然後發號施令，而四海之內沒有不順從的了。《詩經》中說：『勉勉我王，綱紀四方。』李載義是藩衛大臣，有功於國，沒有什麼過錯而楊志誠驅逐了他，這是天子應當處理的事情。如果一點也不過問，把那裡的土地官爵授給楊志誠，那麼就成了將帥的廢立或生死，全都由士卒來決定，天子雖然在上，有什麼作用呢！國家設置方鎮，難道只是為了收取財賦嗎！像牛僧孺那麼說，只是姑息偷安的辦法罷了，哪裡是宰相輔佐天子治理天下的原則啊！」

新羅❶王彥昇卒，子景徽立。

上與宋申錫❷謀誅宦官，申錫引吏部侍郎王璠❸為京兆尹，以密旨諭之。璠泄其謀，鄭注、王守澄知之，陰為之備。

上弟漳王❹湊賢，有人望，注令神策都虞候豆盧著誣告申錫謀立漳王。戊戌❺，守澄奏之。上以為信然，甚怒。守澄欲即遣二百騎屠申錫家，飛龍使❻馬存亮固爭曰：「如此，則京城自亂矣！宜召他相與議其事。」守澄乃止。

是日，旬休❼，遣中使悉召宰相至中書東門。中使曰：「所召無宋公名。」申錫知獲罪，望延英❽，以笏扣額[1]而退。宰相至延英，上示以守澄所奏，相顧愕眙❾。上命守澄捕豆盧著所告十六宅❿宮市品官⓫晏敬則及申錫親事⓬王師文等，於禁中鞫⓭之。師文亡命。三月庚子⓮，申錫罷為右庶子⓯。自宰相大臣無敢顯言其冤者，獨京兆尹崔琯⓰、大理卿王正雅⓱連上疏請出內獄付外廷覈實，由是獄稍緩。正雅，翃⓲之子也。晏敬則等自誣服⓳，稱申錫遣王師文達意於王，豫[2]結異日⑳之知。

獄成，壬寅㉑，上悉召師保以下及臺省府寺大臣面詢之。午際㉒，左常侍㉓崔玄亮㉔、給事中李固言㉕、諫議大夫王質㉖、補闕盧鈞㉗、舒元褒㉘、蔣係㉙、裴休、韋溫㉚等復請對於延英，乞以獄事付外覆按。上曰：「吾已與大臣議之矣。」屢遣之出，不退。玄亮叩頭流涕曰：「殺一匹夫猶不可不重慎，況宰相乎！」上意稍解，曰：「當更與宰相議之。」乃復召宰相入。牛僧孺曰：「人臣不過㉛宰相，今申錫已為宰相，假使如所謀，復欲[3]何求㉜！申錫殆不至此。」鄭注恐覆按詐覺，乃勸守澄請止㉝行貶黜。癸卯㉞，貶漳王湊為巢縣㉟公，宋申錫為開州司馬。存亮即日請致仕㊱。玄亮，磁州人。質，通㊲五世孫。係，乂㊳之子。元褒，江州人也。晏敬則等坐死及流竄者數十百人，申錫竟卒於貶所。

【章旨】以上為第八段，寫唐文宗欲誅宦官王守澄，宰相宋申錫辦事不密，敗下陣來。

【注釋】❶新羅　國名，位於朝鮮半島東南，後被北方鄰國高麗所滅。❷宋申錫　字慶臣，少孤貧，有文學，進士出身，長慶初拜監察御史，寶曆三年轉禮部員外郎，尋充翰林侍講學士，供職內廷。文宗用以為相，謀誅王守澄，被宦官誣以謀反罪被貶開州司馬。宋申錫死後，文宗於開成元年平反昭雪。傳見《舊唐書》卷一百六十七、《新唐書》卷一百五十二。❸王璠　字魯玉，官至戶部尚書、判度支。李訓事敗，璠亦坐斬。傳見《舊唐書》卷一百六十九、《新唐書》卷一百七十九。❹漳王　指李湊，唐穆宗第六子，長慶元年（西元八二一年）封。太和五年被誣勾結宋申錫圖謀自立，貶巢縣公。八年薨，贈齊王。

開成三年（西元八三八年）追贈懷懿太子。傳見《舊唐書》卷一百七十五、《新唐書》卷八十二。❺戊戌　二月二十九日。❻飛龍使　官名，掌飛龍院養馬事，以宦者為之。❼旬休　十天一旬，遇旬則下值休假一日，謂之旬休。❽望延英　當時宋申錫在中書省東門，與延英殿之間僅隔殿中外院、殿中內院，能夠望見延英殿。❾愕眙　驚視。❿十六宅　諸王住宅。⓫宮市品官　此指十六宅市肆主管官吏。品官，有品位的官員。⓬親事　宰相左右侍從官，參與機要之事。⓭鞫　審訊。⓮庚子　三月初二日。⓯庶子　官名，太子屬官有左、右庶子，主管左、右春坊。左春坊比門下省，左庶子比侍中，掌侍從贊相，駁正啟奏；右春坊比中書省，右庶子比中書令，掌獻納、啟奏。⓰崔琯　（?—西元八三四年）字從津，歷官京兆尹、兵部侍郎、山南西道節度使等。傳見《舊唐書》卷一百七十七、《新唐書》卷一百八十二。⓱王正雅　字光謙，官至大理卿。傳見《舊唐書》卷一百六十五、《新唐書》卷一百四十三。⓲翃　王翃（?—西元八〇二年），字宏肱，太原晉陽（今山西太原）人，官至福建觀察使、東都留守。傳見《舊唐書》卷一百五十七、《新唐書》卷一百四十三。⓳自誣服　自我誣毀而認罪。⓴異日　他日。㉑壬寅　三月初四日。㉒午際　午漏初刻，近於中午。㉓左常侍　官名，即左散騎常侍，隸門下省。㉔崔玄亮　（西元七六七—八三三年）字晦叔，磁州（今河北磁縣）人，官至諫議大夫、虢州刺史。傳見《舊唐書》卷一百六十五、《新唐書》卷一百六十四。㉕李固言　字仲樞，唐文宗朝兩度為相，唐宣宗初拜太子太傅，分司東都。傳見《舊唐書》卷一百七十三、《新唐書》卷一百八十二。㉖王質　（西元七六八—八三六年）字華卿，歷官諫議大夫、宣州刺史。傳見《舊唐書》卷一百六十三、《新唐書》卷一百六十四。㉗盧鈞　字子和，歷官嶺南等六節度使。傳見《舊唐書》卷一百七十七、《新唐書》卷一百八十二。㉘舒元褒　江州（今江西九江市）人，官至司封員外郎。事附《新唐書》卷一百七十九〈舒元輿傳〉。㉙蔣係　官至山南東道節度使，預修《憲宗實錄》。傳見《舊唐書》卷一百四十九、《新唐書》卷一百三十二。㉚韋溫　字弘育，韋貫之之姪，官至宣歙觀察使。傳見《舊唐書》卷一百六十八、《新唐書》卷一百六十九。㉛不過　不超過。㉜復欲何求　還想謀求什麼。㉝止　只。㉞癸卯　三月初五日。㉟巢縣　縣名，縣治在今安徽巢縣。㊱致仕　辭官退休。㊲通　王通，隋絳州龍門（今山西河津）人，王勃祖父，古代著名思想家，世稱王通子，著《中說》傳於世。傳見《陳書》卷十七、《南史》卷二十三。㊳乂　蔣乂，字德源，常州義興（今江蘇宜興）人，官至祕書監，預修《德宗實錄》。傳見兩《唐書》，與蔣係同卷。

【校記】[1]額　原作「頭」。據章鈺校，十二行本、乙十一行本皆作「額」，今據改。[2]豫　原無此字。據章鈺校，十二行本、乙十一行本皆有此字，張敦仁《通鑑刊本識誤》同，今據補。[3]欲　原作「與」。據章鈺校，十二行本、乙十一行本皆作

「欲」，張敦仁《通鑑刊本識誤》同，今據改。

【語譯】新羅王彥昇去世，他的兒子景徽繼位。

文宗和宋申錫謀劃誅殺宦官，宋申錫引薦吏部侍郎王璠為京兆尹，把密旨告訴了他。王璠洩露了這一密謀，宦官鄭注、王守澄知道了，暗中作了防備。

文宗的弟弟漳王李湊賢明，有聲望，鄭注指使神策軍都虞侯豆盧著誣告宋申錫陰謀擁立漳王為皇帝。二月二十九日戊戌，王守澄上奏了這件事。文宗以為是真的，極為憤怒。王守澄想隨即派二百名騎兵屠殺宋申錫一家，飛龍使馬存亮堅決諍諫說：「這樣，京城自身就要大亂！應當召集其他的宰相參加討論這件事。」王守澄才停止了行動。

這天，是旬休日，文宗派中使把宰相都召集到中書省東門。中使說：「所召集的名單中沒有宋公的名。」宋申錫知道自己獲罪，望著延英殿，用笏板扣著額頭退了下去。宰相們到了延英殿，文宗把王守澄的奏摺給他們看，他們相互驚視。文宗命令王守澄抓捕豆盧著所告十六宅宮市品官晏敬則和宋申錫的親事王師文等人，在宮禁中審問他們。王師文逃走了。三月初二日庚子，宋申錫免去宰相擔任右庶子。從宰相以下的大臣沒有人敢明白地說宋申錫是被冤枉的，只有京兆尹崔琯、大理卿王正雅接連上疏請求把犯人從內獄放出交付外廷審核落實，這樣一來審訊逐漸放緩。王正雅，是王翃的兒子。晏敬則等人自誣認罪，說宋申錫派王師文向漳王表達心意，事先交結為日後的知心人。

獄事結案，三月初四日壬寅，文宗把太師、太保以下及臺、省、府、寺等的大臣都召集起來，當面詢問他們的意見。近於中午，左常侍崔玄亮，給事中李固言，諫議大夫王質，補闕盧鈞、舒元褒、蔣係、裴休、韋溫等又請求在延英殿對話，請求把審訊的結果交給外廷查驗。文宗說：「我已經和大臣們討論過了。」多次催他們出去，他們不肯退下。崔玄亮磕頭流淚說：「殺一個平民百姓尚且不能不慎重，何況是宰相呢！」文宗的怒氣稍稍緩解，說：「應當再和宰相們商議這件事。」於是又把宰相們召進殿內。牛僧孺說：「人臣的職位最高不超過宰相，現在宋申錫已為宰相。假使像他所謀劃的那樣，還想得到什麼呢！宋申錫大概不至於這樣。」鄭注擔心複查時暴露欺詐之事，於是勸王守澄請求文宗只對宋申錫貶官。初五日癸卯，貶謫漳王李湊為巢縣公，宋申錫為開州司馬。馬存亮當天就請求退休。崔玄亮，是磁州人。王質，是王通的第五代孫。蔣係，是蔣乂的兒子。舒元褒，是江州人。晏敬則等因受到株連被處死及流竄的有幾十到上百人，宋申錫最後死在貶地。

夏，四月己丑❶，以李載義為山南西道節度使，楊志誠為幽州節度使。

五月辛丑❷，上以太廟兩室破漏，踰年不葺，罰將作監❸、度支判官、宗正卿❹俸，亟命中使帥工徒，輟禁中營繕之材以葺之。左補闕韋溫諫，以為：「國家置百官，各有所司。苟為墮曠❺，宜黜其人，更擇能者代之。今曠官❻者止於罰俸，而憂軫所切❼即委內臣，是以宗廟為陛下所私，而百官皆為虛設也。」上善其言，即追止中使，命有司葺之。

丙辰❽，西川節度使李德裕奏遣使詣南詔索所掠百姓，得四千人而還。

秋，八月戊寅❾，以陝虢❿觀察使崔郾為鄂岳觀察使。鄂岳地囊山帶江，處百越⓫、巴⓬、蜀⓭、荊⓮、漢⓯之會，土多羣盜，剽行舟⓰，無老幼必盡殺乃已。郾至，訓卒治兵，作蒙衝⓱追討，歲中，悉誅之。郾在陝，以寬仁為治，或經月不答一人。及至鄂，嚴峻刑罰。或問其故，郾曰：「陝土瘠民貧，吾撫之不暇，尚恐其驚。鄂地險民雜，夷俗慓狡[18]為姦，非用威刑，不能致治。政貴知變[19]，蓋謂此也。」

西川節度使李德裕奏：「蜀兵羸疾老弱者，從來終身不簡[20]。臣命立五尺五寸之度，簡去四千四百餘人，復簡募少壯者千人以慰其心。所募北兵已得千五百人，與土兵參居[21]，轉相訓習，日益精練。又，蜀工所作兵器，徒務華飾不堪用，臣今取工於別道以治之，無不堅利。」

九月，吐蕃維州[22]副使悉怛謀請降，盡帥其眾奔成都，德裕遣行[23]維州刺史虞藏儉將兵入據其城。庚申[24]，具奏其狀，且言：「欲遣生羌三千，燒十三橋，擣西戎[25]腹心，可洗久恥，是韋皋沒身恨不能致者[26]也。」事下尚書省，集百官議，皆請如德裕策。牛僧孺曰：「吐蕃之境，四面各萬里，失一維州，未能損其勢。比來修好，約罷戍兵，中國禦戎，守信為上。彼若來責曰：『何事失信？』養馬蔚茹川[27]，上平涼阪[28]，萬騎綴回中[29]，怒氣直辭[30]，不三日至咸陽橋[31]。此時西南數千里外，得百維州何所用之！徒棄誠信，有害無利。此匹夫所不為，況天子乎！」上以為然。詔德裕以其城歸吐蕃，執悉怛謀及所與偕來者悉歸之。吐蕃盡誅之於境上，極其慘酷。德裕由是怨僧孺益深。

冬，十月戊寅㉜，李德裕奏南詔寇巂州，陷三縣。

【章　旨】以上為第九段，寫崔鄲善為政，寬嚴相濟，所鎮無不安定。牛僧孺沮敗李德裕安邊之策，致使吐蕃降人遭屠戮。

【注　釋】❶己丑　四月二十一日。❷辛丑　五月初四日。❸將作監　官名，掌土木工匠之政。❹宗正卿　官名，宗正寺掌天子族親屬籍及陵園宗廟之事，其正、副長官為卿、少卿。❺墮曠　曠廢懈怠。❻曠官　荒廢職守。❼憂軫所切　憂痛深切。❽丙辰　五月十九日。❾戊寅　八月十三日。❿陝虢　方鎮名，唐肅宗至德元載（西元七五六年）置，治所陝州，在今河南陝縣。⓫百越　此指百越所居之地，在今江、浙、閩、粵等省。⓬巴　郡名，治所巴縣，在今重慶市。⓭蜀　郡名，治所成都，在今四川成都。巴蜀連用，指今四川全境與重慶市。⓮荊　荊州，治所江陵，在今湖北江陵。⓯漢　漢水，從陝西流入湖北，至漢口匯入長江。⓰剽行舟　搶劫江中行船。⓱蒙衝　戰船名，亦作艨艟。以生牛皮蒙船覆背，矢石不能敗。⓲慓狡　強悍奸猾。⓳政貴知變　為政貴在知權達變。⓴簡　選擇。㉑參居　參雜居住。㉒維州　州名，治所薛城，在今四川理縣東北。㉓行　兼攝；兼任。㉔庚申　九月二十五日。㉕西戎　泛指西北少數民族，包括吐蕃和西域諸國。㉖韋皋沒身恨不能致者　韋皋（西元七四四—八〇五年），字城武，京兆萬年（今陝西長安）人，唐德宗時，官至劍南西川節度使。多次出兵攻維州，不克，故曰「沒身恨不能致者」。傳見《舊唐書》卷一百四十、《新唐書》卷一百五十八。㉗蔚茹川　水名，亦稱蔚茹水、蔚茹河。源出寧夏固原，流經中寧，入黃河。㉘平涼阪　即今甘肅平涼隴東高原。阪，原。㉙回中　地名，在今陝西隴縣。古道路名，回中道自蔚茹川入蕭關，經甘肅平涼至咸陽，為隴東高原與關中平原的交通要道。㉚怒氣直辭　氣壯理直。怒氣，指憤怒之氣激成高昂士氣。直辭，理直。㉛咸陽橋　橋名，又名西渭橋，在今陝西咸陽南。㉜戊寅　十月十四日。

【語　譯】夏，四月二十一日己丑，任命李載義為山南西道節度使，楊志誠為幽州節度使。

五月初四日辛丑，文宗因為太廟兩間房子破漏，一年多沒有修補，罰了將作監、度支判官、宗正卿的薪俸，急忙命令中使帶領工匠，拿禁中停止營造房屋省下的材料來修補太廟。左補闕韋溫諫阻，認為：「國家設置百官，各有各的職責。假使為官曠廢懈怠，應當罷免這些人，另外選擇有才能的接替。現在荒廢職守的人只是罰了薪俸，而憂痛深切的事就交給內臣去辦，這是把宗廟看成陛下私人的事，而百官都成了無用的擺設了。」文宗認為他的話說得好，當即追回中使，命有關部門修補太廟。

五月十九日丙辰，西川節度使李德裕上奏說，派使者到南詔去索取被搶去的百姓，要回來了四千人。

秋，八月十三日戊寅，改任陝虢觀察使崔鄲為鄂岳觀察使。鄂岳地方有山有河，處在百越、巴、蜀、荊、漢交會地帶，地方有很多強盜團伙，搶劫來往船隻，不論老幼一定要殺死才罷手。崔鄲到任後，訓練士卒，修整武器，建造戰船追捕討伐，一年之中，把群盜都殺了。崔鄲在陝州任職時，用寬大仁慈的辦法治理百姓，有時候一個多月都不鞭打一個人。到鄂州以後，用刑罰特別嚴峻。有人問他是什麼原因，崔鄲說：「陝州地方土地貧瘠，人民生活困苦，我撫恤他們都來不及，還擔心驚嚇了他們。鄂州地方土地險要民眾混雜，夷人的習性強悍奸猾，如果不用嚴厲的刑罰，便不能把地方治理好。為政貴在知權達變，就是講的這種情況。」

西川節度使李德裕上奏：「蜀兵中老弱病殘的，從來終身不精簡。臣命令樹立一個五尺五寸的標桿，按這標準有四千四百多人落選，又還募了年輕力壯的一千人，以安慰他們的情緒。招募的北方兵已經得到一千五百人，他們與當地兵混雜在一起居住，互相訓練學習，一天天精壯熟練。另外，蜀地工匠所製作的兵器，只注重外表好看但不堪使用，臣現在從其他道調來工匠製造兵器，沒有不堅固鋒利的。」

九月，吐蕃維州副使悉怛謀請求投降，率領全部部眾投奔成都，李德裕派行維州刺史虞藏儉帶兵到那裡入城據守。二十五日庚申，把詳細情況奏報朝廷，並且說：「打算派生羌三千人，燒十三橋，直搗西戎的中心地帶，可以洗雪長久以來的恥辱，這是韋皋終身遺憾沒有實現的事情。」朝廷把這件事交給尚書省，召集百官商議，都請求按照李德裕的計畫辦理。牛僧孺說：「吐蕃的國境，四邊各萬里，失去一個維州，不會損失他的力量。近來兩國和好，商定撤去守邊的軍隊，中國防禦戎族，守信為上。他要是來責備說：『為什麼不守信用？』然後在蔚茹川養馬，登上平涼地方的山坡，千軍萬馬連接在回中道上，氣壯理直，要不了三天，軍隊就會到達咸陽橋。這個時候西南數千里以外，就是得到一百個維州又有什麼用呢！白白丟掉了誠信，有害無利。這是一般人所不做的事，何況是天子呢！」文宗認同牛僧孺的話。詔令李德裕把所佔據的城池歸還吐蕃，抓住悉怛謀，連同他所帶來的人都送回去。吐蕃在邊境上把這些人全部殺死，極其慘烈殘酷。李德裕由此怨恨牛僧孺更深了。

冬，十月十四日戊寅，李德裕上奏南詔入侵巂州，攻陷了三個縣。

六年（壬子　西元八三二年）

春，正月壬子❶，詔以水旱降繫囚❷。羣臣上尊號曰太和文武至德皇帝。右補闕韋溫上疏，以為「今水旱為災，恐非崇飾徽❸稱之時。」上善之，辭不受。

三月辛丑❹，以武寧節度使王智興兼侍中，充忠武節度使，以邠寧節度使李聽❺為武寧節度使❻。

回鶻昭禮可汗❼為其下所殺，從子胡特勒❽立。

李聽之前鎮武寧也，有蒼頭為牙將❾。至是，聽先遣親吏❿至徐州慰勞將士，蒼頭不欲聽復來，說軍士殺其親吏，臠食⓫之。聽懼，以疾固辭。辛酉⓬，以前忠武節度使高瑀⓭為武寧節度使。

夏，五月甲辰⓮，李德裕奏修邛崍關⓯及移巂州理臺登城⓰。

秋，七月，原王逵⓱薨。

冬，十月甲子⑱，立魯王永⑲為太子。初，上以晉王普，敬宗長子，性謹愿，欲以為嗣。會薨，上痛惜之，故久不議建儲，至是始行之。

十一月乙卯⑳，以荊南節度使段文昌為西川節度使。西川監軍王踐言入知樞密，數為上言：「縛送悉怛謀以快虜心，絕後來降者，非計也。」上亦悔之，尤㉑中書侍郎、同平章事牛僧孺失策。附李德裕者因言「僧孺與德裕有隙，害其功。」上益疏之。僧孺內不自安，會上御延英，謂宰相曰：「天下何時當太平，卿等亦有意於此乎！」僧孺對曰：「太平無象㉒。今四夷不至交侵，百姓不至流散，雖非至理㉓，亦謂小康㉔。陛下若別求太平，非臣等所及。」退謂同列曰：「主上責望如此，吾曹豈得久居此地乎！」因累表請罷。十二月乙丑㉕，以僧孺同平章事，充淮南節度使。

臣光曰：「君明臣忠，上令下從，俊良在位，佞邪黜遠，禮修樂舉㉖，刑清政平，姦宄消伏㉗，兵革偃戢㉘，諸侯順附，四夷懷服㉙，時和年豐[1]，家給人足，此太平之象也。于斯之時，閽寺專權，脅君於內㉚，弗能遠㉛也；藩鎮阻兵㉜，陵慢于外㉝，弗能制㉞也；士卒殺逐主帥，拒命自立㉟，弗能詰㊱也；軍旅歲興㊲，賦斂日急，骨血縱橫於原野，杼軸空竭於里閭㊳，而僧孺謂之太平，不亦誣乎！

當文宗求治之時，僧孺任居承弼㊴，進則偷安取容以竊位，退則欺君誣世以盜名，罪孰大焉！」

【章　旨】以上為第十段，寫牛僧孺遭文宗問責而辭仕，受到司馬光的嚴厲批評，稱牛僧孺「偷安取容以竊位，欺君誣世以盜名」，是一罪臣。

【注　釋】❶壬子　正月十八日。❷降繫囚　給服刑罪囚減刑。死罪降（減刑）為流放，流放以下降刑一等。❸徽　美。❹辛丑　三月初八日。❺李聽　唐德宗朝名將李晟之子，歷官靈鹽、義成等鎮節度使，多立戰功。討王庭湊兵敗魏博，罷官。復起為邠寧節度使，至是轉武寧節度使，遭拒未赴任。終官太子太保。傳見《舊唐書》卷一百三十三、《新唐書》卷一百五十四。❻武寧節度使　徐泗濠三州節度使，憲宗元和二年（西元八〇七年）改為武寧軍節度使，治所徐州，在今江蘇徐州。❼昭禮可汗　名曷薩特勒，西元八二五—八三一年在位。❽胡特勒　繼位後為彰信可汗，西元八三二—八三九年在位。❾李聽之前鎮武寧也二句　蒼頭，家奴。據兩《唐書》李聽本傳，在文宗太和六年之前，李聽未曾任武寧節度使。故胡三省注疑此蒼頭牙將，乃李聽兄李愿之蒼頭，升為牙將，故拒絕李聽赴任。李愿素鎮武寧。❿親吏　親信部屬。⓫臠食　切成肉塊而食之。⓬辛酉　三月二十八日。⓭高瑀　歷官陳、蔡二州刺史、太僕卿，領忠武節度使，徙節武寧軍。所在有善政。傳見《舊唐書》卷一百六十二、《新唐書》卷一百七十一。⓮甲辰　五月十二日。⓯邛崍關　關名，在今四川滎經西南，距黎州六十里。⓰臺登城　城名，在今四川西昌北。⓱原王逵　即代宗第十九子李逵，大曆十年（西元七七五年）封。傳見《舊唐書》卷一百十六、《新唐書》卷八十二。⓲甲子　十月初五日。⓳魯王永　即文宗長子李永，開成三年（西元八三八年）暴薨，諡莊恪太子。傳見《舊唐書》卷一百七十五、《新唐書》卷八十二。⓴乙卯　十一月二十七日。㉑尤　抱怨；責怪。㉒太平無象　天下太平沒有形象標準。㉓至理　大治。㉔小康　小安。㉕乙丑　十二月初七日。㉖禮修樂舉　禮樂整飭。㉗姦宄消伏　違法作亂的人銷聲匿跡。㉘兵革偃戢　戰爭止息。㉙四夷懷服　四方周邊民族歸附。㉚脅君於內　脅迫皇帝於朝內。㉛遠　疏遠。指疏遠擅權的宦豎。㉜阻兵　擁兵割據。㉝陵慢于外　在地方上傲慢無禮。㉞制　控制。指控制跋扈不順的藩鎮。㉟拒命自立　拒絕朝命，自立為藩鎮。㊱詰　責備；問罪。㊲軍旅歲興　戰爭年年發生。㊳杼軸空竭於里閭　百姓積蓄被徵斂一空。杼軸，即機杼，指代紡織物，引申為百姓積蓄。杼，梭。軸，滾筒。㊴承弼　輔弼；宰相。

【校記】①時和年豐　原無此四字。據章鈺校，十二行本、乙十一行本皆有此四字，張敦仁《通鑑刊本識誤》同，今據補。

【語譯】六年（壬子　西元八三二年）

春，正月十八日壬子，因為水旱災下詔減輕囚犯的刑罰。群臣給文宗上尊號「太和文武至德皇帝」。右補闕韋溫上疏，認為「現今水旱成災，恐怕不是尊飾美稱之時。」文宗認為說得很好，對尊號推辭不受。

三月初八日辛丑，任命武寧節度使王智興兼侍中，充任忠武節度使，任命邠寧節度使李聽為武寧節度使。

回鶻昭禮可汗被他的部下殺了，姪子胡特勒繼位為可汗。

李聽先前擔任武寧節度使時，他的一個奴僕做了牙將。到這時，李聽預先派遣親信官吏到徐州去慰勞將士，那奴僕不願意李聽再來徐州，勸說軍士把李聽的親信官吏殺了，切成肉塊吃掉。李聽很害怕，藉口有病堅決辭職。三月二十八日辛酉，任命前忠武節度使高瑀為武寧節度使。

夏，五月十二日甲辰，李德裕上奏修繕邛崍關和把巂州治所遷移到臺登城。

秋，七月，原王李逵去世。

冬，十月初五日甲子，立魯王李永為皇太子。當初，文宗認為晉王李普是敬宗的長子，性情謙謹善良，想把他作為繼承人。恰巧他死了，文宗非常悲痛和惋惜，所以長期不提設立太子事，到這時才辦這件事。

十一月二十七日乙卯，任命荊南節度使段文昌為西川節度使。西川監軍王踐言回到朝廷擔任樞密使，多次對文宗說：「把悉怛謀捆起來送回吐蕃，讓吐蕃心歡，使得以後再也沒有人來投降了，這不是好計謀。」文宗也感到後悔，責怪中書侍郎、同平章事牛僧孺失策。依附李德裕的人乘機說「牛僧孺和李德裕有矛盾，所以阻礙他立功。」文宗由此更加疏遠牛僧孺。牛僧孺內心很不自在，遇上文宗到延英殿，對宰相們說：「天下什麼時候才會太平，你們對這個問題也留意了嗎！」牛僧孺回答說：「太平沒有形象標準。現在四方夷人不致交替侵擾，百姓沒有流離失所，雖然不是天下大治，也可說是小康了。陛下要是另外追求太平，不是臣子們能做到的。」退下後對同事們說：「主上提出了這樣的要求和希望，我們豈能久在這個職位上呢！」因此多次上表請求辭職。十二月初七日乙丑，命牛僧孺帶同平章事官銜，充任淮南節度使。

司馬光說：「君主賢明臣下忠心，上司命令下級服從，俊逸賢良在位，貶斥疏遠奸佞邪惡之人，禮樂整飭，政治刑法清平，奸宄銷聲匿跡，戰爭止息，諸侯都歸順朝廷，四夷歸附，四季協調，年穀豐登，家給人足，這就是天下太平的景象。在這個時候，宦官專權，在朝廷中脅迫君主，不能被疏遠；藩鎮擁兵割據，在地方上傲慢無禮，不能被控制；士卒殺戮和驅逐主帥，抗拒朝命，自立為藩鎮，不能受責問；戰爭年年發生，徵收賦稅日益緊迫，原野中到處是屍骨，百姓積蓄一空，牛僧孺卻稱作天下太平，不是騙人嗎！當文宗皇帝要求治理好國家的時候，牛僧孺任居宰輔，進取時就苟且偷安以求得君主的含容竊取官位，退守時就欺騙君主矇騙世人以盜取名聲，罪過有比這還大的嗎！」

珍王誠❶薨。

乙亥❷，昭義節度使劉從諫入朝。

丁未❸，以前西川節度使李德裕為兵部尚書。

初，李宗閔與德裕有隙，及德裕還自西川，上注意甚厚，朝夕且為相，宗閔百方沮之不能。京兆尹杜悰❹，宗閔黨也，嘗詣宗閔，見其有憂色，曰：「得非以大戎❺乎？」宗閔曰：「然。何以相救？」悰曰：「悰有一策，可平宿憾❻，恐公不能用。」宗閔曰：「何如？」悰曰：「德裕有文學而不由科第，常用此為慊慊❼。若使之知舉❽，必喜矣。」宗閔默然有間❾，曰：「更思其次。」悰曰：「不❿則用為御史大夫。」宗閔曰：「此則可矣。」悰再三與約，乃詣德裕。德裕迎揖曰：「公何為訪此寂寥⓫？」悰曰：「靖安相公⓬令悰達意⓭。」即以大夫之命告之⓮。德裕驚喜泣下，曰：「此大門官⓯，小子何足以當之！」寄謝重沓⓰。宗閔復與給事中楊虞卿謀之，事遂中止。虞卿，汝士之從弟也。

【章旨】以上為第十一段，寫牛僧孺被貶出朝，李德裕還朝任兵部尚書。

【注釋】❶珍王誠　即李誠，德宗第十一子，永貞元年（西元八〇五年）封。傳見《舊唐書》卷一百五十、《新唐書》卷八十二。《新唐書》「誠」作「諴」。❷乙亥　十二月十七日。❸丁未　十二月己未朔，無丁未。丁未，太和七年一月十九日。疑丁未為丁亥之誤。丁亥，十二月二十九日。❹杜悰　字永裕，杜佑之子。武、宣二朝皆居相位。傳見《舊唐書》卷一百四十七、《新唐書》卷一百六十六。❺大戎　隱語。李德裕為兵部尚書，掌戎政，故隱稱之為「大戎」。❻宿憾　舊怨。❼慊慊　不快。❽知舉　即知貢舉，主持進士考試。❾有間　片刻。❿不　同「否」。⓫寂寥　冷落；落寞。此李德裕自謙，意為自己是閒散落寞之人。⓬靖安相公　李宗閔居靖安坊，時為宰相，故有此稱。⓭達意　傳達心意。⓮即以大夫之命告之　就把李宗閔打算任用李德裕為御史大夫的意思告知李德裕。⓯大門官　指御史大夫。唐制，大朝會，御史大夫帥其所屬整理好百官班序，遲明列於兩觀，故稱大門官。⓰寄謝重沓　一再請轉致謝意。

【語譯】珍王李誠去世。

十二月十七日乙亥，昭義節度使劉從諫入朝。

丁未日，任命前西川節度使李德裕為兵部尚書。

當初，李宗閔與李德裕有隔閡，等到李德裕從西川回到京城，文宗對他情意深厚，很快就將任他為宰相，李宗閔千方百計也不能阻止。京兆尹杜悰是李宗閔的同黨，曾到李宗閔處，見他面有憂色，說：「莫非是由於李德裕嗎？」李宗閔說：「是的。用什麼辦法挽救？」杜悰說：「我有一個辦法，可以平息過去的舊怨，只怕您不能採用。」李宗閔說：「什麼辦法？」杜悰說：「李德裕文學很好但不是經由科第出身，常常因為這一點而感到不快。如果讓他主持進士考試，一定高興。」李宗閔沉默片刻，說：「再想其他辦法。」杜悰說：「否則用他擔任御史大夫。」李宗閔說：「這個辦法可行。」杜悰多次與李宗閔在一起商量，才到李德裕那裡去。李德裕迎拜他說：「公為什麼訪問我這落寞之人？」杜悰說：「靖安相公要我轉達他的心意。」馬上將任命他為御史大夫的事告訴他。李德裕驚喜得流淚，說：「這是大門官，小子我哪裡擔當得起！」一再請轉致謝意。李宗閔又和給事中楊虞卿謀劃這件事，這事又中途作罷。楊虞卿，是楊汝士的堂弟。

七年（癸丑　西元八三三年）

春，正月甲午❶，加昭義節度使劉從諫同平章事，遣歸鎮。初，從諫以忠義自任，入朝，欲請他鎮。既至，見朝廷事柄不一❷，又士大夫多請託，心輕朝廷，故歸而益驕。

徐州承王智興之後，士卒驕悖，節度使高瑀不能制，上以為憂。甲寅❸，以嶺南節度使崔珙❹為武寧節度使。珙至鎮，寬猛適宜，徐人安之。珙，琯之弟也。

二月癸亥❺，加盧龍節度使、檢校工部尚書楊志誠檢校吏部尚書。進奏官❻徐迪詣宰相言：「軍中不識朝廷之制❼，唯知尚書改僕射為遷，不知工部改吏部為美。敕使往，恐不得出❽。」辭氣甚慢，宰相不以為意。

丙戌❾，以兵部尚書李德裕同平章事。德裕入謝，上與之論朋黨事，對曰：「方今朝士三分之一為朋黨。」時給事中楊虞卿與從兄中書舍人汝士、弟戶部郎中漢公❿、中書舍人張元夫⓫、給事中蕭澣等善交結，依附權要⓬，上干執政⓭，下撓⓮有司⓯，為士人求官及科第⓰無不如志。上聞而惡之，故與德裕言首及之，德裕因得以排其所不悅者。初，左散騎常侍張仲方嘗駁李吉甫諡⓱，及德裕為相，仲方稱疾不出。三月壬辰⓲，以仲方為賓客分司⓳。

楊志誠怒不得僕射，留官告使⓴魏寶義并春衣使焦奉鸞、送奚・契丹使尹士恭。甲午㉑，遣牙將王文穎來謝恩并讓官。丙申㉒，復以告身㉓并批答㉔賜之。文穎不受而去。

和王綺㉕薨。

庚戌㉖，以楊虞卿為常州㉗刺史，張元夫為汝州㉘刺史。他日，上復言及朋黨，李宗閔曰：「臣素知之，故虞卿輩臣皆不與美官。」李德裕曰：「給、舍㉙非美官而何！」宗閔失色。丁巳㉚，以蕭澣為鄭州刺史。

夏，四月丙戌㉛，冊回鶻新可汗為愛登里囉汩沒密施合句祿毗伽彰信可汗。

六月乙巳㉜，以山南西道節度使李載義為河東節度使。先是，回鶻每入貢，所過暴掠，州縣不敢詰，但嚴兵防衛而已。載義至鎮，回鶻使者李暢入貢，載義謂之曰：「可汗遣將軍入貢，以固舅甥之好，非遣將軍陵踐上國也。將軍不戢㉝部曲㉞，使為侵盜，載義亦得殺之，勿謂中國之法可忽也。」於是悉罷防衛兵，但使二卒守其門。暢畏服，不敢犯令。

壬申㉟，以工部尚書鄭覃為御史大夫。初，李宗閔惡覃在禁中數言事，奏罷其侍講㊱。上從容謂宰相曰：「殷侑經術頗似鄭覃。」宗閔對曰：「覃、侑經術誠可尚，然論議不足聽。」李德裕曰：「覃、侑議論，他人不欲聞，惟陛下欲聞之。」後旬日，宣出㊲，除覃御史大夫。宗閔謂樞密使崔潭峻曰：「事一切宣出，安用中書！」潭峻曰：「八年天子㊳，聽其自行事亦可矣。」宗閔愀然㊴而止。

乙亥㊵，以中書侍郎、同平章事李宗閔同平章事，充山南西道節度使。

秋，七月壬寅㊶，以右僕射王涯㊷同平章事，兼度支、鹽鐵轉運使。

宣武節度使楊元卿有疾，朝廷議除代。李德裕請徙劉從諫於宣武，因拔出上黨，不使與山東連結，上以為未可。癸丑㊸，以左僕射李程為宣武節度使。

【章　旨】以上為第十二段，寫李德裕入相，斥逐牛黨，李宗閔被罷相出朝。此牛李黨爭第三回合。

【注　釋】❶甲午　正月初六日。❷事柄不一　事權不統一，即政出多門。❸甲寅　正月二十六日。❹崔珙　武宗會昌初任宰相，宣宗時官至東都留守。傳見《舊唐書》卷一百七十七、《新唐書》卷一百八十二。❺癸亥　二月初五日。❻進奏官　官名，藩鎮置邸京師，大曆起稱上都知進奏院，置進奏官，掌章奏、詔令及文書的投遞、承轉。❼軍中不識朝廷之制　此為盧龍節度使進奏官徐迪所發狂言，意謂藩鎮軍中，只知道改尚書為僕射是升官，不知道改工部尚書為吏部尚書是美稱，恐怕朝廷使臣去盧龍宣布這一更改，就回不來了。❽恐不得出　指楊志誠不滿升遷為檢校吏部尚書而拘留朝使。按，僕射為尚書省長官，故諸部尚書改僕射為升遷；而諸部尚書，自晉、宋以來，吏部為大尚書，其他諸部尚書不能與之平列，所以改工部尚書為吏部尚書也是升遷。諸藩進奏官自然明白此制。但徐迪不滿足於此，故對宰相狂言。此乃朝綱不振，以下陵上之事。❾丙戌　二月二十八日。❿漢公　楊漢公，字用義，唐文宗朝累官荊南節度使、工部尚書，被劾，降祕書監。唐宣宗時官至宣武、天平節度使。傳見《舊唐書》卷一百七十六、《新唐書》卷一百七十五。⓫張元夫　官至汝州刺史。事附《舊唐書》卷一百六十二〈張正甫傳〉。⓬權要　掌握要職的權貴。⓭執政　指決策機關及其長官。⓮撓　與上文「干」為互文，即干犯、阻撓。⓯有司　具體的執行部門。⓰科第　科舉進士及第。這裡指朋黨為子弟親朋關說考官，求取科第。⓱張仲方嘗駁李吉甫諡　張仲方，正直之臣。傳見《新唐書》卷一百二十六。李吉甫，憲宗朝宰相，李德裕之父。李吉甫卒，有司諡曰敬憲。時張仲方為度支郎中，駁其諡太優。憲宗改諡李吉甫曰忠懿，而貶仲方為遂州司馬，敬宗立，入朝任諫議大夫。今李德裕為相，故張仲方稱疾不出。其時，張仲方為左散騎常侍。⓲壬辰　三月初五日。⓳賓客分司　官名，乃太子賓客分司東都的省稱。⓴官告使　與後面的春衣使、送奚、契丹使，皆朝廷以事權設之官。㉑甲午　三月初七日。㉒丙申　三月初九日。㉓告身　任命文書。即委任狀。㉔批答　對讓官不允的回文。此句指文宗不同意楊志誠讓官，同時賜以委任文書及駁文。㉕和王綺　即和王李綺，順宗之子。傳見《舊唐書》卷一百五十、《新唐書》卷八十二。㉖庚戌　三月二十三日。㉗常州　州名，治所晉陵，在今江蘇常州。㉘汝州　州名，治所梁縣，在今河南汝州。㉙給舍　指給事中、中書舍人。㉚丁巳　三月三十日。㉛丙戌　四月二十九日。㉜乙巳　六月丁巳朔，無乙巳。乙巳為乙丑之誤，乙丑，六月初九日。㉝戢　約束。㉞部曲　部下士兵。㉟壬申　六月十六日。㊱侍講　翰林侍講學士的省稱。時鄭覃兼任此官。㊲宣出　不由宰相提請，皇帝直接頒布任命詔命，謂之宣出。㊳八年天子　唐文宗即位，至是已八年。㊴愀然　悲傷。㊵乙亥　六月十九日。㊶壬寅　七月十七日。㊷王涯　字廣津，唐憲宗、文宗二朝宰相。貪權戀位，苟合取容。李訓敗，株連及禍，冤死。傳見《舊唐書》卷一百七十九。㊸癸丑　七月二十八日。

【語譯】七年（癸丑　西元八三三年）

春，正月初六日甲午，加授昭義節度使劉從諫同平章事官銜，讓他回鎮履職。當初，劉從諫自認對國家忠義，到朝廷，想請求調到其他鎮去。到了京城後，看到朝廷事權不一，士大夫又多所請託，內心便看不起朝廷，所以回鎮後更加驕橫。

徐州自從王智興之後，士卒驕橫悖逆，節度使高瑀不能控制，文宗對此很擔心。正月二十六日甲寅，任命嶺南節度使崔珙為武寧節度使。崔珙到鎮後，寬嚴適中，徐州人安定下來。崔珙，是崔琯的弟弟。

二月初五日癸亥，加授盧龍節度使、檢校工部尚書楊志誠檢校吏部尚書。進奏官徐迪到宰相那裡說：「軍隊中的人不懂得朝廷的制度，只知道尚書改為僕射是升官，不知道工部尚書改為吏部尚書是美事。敕使到那裡去，恐怕不能出來。」說話口氣很傲慢，宰相不把這種情況放在心上。

二月二十八日丙戌，任命兵部尚書李德裕同平章事。李德裕入宮謝恩，文宗和他討論朋黨的事，他回答說：「現在朝廷中的士大夫三分之一的人都有朋黨關係。」當時給事中楊虞卿與堂兄中書舍人楊汝士、弟弟戶部郎中楊漢公、中書舍人張元夫、給事中蕭澣等善於交結，依附權要，對上干涉執政者，對下阻撓辦事部司，為士人謀求官職和科舉登第無不如意。文宗聽到很厭惡這種狀況，所以和李德裕談話時首先談到此事，李德裕因此能夠排斥他所不喜歡的人。當初，左散騎常侍張仲方曾駁斥過給李吉甫的諡號，等到李德裕做了宰相，張仲方說有病不出來視事。三月初五日壬辰，改任張仲方為太子賓客分司東都。

楊志誠生氣沒有得到僕射官職，扣留了官告使魏寶義和春衣使焦奉鸞，以及送奚、契丹使尹士恭。三月初七日甲午，派遣牙將王文穎到朝廷謝恩並辭讓所加官職。初九日丙申，朝廷又把告身和批示不准辭官的文書賜給他。王文穎沒有接受就離去了。

和王李綺去世。

三月二十三日庚戌，任命楊虞卿為常州刺史，張元夫為汝州刺史。後來，文宗又言及朋黨事，李宗閔說：「臣向來就瞭解他們，所以楊虞卿等人，臣都不給他們好官職。」李德裕說：「給事中、中書舍人不是好官職又是什麼呢！」李宗閔變了臉色。三十日丁巳，任命蕭澣為鄭州刺史。

夏，四月二十九日丙戌，冊命回鶻新可汗為愛登里囉汩沒密施合句祿毗伽彰信可汗。

六月乙巳日，任命山南西道節度使李載義為河東節度使。此前，回鶻每次入朝進貢，所經過的地方都遭到橫暴的擄掠，州縣長官不敢過問，只是整兵防衛而已。李載義到鎮以後，回鶻使者李暢又來進貢，李載義對他說：「可汗派將軍來進貢，目的是鞏固舅甥之間的友好關係，不是派將軍來欺陵上國的。將軍不約束部下兵士，讓他們為非作歹，載義也能殺掉他們，不要認為中國的法紀是可以忽視的。」於是把防衛的軍隊都撤了，只讓兩個士兵守門。李暢既敬畏又歎服，不敢再違犯法令。

六月十六日壬申，任命工部尚書鄭覃為御史大夫。當初，李宗閔不滿鄭覃在禁中多次向文宗議論政事，於是奏請罷免了鄭覃的侍講學士官職。文宗閒談時對宰相們說：「殷侑的經術很像鄭覃。」李宗閔回答說：「鄭覃、殷侑的經術實在值得推崇，然而議論卻不值得聽取。」李德裕說：「鄭覃、殷侑的議論，其他的人不想聽，只是陛下想聽到它。」十天後，文宗的詔命宣布了，任命鄭覃為御史大夫。李宗閔對樞密使崔潭峻說：「一切政事都由皇上自己宣布，還用中書省幹什麼！」崔潭峻說：「做了八年的天子，聽任他自己辦理事情也是可以的。」李宗閔顯出悲傷的樣子不說話了。

六月十九日乙亥，任命中書侍郎、同平章事李宗閔同平章事，充任山南西道節度使。

秋，七月十七日壬寅，任命右僕射王涯同平章事，兼度支、鹽鐵轉運使。

宣武節度使楊元卿有病，朝廷討論接替的人。李德裕請求把劉從諫徙任宣武，於是把上黨地區架空了，不使他和山東連結，皇帝認為不能那麼做。七月二十八日癸丑，任命左僕射李程為宣武節度使。

上患近世文士不通經術，李德裕請依楊綰❶議，進士試論議，不試詩賦。德裕又言：「昔玄宗以臨淄王定內難❷，自是疑忌宗室，不令出閣❸。天下議皆以為幽閉骨肉❹，虧傷人倫。曏使天寶之末、建中之初，宗室散處方州，雖未能安定王室，尚可各全其生。所以悉為安祿山、朱泚所魚肉者，由聚於一宮故也。陛下誠因冊太子，制書聽宗室年高屬疏者出閣，且除諸州上佐❺，使攜其男女出外婚嫁。此則百年弊法，一旦因陛下去之，海內孰不欣悅！」上曰：「茲事朕久知其不可，方今諸王豈無賢才，無所施耳！」八月庚寅❻，冊命太子，因下制：「諸王自今以次出閣，授緊、望❼州刺史、上佐。十六宅縣主❽，以時出適❾。進士停試詩賦。」諸王出閣，竟以議所除官不決而罷。

【章旨】以上為第十三段，寫李德裕建言唐文宗革除圈禁皇室子孫的制度，未能徹底施行。

【注釋】❶楊綰　字公權，華州華陰（今陝西華陰）人，唐代宗朝宰相。以德行著聞，世比之楊震、謝安。傳見《舊唐書》卷一百十九、《新唐書》卷一百四十二。其奏議見本書卷二百二十二代宗廣德元年。❷定內難　指臨淄王李隆基誅韋皇后、安樂公主等，恢復唐睿宗帝位。事見本書卷二百九睿宗景雲元年。❸出閣　皇子離開朝廷到封邑，或至外地任官。❹幽閉骨肉　軟禁親屬。❺上佐　謂州郡上等佐吏，如別駕、長史、司馬。❻庚寅　八月初七日。❼緊望　州的等級之稱。開元中，按地理、面積、人口、出產劃分天下州府，除京都和都督、都護府外，有四畿（同、華、岐、蒲四州）、十望（宋、亳、滑、許、汝、晉、洺、虢、魏、相十州）、十緊（秦、延、涇、邠、隴、汾、隰、慈、唐、鄧十州），以及上、中、下州。❽縣主　諸王之女稱縣主。❾出適　出閣嫁人。

【語　譯】文宗憂慮近世文士不通曉經術，李德裕請求根據楊綰的建議，進士考試時考論議，不考詩賦。李德裕又說：「從前玄宗以臨淄王的身分平定內難，從此猜疑宗室，不讓他們離開朝廷。天下人議論都認為是幽閉骨肉，損害人間倫理。假使天寶末年、建中初年，宗室分散居住在各個州縣，雖然不能安定王室，但還可以各自保全生命。他們所以被安祿山、朱泚所屠殺，就是由於聚集在一個地方。陛下如果趁著冊立太子的機會，下令聽憑宗室中年紀大籍屬疏遠的人離開王宮，並且授予州府上等官職，讓他們帶著子女在外地完婚嫁娶。這就是把上百年來的壞制度，陛下一朝消除，海內誰不歡欣呢！」文宗說：「此事朕很久以前就知道不行，現今各王怎麼會沒有賢才，就是沒有地方施展而已！」八月初七日庚寅，冊立太子，於是下詔：「諸王從今以後依次離開京城，授予緊州、望州刺史或州刺史的高級佐官。十六宅的縣主，到年齡出嫁。進士考試停止考詩賦。」諸王出閣的事，最終由於討論所授官職不能決定而作罷。

壬寅❶，加幽州節度使楊志誠檢校右僕射，仍別遣使慰諭之。

杜牧憤河朔三鎮❷之桀驁，而朝廷議者專事姑息，乃作書，名曰罪言❸。大略以為：「國家自天寶盜起，河北百餘城不得尺寸，人望之若回鶻、吐蕃，無敢窺者。齊、梁、蔡❹被其風流，因亦為寇。未嘗五年間不戰，焦焦然❺七十餘年矣。今上策莫如先自治，中策莫如取魏，最下策為浪戰❻，不計地勢，不審攻守是也。」

又傷府兵廢壞❼，作原十六衛❽，以為：「國家始踵隋制，開十六衛❾，自今觀之，設官言無謂⑩者，其十六衛乎！本原事迹⑪，其實天下之大命也。貞觀中，內⑫以十六衛蓄養武[1]臣，外開折衝、果毅府五百七十四⑬，以儲兵伍。有事則戎臣⑭提兵居外⑮，無事則放兵居內⑯。其居內也，富貴恩澤以奉養[2]其身，所部之兵散舍諸府⑰。上府⑱不越⑲千二百人，三時⑳耕稼，一時㉑治武㉒，籍藏將府㉓，伍散田畝，力解勢破，人人自愛，雖有蚩尤㉔為帥，亦不可使為亂耳。及其居外也，緣部之兵被檄乃來㉕，斧鉞在前，爵賞在後，飇暴交捽㉖，豈暇異略㉗！雖有蚩尤為帥，亦無能為叛也。自貞觀至于開元百三十年間，戎臣兵伍未始逆篡，此大聖人所以能柄統輕重，制鄣表裏㉘，聖筭神術㉙也。至于開元末，愚儒奏章曰：『天下文勝㉚矣，請罷府兵。』武夫奏章曰：『天下力彊㉛矣，請搏四夷㉜。』於是府兵內剷㉝，邊兵外作㉞，戎臣兵伍，湍奔矢往㉟，內無一人矣。尾大中乾㊱，成燕偏重㊲，而天下掀然㊳，根萌燼然㊴，七聖㊵旰食㊶，求欲除之且不能也。由此觀之，戎臣兵伍，豈可一日使出落鈐[3]鍵㊷哉！然為國者不能無兵，居外則叛，居內則篡。使外不叛，內不篡，古今以還，法術最長，其置府立衛乎！近代以來，於其將也，弊復為甚，率皆市兒輩，多齎金玉、負倚幽陰㊸、折券㊹交貨㊺所能致也，絕不識父兄禮義之教，復無慷慨感概之氣。百城千里，一朝得之，其彊傑愎勃㊻者則撓削法制，不使縛己，斬族忠良㊼，不使違己，力一勢便㊽，罔不為寇。其陰泥巧狡㊾者，亦能家筭口斂㊿，委於邪倖，由卿市公(51)，去郡得都(52)，四履所治(53)，指為別館。或一夫不幸而壽，則戛割生人(54)，略市天下(55)。是以天下兵亂不息，齊人乾耗(56)，靡不由是矣。嗚呼！文皇帝(57)十六衛之旨，其誰原而復之乎！」

【章旨】以上為第十四段，寫杜牧論時政，在〈罪言〉與〈原十六衛〉兩篇政論中討論藩鎮割據之禍形成的原因，一是朝廷姑息，二是府兵制敗壞。

【注釋】❶壬寅　八月十九日。❷河朔三鎮　即成德、魏博、盧龍三鎮。❸罪言　杜牧所寫文章名，收入《樊川文集》。罪言，意謂論禍害的形成。❹齊梁蔡　齊地為淄青節度使李正己，梁地為汴宋都虞候李靈曜，蔡地為淮西節度使李希烈和吳少誠等，這些人割據一方，反叛朝廷。❺焦焦然　憂急的樣子。❻浪戰　輕率作戰。❼府兵廢壞　府兵制度廢棄不行。府兵，一種寓兵於農的制度，平日務農，有事徵調。❽原十六衛　杜牧所寫文章名，收入《樊川文集》。❾開十六衛　設置十六衛軍事指揮系統。開，設置。十六衛為左右衛、左右驍衛、左右武衛、左右威衛、左右領軍衛、左右金吾衛、左右監門衛、左右千牛衛。每衛有上將軍、大將軍各一人，將軍二人。❿設官言無謂　貞元二年（西元七八六年）後，十六衛雖設官而無兵可掌，所以說「無謂」，毫無意義。⓫本原事迹　追本溯源。⓬內　指朝廷。十六衛屬皇帝統管，故稱內。⓭外開折衝果毅府五百七十四　在地方設置折衝、果毅府五百七十四處，每府各置長官折衝都尉一人，副長官左右果毅都尉各一人，掌府兵操練、宿衛、戍邊、作戰等事。⓮戎臣　帶兵的武將。⓯提兵居外　領兵出征在外。⓰放兵居內　分散居於內地。⓱散舍諸府　分散駐紮在各都尉府。⓲上府　大的都尉府。⓳越　超過。⓴三時　春、夏、秋三季。㉑一時　指冬季。㉒治武　練習武藝。㉓籍藏將府　名冊收藏在都尉府。㉔蚩尤　傳說中的九黎族首領，能呼風喚雨，與黃帝戰於涿鹿，敗死。㉕緣部之兵被檄乃來　因所統領的士兵是接受檄文才前來的。㉖飀暴交捽　風吹日曬相交。㉗豈暇異略　哪裡有空閒圖謀不軌。異略，他圖。㉘制鄣表裏　控制內外。鄣，同「障」。㉙聖筭神術　謀劃神機妙算。筭，同「算」。㉚文勝　文治鼎盛。㉛力彊　武力強盛。

㉜摶四夷　攻打四夷。㉝剗　剗除；消除。㉞邊兵外作　邊兵在外興亂。作，興起；作亂。㉟戎臣兵伍二句　謂軍情緊急，將領與士兵調動頻繁，如同急流奔赴，飛矢往來。㊱尾大中乾　尾大不掉，外強中乾。㊲成燕偏重　謂形成安祿山偏重之勢。燕，范陽節度使所轄為古燕國之地，故以指代。㊳掀然　翻擾；翻動。㊴根萌燼然　樹根發芽，死灰復燃。然，同「燃」。㊵七聖　指肅、代、德、順、憲、穆、敬七世皇帝。㊶旰食　晚食，謂因政務繁雜而延誤吃飯。㊷出落鈐鍵　脫離控制。鈐，鎖。鈐鍵即管籥，關鍵，引申為約束、控制。㊸幽陰　指宦官。㊹折券　毀棄債券，謂賒欠買官，到任付錢。㊺交貨　即交納錢財。㊻彊傑愎勃　強悍兇殘違法悖亂。傑，同「桀」。兇殘。勃，通「悖」。㊼不使縛己二句　為了不使自己受束縛，不惜族滅忠良之臣。㊽力一勢便　力量劃一，形勢便利。㊾陰泥巧狡　陰險狡猾。泥，通「昵」。㊿家筭口斂　戶稅和人頭稅。(51)由卿市公　從卿大夫到三公的官位都可以買到。(52)去郡得都　離開了州郡，得到了都城。郡謂列郡，都謂五都：長安、洛陽、鳳翔、江陵、太原。(53)四履所治　謂轄境之內。四履，四境。語出《左傳》僖公四年：「賜我先君履，東至於海，西至於河，南至於穆陵，北至於無棣。」此召陵之盟，齊管仲對楚軍主帥之言，指齊國受天子之命所管理的範圍。(54)戛割生人　宰割百姓。(55)略帀天下　掠遍天下。(56)齊人乾耗　人民消耗殆盡。(57)文皇帝　即唐太宗，謚曰文。

【校記】[1]武　據章鈺校，十二行本、乙十一行本皆作「戎」。[2]養　原無此字。據章鈺校，十二行本、乙十一行本皆有此字，今據補。[3]鈐　原誤作「鈴」。據章鈺校，十二行本、乙十一行本皆作「鈐」，今據改。

【語譯】八月十九日壬寅，加授幽州節度使楊志誠檢校右僕射，並另派使者去慰問他。

杜牧憤恨河北三鎮的兇暴乖戾，而朝廷議政的大臣只知道姑息，於是寫了一篇文章，名叫〈罪言〉。大概內容是說：「國家自從天寶發生盜賊，河北一百多個城池朝廷沒有得到尺寸之地，人們把此地視同回鶻、吐蕃，沒有人敢試圖收回這些地方。齊、梁、蔡各地受到這些地方的影響，因此也成為寇賊。沒有超過五年不打仗的日子，焦急憂苦了七十多年。現在的上策沒有比先從自治圖強更好的了，中策沒有比收復魏博更好的了，最下策是輕率地開戰，那是不考慮地理形勢，不明白攻守的不同。」

又歎息府兵制度被破壞，寫了〈原十六衛〉，認為：「國家開始承襲隋朝的制度，設立十六衛，從現在情況看來，設置官職無意義的，恐怕就是十六衛了！追本溯源，它其實是國家最根本的命脈。貞觀年間，朝廷中用十六衛來蓄養武臣，地方上設立折衝、果毅府五百七十四處，用來儲備兵員。發生了戰事，武臣領兵在外作戰，無戰事時就分散軍隊居住在內地。武臣在內地時，富貴恩澤養著身家，所帶領的軍隊，分散駐紮在各都尉府。大的都尉府不超過一千二百人，春夏秋三季耕地種田，冬季練習武藝，名冊收藏在都尉府，隊伍散居在田園，力量被分散，人人自愛，哪怕是蚩尤來做統帥，也不能使他們起來作亂。等到武臣領兵在外時，因所統領的士兵是接受檄文才前來的，軍紀立在前面，爵賞懸在後面，風吹日曬相交替，哪有空閒圖謀不軌！哪怕是蚩尤做統帥，也不能使士兵反叛朝廷。從貞觀到開元一百三十年之間，從武將到士卒沒有發生叛逆篡弒之事，這就是因為大聖人能夠掌握國家大小權力，控制朝廷內外，有神機妙算。至於開元末年，那些愚昧的儒生在奏章中說：『天下文治鼎盛了，請廢除府兵制度。』那些武夫的奏章說：『天下武力強大了，請攻打四夷。』於是府兵在內部被削除，邊兵在外地興亂，武臣和士兵，如同湍流奔赴，飛矢往來，朝內空無一人了。尾大不掉，外強中乾，形成燕地安祿山勢力偏大，而天下翻動，舊勢力死灰復燃，從那以後七位皇帝宵衣旰食，想把他們平定但是沒有能力做到。這樣看來，武將士卒哪裡能夠一天讓他們脫離控制啊！然而統治國家不能沒有軍隊，可是有了軍隊，在地方上難免不發生叛亂，在朝廷中難免不發生篡弒這樣的事。要使軍隊在外不叛，在內不篡，從古代到今天，辦法最好的，就是置府立衛了！近代以來，對那些將領來說，弊病又很嚴重，他們大多是市井小人，因帶著許多金銀財寶，投靠宦官，毀棄債券，交納財貨而得到官職，絕然沒有受過父兄關於禮義的教育，又沒有慷慨仗義的氣魄。一旦得到統轄千里的土地，上百座城池，那些強悍兇殘、違法悖亂的人就會不遵守法制，為了不讓法制束縛自己，族滅忠良之臣，不讓他們違抗自己，力量統一，形勢便利，沒有不叛亂的。那些陰險狡猾的人，也會斂取戶稅和人頭稅，交給邪惡寵幸之人，由列卿買到三公，離開州郡，得到都城，把轄境之內，看作自己的私人別墅。或許有那麼一個人幸而長壽，那麼就要宰割百姓，掠遍天下。所以天下兵亂不止，老百姓財力消耗殆盡，無不由於這個原因。唉！太宗皇帝建立十六衛府的宗旨，誰又去探究它而把它恢復呢！」

又作戰論❶，以為：「河北視天下，猶珠璣也；天下視河北，猶四支也❷。河北氣俗渾厚，果於戰耕，加以土息❸健馬，便於馳敵，是以出則勝，處則饒，不窺天下之產，自可封殖❹，亦猶大農之家，不待珠璣然後以為富也。國家無河北，則精甲、銳卒、利刀、良弓、健馬無有也，是一支❺，兵去矣。河東、盟津❻、滑臺❼、大梁❽、彭城❾、東平❿，盡宿厚兵以塞虜衝，不可他使，是二支，兵去矣。六鎮之師，厥數三億⓫，低首仰給，橫拱不為⓬，則沿淮已北，循河之南，東盡海，西叩洛⓭，赤地盡取⓮，才能應費⓯，是三支，財去矣。咸陽西北，戎夷大屯⓰，盡剷吳、越、荊、楚之饒以啖兵戍⓱，是四支，財去矣。天下四支盡解，頭腹兀然⓲，其能以是久為安乎！今者誠能治其五敗，則一戰可定，四支可生。夫天下無事之時，殿寄大臣⓳偷安奉私，戰士離落，兵甲鈍弊，是不蒐練⓴之過，其敗一也。百人荷戈，仰食縣官，則挾千夫之名，大將小裨㉑，操其餘贏，以虜壯為幸，以師老㉒為娛，是執兵者常少，糜食常多，此不責實料食㉓之過，其敗二也。戰小勝則張皇㉔其功，奔走獻狀㉕，以邀上賞，或一日再賜，或一月累封，凱還未歌㉖，書品已崇㉗，爵命極矣，田宮㉘廣矣，金繒溢矣㉙，子孫官矣，焉肯搜奇出死㉚，勤於我矣！此厚賞之過，其敗三也。多喪兵士，顛翻大都，則跳身而來，刺邦而去㉛，回視刀鋸㉜，氣色甚安，一歲未更㉝，旋已立於壇墀之上㉞矣，此輕罰之過，其敗四也。大將兵柄不得專，恩臣、敕使迭來揮之㉟，堂然㊱將陳㊲，殷然㊳將鼓，一則曰必為偃月㊴，一則曰必為魚麗㊵，三軍萬夫，環旋翔羊㊶愰駭㊷之間，虜騎乘之，遂取吾之鼓旗，此不專任責成之過，其敗五也。今者誠欲調持干戈㊸，洒掃垢汙㊹，以為萬世安[1]，而乃踵前非，是不可為也。」

【章旨】以上為第十五段，摘要杜牧〈戰論〉，指出朝廷用兵有五弊，以致河朔不守，加之征討是雙倍損失國家的兵源與財富，形成惡性循環而爭戰無寧日。

【注釋】❶戰論　杜牧所寫文章名，收入《樊川文集》。❷河北視天下四句　從河北地方的立場來看國家，如同一顆寶珠；從國家的立場來看河北地方，如同身體的四肢。猶，如同。支，同「肢」。❸息　生。❹封殖　培植。❺支　通「肢」。此以國之兵與財喻人的手足四肢。❻盟津　津渡名，又名孟津，河陽三城築於附近。此指代河陽軍。❼滑臺　城名，為滑州及義成節度使治所。此指代義成軍。❽大梁　城名，為汴州及宣武節度使治所。此指代宣武軍。❾彭城　縣名，為徐州及武寧節度使治所。此指代武寧軍。❿東平　縣名，為鄆州及天平節度使治所。此指代天平軍。⓫厥數三億　謂每歲耗費多達三億。厥，其。⓬橫拱不為　謂六鎮之師除了橫肱拱手侍奉其主帥之外，其他什麼事也不做。⓭洛　洛陽，都名，在今河南洛陽。⓮赤地盡取　把土地上的東西全部拿來。⓯才能應費　僅能應付所需費用。才，僅僅。⓰戎夷大屯　大量屯兵，以防戎夷。⓱盡剗吳越荊楚之饒以啖兵戍　刮盡江南之財用以給食邊境的屯兵。啖，給食。⓲兀然　光禿的樣子。⓳飈寄大臣　受朝廷寄託而獨當方面的大臣，指節度使。⓴蒐練　訓練。㉑小裨　即裨將，副將。㉒師老　軍隊疲憊厭戰。㉓責實料食　按軍隊的實際人數核計糧餉。㉔張皇　誇張炫耀。㉕獻狀　奏捷。㉖凱還未歌　即未奏凱歌，沒有打勝仗。還，同「旋」。㉗書品已崇　謂授與高官。書品，書其官品。崇，高。㉘田宮　田宅。㉙金繒溢矣　賞賜的金銀綢緞充滿私宅。㉚搜奇出死　絞盡腦汁出奇制勝，拼死立功。㉛跳身而來二句　此二句意謂對戰敗將領處罰很輕，只是貶官而已。跳身而來，謂逃至京師。刺邦而去，謂擔任州刺史。㉜刀鋸　刑具。㉝一歲未更　沒過一年。更，過。㉞立於壇墀之上　謂復登拜將之壇。㉟恩臣敕使迭來揮之　宦官輪番掌握兵權進行指揮。恩臣，指得恩寵的宦官。㊱堂然　嚴整的樣子。㊲陳　同「陣」。㊳殷然　這裡指鼓聲殷殷。㊴偃月　陣名，半月形的戰陣。布陣方法，中軍偃居其中，向前張開兩角。㊵魚麗　陣名，以二十五乘兵車居前，以五人承其後以彌補缺漏，若魚之相麗而進。麗，附。㊶翔羊　徜徉；徘徊。㊷愰駭　驚駭不安。㊸調持干戈　調整軍隊。㊹洒掃垢汙　洗雪恥辱。

【校記】①以為萬世安　原無此句。據章鈺校，十二行本、乙十一行本皆有此句，張敦仁《通鑑刊本識誤》、張瑛《通鑑校勘記》同，今據補。

【語譯】又寫了〈戰論〉，認為：「從河北的角度來看全國，如同一顆寶珠；從國家的角度來看河北，猶如身體的四肢。河北地方風俗民情渾樸純厚，善於耕戰，加上出產健馬，便於衝鋒陷陣，所以出戰就能取勝，居住的地方就很富有，不靠全國其他地方的物產，自己就可以培植，也就好比一家大農戶，沒有珠寶也很富有一樣。國家沒有河北地方，那麼精甲、銳卒、利刀、良弓、健馬就沒有了，這是一肢，國家丟失了一半兵力。河東、盟津、滑臺、大梁、彭城、東平，都駐紮重兵用以防備敵人的進攻，不能派作他用，這是第二肢，國家又丟失了一半兵力。河東等六鎮的軍隊，耗費的資財多達三億，埋著頭靠朝廷供給軍需，他們橫肱拱手什麼事也不做，那麼沿淮河以北，黃河以南，東到海邊，西達洛陽，把這一大片土地上的東西全部拿來，僅能應付他們所需的費用，這是第三肢，財物去掉一大批。咸陽以西、以北各地，是防禦戎夷駐紮大量軍隊的地方，全部搜刮吳、越、荊、楚等地的財富用來供應戍守的軍隊，是第四肢，又需要用去大批財物。天下的四肢全都肢解了，只留下光禿的頭和身子，能憑這長久安定嗎！現在假若能夠革除五種弊病，那麼只需一戰就可使國家安定，四肢可以生長出來。天下太平無事的時候，身負朝廷寄託而獨當方面的大臣只知偷安徇私，戰士流落離散，兵甲破損，這是不檢閱訓練的過錯，它是第一種弊病。一百人當兵持戈，到國家領糧餉，就報一千人的名額，大小將領，貪佔虛報的糧餉，他們以敵人強壯為好事，以軍隊疲憊厭戰為快樂，拿武器的人常常很少，耗費糧餉的常常很多，這是不核實實際人數計算糧餉的過錯，它是第二種弊病。打了小勝仗就誇大戰功，奔走奏捷，以求得皇上的獎賞，有時一天兩次賞賜，有時一個月幾次封爵，凱歌還沒有唱響，已授予高官，封爵大了，田地房屋寬廣了，金銀綢緞充溢，子孫都做了官，誰又願意搜想奇策，出生入死，勤於國事呢！這是優厚獎賞的過錯，它是第三種弊病。死了很多士兵，大都城覆滅了，就逃到京城來，去當州刺史，回頭看到刑具，神氣很安閒，沒過一年，很快又站在拜將的壇墀之上，這是處罰太輕的過錯，它是第四種弊病。大將的兵權不能專一，恩臣、敕使輪番指揮，將要擺出嚴整的軍陣，將要敲響殷殷的戰鼓，一個說一定要擺偃月陣，一個說一定要擺魚麗陣，三軍上萬人，在回旋徘徊、驚駭不安之間，敵人的騎兵乘機殺來，於是奪去了我軍旗幟戰鼓，這就是不專任責成的過錯，它是第五種弊病。現在要想調整軍隊，洗雪過去的恥辱，求得永久安寧，而又照著過去的錯誤辦法去做，是不可能有作為的。」

又作守論❶，以為：「今之議者[1]皆[2]曰：夫倔彊之徒，吾以良將勁兵為銜策，高位美爵充飽其腸，安而不撓❷，外而不拘❸，亦猶豢擾❹虎狼而不拂❺其心，則忿氣不萌❻。此大曆、貞元所以守邦也，亦何必疾戰，焚煎吾民，然後以為快也。愚曰：大曆、貞元之間，適以此為禍也。當是之時，有城數十，千百卒夫❼，則朝廷別待之，貸❽以法度。於是[3]闊視大言，自樹一家，破制削法，角❾為尊奢。天子養威而不問，有司守恬而不呵❿。王侯通爵⓫，越錄⓬受⓭之；覲聘⓮不來，几杖扶之⓯；逆息虜胤⓰，皇子嬪之⓱；裝緣采飾，無不備之。是以地益廣，兵益彊，僭擬益甚，侈心益昌。於是土田名器⓲，分劃殆盡，而賊夫貪心，未及畔岸⓳，遂有淫名⑳越號，或帝或王，盟詛㉑自立，恬淡不畏㉒，走兵四略以飽其志㉓者也。是以趙、魏、燕、齊卓起大唱，梁、蔡、吳、蜀躡而和之㉔。其餘混澒軒囂㉕，欲相效者，往往而是。運遭孝武㉖，宵旰㉗不忘，前英後傑，夕思朝議，故能大者誅鋤，小者惠來。不然，周、秦之郊㉘，幾為犯獵㉙哉！大抵生人㉚油然㉛多欲，欲而不得則[4]怒，怒則爭亂隨之。是以教笞於家，刑罰於國，征伐於天下，此所以裁其欲而塞其爭也。大曆、貞元之間，盡反此道，提區區之有㉜而塞無涯㉝之爭，是以首尾指支，幾不能相運掉㉞也。今者不知非此，而反用以為經㉟，愚見為盜者，非止於河北而已。嗚呼！大曆、貞元守邦之術，永戒之哉！」

又註孫子㊱，為之序，以為：「兵者，刑也，刑者，政事也，為夫子之徒，實仲由、冉有之事㊲也。不知自何代何人分為二道曰文、武，離而俱行，因使縉紳之士不敢言兵，或恥言之。苟有言者，世以為粗暴異人，人不比數㊳。嗚呼！亡失根本，斯最為甚！禮曰：『四郊多壘，此卿大夫之辱也。』㊴歷觀自古，樹立其國，滅亡其國，未始不由兵也。主兵者必聖賢、材能、多聞博識之士乃能有功，議於廊廟之上，兵形已成，然後付之於將。漢祖言㊵『指蹤者人也，獲兔者犬也』，此其是也。彼為相者曰：『兵非吾事，吾不當知。』君子曰：『勿居其位可也！』」

【章旨】以上為第十六段，摘要杜牧〈守論〉與《孫子》注序論，指出朝廷姑息使藩鎮坐大成尾大不掉之勢，消除之法唯有堅決打擊，不知兵者不應為宰相。

【注釋】❶守論　杜牧所寫文章名，收入《樊川文集》。❷撓　打擾；擾亂。❸拘　約束；限制。❹豢擾　馴養。❺拂　違背。❻忿氣不萌　怒氣不生。❼千百卒夫　成百上千的武夫。❽貸　寬。❾角　競。❿守恬而不呵　保持安寧而不斥責。⓫通爵　即爵位。⓬越錄　無功越級授爵。⓭受　同「授」。⓮覲聘　諸侯朝見天子曰覲，諸侯之間修好曰聘。覲聘連用，即朝見。⓯几杖扶之　賜之几杖以供靠身扶持。此言對不朝者不斥責，反賜几杖以安其心。⓰逆息虜亂　叛臣藩將之子嗣。息，子。亂，繼嗣。⓱皇子嬪之　把皇女嫁給他。嬪，皇帝之女出嫁。⓲名器　名分及相應的禮制器物。⓳畔岸　邊際。⓴淫名　僭名。㉑盟詛　盟誓。㉒恬淡不畏　安然不懼。㉓飽其志　滿足其貪欲之心。㉔是以趙魏燕齊卓起大唱二句　趙、魏、燕、齊，分別指王武俊、田悅、朱滔、李納相立為王。卓，高。梁、蔡、吳、蜀，分別指李希烈、吳元濟、李錡、劉闢先後叛亂。躡，追隨。和，應和。㉕混澒軒囂　混雜喧囂。㉖孝武　即唐憲宗，謚號聖神章武孝皇帝。㉗宵旰　即宵衣旰食，勤於政事。宵，夜。此指宵衣，未明穿衣。旰，日落時。此指旰食，很晚才吃飯。㉘周秦之郊　指河南、關內京畿之地。㉙犯獵　打獵。㉚生人　生民；人民。㉛油然　自然而然。㉜提區區之有　朝廷握有數量很少的土地、爵命。提，掌握。區區，微少。㉝無涯　無邊無際；無窮無盡。㉞運掉　運轉擺動。㉟經　常規。㊱孫子　書名，即《孫子兵法》，春秋孫武撰。歷代作注者甚多，宋人吉天保集有《孫子十家注》，杜牧為其中一家。㊲仲由冉有之事　指習武用兵，也應是儒者之事，即不能將文治與武事對立起來。仲由，字子路；冉有，名冉求，字子有，皆孔子弟子，長於戎陣。兩人事詳《史記》卷六十七〈仲尼弟子列傳〉。㊳比數　同列。㊴禮曰三句　見《禮記・曲禮上》。㊵漢祖言　漢祖，指漢高祖劉邦。言，指劉邦對功臣的評論語。所言見《史記》卷五十三〈蕭相國世家〉，文云：「追殺獸兔者，狗也；而發蹤指示獸處者，人也。」指蹤，指示野獸的蹤跡。

【校記】1者　原無「者」字。據章鈺校，十二行本、乙十一行本皆有此字，今據補。2皆　據章鈺校，十二行本、乙十一行本皆作「咸」。3於是　據章鈺校，十二行本、乙十一行本此下有「乎」字，張敦仁《通鑑刊本識誤》同。4則　原誤作

「而」。據章鈺校，十二行本、乙十一行本皆作「則」，當是，今據改。

【語譯】又寫了〈守論〉，認為：「現在議政的人都說：那些專橫跋扈的人，我們就用良將勁兵來約束他，用高官美爵滿足他的欲望，讓他安逸而不受到打擾，讓他在外地而不受到限制，就好像馴養虎狼一樣而不要背違他的心意，那麼他就不會發怒。這就是大曆、貞元年間守衛國家的政策，又何必要進行戰爭，使老百姓受煎熬，然後才覺得快慰呢。臣愚昧地認為：大曆、貞元的時候，正是由於採取了這種政策才帶來禍亂。在那個時候，據有幾十座城池，千百名士卒，朝廷就特別對待他，在法度方面很寬容。於是他們就目中無人，狂妄自大，自成一股勢力，破壞國家法制，爭著使自己尊貴和奢侈。天子為了培育自己的威嚴而不去責問，有關部門為了保持安靜而不去呵斥。把王侯的爵位，無功而越級授予他們。不到京城來朝見天子，就賜給几杖扶持；本為逆虜者的子嗣，卻把皇女嫁給他們；裝飾華采，無不齊備。因此，他們的土地越大，兵力越強，超越本分和天子相比擬的思想就更嚴重，奢侈的願望更大。於是土地、名分和相應的禮制器物，劃分殆盡，叛賊的貪心並未得到滿足，就有了僭越的名號，有的稱帝，有的稱王，通過盟誓宣布自立，安然無懼，驅使軍隊四處擄掠來滿足自己的願望。因而趙、魏、燕、齊首先起來倡導，梁、蔡、吳、蜀跟著附和。其餘的混雜喧囂，想效仿的人，到處都有。國運到了憲宗皇帝，宵衣旰食不忘治國，前後又出現了一些英雄豪傑，從早到晚商量籌劃，所以能夠把大的叛逆者平定，小的反叛者招降歸順了。不然的話，在京城及其附近，幾乎要成為敵人的打獵場地了！一般生民天生多欲，欲念達不到就發怒，發怒就要發生爭鬥和戰亂。所以在家庭用教導和打板子，在國家就用刑罰，在天下就用征伐，這都是制裁貪欲、堵塞爭鬥的手段。大曆、貞元年間，完全不用這種辦法，拿著一點點朝廷的土地、爵命想去堵塞無邊無際的爭奪，那是用頭尾去指揮四肢，幾乎不能運轉了。現在不但不批評這種做法，反而把它當做常規，我認為這樣下去，盜寇作亂就不僅河北一個地區了。唉！大曆、貞元保衛國家的辦法，永遠作為警戒而不能再用了啊！」

又注釋《孫子》，並為它寫了序言，認為：「甲兵就是刑罰，刑罰就是政事，作為孔夫子的學生來說，就是仲由、冉有的職事。不知從什麼時代、什麼人開始，分為文、武兩門，分離而又並行，因而使得一般士大夫不敢議論打仗的事，或者以議兵為羞恥之事。如果有談論兵事的，世人就認為他是粗暴而不同於平常人，人們不與他相比類。唉！丟了根本，這就是最嚴重的！《禮記》中說：『四郊如有很多敵人的營壘，這就是卿大夫的恥辱。』觀察自古以來，建立一個國家，滅亡一個國家，沒有不是靠軍隊的。主持軍隊的人一定要聰明賢能、有才幹、多聞博識之士才能取得成功，他們在朝廷中討論，擬訂好了軍事計畫，然後交給將領去執行。漢高祖說『指示蹤跡的是人，獲取兔子的是狗』，就是這個道理。那些做宰相的說：『打仗不是我的職事，我不必知道。』君子說：『那就不要處在宰相的官位好了！』」

前邠寧行軍司馬鄭注依倚王守澄，權勢燻灼❶，上深惡之。九月丙寅❷，侍御史李款❸閤內❹奏彈注：「內通敕使，外連朝士，兩地往來❺，卜射❻財賄，晝伏夜動，干竊化權❼，人不敢言，道路以目。請付法司。」旬日之間，章數十上。守澄匿注於右軍❽，左軍中尉韋元素、樞密使楊承和、王踐言皆惡注。左軍將李弘楚說元素曰：「鄭注姦猾無雙，卵鷇❾不除，使成羽翼，必為國患。今因御史所劾匿軍中，弘楚請以中尉意，詐為有疾，召使治之，來則中尉延與坐，弘楚侍側，伺中尉舉目，擒出杖殺之。中尉因見上叩頭請罪，具言其姦，楊、王必助中尉進言。況中尉有翼戴之功❿，豈以除姦而獲罪乎！」元素以為然，召之。注至，蠖屈鼠伏⓫，佞辭泉涌⓬，元素不覺執手款曲⓭，諦聽忘倦。弘楚詗伺⓮往復[1]再三，元素不顧，以金帛厚遺注而遣之。弘楚怒曰：「中尉失今日之斷，必不免他日之禍矣！」因解軍職去。頃之，疽發背卒。王涯之為相，注有力焉，且畏王守澄，遂寢李款之奏。守澄言注於上而釋之。尋奏為侍御史，充右神策判官，朝野駭歎。

甲寅⑮，以前忠武節度使王智興為河中節度使。

羣臣以上即位八年，未受尊號，冬，十二月甲午⑯，上尊號曰太和文武仁聖皇帝。會有五坊中使⑰薛季稜自同、華⑱還，言閭閻彫弊。上歎曰：「關中小稔，百姓尚爾，況江、淮比年大水，其人如何！吾無術以救之，敢崇虛名乎！」因以通天帶⑲賞季稜。羣臣凡四上表，竟不受。

庚子⑳，上始得風疾，不能言。於是王守澄薦昭義行軍司馬鄭注善醫，上徵注至京師，飲其藥，頗有驗，遂有寵。

【章旨】以上為第十七段，寫王守澄牢牢控制唐文宗，把同黨奸佞小人鄭注以治病為由安插在唐文宗身邊為耳目。

【注釋】❶熛灼　氣焰逼人。❷丙寅　九月十三日。❸李款　字言源，歷官侍御史、江西觀察使、潭王傅。傳見《新唐書》卷一百十八、《舊唐書》卷一百七十一。❹閤內　便殿之內。❺兩地往來　謂鄭注往來於南牙、北司之間。❻卜射　追逐。

❼干竊化權　竊弄權柄。❽右軍　神策軍分左、右二軍，亦稱左、右護軍，長官為中尉，是最有權勢的宦官。其時王守澄為右軍中尉。❾卵㲉　未出殼的雛鳥。❿翼戴之功　指韋元素擁立穆宗即位的功勞。事見本書卷二百四十一憲宗元和十五年。翼戴，輔佐擁戴。⓫蠖屈鼠伏　形容卑躬屈節的樣子。蠖屈，語出《易・繫辭下》：「尺蠖之屈，以求信也。」蠖，即尺蠖，蟲名，行時屈伸其身，像尺量物，故名。⓬佞辭泉涌　阿諛之辭如泉水噴湧。⓭款曲　殷勤。⓮詗伺　守候窺伺。⓯甲寅　九月初一日。⓰甲午　十二月十二日。⓱五坊中使　為五坊採購鷹犬的宦官。⓲同華　同州、華州。⓳通天帶　以通天犀製作的革帶。⓴庚子　十二月十八日。

【校　記】①往復　原無此二字。據章鈺校，十二行本、乙十一行本皆有此二字，今據補。

【語　譯】從前的邠寧行軍司馬的鄭注依靠王守澄，權勢逼人，文宗很討厭他。九月十三日丙寅，侍御史李款在閤內上奏彈劾鄭注說：「在宮內串通敕使，在外面勾結朝士，往來於南牙北司之間，追逐財物；白天潛伏，夜晚出動，竊弄權柄，人們不敢說，在道路上只以目示意。請求將他交付執法部門查辦。」十日之間，彈劾的章表有數十件上奏。王守澄把鄭注藏匿在神策右軍。神策軍左軍中尉韋元素、樞密使楊承和、王踐言都討厭鄭注。左軍將軍李弘楚勸韋元素說：「鄭注奸猾無比，在毛羽未成的時候不除掉，讓他羽翼形成，一定會成為國家的禍患。現在因被御史彈劾躲藏在神策軍中，我請求用中尉的心意，假稱有病，叫他來醫治，來了以後中尉接待他坐下，我在旁邊侍候，等待中尉舉目示意，就抓出去用棍子打死。中尉隨後拜見文宗磕頭謝罪，把他的奸詐詳細說明，楊承和、王踐言一定會幫助中尉說話。況且中尉還有擁立皇上的功勞，難道會因為除去奸人而得罪嗎！」韋元素認為說得對，就召見鄭注。鄭注到來，卑躬屈膝，阿諛之辭如泉水噴湧，韋元素不知不覺與鄭注執手殷勤，用心聽他說話而忘記了疲倦。李弘楚窺探情況，數次往返，韋元素並未看他，送了很多金銀綢帛給鄭注之後，打發他走了。李弘楚生氣地說：「中尉失去了今天的決斷，一定免不了將來遭到災禍！」隨即辭掉軍職離去。不久，背上長惡瘡病死。王涯做宰相，鄭注出了很大力氣，並且懼怕王守澄，於是壓下李款彈劾鄭注的奏章。王守澄在文宗面前為鄭注說好話，文宗就赦免了鄭注。不久，王守澄又奏請他擔任侍御史，充當右神策軍判官，朝廷內外驚歎。

九月初一日甲寅，任命前忠武節度使王智興為河中節度使。

群臣因文宗即位八年了，還未接受尊號，冬，十二月十二日甲午，呈上尊號稱太和文武仁聖皇帝。適逢有五坊中使薛季稜從同州、華州歸來，說民間破敗凋敝。文宗感歎地說：「關中有小的收成，百姓還那樣苦，何況江、淮連年大水，那裡的百姓怎麼辦啊！我沒有辦法拯救他們，豈敢崇尚虛名！」隨即把通天寶帶賞賜給薛季稜。群臣共上了四次奏表，文宗最終沒有接受尊號。

十二月十八日庚子，文宗開始得了中風病，不能說話。於是王守澄推薦昭義行軍司馬鄭注善醫術，文宗把鄭注徵召到京師，服了他的藥，很有效驗，於是鄭注得到文宗寵信。

【研　析】本卷研析宋申錫冤案、司馬光論牛僧孺致仕、杜牧政論三題。

宋申錫冤案。大宦官王守澄擁立唐文宗，因護駕之功，被拜為驃騎大將軍，並由樞密轉為神策軍中尉，權勢更盛，驕橫跋扈，不可一世。朝廷內外對王守澄是重足而立，側目而視。唐文宗目睹憲宗、敬宗兩帝所遭宦官之禍，王守澄都是背後的罪魁禍首。現在王守澄走到了前臺，唐文宗感到自身不安全，他想除掉王守澄，太和二年（西元八二八年）舉賢良方正求言，試探朝士態度，得到回應。太和三年，浙西觀察使李德裕被召入朝，任兵部尚書，裴度推薦李德裕做宰相，不到二十天就被李宗閔排擠出朝，做義成節度使。李宗閔又引牛僧孺為相，二人合力斥逐朝中擁護李德裕的朝官，再遷轉李德裕為西川節度使，離開朝廷更遠一些。太和四年，裴度也被排擠出朝。牛僧孺、李宗閔這一朋黨與宦官合勢，唐文宗深感孤立，起用內廷的侍講學士宋申錫為相，謀誅宦官。宋申錫聯絡京兆尹王璠、御史中丞宇文鼎，密謀策劃。王璠受命捕拿鄭注，王璠欲附宦官，反而向王守澄洩密。於是鄭注策劃先下手為強，由王守澄指使神策軍小吏狀告宋申錫謀反。罪證是宋申錫與文宗之弟，穆宗第六子漳王李湊友善，而李湊一向名聲很好，遭到文宗的猜忌；王守澄藉此誣告謀反。唐文宗心知肚明這是一樁冤案，他惱恨宋申錫辦事不密露了餡，為了向王守澄表白，又為了除掉漳王李湊，竟下令處死宋申錫、李湊，以謀反罪抄斬滿門。宰相們鉗口無言，只有飛龍使馬存亮、京兆尹崔琯、大理卿王正雅、左常侍崔玄亮、給事中李固言、諫議大夫王質、補闕盧鈞、舒元褒、蔣係、裴休、韋溫等，冒死力爭，要求立案由朝官審查。這時宰相牛僧孺也說了一句公道話。牛僧孺說：「宰相是人臣的最高官職，宋申錫已做了宰相，他造反還想得到什麼呢，宋申錫應該不會謀反。」義正理順，唐文宗沒有話可說。鄭注害怕追究下去，奸謀敗露，勸王守澄奏請改宋申錫、李湊的死刑為貶逐。宋申錫貶為開州司馬，李湊貶為巢縣公。唐文宗的第一次反宦官就這樣以失敗收場。

俗話說，「伴君如伴虎」。宋申錫奉文宗之命謀誅宦官，事情敗露，唐文宗為了推卸責任，又因一己猜忌之心，排除意想的政敵，就要殺害同父之弟，竟以莫須有的罪名興大獄，昏庸無能的皇帝比老虎還要兇惡。馬存亮、崔琯、王正雅、崔玄亮、李固言等，也包括牛僧孺，他們良心未泯，冒犯龍顏，不顧自身的安危，制止了一場大冤獄，才使得宋申錫、李湊滿門男女老少，合家數百口從刀下脫險。這些人是值得敬仰的英雄，他們的品德和高風亮節與那些落井下石的人有天壤之別，是應該發揚光大的。

司馬光論牛僧孺致仕。唐文宗太和六年，文宗在延英殿召見大臣，責問何時可致太平。牛僧孺回答：「治理達到太平的條件還不成熟，也不是臣等的能力，現今邊境安寧，百姓沒有四處漂泊，可以算小康。」退朝後，牛僧孺多次請求辭位，唐文宗允准，出牛僧孺為淮南節度使，召西川節度使李德裕入朝為相。其背景是李德裕被牛僧孺、李宗閔排斥出朝，李德裕為義成節度使，再斥逐為西川節度使。李德裕鎮西川，打敗吐蕃侵擾，西疆穩固。文宗後悔，想召李德裕入朝，故以太平責問牛僧孺。牛僧孺也識時務，回答臣的才能只能治理達到小康，沒能力達到太平，主動請辭，避免文宗做出罷相的激烈處理，君臣之間相處和諧，牛僧孺進退得當，不應受批評。可是司馬光卻在牛僧孺的辭仕上大做文章，指責牛僧孺上進入相是苟且偷安，竊取官位，辭職是蒙蔽人民，博取美名，是罪大惡極。司馬光如此激烈，是說牛僧孺無能力治國，還自稱達「太平」。恰恰是牛僧孺說，臣無能力達到太平才提出辭職的，牛僧孺只說他的能力達到了小康。司馬光捏造證據來批評牛僧孺，另有隱情，他把宋代自己捲入的與王安石之間的黨爭，藉牛李黨爭來指桑罵槐。大概是以牛僧孺比喻王安石，無能力治國到太平，卻搞什麼改革，最後下臺，罪大惡極。如果不是這樣，以司馬光之才德為何要給受批評的對象捏造證據呢！可見，正人君子一陷入黨爭，眼睛就矇了。黨同伐異，如一葉障目，不見泰山，應當引為借鑑。

杜牧政論。杜牧，字牧之，晚唐著名文學家。京兆萬年（今陝西西安）人，杜佑之孫。太和進士，授弘文館校書郎。曾任江西、宣歙觀察使、淮南節度使幕府。歷任監察御史、湖州刺史，後入朝為司勳員外郎，官終中書舍人。杜牧生活在唐帝國走下坡路的晚唐時期，內憂外患使杜牧憂心如焚。他以濟世之才自負，認真研究了「治亂興亡之迹，財富甲兵之事，地形之險夷遠近，古人之長短得失。」（〈上李中丞書〉）杜牧喜歡論政談兵，主張削藩禦敵，革除弊政，針貶朝廷腐敗。〈罪言〉、〈原十六衛〉、〈戰論〉、〈守論〉等，就是杜牧留下的論治亂守戰的政論。又注曹操所定《孫子兵法》十三篇，該書序言也是一篇政論。司馬光極為重視，摘引入《資治通鑑》。

〈罪言〉批評朝廷對河北三鎮用兵採取了最下策，不研究地形與攻守形勢，盲目用兵，給國家和社會帶來深重災難。上策是朝廷革新自強，中策是集中力量攻取河北南部的魏博一鎮。從地理上魏博鎮靠近朝廷，得魏博，外禦盧龍、成德兩鎮，內屏河南諸鎮，加強朝廷勢力。

〈原十六衛〉慨歎府兵制被破壞，代之以招募的雇傭兵而禍害無窮。杜牧認為府兵制，朝廷中央禁軍十六衛用來儲備武臣，即領兵將領，全國折衝與果毅府五百七十四處，用來儲備兵員，有了戰事，武臣領兵作戰，戰爭結束，兵員散歸衛府。農閒訓練，農忙耕作。國家負擔輕，指揮靈便。募兵制，雇傭兵成為常備兵，國家負擔沉重。武臣邀功，輕啟邊釁，重兵屯於邊境，朝內空虛，河北三鎮勢力龐大，尾大不掉，形成藩鎮割據。杜牧認為戰亂是府兵制破壞造成的，要使天下安寧，就應恢復府兵制。

〈戰論〉、〈守論〉批評朝廷丟失河朔三鎮，好比一個人丟了手腳四肢。杜牧把兵員和財賦比喻為支撐國家的四肢。丟失河北三鎮，不僅河北的兵員、財賦沒有了，朝廷動員全國的兵力討伐，財賦支持，又等於全國的兵員、財賦沒有了，國家沒有了四肢。杜牧批評朝廷姑息養奸、承認藩鎮割據的防守政策，又批評盲目用兵有五弊。杜牧認為，若朝廷整治官軍的五弊，一戰便可成功，重整朝綱了。

杜牧在《孫子注》的序言中，明確提出國家要重視武備，不懂軍事的人，不能做宰相。

統觀杜牧的政論，充滿憂國憂民的愛國熱情。杜牧對於時弊的批評，政治腐敗，用兵方略都切中要害，但是得不到執行。因為杜牧沒有揭示根本。最大的禍根是皇帝專制體制，個人意志大於法制。唐代的最大政治積弊是宦官專皇權，奸邪小人成了皇帝的代言人。宦官掌樞密，掌禁軍，監軍安插在各個方鎮，這一特殊體制造成了宦官專皇權。憲宗、武宗對宦官稍加抑制，讓賢明宰相發揮作用，政治、軍事均見功效。皇權專制當時除不了，希望寄託在賢明君王上，宦官掌控皇帝廢立，就產生不了聖明君主，晚唐皇帝一代不如一代，只是在等待滅亡。我們不能苛求杜牧提出廢皇權，但我們今天要體悟杜牧建言為何不能施行的根本原因，專制獨裁是萬惡之源。此外，任何一項好的制度，一旦廢壞，不可能恢復。唐初的府兵制被破壞，並不是如杜牧所說，不懂軍事的文官一紙錯誤的奏言就破壞了府兵制。時過境遷，形勢變化，改變原有制度，再走回頭路是不可能的。所以杜牧主張恢復府兵制，也只是一番空言。

卷第二百四十五

唐紀六十一

起閼逢攝提格（甲寅　西元八三四年），盡彊圉大荒落（丁巳　西元八三七年），凡四年。

【題　解】本卷記事起西元八三四年，迄西元八三七年，凡四年。當唐文宗太和八年至開成二年。這是唐文宗當政的中期，朝政的昏暗達到新高，宮中宦官主宰，外朝小人當道，鄭注、李訓兩個奸詐小人壟斷朝政，清流直臣盡數被驅出朝。宋申錫謀誅宦官失敗，宦官王守澄安插鄭注、李訓兩個奸佞監視唐文宗，鄭注為醫官診治，李訓為文宗講《易經》。兩小人探知文宗欲誅除宦官，二人認為有大利可圖，轉過身來以誅宦官為己任。文宗猜忌朝官，厭惡朋黨，二人投文宗之好，內得皇帝之寵，外得宦官之助，以朋黨之名斥逐清正朝官，凡不利於己者，皆以牛李之朋黨斥逐。李宗閔、李德裕、路隋，三相皆被二人斥逐，又用暗殺手段誅宦官陳弘志、王守澄，兩人炙手可熱，威震朝廷。重要朝官都是二人的黨徒，宰相王涯、賈餗，阿附取容。太和九年，李訓為相，鄭注出任鳳翔節度使，欲內外合勢盡誅宦官，李訓中途製造甘露之變，想獨佔功勞，並順帶除掉鄭注，兩小人同床異夢，勢分而失敗。宦官仇士良大殺朝官，功臣半空。唐文宗成了宦官俘虜，朝廷大權盡歸北司，宰相以下朝官都被宦官仇視。開成元年，昭義節度使劉從諫上奏聲討仇士良等罪惡，聲言入朝清君側，宦官才有所收斂，南衙才稍許有了些權力。從此，唐文宗被宦官監視，只能借酒澆愁，自謂受制家奴，比周赧王、漢獻帝兩個亡國之君還不如，整天鬱悶憂愁直到死，再沒有什麼作為了。

文宗元聖昭獻孝皇帝中

太和八年（甲寅　西元八三四年）

春，正月，上疾小瘳。丁巳❶，御太和殿見近臣，然神識耗減❷，不能復故。

二月壬午朔❸，日有食之。

夏，六月丙戌❹，莒王紓❺薨。

上以久旱，詔求致雨之方。司門員外郎❻李中敏❼上表，以為：「仍歲❽大旱，非聖德不至，直以宋申錫之冤濫❾，鄭注之姦邪。今致雨之方，莫若斬注而雪申錫。」表留中。中敏謝病歸東都。◯郯王經薨。

初，李仲言流象州❿，遇赦，還東都。會留守李逢吉思復入相，仲言自言與鄭注善，逢吉使仲言厚賂之。注引仲言見王守澄，守澄薦於上，云仲言善易，上召見之。時仲言有母服⓫，難入禁中。乃使衣民服，號王山人。仲言儀狀秀偉，倜儻尚氣⓬，頗工文辭，有口辯，多權數。上見之，大悅，以為奇士，待遇日隆⓭。

仲言既除服⓮，秋，八月辛卯⓯，上欲以仲言為諫官，置之翰林。李德裕曰：

「仲言鄉所為，計陛下必盡知之，豈宜置之近侍？」上曰：「然豈不容其改過？」對曰：「臣聞惟顏回能不貳過⑯。彼聖賢之過，但思慮不至，或失中道⑰耳。至於仲言之惡，著於心本⑱，安能悛改⑲邪！」上曰：「李逢吉薦之，朕不欲食言。」對曰：「逢吉身為宰相，乃薦姦邪以誤國，亦罪人也。」上曰：「然則別除一官。」對曰：「亦不可。」上顧王涯，涯對曰：「可。」德裕揮手止之。上回顧適見，色殊不懌⑳而罷。始，涯聞上欲用仲言，草諫疏極憤激。既而見上意堅，且畏其黨盛，遂中變㉑。

尋以仲言為四門助教㉒，給事中鄭肅㉓、韓佽㉔封還敕書㉕。德裕將出中書，謂涯曰：「且喜給事中封敕㉖。」涯即召肅、佽謂曰：「李公適㉗留語㉘，令二閣老㉙不用封敕。」二人即行下㉚。明日，以白德裕，德裕驚曰：「德裕不欲封還，當面聞，何必使人傳言！且有司封駮㉛，豈復禀宰相意邪！」二人悵恨而去。

【章　旨】以上為第一段，寫唐文宗信用奸佞，宰相王涯見風使舵。

【注　釋】❶丁巳　正月初五日。❷神識耗減　記憶衰退。❸壬午朔　二月初一日。❹丙戌　六月初七日。❺莒王紓　莒王李紓，唐順宗第五子，貞元二十一年（西元八〇五年）封。傳見《舊唐書》卷一百五十、《新唐書》卷八十二。❻司門員外郎　官名，為刑部第四司司門司副主官。❼李中敏　字藏之。傳見《舊唐書》卷一百七十一、《新唐書》卷一百十八。❽仍歲　連年。❾冤濫　冤枉。❿李仲言流象州　李仲言，前河陽掌書記，李逢吉同黨，他教唆左金吾兵曹茅彙誣陷李程謀害李逢吉，茅彙不從，李仲言流放象州。事見本書卷二百四十三敬宗寶曆元年。⓫母服　為母守喪，著喪服。⓬倜儻尚氣　灑脫不拘，崇尚豪氣。⓭待遇日隆　恩遇一天天優厚。⓮除服　守喪期滿，脫去孝服。⓯辛卯　八月十三日。⓰顏回能不貳過　語出《論語・雍也》。魯哀公問，弟子孰為好學，孔子回答說：「有顏回者好學，不遷怒，不貳過。」顏回，孔子弟子。事見《史記》卷六十七〈仲尼弟子列傳〉。不貳過，不重犯同一過錯。⓱中道　中庸之道。⓲心本　心根；心底。⓳悛改　悔改。⓴色殊不懌　臉色變得很不高興。㉑中變　中途改變主意。㉒四門助教　官名，唐有六學：國子、太學、四門、律、書、算。四門博士掌教七品以上及侯伯子男之子弟，以及有才學之庶人子弟。助教協助博士講學。㉓鄭肅　字義敬，滎陽（今河南滎陽）人，唐文宗時累官吏部侍部、河中節度使。唐武宗時官至宰相。傳見《舊唐書》卷一百七十六、《新唐書》卷一百八十二。㉔韓佽（？—西元八三七年）字相之，京兆長安（今陝西西安）人，官至桂管觀察使。傳見《舊唐書》卷一百一、《新唐書》卷一百十八。㉕封還敕書　駁回任命李仲言為四門助教的敕書。唐制，凡詔令須經門下省覆按，給事中認為詔令不當，則駁正封還。㉖封敕　即封駁，指鄭肅、韓佽封還敕書。㉗適　方才；剛才。㉘留語　謂李德裕將出中書之時留下話語。這裡王涯故意顛倒李德裕之言，以取悅於上。㉙閣老　中書、門下兩省官員相互稱呼為閣老。㉚二人即行下　鄭肅、韓佽立即下達任命李仲言為四門助教的敕令。㉛駮　「駁」的異體字。

【語　譯】文宗元聖昭獻孝皇帝中

太和八年（甲寅　西元八三四年）

春，正月，文宗的病稍癒。初五日丁巳，在太和殿接見近臣，記憶衰退，不能恢復到以前。

二月初一日壬午，發生日蝕。

夏，六月初七日丙戌，莒王李紓去世。

文宗因為長久乾旱，下詔徵求能夠降雨的辦法。司門員外郎李中敏上奏表，認為：「連年大旱，不是皇上聖德不達，只是由於宋申錫的冤屈，鄭注的奸邪。現在要天公下雨的辦法，沒有比殺了鄭注給宋申錫昭雪更好的。」奏表被扣留在禁中。李中敏藉口有病辭去官職，回東都去了。○郯王李經去世。

當初，李仲言流放到象州，遇上大赦，返回東都。適逢留守東都的李逢吉想再度做宰相，李仲言自我誇耀說和鄭注很友好，李逢吉讓李仲言用重金賄賂鄭注。鄭注帶李仲言謁見王守澄，王守澄把李仲言推薦給文宗，說李仲言精於《易經》，文宗召見了李仲言。當時李仲言正在為母親服喪，不便到禁中去。於是叫他穿著平民的服裝，號稱王山人。李仲言儀表狀貌秀麗魁偉，倜儻不羈崇尚豪氣，擅長寫文章，有口才，權術謀略也多。文宗見到他，很高興，認為是奇才，恩遇一天比一天優厚。

李仲言服喪期滿脫去喪服，秋，八月十三日辛卯，文宗想任命李仲言擔任諫官，安置在翰林院。李德裕說：「李仲言過去的所作所為，想必陛下全都知道，哪裡能夠置於近侍？」文宗說：「難道不允許他改過自新？」李德裕回答說：「臣聽說只有顏回能夠做到不再犯同樣的錯誤。那些聖賢所犯的過錯，只是考慮不全面，有時失去中庸之道。至於李仲言的奸惡，存在於他的心底，哪裡能夠悔改啊！」文宗說：「李逢吉推薦他，朕不想食言。」李德裕回答說：「逢吉身為宰相，而推薦奸邪之人來危害國家，他也是罪人。」文宗說：「那麼另外授給他一個官職。」李德裕回答說：「也不行。」文宗回頭看王涯，王涯回話說：「可以。」李德裕揮手示意叫王涯不說話。文宗正好回頭看見了，臉色變得很不高興，結束了談話。開始時，王涯聽說文宗要任用李仲言，就起草上諫的奏疏，非常憤慨。既而看到文宗的意見很堅決，並且畏懼李仲言那派人的勢力大，就中途改變了主意。

不久，任命李仲言為四門助教，給事中鄭肅、韓佽把敕書封好駁回。李德裕將要離開中書省時，對王涯說：「很高興給事中把敕書封駁退回。」王涯隨即叫來鄭肅、韓佽說：「李公剛才留下了話，叫二位閣老不必把敕書封退。」二人當即把敕書發下去了。第二天，告訴了李德裕，李德裕驚愕地說：「德裕如果不想封駁退回去，就會當面交代，何必要叫別人轉告！並且有關部門的封駁，難道還要遵從宰相的意見嗎！」鄭、韓二人悔恨遺憾地離開了。

九月辛亥[1]，徵昭義節度副使鄭注至京師。王守澄、李仲言、鄭注皆惡李德裕，以山南西道節度使李宗閔與德裕不相悅，引宗閔以敵❷之。壬戌❸，詔徵宗閔於興元。

冬，十月辛巳❹，幽州軍亂，逐節度使楊志誠及監軍李懷仵，推兵馬使史元忠❺主留務。

庚寅❻，以李宗閔為中書侍郎、同平章事。甲午❼，以中書侍郎、同平章事李德裕同平章事，充山南西道節度使。是日，以李仲言為翰林侍講學士。給事中高銖❽、鄭肅、韓佽、諫議大夫郭承嘏❾、中書舍人權璩❿等爭之，不能得。承嘏，晞⓫之孫。璩，德輿⓬之子也。

乙巳⓭，貢院⓮奏進士復試詩賦，從之。〇李德裕見上自陳，請留京師。丙午⓯，以德裕為兵部尚書。

楊志誠過太原，李載義自毆擊，欲殺之，幕僚諫救得免，殺其妻子及從行將卒。朝廷以載義有功，不問。載義母兄[1]葬幽州，志誠發取其財。載義奏乞取志誠心以祭母，不許。

十一月，成德節度使王庭湊薨，軍中奉其子都知兵馬使元逵⓰知留後。元逵改父所為，事朝廷禮甚謹。

史元忠獻楊志誠所造袞衣及諸僭物。丁卯⑰，流志誠於嶺南，道殺之。李宗閔言李德裕制命已行，不宜自便⑱。乙亥⑲，復以德裕為鎮海⑳節度使，不復兼平章事。時德裕、宗閔各有朋黨，互相擠援㉑。上患之，每歎曰：「去河北賊易，去朝廷[2]朋黨難！」

臣光曰：「夫君子小人之不相容，猶冰炭之不可同器而處也。故君子得位則斥小人，小人得勢則排君子，此自然之理也。然君子進賢退不肖，其處心也公，其指事也實㉒。小人譽其所好，毀其所惡，其處心也私，其指事也誣。公且實者謂之正直，私且誣者謂之朋黨，在人主所以辨之耳。是以明主在上，度德而敘位，量能而授官㉓，有功者賞，有罪者刑，姦不能惑，佞不能移。夫如是，則朋黨何自而生哉！彼昏主則不然，明不能燭㉔，彊不能斷，邪正並進，毀譽交至，取捨不在於己㉕，威福潛移於人㉖。於是讒慝得志㉗，而朋黨之議興矣。

「夫木腐而蠹生，醯㉘酸而蚋㉙集，故朝廷有朋黨，則人主當自咎，而不當以咎羣臣也。文宗苟患羣臣之朋黨，何不察其所毀譽者為實為誣，所進退者為賢為不肖，其心為公為私，其人為君子為小人！苟實也，賢也，公也，君子也，匪徒用其言，又當進之㉚。誣也，不肖也，私也，小人也，匪徒棄其言，又當刑㉛

之。如是，雖驅之使[3]為朋黨，孰敢哉！釋是不為，乃怨羣臣之難治，是猶不種不芸㉜，而怨田之蕪也。朝中之黨且不能去，況河北賊乎！」

【章　旨】以上為第二段，寫李宗閔入朝為相，李德裕罷相出朝，此牛李黨爭第四回合。司馬光抨擊朋黨之起，緣於人君昏庸，忠奸不分。

【注　釋】❶辛亥　九月初三日。❷敵　對抗；抵拒。❸壬戌　九月十四日。❹辛巳　十月初四日。❺史元忠　原為盧龍軍兵馬使，太和八年逐其節度使楊志誠，自稱留後。九年拜副大使，知節度事。唐武宗會昌元年（西元八四一年）為偏將陳行泰所殺。傳見《舊唐書》卷一百八十、《新唐書》卷二百十二。❻庚寅　十月十三日。❼甲午　十月十七日。❽高銖　字權仲，累官至給事中，為李訓、鄭注所惡，出為浙東觀察使。開成三年（西元八三八年）入為刑部侍郎。武宗時任吏部侍郎。傳見《舊唐書》卷一百六十八、《新唐書》卷一百七十七。❾郭承嘏　字復卿，官至刑部侍郎。傳見《舊唐書》卷一百六十五、《新唐書》卷一百三十七。❿權璩　字大圭，官至中書舍人。後為李宗閔貶官辯解，貶閬州刺史。傳見《舊唐書》卷一百四十八、《新唐書》卷一百六十五。⓫晞　郭晞（？—西元七九四年），華州鄭縣（今陝西華縣）人，郭子儀第三子。唐德宗時官至太子賓客。傳見《舊唐書》卷一百二十、《新唐書》卷一百三十七。⓬德輿　權德輿（西元七五八—八一八年），字載之，天水略陽（今甘肅天水市東北）人，唐憲宗朝宰相。傳見《舊唐書》卷一百四十八、《新唐書》卷一百六十五。⓭乙巳　十月二十八日。⓮貢院　主管科舉考試之機構及其場所，隸屬禮部。⓯丙午　十月二十九日。⓰元逵　王元逵，官至成德節度使。傳見《舊唐書》卷一百四十二、《新唐書》卷二百十一。⓱丁卯　十一月二十一日。⓲不宜自便　不應自己隨意，此指李德裕自請留京師事。⓳乙亥　十一月二十九日。⓴鎮海　方鎮名，元和二年（西元八〇七年）升浙江西道觀察使為鎮海軍節度使。㉑互相擠援　意謂非其黨則相擠，同黨則相援。㉒指事也實　指陳之事實實在在。㉓度德而敘位二句　典出《荀子·致士》：「德以敘位，能以授官。」敘位，排列爵位的次序。㉔明不能燭　眼力不能洞悉曲直。㉕取捨不在於己　謂昏主優柔寡斷，決斷之權旁落於他人。㉖威福潛移於人　帝王的賞罰之權無形中轉移於旁人。㉗讒慝得志　奸邪之人得行其志。㉘醯　醋。㉙蚋　同「蜹」。蚊。㉚匪徒用其言二句　不僅僅是採納他的話，還應當提升。㉛刑　懲罰。㉜不種不芸　不下種子，不除雜草。

【校記】①兄　張敦仁《通鑑刊本識誤》作「死」，據《新唐書・李載義傳》，當是。②廷　據章鈺校，十二行本、乙十一行本皆作「中」。③驅之使　據章鈺校，此三字十二行本、乙十一行本、孔天胤本皆作「使之」。

【語譯】九月初三日辛亥，徵召昭義節度副使鄭注到京師。王守澄、李仲言、鄭注都憎恨李德裕，因為山南西道節度使李宗閔和李德裕不和，他們就引來李宗閔對抗李德裕。十四日壬戌，下詔把在興元的李宗閔徵召回朝廷。

冬，十月初四日辛巳，幽州軍隊發生叛亂，驅逐了節度使楊志誠和監軍李懷仵，推舉兵馬使史元忠主持留後事務。

十月十三日庚寅，任命李宗閔為中書侍郎、同平章事。十七日甲午，任命中書侍郎、同平章事李德裕同平章事，充山南西道節度使。同一天，任命李仲言為翰林侍講學士。給事中高銖、鄭肅、韓佽，諫議大夫郭承嘏，中書舍人權璩等諍諫，沒有能阻止住。郭承嘏，是郭晞之孫。權璩，是權德輿的兒子。

十月二十八日乙巳，貢院奏請進士恢復考詩賦，文宗聽從了。〇李德裕見到文宗時自我陳述，請求留在京師。二十九日丙午，任命李德裕為兵部尚書。

楊志誠經過太原時，李載義親手毆打他，想把他殺掉，由於幕僚的進諫和援救得以免於一死，把楊志誠的妻兒和隨行將卒都殺了。朝廷由於李載義有功勞，沒有追究。李載義母親的兄長葬於幽州，楊志誠發掘其墓以掠取財物。李載義上奏乞求取楊志誠的心臟用來祭祀母親，文宗沒有答應。

十一月，成德節度使王庭湊去世，軍中擁立他的兒子都知兵馬使王元逵為留後。王元逵一改他父親的做法，侍奉朝廷的禮儀很恭謹。

史元忠獻上楊志誠所製造的袞衣和其他諸僭物品。十一月二十一日丁卯，把楊志誠流放嶺南，在路上把他殺了。

李宗閔說任命李德裕的命令已經發出了，不應讓他自己隨意去留。十一月二十九日乙亥，又改任李德裕為鎮海節度使，不再兼平章事。當時李德裕、李宗閔各有朋黨，互相排擠或聲援。文宗為此而擔憂，常常歎息說：「去掉河北叛賊容易，去掉朝廷朋黨艱難！」

臣司馬光說：「君子和小人的不能相容，就好比冰塊和炭火不能同放在一個容器裡一樣。所以君子得到官位時就排斥小人，小人得到勢就排斥君子，這是自然的道理。然而君子引進賢能的人，貶退不肖的人，他的用心是公正的，他指陳之事是實實在在的。小人稱譽他喜歡的人，毀謗不喜歡的人，他居心自私，指陳之事誣罔不實。公正而又實在就叫做正直，自私而又誣罔就叫做朋黨，決定於人主怎麼去分辨而已。所以處在上位的英明君主，衡量品德而敘列爵位，衡量才能而授給官職，有功勞的人給以獎賞，犯罪過的人給以刑罰，不為奸猾者迷惑，不為巧佞者動搖。如果這樣，那麼朋黨從哪裡產生啊！那些昏庸的君主就不這樣，眼力看不清曲直，力量不能決斷，壞人和好人一同進用，毀謗和稱譽交至，取捨不由自己做主，威福暗地裡由他人操縱。於是讒佞邪惡之人得志，而朋黨的爭論興起。

「大凡木頭腐朽蛀蟲就會產生，醋變質了蚊蟲就聚集起來。所以朝廷中有朋黨，那麼君主應當自責，而不應當歸咎於群臣。文宗如果擔憂群臣結成朋黨，為什麼不考察他們所毀譽的是實在的還是誣罔的，他們所推薦的是賢能的還是不肖的，他們的心思是為了國家還是為了自己，其人是君子還是小人！如果所據為實，進用者為賢，其心為公，其人為君子，朝廷不僅要採納他的話，而且還應提拔他。如果所言誣罔，推薦的是不肖之人，其心為私，其人為小人，不但不用他的主張，還應懲罰他。這樣，雖然驅趕他讓他成為朋黨，誰敢啊！拋開這些不去辨，而埋怨群臣難治，就好比不下種不除草，而埋怨田地荒蕪。朝廷中的朋黨尚且不能清除，何況河北的叛賊呢！」

丙子❶，李仲言請改名訓。○幽州奏莫州軍亂，刺史張元汎不知所在。

十二月己卯❷，以昭義節度副使鄭注為太僕卿。郭承嘏累上疏言其不可，上不聽。於是注詐上表固辭。上遣中使再以告身賜之，不受。

癸未❸，以史元忠為盧龍留後。

初，宋申錫與御史中丞宇文鼎受密詔誅鄭注，使京兆尹王璠掩捕❹之。璠密以堂帖❺示王守澄，注由是得免，深德璠。璠又與李訓善，於是訓、注共薦之，自浙西觀察使徵為尚書左丞。

【章　旨】以上為第三段，寫王璠出賣機密與宦豎相結。

【注　釋】❶丙子　十一月三十日。❷己卯　十二月三日。❸癸未　十二月七日。❹掩捕　出其不意地逮捕。❺堂帖　宰相所下文書，由政事堂發出，謂之堂帖。

【語　譯】十一月三十日丙子，李仲言請求改名為李訓。○幽州上奏說莫州軍隊叛亂，刺史張元汎不知在什麼地方。

十二月初三日己卯，任命昭義節度副使鄭注為太僕卿。郭承嘏多次上奏疏說此事不可以，文宗不聽從。於是鄭注假意上奏表堅決推辭。文宗派遣中使再次把告身賜給他，他不接受。

十二月初七日癸未，任命史元忠為盧龍節度使留後。

當初，宋申錫與御史中丞宇文鼎接受文宗的密詔誅殺鄭注，派京兆尹王璠出其不意地逮捕鄭注。王璠祕密地把殺鄭注的政事堂公文給王守澄看，鄭注因此才得免於一死，深深感激王璠。王璠又和李訓友好，於是李訓、鄭注共同推薦王璠，使他從浙西觀察使徵召為尚書左丞。

九年（乙卯　西元八三五年）

春，正月乙卯❶，以王元逵為成德節度使。○巢公湊薨，追贈齊王。

鄭注上言秦地有災，宜興役以禳之❷。辛卯❸，發左、右神策千五百人浚曲江❹及昆明池❺。

三月，冀王絿❻薨。○丙辰❼，以史元忠為盧龍節度使。

初，李德裕為浙西觀察使，漳王傅母❽杜仲陽坐宋申錫事放歸金陵❾，詔德裕存處❿之。會德裕已離浙西，牒⓫留後李蟾使如詔旨。至是，左丞王璠、戶部侍郎李漢奏德裕厚賂仲陽，陰結漳王，圖為不軌。上怒甚，召宰相及璠、漢、鄭注等面質之。璠、漢等極口誣之。路隋曰：「德裕不至有[1]此。果如所言，臣亦應得罪！」言者稍息。夏，四月，以德裕為賓客分司。

癸巳⓬，以鄭注守太僕卿，兼御史大夫。注始受之，仍舉倉部員外郎⓭李款自代曰：「加臣之罪，雖於理而無辜，在款之誠，乃事君而盡節。」時人皆哂⓮之。

丙申⓯，以門下侍郎、同平章事路隋同平章事[2]，充鎮海節度使，趣之赴鎮，不得面辭，坐救李德裕故也。

初，京兆尹河南賈餗⑯性褊躁輕率，與李德裕有隙，而善於李宗閔、鄭注。上巳⑰，賜百官宴於曲江。故事，尹於外門下馬，揖御史。餗恃其貴勢，乘馬直入。殿中侍御史楊儉、蘇特與之爭，餗罵曰：「黃面兒敢爾！」坐罰俸。餗恥之，求出，詔以為浙西觀察使。尚未行，戊戌⑱，以餗為中書侍郎、同平章事。

庚子⑲，制以曏日⑳上初得疾㉑，王涯呼李德裕奔問起居，德裕竟不至，又在西蜀徵逋懸㉒錢三十萬緡，百姓愁困，貶德裕袁州㉓長史。

【章旨】以上為第四段，寫鄭注等群小誣陷李德裕，必欲置之死地，賴宰相路隋相救，李德裕得免於禍，再次遭貶。

【注釋】❶乙卯　正月初九日。❷興役以禳之　謂用大興勞役的辦法來祈福消災。役，勞作之事。❸辛卯　二月十六日。❹曲江　池名，故址在今陝西西安東南，唐時為都中第一勝景。唐末水枯池廢。❺昆明池　湖名，故址在今陝西西安西南。原為漢武帝準備出征昆明國訓練水軍而開鑿，唐太和以後乾涸。❻冀王絿　冀王李絿，唐順宗第十子，貞元二十一年（西元八〇五年）封。傳見《舊唐書》卷一百五十、《新唐書》卷八十二。❼丙辰　三月十一日。❽傅母　保姆。《舊唐書・李德裕傳》作「養母」。❾金陵　指丹徒縣，為潤州及浙西治所，在今江蘇鎮江市。❿存處　存養安置。⓫牒　書札，用如動詞。⓬癸巳　四月十八日。⓭倉部員外郎　官名，倉部為戶部第四司，掌天下倉儲出納之政令，長官為郎中、員外郎。⓮哂　譏笑。⓯丙申　四月二十一日。⓰賈餗　（？—西元八三五年）字子美，官至宰相。是年李訓、鄭注敗，被誅。傳見《舊唐書》卷一百六十九、《新唐書》卷一百七十九。⓱上巳　節日名，陰曆三月上旬巳日，魏晉以後只用三月三日。是日修禊、踏青。唐貞元間置三令節，宴集百官，遊覽名勝。三巳為三節之一。⓲戊戌　四月二十三日。⓳庚子　四月二十五日。⓴曏日　往日；前些時候。㉑初得疾　指太和七年十二月文宗患病事。㉒逋懸　拖欠。㉓袁州　州名，治所宜春，在今江西宜春。

【校　記】①有　據章鈺校，十二行本、乙十一行本皆無此字。②同平章事　原無此四字。據章鈺校，十二行本、乙十一行本、孔天胤本皆有此四字，張敦仁《通鑑刊本識誤》同，今據補。

【語　譯】九年（乙卯　西元八三五年）

春，正月初九日乙卯，任命王元逵為成德節度使。〇巢公李湊去世，追贈為齊王。

鄭注上奏說秦地有災難，應當大興勞役來禳除災難。二月十六日辛卯，調發左、右神策一千五百人疏浚曲江和昆明池。

三月，冀王李絿去世。〇十一日丙辰，任命史元忠為盧龍節度使。

當初，李德裕為浙西觀察使，漳王的保姆杜仲陽因宋申錫事被牽連放回金陵，下詔讓李德裕安置她。適逢李德裕已經離開浙西，行文給留後李蟾，叫他按詔令去辦。到這時，左丞王璠、戶部侍郎李漢上奏說李德裕大量賄賂杜仲陽，暗地勾結漳王，圖謀不軌。文宗憤怒極了，召集宰相以及王璠、李漢、鄭注等當面質問這回事。王璠、李漢等用盡口舌來誣陷李德裕。路隋說：「李德裕不至於有這種事。如果真像他們所說的那樣，臣也應當有罪！」誣陷的人漸漸平息。夏，四月，任命李德裕為太子賓客分司東都。

四月十八日癸巳，任命鄭注為太僕卿，兼御史大夫。鄭注起初接受了，後又推舉倉部員外郎李款替代自己，並說：「李款彈劾我，雖然按法理我是無罪，但李款忠誠，事君盡節。」當時的人聽了都譏笑他。

四月二十一日丙申，任命門下侍郎、同平章事路隋同平章事，充任鎮海節度使，催促他赴鎮上任，不得當面向皇上辭行，這是由於救李德裕的緣故。

當初，京兆尹河南人賈餗性情急躁輕率，和李德裕有嫌隙，而和李宗閔、鄭注很友好。上巳節那天，文宗在曲江池賜宴百官。按照慣例，京兆尹在外門下馬，向御史行揖禮。賈餗依仗著他受尊寵的地位和權勢，乘馬逕直進去。殿中侍御史楊儉、蘇特和他爭論，賈餗罵著說：「黃面兒膽敢如此！」因此被罰薪俸。賈餗為此事受了恥辱，要求調出朝廷，下詔任命他為浙西觀察使。還沒有成行，四月二十三日戊戌，任命賈餗為中書侍郎、同平章事。

四月二十五日庚子，詔令說由於前些時皇上開始得病的時候，王涯叫李德裕趕去慰問起居，李德裕竟然沒有到，又在西蜀曾徵收拖欠的稅錢三十萬緡，百姓愁苦困乏，貶李德裕為袁州長史。

初，宋申錫獲罪，宦官益橫，上外雖包容，內不能堪。李訓、鄭注既得幸，揣知上意，訓因進講，數以微言動上。上見其才辨，意訓可與謀大事，且以訓、注皆因王守澄以進，冀宦官不之疑，遂密以誠告之。訓、注遂以誅宦官為己任，二人相挾❶，朝夕計議，所言於上無不從，聲勢烜[1]赫❷。注多在禁中，或時休沐，賓客填門，賂遺山積。外人但知訓、注倚宦官擅作威福，不知其與上有密謀也。

上之立也，右領軍將軍興寧仇士良❸有功，王守澄抑之，由是有隙。訓、注為上謀，進擢士良以分守澄之權。五月乙丑❹，以士良為左神策中尉，守澄不悅。

戊辰❺，以左丞王璠為戶部尚書，判度支。

【章旨】以上為第五段，寫唐文宗寵信奸佞小人鄭注、李訓，二度謀誅宦官王守澄。

【注釋】❶相挾　相互依仗。❷烜赫　顯赫；盛大。❸仇士良　循州興寧（今廣東興寧）人，宦官。官至右驍衛大將軍。先後殺二王（陳王、安王）、一妃（安王母楊貴妃）、四丞相（王涯、賈餗、舒元輿、李訓）。貪酷二十餘年。傳見《新唐書》卷二百七。❹乙丑　五月二十一日。❺戊辰　五月二十四日。

【校記】①炟 據章鈺校，乙十一行本、孔天胤本皆作「烜」，張敦仁《通鑑刊本識誤》同。按，胡三省注云：「炟，當割翻。一作『烜』，況遠翻。」

【語譯】當初，宋申錫獲罪，宦官更加驕橫，文宗表面上雖然包容，內心卻不能忍受。李訓、鄭注得寵後，揣測到了皇上的心意，李訓乘著進講的機會，多次用暗示性的話來打動文宗。文宗看到他有才能，認為可以和李訓謀劃大事，並且由於李訓、鄭注都是通過王守澄引進的，想像宦官不懷疑他們，於是就祕密地把心思告訴了他們。李訓、鄭注就以誅殺宦官作為自己的主要職責。兩人相依恃，日夜密謀策劃，他們向文宗說的話沒有不聽從的，聲威權勢顯赫。鄭注多數時間都在禁中，有時休假在家，賓客盈門，送來的賄賂堆積如山。外面的人只知道李訓、鄭注倚仗宦官擅自作威作福，而不知道他們與皇上有密謀。

文宗即位時，右領軍將軍興寧人仇士良有功，王守澄壓抑他，因此產生嫌隙。李訓、鄭注為文宗謀劃，提升仇士良來分出王守澄的一部分權力。五月二十一日乙丑，任命仇士良為左神策軍中尉，王守澄很不高興。

五月二十四日戊辰，任命尚書左丞王璠為戶部尚書，兼管度支。

京城訛言鄭注為上合金丹，須小兒心肝，民間驚懼。上聞而惡之。鄭注素惡京兆尹楊虞卿，與李訓共構之，云此語出於虞卿家人。上怒，六月，下虞卿御史獄。注求為兩省官，中書侍郎、同平章事李宗閔不許，注毀之於上。會宗閔救楊虞卿，上怒，叱出之。壬寅❶，貶明州❷刺史。

左神策中尉韋元素、樞密使楊承和、王踐言久①居中用事，與王守澄爭權不叶，李訓、鄭注因之出承和於西川，元素於淮南，踐言於河東，皆為監軍。

秋，七月甲辰朔❸，貶楊虞卿虔州❹司馬。○庚戌❺，作紫雲樓於曲江。○辛亥❻，以御史大夫李固言為門下侍郎、同平章事。

李訓、鄭注為上畫太平之策，以為當先除宦官，次復河、湟❼，次清河北，開陳方略，如指諸掌。上以為信然，寵任日隆。

初，李宗閔為吏部侍郎，因駙馬都尉沈議結女學士❽宋若憲、知樞密楊承和得為相。及貶明州，鄭注發其事。壬子❾，再貶處州❿長史。

著作郎⓫、分司⓬舒元輿⓭與李訓善，訓用事，召為右司郎中⓮，兼侍御史知雜⓯，鞫楊虞卿獄。癸丑⓰，擢為御史中丞。元輿，元褒之兄也。貶吏部侍郎李漢為汾州⓱刺史，刑部侍郎蕭澣為遂州⓲刺史，皆坐李宗閔之黨。

是時李訓、鄭注連逐三相⓳，威震天下，於是平生絲恩髮怨無不報者⓴。

【章旨】以上為第六段，寫鄭注、李訓連逐李德裕、路隋、李宗閔三相，威震天下。

【注釋】❶壬寅　六月二十八日。❷明州　州名，治所鄮縣，在今浙江寧波。❸甲辰朔　七月初一日。❹虔州　州名，治所贛縣，在今江西贛州。❺庚戌　七月初七日。❻辛亥　七月初八日。❼復河湟　收復河、湟之地，即從吐蕃手中奪回河湟流域的鄯州、廓州等地，其地安史之亂時陷於吐蕃。河，指黃河。湟，指湟水，源出今青海海晏包呼圖山，東南流經西寧、樂都，匯合大通河，注入黃河。❽女學士　貝州清陽（今河北清河縣）人宋廷芬，有女五人，長若莘，次若昭、若倫、若憲、若荀，皆善屬文，有名當世。德宗時召入宮中，不以妾侍命之，呼為學士，故稱女學士。若莘、若昭、若憲先後掌管宮禁圖籍。太和中，李訓、鄭注用事，惡宰相李宗閔，譖言宗閔因駙馬都尉沈𥫗厚賂若憲求為宰相。帝怒，賜若憲死。訓、注敗，帝悟其讒，追恨不已。若憲事附《新唐書》卷七十七〈宋若昭傳〉。❾壬子　七月初九日。❿處州　州名，治所括蒼，在今浙江麗水市東南。⓫著作郎　官名，主管著作局事及撰擬文字，屬祕書省。⓬分司　分設於東都洛陽的中央官員。⓭舒元輿　婺州東陽（今浙江東陽）人，因依附李訓、鄭注而官至宰相。訓、注敗，被誅。傳見《舊唐書》卷一百六十九、《新唐書》卷一百七十九。⓮右司郎中　官名，尚書省置左、右司郎中，掌佐左、右丞處理省務。⓯知雜　即知雜事。唐例，侍御史六人，以任職長久的一人主臺內事務，稱為知雜。⓰癸丑　七月初十日。⓱汾州　州名，治所隰城，在今山西汾陽。⓲遂州　州名，治所方義，在今四川遂寧。⓳三相　指李德裕、路隋、李宗閔。⓴絲恩髮怨無不報者　細微的恩怨沒有不回報的。這裡側重指細小仇怨都要報復。絲與髮，皆細微。

【校記】1久　原無此字。據章鈺校，十二行本、乙十一行本、孔天胤本皆有此字，張敦仁《通鑑刊本識誤》同，今據補。

【語譯】京城謠傳鄭注為皇上配製金丹，需要小孩的心肝，民間驚懼。文宗聽到後很討厭。鄭注向來討厭京兆尹楊虞卿，於是和李訓共同構陷他，說這一謠言出自楊虞卿的家人。文宗很生氣，六月，把楊虞卿投到御史監獄。鄭注想做兩省的官職，中書侍郎、同平章事李宗閔不答應，鄭注就在文宗面前詆毀李宗閔。適逢李宗閔救助楊虞卿，文宗很生氣，把他呵斥出去。二十八日壬寅，貶為明州刺史。

左神策軍中尉韋元素、樞密使楊承和、王踐言長期在朝中主政，與王守澄爭奪勢力不能協調，李訓、鄭注因此藉這個機會把楊承和調往西川，韋元素派往淮南，王踐言調往河東，都擔任監軍職務。

秋，七月初一日甲辰，貶謫楊虞卿為虔州司馬。〇初七日庚戌，在曲江池修建紫雲樓。〇初八日辛亥，任命御史大夫李固言為門下侍郎、同平章事。

李訓、鄭注為文宗籌劃太平謀策，認為應當首先剷除宦官，其次是收復河、湟地區，再其次是掃清河北叛亂勢力，陳述的方略，瞭如指掌。文宗認為確應如此，對他們一天比一天寵信。

當初，李宗閔任吏部侍郎，通過駙馬都尉沈𥫗交結女學士宋若憲、知樞密楊承和而當了宰相。等到他被貶往明州，鄭注揭發了這件事。七月初九日壬子，再貶為處州長史。

著作郎、東都分司舒元輿與李訓友好，李訓主政後，召他到京任右司郎中兼侍御史知雜，審理楊虞卿的案子。七月初十日癸丑，提升為御史中丞。舒元輿，是舒元褒的哥哥。

貶謫吏部侍郎李漢為汾州刺史，刑部侍郎蕭澣為遂州刺史，都因為是李宗閔的同黨。

當時，李訓、鄭注接連趕走了三位宰相，威震天下，這時他們對平生細小的恩怨沒有不回報的。

李訓奏僧尼猥多❶，耗蠹❷公私。丁巳❸，詔所在試僧尼誦經不中格者，皆勒歸俗❹，禁置寺及私度人❺。

時人皆言鄭注朝夕且為相，侍御史李甘❻揚言於朝曰：「白麻❼出，我必壞之於庭！」癸亥❽，貶甘封州❾司馬。然李訓亦忌注，不欲使為相，事竟寢❿。

甲子⓫，以國子博士⓬李訓為兵部郎中、知制誥，依前侍講學士。○貶左金吾大將軍⓭沈議⓮為邵州⓯刺史。

八月丙子⓰，又貶李宗閔潮州⓱司戶。賜宋若憲死。

丁丑⓲，以太僕卿鄭注為工部尚書，充翰林侍講學士。注好服鹿裘，以隱淪自處⓳，上以師友待之。注之初得幸，上嘗問翰林學士、戶部侍郎李珏⓴曰：「卿知有鄭注乎？亦嘗與之言乎？」對曰：「臣豈特知其姓名，兼深知其為人。其人奸邪，陛下寵之，恐無益聖德。臣忝㉑在近密㉒，安敢與此人交通！」戊寅㉓，貶珏江州刺史。再貶沈議柳州㉔司戶。

丙申㉕，詔以楊承和庇護宋申錫，韋元素、王踐言與李宗閔、李德裕中外連結，受其賂遺，承和可驩州㉖安置，元素可象州安置，踐言可恩州㉗安置，令所在錮送㉘。楊虞卿、李漢、蕭澣為朋黨之首，貶虞卿虔州司戶，漢汾州司馬，澣遂州司馬。尋遣使追賜承和、元素、踐言死。時崔潭峻已卒，亦剖棺鞭尸。

己亥㉙，以前廬州㉚刺史羅立言㉛為司農少卿。立言贓吏，以賂結鄭注而得之。

鄭注之入翰林也，中書舍人高元裕㉜草制，言以醫藥奉君親，注銜之，奏元裕嘗出郊送李宗閔。壬寅㉝，貶元裕閬州㉞刺史。元裕，士廉之六世孫也。

時注與李訓所惡朝士，皆指目為二李㉟之黨，貶逐無虛日㊱，班列殆空，廷中恟恟㊲。上亦知之。訓、注恐為人所搖，九月癸卯朔㊳，勸上下詔：「應與德裕、宗閔親舊及門生故吏，今日以前貶黜之外，餘皆不問。」人情稍安。

【章旨】以上為第七段，寫鄭注、李訓兩小人得志，大肆排斥異己，凡貶逐朝士，則指目為李德裕、李宗閔之黨。

【注釋】❶猥多　眾多。❷耗蠹　損耗。❸丁巳　七月十四日。❹皆勒歸俗　一概勒令還俗。❺禁置寺及私度人　禁止建立新的寺院及僧尼私自剃度平民。按，剃度有戶籍的平民為僧尼，須申報主管部門批准。❻李甘　字和龍，穆宗朝進士，官至侍御史，因倡言反對鄭注為相被貶官。傳見《舊唐書》卷一百七十一、《新唐書》卷一百十八。❼白麻　凡立后、建儲、施赦、拜免將相等，詔書用白麻紙。此指任命詔書。❽癸亥　七月二十日。❾封州　州名，治所封川，在今廣西梧州東南。❿事竟寢　鄭注入相的事最終被擱置。⓫甲子　七月二十一日。⓬國子博士　學官名，掌經學傳授。⓭左金吾大將軍　即左金吾衛大將軍，十六衛之一，掌宮中、京城巡警及京烽候道路，正三品。⓮沈議　官至駙馬都尉、左金吾大將軍，李宗閔之黨，遭鄭注、李訓排斥而貶官。⓯邵州　州名，治所在今湖南邵陽。⓰丙子　八月初三日。⓱潮州　州名，治所海陽，在今廣東潮州。⓲丁丑　八月初四日。⓳以隱淪自處　指以隱士自居。隱淪，深藏。⓴李珏　字待價，趙郡人，進士及第，穆宗朝官至左拾遺，直言敢諫。太和五年（西元八三一年），李宗閔、牛僧孺為相，與李珏親厚，擢至工部尚書、充翰林侍講學士。傳見《舊唐書》卷一百七十三、《新唐書》卷一百八十二。㉑忝　自謙語。辱；有愧於。㉒在近密　列身近臣。㉓戊寅　八月初五日。㉔柳州　州名，治所馬平，在今廣西柳州。㉕丙申　八月二十三日。㉖驩州　州名，治所安南九德，在今越南榮市。㉗恩州　州名，治所齊安，在今廣東恩平。㉘錮送　戴上枷鎖送至目的地。㉙己亥　八月二十六日。㉚廬州　州名，治所合肥，在今安徽合肥。㉛羅立言　歷任廬州刺史、司農少卿，以財結交鄭注，亦與李訓交厚，訓用為京兆少尹。訓敗，族誅。傳見《舊唐書》卷一百六十九、《新唐書》卷一百七十九。㉜高元裕　（西元七七七—八五三年）字景圭，唐太宗宰相高士廉之六世孫。官至山南東道節度使。傳見《舊唐書》卷一百七十一、《新唐書》卷一百七十七。㉝壬寅　八月二十九日。㉞閬州　州名，治所閬中，在今四川閬中。㉟二李　指李德裕、李宗閔。㊱虛日　空閒之日。㊲恟恟　同「洶洶」。動盪不安。㊳癸卯朔　九月初一日。

【語　譯】李訓上奏說和尚、尼姑眾多，耗費公私財物。七月十四日丁巳，詔令各地測試和尚、尼姑誦經不合格的人，都勒令還俗，禁止設置新的寺廟和私自剃度平民為和尚。

當時的人都說鄭注早晚之間就要當宰相，侍御史李甘在朝堂中揚言說：「任命宰相的白麻詔書一出現，我一定要在大庭廣眾中撕壞它！」七月二十日癸亥，李甘被貶為封州司馬。然而李訓也猜忌鄭注，不想讓他當宰相，這件事最終被擱置。

七月二十一日甲子，任命國子博士李訓為兵部郎中、知制誥，仍然擔任侍講學士。〇貶左金吾大將軍沈曦為邵州刺史。

八月初三日丙子，又貶李宗閔為潮州司戶。宋若憲被賜死。

八月初四日丁丑，任命太僕卿鄭注為工部尚書，充任翰林侍講學士。鄭注喜歡穿鹿皮毛衣，以隱士自居，文宗以師友相待。鄭注剛得到寵幸時，文宗曾經問翰林學士、戶部侍郎李玨說：「你知道有鄭注這個人嗎？曾經和他談過話嗎？」李玨回答說：「臣豈止知道他的姓名，並且深知他的為人。這個人奸巧邪惡，陛下寵信他，恐怕無益聖德。臣忝列皇上近臣，怎敢和他來往！」初五日戊寅，李玨被貶為江州刺史。再貶沈曦為柳州司戶。

八月二十三日丙申，詔令因楊承和庇護宋申錫，韋元素、王踐言與李宗閔、李德裕內外連結，接受賄賂，把楊承和安置在驩州，韋元素安置在象州，王踐言安置在恩州，命令從他們的現在住地戴上枷鎖送往安置的地方。楊虞卿、李漢、蕭澣是朋黨的首領，貶謫楊虞卿為虔州司戶，李漢為汾州司馬，蕭澣為遂州司馬。不久，又派遣使者追賜楊承和、韋元素、王踐言自殺。當時崔潭峻已經死了，仍開棺鞭屍。

八月二十六日己亥，任命前廬州刺史羅立言為司農寺少卿。羅立言是貪官，用賄賂交結鄭注而得到了這個官職。

鄭注擔任翰林的官職時，中書舍人高元裕起草任職命令，說鄭注靠治病侍奉君親，鄭注因此仇恨高元裕，上奏說高元裕曾經到郊外送李宗閔。八月二十九日壬寅，將高元裕貶為閬州刺史。高元裕，是高士廉的第六代子孫。

當時鄭注和李訓所不喜歡的朝廷士大夫，都被視為李德裕、李宗閔的黨羽，貶謫放逐沒有空閒一天，朝班序列中都快沒有人了，朝廷動盪不安。文宗也知道這一情況。李訓和鄭注擔心地位被別人動搖，九月初一日癸卯，勸說文宗下詔令：「凡是李德裕、李宗閔的親戚舊友和門生故吏，今日以前貶黜的以外，其餘的都不追究了。」人們的情緒才稍稍安定。

鹽鐵使王涯奏改江淮、嶺南茶法，增其稅。

庚申❶，以鳳翔節度使李聽為忠武節度使，代杜悰。

憲宗之崩也，人皆言宦官陳弘志所為。時弘志為山南東道監軍，李訓為上謀召之，至青泥驛❷，癸亥❸，封杖❹殺之。

鄭注求為鳳翔節度使，門下侍郎、同平章事李固言不可。丁卯❺，以固言為山南西道節度使，注為鳳翔節度使。李訓雖因注得進，及勢位俱盛，心頗忌注，謀欲中外協勢以誅宦官，故出注於鳳翔，其實俟既誅宦官，并圖注也。

注欲取名家才望之士為參佐❻，請禮部員外郎韋溫為副使❼，溫不可。或曰：「拒之必為患。」溫曰：「擇禍莫若輕。拒之止於遠貶，從之有不測之禍。」卒辭之。

戊辰❽，以右神策中尉、行❾右衛上將軍❿、知內侍省⓫事王守澄為左、右神策觀軍容使⓬，兼十二衛統軍。李訓、鄭注為上謀，以虛名尊守澄，實奪之權也。

己巳⓭，以御史中丞兼刑部侍郎舒元輿為刑部侍郎，兵部郎中知制誥、充翰林侍講學士李訓為禮部侍郎，並同平章事，仍命訓三二日一入翰林講易。元輿為中丞，凡訓、注所惡者，則為之彈擊⓮，由是得為相。又上懲李宗閔、李德裕多朋黨，以賈餗及元輿皆孤寒[15]新進，故擢為相，庶其無黨耳。

訓起流人[16]，期年[17]致位宰相，天子傾意任之。訓或在中書，或在翰林，天下事皆決於訓。王涯輩承順其風指[18]，惟恐不逮。自中尉、樞密、禁衛諸將，見訓皆震慴[19]，迎拜叩首。

壬申[20]，以刑部郎中兼御史知雜李孝本[21]權知御史中丞。孝本，宗室之子，依訓、注得進。

李聽自恃勳舊，不禮於鄭注。注代聽鎮鳳翔，先遣牙將丹駿[22]至軍中慰勞，誣奏聽在鎮貪虐。冬，十月乙亥[23]，以聽為太子太保、分司，復以杜悰為忠武節度使。

鄭注每自負經濟之略，上問以富人之術，注無以對，乃請榷茶，於是以王涯兼榷茶使。涯知不可而不敢違，人甚苦之[24]。

鄭注欲收僧尼之譽，固請罷沙汰[25]，從之。

李訓、鄭注密言於上，請除王守澄。辛巳[26]，遣中使李好古就第賜酖[27]，殺之，贈揚州大都督。訓、注本因守澄進，卒謀而殺之，人皆快守澄之受佞而疾訓、注之陰狡，於是元和之逆黨略盡矣。

【章　旨】以上為第八段，寫鄭注、李訓用卑劣手段助唐文宗誅殺元和逆黨宦官陳弘志、王守澄及其黨羽。

【注　釋】❶庚申　九月十八日。❷青泥驛　地名，在今陝西藍田。❸癸亥　九月二十一日。❹封杖　密賜杖刑。❺丁卯　九月二十五日。❻參佐　僚屬；部下。❼副使　指節度副使。❽戊辰　九月二十六日。❾行　官制術語。高官兼低職曰行。❿右衛上將軍　官名，左、右衛屬十六衛，設上將軍、大將軍、將軍，掌宮禁宿衛。⓫內侍省　官署名，掌宮廷內部事務，為宦官之職。其長官為監、少監、內侍。又有內常侍，通判省事。⓬觀軍容使　官名，為監軍之最高職務。⓭己巳　九月二十七日。⓮彈擊　彈劾抨擊。⓯孤寒　孤謂勢孤力單，寒謂門第低下。⓰訓起流人　李訓從流放之人中興起。⓱期年　一年之間。⓲風指　意旨。指，同「旨」。⓳震慴　震驚恐懼。慴，「懾」的異體字。⓴壬申　九月三十日。㉑李孝本　宗室子，累官刑部郎中，依李訓得進，權知御史中丞。訓敗，族誅。傳見《舊唐書》卷一百六十九、《新唐書》卷一百七十九。㉒丹駿　人名。㉓乙亥　十月初三日。㉔人甚苦之　文宗問鄭注，怎樣使老百姓富有，鄭注回答種茶徵稅。茶未種而稅先有，百姓是以苦之。㉕罷沙汰　停止淘汰。指解除裁減僧尼的詔令。裁減僧尼為李訓所奏請，見前七月十四日的丁巳詔。此言李訓與鄭注互相傾軋而造成政令屢變。㉖辛巳　十月初九日。㉗酖　同「鴆」。以鴆鳥羽毛浸泡的毒酒。

【語　譯】鹽鐵使王涯上奏請改革江淮、嶺南茶法，增加茶稅。

九月十八日庚申，任命鳳翔節度使李聽為忠武節度使，以代替杜悰。

憲宗死，人們都說是宦官陳弘志殺害的。這時陳弘志擔任山南東道監軍，李訓為文宗謀劃召他回來，走到青泥驛，九月二十一日癸亥，密令用刑杖打死了他。

鄭注請求擔任鳳翔節度使，門下侍郎、同平章事李固言不同意。九月二十五日丁卯，任命李固言為山南西道節度使，鄭注為鳳翔節度使。李訓雖然通過鄭注得到進用，等到兩人的權勢和地位都很高以後，李訓內心很忌妒鄭注，想謀求中外協力以誅宦官，所以派鄭注到鳳翔去擔任節度使，其內心是等到宦官被誅滅以後，一併除掉鄭注。

鄭注想引用出身名家才學又好的人為僚屬，就請禮部員外郎韋溫為節度副使，韋溫不同意。有人對韋溫說：「拒絕他一定會帶來禍患。」韋溫說：「選擇輕的災禍比較好。拒絕他最多是貶去邊遠的地方，順從他就會有預想不到的災禍。」最後推辭了副使的官職。

九月二十六日戊辰，任命右神策中尉、行右衛上將軍、知內侍省事王守澄為左、右神策觀軍容使，兼十二衛統軍。李訓、鄭注為文宗謀劃，用虛名來尊崇王守澄，其實是剝奪他的實權。

九月二十七日己巳，任命御史中丞兼刑部侍郎舒元輿為刑部侍郎，兵部郎中知制誥、充翰林侍講學士李訓為禮部侍郎，二人並同平章事，並命令李訓三兩天一次去翰林院給文宗講《易》。舒元輿擔任御史中丞的時候，凡是李訓、鄭注所厭惡的人，就幫助他們彈劾打擊，因此做了宰相。另外文宗鑑於李宗閔、李德裕多朋黨，認為賈餗和舒元輿都勢孤力單，門第低下，剛剛晉升，所以提拔為宰相，希望他們不結朋黨。

李訓從流放官吏中興起，一年就做到宰相的職位，天子全心全意信用他。李訓有時在中書省，有時在翰林院，國家的重大事情都決定於他。王涯他們那一班人順承他的意旨辦事，只擔心做不好。從中尉、樞密使到禁衛軍各將領，看到李訓都驚恐，忙著作揖磕頭。

九月三十日壬申，任命刑部郎中兼御史知雜李孝本暫時代理御史中丞。李孝本是宗室的子孫，依靠李訓、鄭注得以進用。

李聽自恃是有功的舊臣，不禮敬鄭注。鄭注接替李聽為鳳翔節度使，先派牙將丹駿到軍隊中慰勞將士，誣奏李聽在鎮貪財暴虐。冬，十月初三日乙亥，任命李聽為太子太保、分司東都，又任命杜悰為忠武節度使。

鄭注常常自認為有經世濟民的方略，文宗詢問他使民眾富庶的辦法，鄭注無話可答，就請求茶葉專賣，於是以王涯兼任榷茶使。王涯知道不能這麼辦而又不敢違抗，百姓都為此而感到痛苦。

鄭注想獲得和尚、尼姑的稱讚，堅決請求停止淘汰和尚、尼姑，文宗同意了。

李訓、鄭注祕密向文宗說，請除掉王守澄。十月初九日辛巳，派遣中使李好古到王守澄家賜給毒酒，把王守澄毒死了，贈他揚州大都督的官銜。李訓、鄭注原來是通過王守澄才得到進用，最後設計殺了他，民眾都以王守澄引進奸佞之人最終受報應而高興，但又痛恨李訓、鄭注的陰險狡猾，至此，元和年間以來的逆黨所剩無幾了。

乙酉❶，鄭注赴鎮。

庚子❷，以東都留守、司徒兼侍中裴度兼中書令，餘如故。李訓所獎拔，率皆狂險之士。然亦時取天下重望以順人心，如裴度、令狐楚、鄭覃皆累朝耆俊❸，久為當路❹所軋❺，置之散地，訓皆引居崇秩❻。由是士大夫亦有望其真能致太平者，不惟天子惑之也。然識者見其橫甚，知將敗矣。

十一月丙午❼，以大理卿郭行餘❽為邠寧節度使。○癸丑❾，以河東節度使、同平章事李載義兼侍中。○丁巳❿，以戶部尚書、判度支王璠為河東節度使。○戊午⓫，以京兆尹李石⓬為戶部侍郎、判度支，以京兆少尹羅立言權知府事。石，神符⓭之五世孫也。○己未⓮，以太府卿韓約為左金吾衛大將軍。

始，鄭注與李訓謀，至鎮，選壯士數百，皆持白棓⓯，懷其斧⓰，以為親兵。是月戊辰⓱，王守澄葬於滻水⓲，注奏請入護葬事⓳，因以親兵自隨。仍奏令內臣⓴中尉以下盡集滻水送葬，注因闔門㉑，令親兵斧之，使無遺類。約既定，訓與其黨謀：「如此事成，則注專有其功。不若使行餘、璠以赴鎮為名，多募壯士為部曲，并用金吾、臺府[22]吏卒，先期[23]誅宦者，已而并注去之。」行餘、璠、立言、約及中丞李孝本，皆訓素所厚也，故列置要地，獨與是數人及舒元輿謀之，它人皆莫之知也。

壬戌[24]，上御紫宸殿。百官班定，韓約不報平安[25]，奏稱：「左金吾聽事後石榴夜有甘露，臣遞門奏訖[26]。」因蹈舞再拜，宰相亦帥百官稱賀。訓、元輿勸上親往觀之，以承天貺[27]，上許之。百官退，班於含元殿[28]。日加辰[29]，上乘軟輿[30]出紫宸門，升含元殿。先命宰相及兩省官詣左仗[31]視之，良久而還。訓奏：「臣與眾人驗之，殆非真甘露，未可遽宣布，恐天下稱賀。」上曰：「豈有是邪！」顧左、右中尉仇士良、魚志弘帥諸宦者往視之。宦者既去，訓遽召郭行餘、王璠曰：「來受敕旨！」璠股栗[32]不敢前，獨行餘拜殿下。時二人部曲數百，皆執兵立丹鳳門外，訓已先使人召之，令入受敕。獨河東[1]兵入，邠寧兵竟不至。

仇士良等至左仗視甘露，韓約變色流汗，士良怪之曰：「將軍何為如是？」俄風吹幕起，見執兵者甚眾，又聞兵仗聲。士良等驚駭走出，門者欲閉之，士良叱之，關[33]不得上，士良等奔詣上告變。訓見之，遽呼金吾衛士曰：「來上殿衛乘輿者，人賞錢百緡！」宦者曰：「事急矣，請陛下還宮！」即舉軟輿，迎上扶升輿，決[34]殿後罘罳[35]，疾趨北出。訓攀輿呼曰：「臣奏事未竟，陛下不可入宮！」金吾兵已登殿，羅立言帥京兆邏卒三百餘自東來，李孝本帥御史臺從人二百餘自西來，皆登殿縱擊，宦官流血呼冤，死傷者十餘人。乘輿迤邐[36]入宣政門，訓攀輿呼益急，上叱之。宦者郗志榮奮拳毆其胸，偃[37]於地。乘輿既入，門隨闔，宦者皆呼萬歲，百官駭愕散出。訓知事不濟，脫從吏綠衫衣之，走馬而出，揚言於道曰：「我何罪而竄謫[38]！」人不之疑。王涯、賈餗、舒元輿還中書，相謂曰：「上且開延英，召吾屬議之。」兩省官詣宰相請其故，皆曰：「不知何事，諸公各自便！」士良等知上豫[39]其謀，怨憤，出不遜語，上慚懼不復言。

士良等命左、右神策副使劉泰倫、魏仲卿等各帥禁兵五百人，露刃出閤門討賊。王涯等將會食[40]，吏白：「有兵自內出，逢人輒殺！」涯等狼狽步走，兩省及金吾吏卒千餘人填門爭出。門尋闔，其不得出者六百餘人皆死。士良等分兵閉宮門，索諸司，捕賊黨。諸司吏卒及民酤販[41]在中者皆死，死者又千餘人，橫尸流血，狼藉塗地，諸司印及圖籍、帷幕、器皿俱盡。又遣騎各千餘出城追亡者，又遣兵大索城中。舒元輿易服單騎出安化門[42]，禁兵追擒之。王涯徒步至永昌里茶肆，禁兵擒入左軍。涯時年七十餘，被以桎梏，掠治不勝苦，自誣服[43]，稱與李訓謀行大逆，尊立鄭注。王璠歸長興里[2]私第，閉門，以其兵(44)自防。神策將至門，呼曰：「王涯等謀反，欲起尚書為相(45)，魚護軍(46)令致意！」璠喜，出見之，將趨賀再三。璠知見紿(47)，涕泣而行。至左軍，見王涯曰：「二十兄(48)自反，胡為見引(49)？」涯曰：「五弟昔為京兆尹，不漏言(50)於王守澄，豈有今日邪！」璠俛首不言。又收羅立言於太平里，及涯等親屬奴婢，皆入兩軍繫之。戶部員外郎李元皋，訓之再從弟也，訓實與之無恩，亦執而殺之。故嶺南節度使胡証(51)家鉅富，禁兵利其財，託以搜賈餗入其家，執其子溵，殺之。又入左常侍羅讓(52)、詹事(53)渾鐬(54)、翰林學士黎埴等家，掠其貲財，掃地無遺。鐬，瑊之子也。坊市惡少年因之報私仇，殺人，剽掠(55)百貨，互相攻劫，塵埃蔽天。

【章　旨】以上為第九段，寫唐文宗謀誅宦官的甘露之變失敗，宦官仇士良、魚弘志大殺朝官，功臣半空。

【注　釋】❶乙酉　十月十三日。❷庚子　十月二十八日。❸耆俊　耆老俊彥，年高卓越之人。❹當路　當權的人。❺軋排擠。❻崇秩　高位。❼丙午　十一月初五日。❽郭行餘　歷官楚、汝二州刺史、大理卿。李訓與之善，故擢為邠寧節度使，令其募兵，以誅宦官。訓敗，族誅。傳見《舊唐書》卷一百六十九、《新唐書》卷一百七十九。❾癸丑　十一月十二日。❿丁巳　十一月十六日。⓫戊午　十一月十七日。⓬李石　字中玉，唐文宗時宰相。為仇士良刺客所傷，出為荊南節度使。武宗時為河東節度使、東都留守。傳見《舊唐書》卷一百七十二、《新唐書》卷一百三十一。⓭神符　李神符（西元五七八—六五一年），唐高祖從父弟，官至揚州大都督，封襄邑王。傳見《舊唐書》卷六十、《新唐書》卷七十八。⑭己未 十一月十八日。⑮白棓 白色棒杖。棓，通「棒」。⑯懷其斧 懷中藏著斧子。⑰戊辰 十一月二十七日。⑱滻水 水名，源出秦嶺，至西安入灞水。此指滻水流經之陝西藍田白鹿原，有漢文帝霸陵，王守澄葬於原之西南。⑲請入護葬事 請求入京師護送王守澄靈柩入葬。⑳內臣 指宦官。㉑閤門 闕門。㉒金吾臺府 金吾衛和御史臺官署。㉓先期 在約定期限之前。㉔壬戌 十一月二十一日。㉕報平安 唐制：凡朝，皇帝既升御座，金吾將軍奏：「左右廂內外平安。」㉖遞門奏訖 言夜中聞奏，禁門已閉，隔門遞入以奏。㉗天貺 天賜。㉘班於含元殿 紫宸乃內殿，含元為前殿；帝欲往觀甘露，故百官自紫宸退出，立班於含元殿。㉙日加辰 時間已過辰時。㉚軟輿 軟座轎子。㉛左仗 左金吾衛。㉜股栗 大腿顫抖。㉝關 門閂。㉞決 衝決；打開。㉟罘罳 用絲線或銅絲織成的網，置於簷窗，防止鳥雀飛入。㊱迤邐 曲折而行。㊲偃 仰倒。㊳竄謫 流放貶黜。㊴豫 參與。㊵會食 相聚而食。諸宰相每日會食於政事堂。㊶酤販 販賣。㊷安化門 長安城南面西頭第一門。㊸誣服 無罪枉稱有罪招供。誣，此為自誣。服，認罪。宰相王涯不願受苦刑而自誣。㊹其兵 河東節度之兵。㊺欲起尚書為相 謂天子欲擢王璠為宰相。㊻魚護軍 即魚弘志，時為右神策護軍中尉。㊼見紿 被騙。㊽二十兄 王涯排行第二十。唐人慣以排行稱人。下文「五弟」，類同。㊾胡為見引 王璠責備王涯為什麼牽連自己。王涯指責王璠投靠王守澄而出賣宋申錫，才有今日的報應，王璠無言以對。㊿漏言 指宋申錫欲誅宦官，王璠洩其謀。事見上卷太和五年。(51)胡証 （西元七五七—八二八年）字啟中，河中河東（今山西永濟）人，累官至戶部尚書、判度支、嶺南節度使。傳見《舊唐書》卷一百六十三、《新唐書》卷一百六十四。(52)羅讓 字景宣，蘇州吳郡（今江蘇蘇州）人，官至福建、江西等觀察使。傳見《舊唐書》卷一百八十八、《新唐書》卷一百九十七。(53)詹事 官名，東宮官屬之長，掌統三寺、十率府。(54)渾鐬 德宗時名將渾瑊之第三子，官終諸衛大將軍。傳附《舊唐書》卷一百三十四、《新唐書》卷一百五十五〈渾瑊傳〉。(55)剽掠 搶劫。

【校記】〔1〕河東 原脫「河」字。胡三省注云：「『東』上逸『河』字。」據章鈺校，孔天胤本有「河」字，今據補。〔2〕里 據章鈺校，十二行本、乙十一行本、孔天胤本皆作「坊」。

【語譯】十月十三日乙酉，鄭注赴鳳翔上任。

十月二十八日庚子，任命東都留守、司徒兼侍中裴度兼中書令，其餘的官職依舊。李訓所獎勵提拔的人，大都是狂妄險惡的士子。但也不時選取在全國名聲很大的人以順應人們的心意，例如裴度、令狐楚、鄭覃都是幾朝的耆老俊彥，長期被當權的宰相所排擠，安排到閒散職位，李訓都把他們引薦到很高的官位上。因此士大夫中也有希望他真正能使國家達到太平的，不只是天子被他迷惑。然而有見識的人看到李訓驕橫已甚，知道他即將敗亡。

十一月初五日丙午，任命大理卿郭行餘為邠寧節度使。○十二日癸丑，任命河東節度使、同平章事李載義兼侍中。○十六日丁巳，任命戶部尚書、判度支王璠為河東節度使。○十七日戊午，任命京兆尹李石為戶部侍郎、判度支，任命京兆少尹羅立言暫代府尹之職。李石，是李神符的第五代孫。○十八日己未，任命太僕卿韓約為左金吾衛大將軍。

最初，鄭注和李訓商量，鄭注到鳳翔鎮後，挑選壯士數百人，都拿白木棒，懷中藏著斧子，作為親兵。在十一月二十七日戊辰那天王守澄下葬於滻水邊的時候，由鄭注奏明文宗請求入京護送王守澄靈柩入葬，乘機帶著親兵一道去。並奏請命令內臣中尉以下的宦官都一起到滻水邊送葬，屆時鄭注乘機關上大門，命令親兵用斧子砍殺宦官，一個也不放過。約定以後，李訓和他的黨羽商議：「如果這樣把事辦成功了，那麼鄭注就會獨佔功勞。不如要郭行餘、王璠用赴鎮的名義大量招募壯士為部下，加上金吾衛和御史臺的官吏士卒，在約定的日期之前把宦官殺掉，隨後把鄭注也一併除掉。」郭行餘、王璠、羅立言、韓約和中丞李孝本，都是李訓一向所厚待的人，所以把他們安置在重要職位上，只與這幾位及舒元輿等謀劃殺宦官事，其他的人都不知道這回事。

十一月二十一日壬戌，文宗到紫宸殿。百官按朝班排定以後，韓約不按規報告平安，而是上奏說：「左金吾政事廳堂後面的石榴樹上晚上降有甘露，臣已隔著宮門奏報完畢。」於是舞蹈拜了又拜，宰相也帶領百官向文宗道賀。李訓、舒元輿勸說文宗親自前往觀看，以承受上天的賜予，文宗答應了。百官退下後，又在含元殿以序排列。時間已過辰時，文宗坐著軟轎從紫宸門出來，登上含元殿。首先命宰相和兩省的官員到左仗去看甘露，隔了好一會才回來。李訓上奏說：「臣和大家檢驗了，大概不是真正的甘露，不要馬上對外宣布，怕天下全都慶賀。」文宗說：「難道有這樣的事！」回頭示意叫左、右中尉仇士良、魚志弘帶領那些宦官前去察看。宦官走了後，李訓立刻召喚郭行餘和王璠說：「前來接受皇上的詔令！」王璠大腿發抖不敢向前，只有郭行餘拜伏在殿下。當時二人有部下數百人，都拿著武器站立在丹鳳門外面，李訓已經預先派人召喚他們，命令進宮來接受皇上的命令。只有河東鎮兵進來了，邠寧鎮兵竟然沒有到。

仇士良等到左仗察看甘露，韓約臉色變了，流著汗，仇士良感到奇怪，問他說：「將軍為什麼這個樣子？」一會兒帷幕被風吹起，看到拿武器的人很多，又聽到兵器的聲音。仇士良等人驚恐，往外跑，守門的人想關上門，仇士良呵斥他們，門閂沒有閂上，仇士良等人跑到文宗那裡報告事變。李訓看到了，急忙呼叫金吾衛士兵說：「到殿上來保護皇上的人，每人賞錢一百串！」宦官們說：「事勢危急了，請陛下回宮！」隨即抬上軟轎，迎接文宗坐上轎，衝開殿後的絲網，快速向北跑。李訓攀著軟轎呼喊說：「臣奏事還沒有完，陛下不能入宮！」金吾衛的士兵已經登殿，羅立言帶領京兆尹的巡邏士卒三百多人從東邊到來，李孝本帶領御史臺隨從人員二百多人從西邊到來，全都登殿大肆砍殺，宦官身上流著血，大呼冤枉，死傷了十多人。文宗的轎子曲折進入宣政門，李訓攀著轎子喊叫得更急迫，文宗呵斥他。宦官郗志榮揮拳打擊他的胸部，李訓仰面倒在地上。文宗入宮後，大門隨即關上了，宦官們都高呼萬歲，百官在驚駭中分散出宮。李訓知道事變沒有成功，脫下隨從吏員的綠色衣衫穿上，驅馬而出，在路上揚言說：「我有什麼罪而要被貶謫流放！」沒有人懷疑他。王涯、賈餗、舒元輿返回中書省，互相說：「皇上將要在延英殿開會，召集我們商議這件事。」兩省的官員到宰相那裡詢問是怎麼一回事，都說：「不知道是什麼事，諸位各自隨意吧！」仇士良等人知道文宗參與了殺宦官的謀劃，又埋怨又憤慨，出語不敬，文宗既慚愧又恐懼，不再說話。

仇士良等命令左、右神策副使劉泰倫、魏仲卿等各自率領禁兵五百人，亮出刀鋒出殿門討伐叛賊。王涯等人將要會餐，有吏員報告：「有兵士從皇宮內出來，遇到人就殺！」王涯等人狼狽徒步逃跑，兩省和金吾衛吏卒一千多人堵塞宮門爭著出去。大門不久就被關閉，那些沒有逃出的六百多人都被殺死。仇士良等分兵關閉宮門，搜索各司，逮捕賊黨。諸司吏卒以及在禁中做買賣的平民都被殺，死去的又有一千餘人，橫屍流血，滿地都是，各司印章和圖書典籍、帷帳、器具全部毀壞。又派遣騎兵各一千多人出京城追捕逃跑的人，又派兵在城內大肆搜索。舒元輿換了衣服一個人騎馬出安化門，禁兵追上捉住了他。王涯步行到永昌里茶館中，禁兵抓住他送到左神策軍中。王涯當時七十多歲，被戴上刑械，拷打得忍受不住痛苦，就自誣認罪，說是與李訓陰謀進行大逆不道的事，尊立鄭注為皇帝。王璠回到長興里私宅，關上門，讓他的兵士保衛自己。神策軍的將領來到門口，喊道：「王涯等謀反，想起用尚書為宰相，魚護軍讓我們傳達他的意思！」王璠很高興，出門相見，將領快步走上前再三祝賀。王璠知道被騙了，涕泣而行。到達神策軍營中，看到王涯說：「二十兄自己謀反，為什麼把我也牽連進去？」王涯說：「五弟過去任京兆尹時，不把消息洩露給王守澄，怎麼會有今日的遭遇呢！」王璠低著頭不言語。又在太平里搜捕了羅立言，以及王涯等人的親屬、奴婢，都送入兩軍囚繫。戶部員外郎李元皋，是李訓的遠房弟弟，李訓實際上對他沒有什麼恩德，也被抓來殺死了。以前的嶺南節度使胡証家裡極為富有，禁兵貪圖他的財貨，藉口搜捕賈餗進到他的家裡，抓住他的兒子胡溵，把他殺了。又進入左散騎常侍羅讓、詹事渾鐬、翰林學士黎埴等人家裡，搶掠他們的財物，一掃而光。渾鐬，是渾瑊的兒子。街市上一些惡少乘機報私仇，殺人，搶奪百貨，互相攻掠，塵埃蔽天。

癸亥❶，百官入朝。日出，始開建福門❷，惟聽以從者一人自隨，禁兵露刃夾道。至宣政門，尚未開。時無宰相御史知班，百官無復班列。上御紫宸殿，問：「宰相何為不來？」仇士良曰：「王涯等謀反繫獄。」因以涯手狀呈上，召左僕射令狐楚、右僕射鄭覃等升殿示之。上悲憤不自勝，謂楚等曰：「是涯手書乎？」對曰：「是也！」「誠如此，罪不容誅❸！」因命楚、覃留宿中書，參決機務。使楚草制宣告中外，楚敘王涯、賈餗反事浮汎❹，仇士良等不悅，由是不得為相。

時坊市剽掠者猶未止，命左、右神策將楊鎮、靳遂良等各將五百人分屯通衢❺，擊鼓以警之，斬十餘人，然後定。

賈餗變服潛民間經宿❻，自知無所逃，素服乘驢詣興安門❼，自言：「我宰相賈餗也，為奸人所污，可送我詣兩軍❽。」門者執送西軍❾。李孝本改衣綠，猶服金帶，以帽障面，單騎奔鳳翔，至咸陽西，追擒之。

甲子❿，以右僕射鄭覃同平章事。

李訓素與終南僧宗密善，往投之。宗密欲剃其髮而匿之，其徒不可。訓出山，將奔鳳翔，為盩厔⓫鎮遏使宋楚所擒，械送京師。至昆明池，訓恐至軍中更受酷辱，謂送者曰：「得我則富貴矣！聞禁兵所在搜捕，汝必為所奪，不若取我首送之。」送者從之，斬其首以來。

乙丑⓬，以戶部侍郎、判度支李石同平章事，仍判度支，前河東節度使李載義復舊任。

左神策出兵三百人，以李訓首引王涯[1]、王璠、羅立言、郭行餘，右神策出兵三百人，擁賈餗、舒元輿、李孝本獻于廟社⓭，徇于兩市⓮。命百官臨視，腰斬于獨柳之下，梟其首於興安門外。親屬無問親疏皆死，孩稚⓯無遺，妻女不死者沒為官婢。百姓觀者怨王涯榷茶，或詬詈⑯，或投瓦礫擊之。

臣光曰：「論者皆謂涯、餗有文學名聲，初不知訓、注之謀，橫罹覆族之禍⑰，憤歎其冤[2]。臣獨以為不然。夫顛危不扶，焉用彼相⑱！涯、餗安高位，飽重祿；訓、注小人，窮奸究險⑲，力取將相。涯、餗與之比肩⑳，不以為恥，國家危殆，不以為憂，偷合苟容㉑，日復一日，自謂得保身之良策，莫我如也。若使人人如此而無禍，則奸臣孰不願之哉！一旦禍生不虞㉒，足折刑剭㉓，蓋天誅之也，士良安能族之哉！」

【章　旨】以上為第十段，寫宦官仇士良怨忿唐文宗而濫殺宰相王涯、賈餗等朝官，司馬光評論認為王涯、賈餗尸位素餐，與鄭注、李訓等奸佞小人為伍，偷合苟容，罪有應得。

【注　釋】❶癸亥　十一月二十二日。❷建福門　宮門名，在大明宮丹鳳門的右側。❸誠如此二句　意謂真是王涯親自招供，罪該萬死。❹浮汎　空洞不實。汎，同「泛」。❺通衢　大路；交通要道。❻經宿　過了一夜。❼興安門　大明宮南面西頭第一門。❽兩軍　左、右神策軍。❾西軍　右神策軍。在大明宮西面西內苑中。❿甲子　十一月二十三日。⓫盩厔　縣名，縣治在今陝西周至。⓬乙丑　十一月二十四日。⓭廟社　太廟與太社。太廟在朱雀街東第一街東北第二坊，太社在朱雀街西第一街西北第二坊，東西相對。⓮兩市　長安城中東市與西市。⓯孩穉　孩提；小孩。穉，同「稚」。⓰詬詈　即詬罵。⓱橫罹覆族之禍　意外遭受滅族之禍。⓲顛危不扶二句　語出《論語・季氏》：「危而不持，顛而不扶，則將焉用彼相矣？」⓳窮奸究險　極端奸險。⓴比肩　並肩。㉑偷合苟容　苟且迎合，以求容身。㉒不虞　不測。㉓足折刑剭　謂不能勝任，以致敗事，而受刑戮。語出《易・鼎卦》，而字、義略有不同：「鼎折足，覆公餗，其形渥，凶。」餗，鼎中食物。渥，浸溼。溫公作「剭」，即剭刑，誅大臣於屋下，不斷首示眾。

【校記】①王涯　兩字間原有一空格。據章鈺校，十二行本、乙十一行本、孔天胤本皆無空格，今據改。②憤歎其冤　原無此四字。據章鈺校，十二行本、乙十一行本、孔天胤本皆有此四字，張敦仁《通鑑刊本識誤》、張瑛《通鑑校勘記》同，今據補。

【語譯】十一月二十二日癸亥，百官入宮朝見天子。太陽出來了，才打開建福門，只准許讓一個隨從人員跟隨，禁兵亮出刀鋒站在道兩旁。到宣政門，還未開門。當時沒有宰相、御史帶領朝班，百官不再有朝班次序。文宗坐在紫宸殿上，問：「宰相為什麼不來？」仇士良說：「王涯等人謀反，因禁在監獄裡。」接著就把王涯親手寫的罪狀呈上，召左僕射令狐楚、右僕射鄭覃等人上殿展示給文宗看。文宗悲憤得忍受不了，對令狐楚等人說：「這是王涯親手寫的嗎？」回答說：「是的！」文宗說：「真是這樣，罪不容誅！」因而命令令狐楚和鄭覃留在中書省過夜，參加決定國家機要大事。讓令狐楚草擬制詔宣告朝廷內外，令狐楚敘述王涯、賈餗謀反的事情空洞浮泛，仇士良等人不高興，因此未能當上宰相。

當時街市上搶掠的人還未停止，命令左、右神策將楊鎮、靳遂良等各自率領五百人分別屯駐在大道上，擊鼓警告那些壞人，殺了十多個人，然後安定下來。

賈餗換了衣服躲藏在民間過了一晚，自己知道沒有地方逃，便穿著素色衣服乘著驢子前往興安門，說：「我是宰相賈餗，被奸人所誣陷，可把我送到兩軍中去。」守門的人抓住他送往右神策軍。李孝本改穿綠色衣服，依然佩戴金帶，用帽子遮著臉，一人騎馬奔往鳳翔，到達咸陽西面，被追上抓捕了。

十一月二十三日甲子，任命右僕射鄭覃為同平章事。

李訓一向和終南山的和尚宗密友好，前去投奔他。宗密想剃去李訓的頭髮把他藏起來，他的徒弟不答應。李訓走出終南山，將奔赴鳳翔，被盩厔鎮遏使宋楚擒獲，戴上刑械送往京師。到達昆明池，李訓擔心到軍中會受到更殘酷的陵辱，對押送的人說：「抓到我的人就可富貴了！聽說禁兵到處搜捕我，一定會把我從你們手中奪走，不如拿我的頭去送往京城。」押送的人聽從了，斬了他的頭送來京師。

十一月二十四日乙丑，任命戶部侍郎、判度支李石同平章事，仍兼判度支，前河東節度使李載義恢復原來的職務。

左神策軍出兵三百人，用李訓的頭為引導，王涯、王璠、羅立言、郭行餘等人隨後，右神策軍出兵三百人，擁著賈餗、舒元輿、李孝本到太廟和太社獻禮，又在東西兩市上示眾，命令百官都到場觀看，在獨柳處把他們腰斬，割下頭掛在興安門外。他們的親屬不論親疏全部處死，連小孩也不留下，妻女沒有被處死的沒為官府奴婢。觀看的老百姓怨恨王涯加重茶稅，有的咒罵他，有的投擲瓦片石頭擊打他。

臣司馬光說：「評論的人都說王涯、賈餗有文學名聲，原本不知李訓、鄭注之謀，意外遭受滅族之禍，憤歎其冤。臣卻認為不是這樣。國家有顛覆的危險而不知扶持，要你這個相又有何用！王涯、賈餗安於高位，飽受重祿；李訓、鄭注這種小人，極端奸險，極力竊取將相之位。王涯、賈餗和他們並肩事主，不認為是羞恥，國家危險，不為之擔憂，苟且偷安，日復一日，自認為得到了保身的好辦法，別人比不上我。如果人人都這樣而沒有災禍，那麼誰不願意做奸臣呢！一旦發生意料不到的災禍，鼎足斷了，遭受刑戮，這是上天對他的懲罰，仇士良哪裡能族滅他呢！」

王涯有再從弟❶沐，家於江南，老且貧。聞涯為相，跨驢詣之，欲求一簿、尉❷。留長安二歲餘，始得一見，涯待之殊落莫❸。久之，沐因嬖奴❹以道所欲，涯許以微官，自是日夕造❺涯之門以俟命❻。及涯家被收，沐適在其第，與涯俱腰斬。

舒元輿有族子守謙，愿❼而敏，元輿愛之，從元輿者十年。一日忽以非罪怒之，日加譴責，奴婢輩亦薄之。守謙不自安，求歸江南，元輿亦不留，守謙悲歎而去。夕至昭應❽，聞元輿收族，守謙獨免。是日，以令狐楚為鹽鐵轉運使，左散騎常侍張仲方權知京兆尹。時數日之間，殺生除拜，皆決於兩中尉❾，上不豫知。

初，王守澄惡宦者田全操、劉行深、周元稹、薛士幹、似先義逸、劉英誗等，李訓、鄭注因之遣分詣鹽州、靈武、涇原❿、夏州、振武⓫、鳳翔巡邊，命翰林學士顧師邕⓬為詔書賜六道，使殺之。會訓敗，六道得詔，皆廢不行。丙寅⓭，以師邕為矯詔，下御史獄。

先是，鄭注將親兵五百，已發鳳翔，至扶風⓮。扶風令韓遼知其謀，不供具⓯，攜印及吏卒奔武功⓰。注知訓已敗，復還鳳翔。仇士良等使人齎密敕授鳳翔監軍張仲清令取注。仲清惶惑，不知所為。押牙李叔和說仲清曰：「叔和為公以好召注，屏其從兵，於坐取之，事立定矣！」仲清從之，伏甲以待注。注恃其兵衛，遂詣仲清。叔和稍引其從兵，享之於外，注獨與數人入。既啜⓱茶，叔和抽刀斬注，因閉外門，悉誅其親兵。乃出密敕，宣示將士，遂滅注家，并殺副使錢可復⓲、節度判官盧簡能⓳、觀察判官蕭傑⓴、掌書記盧弘茂等及其枝黨，死者千餘人。可復，徽之子。簡能，綸㉑之子。傑，俛之弟也。朝廷未知注死，丁卯㉒，詔削奪注官爵，今鄭道按兵觀變。以左神策大將軍陳君奕為鳳翔節度使。戊辰㉓夜，張仲清遣李叔和等以注首入獻，梟於興安門，人情稍安，京師諸軍始各還營。

詔將士討賊有功及妮隊㉔者，官爵賜賚㉕各有差。右神策軍獲韓約於崇義坊，己巳㉖，斬之。仇士良等各進階遷官有差。自是天下事皆決於北司，宰相行文書而已。宦官氣益盛，迫脅天子，下視宰相，陵暴朝士如草芥。每延英議事，士良等動㉗引訓、注折㉘宰相。鄭覃、李石曰：「訓、注誠為亂首，但不知訓、注始因何人得進？」宦者稍屈，搢紳賴之。

【章旨】以上為第十一段，寫鄭注、李訓以謀殺宦官受寵，以被宦官所殺而終，兩人共謀大敵而同床異夢，其敗也固宜。

【注釋】❶再從弟　從祖兄弟。❷簿尉　主簿、丞、尉一類的官職。❸落莫　冷落。❹嬖奴　指王涯的受寵家奴。❺造　至。❻俟命　等待任命。❼愿　忠厚老實。❽昭應　縣名，縣治在今陝西臨潼。❾兩中尉　指仇士良、魚弘志。❿涇原　方鎮名，大曆三年（西元七六八年）置，治所涇州，在今甘肅涇川縣北。乾寧元年（西元八九四年）賜號彰義軍。⓫振武　方鎮名，乾元元年（西元七五八年）置，治所單于都護府，在今內蒙古和林格爾西北。⓬顧師邕　字睦之，官至翰林學士。受李訓命擬詔書，訓敗，以矯詔罪流放，賜死。傳見《新唐書》卷一百七十九。⓭丙寅　十一月二十五日。⓮扶風　縣名，縣治在今陝西扶風。⓯供具　提供給養；供應食物用品。⓰武功　縣名，縣治在今陝西武功西北。⓱啜　飲。⓲錢可復　累官至禮部郎中、鳳翔節度副使。傳見《舊唐書》卷一百六十八、《新唐書》卷一百七十七。⓳盧簡能　累官至監察御史、鳳翔節度判官。傳見《舊唐書》卷一百七十三。⓴蕭傑　人名，累官至主客員外郎、鳳翔觀察判官。傳見《舊唐書》卷一百六十三。㉑綸　盧綸，字允言，河中蒲（今山西蒲縣西南）人，以詩知名，大曆十才子之一。唐德宗曾召於禁中，令和御制詩，拜戶部郎中。方欲委之掌誥，會卒。傳見《舊唐書》卷一百六十三、《新唐書》卷二百三。㉒丁卯　十一月二十六日。㉓戊辰　十一月二十七日。㉔娖隊　捉拿逃亡的人。娖，通「捉」。隊，通「墜」。㉕賜賚　賞賜。㉖己巳　十一月二十八日。㉗動　往往；每每。㉘折　指責。

【語　譯】王涯有個從祖兄弟王沐，居住江南，既年老又貧窮。聽說王涯做了宰相，騎著驢子到他那裡去，想得到一個主簿或縣尉的小官職。停留在長安兩年多，才見到王涯一面，王涯待他特別冷淡。過了很久，王沐通過王涯親寵的家奴把所求告訴了王涯，王涯答應給他一個小官，從此王沐早晚都到王涯的家裡去等候任命。等到王涯的家裡被抄沒，王沐正好在他家，和王涯一同被腰斬。

舒元輿有同族晚輩叫舒守謙，忠厚老實而又聰敏，舒元輿很喜歡他，隨從舒元輿十年。忽然有一天舒守謙沒有過錯而舒元輿生他的氣，天天責罵，連奴婢們都看不起他。舒守謙很不自在，要求回到江南去，舒元輿也不挽留，舒守謙悲傷感歎地走了。晚上到達昭應，聽說舒元輿被逮捕族滅，只有舒守謙免受牽連。

當天，任命令狐楚為鹽鐵轉運使，左散騎常侍張仲方暫時代理京兆尹。在當時那幾天時間裡，殺人拜官，都由神策軍兩中尉決定，文宗不知道這些事。

當初，王守澄討厭宦官田全操、劉行深、周元稹、薛士幹、似先義逸、劉英誗等，李訓、鄭注因而把他們分派到鹽州、靈武、涇原、夏州、振武、鳳翔等地去巡視邊防，命令翰林學士顧師邕起草詔書賜給六道，要他們殺死派去的宦官。遇上李訓失敗，六道得到的詔書，都廢棄沒有執行。十一月二十五日丙寅，因為顧師邕偽造詔書，把他關押在御史監獄。

此前，鄭注帶領親兵五百人，已經從鳳翔出發，到達扶風。扶風縣令韓遼知道鄭注的陰謀，不提供給養，帶著官印和吏卒奔赴武功。鄭注得知李訓已經失敗，又返回鳳翔。仇士良等叫人帶著密詔交給鳳翔監軍張仲清，命令他抓捕鄭注。張仲清惶恐疑惑，不知怎麼辦。押牙李叔和勸張仲清說：「我為你用友好的名義把鄭注請來，讓他的隨從兵士躲開，在座位上殺了他，大事馬上就辦成了！」張仲清聽從了，埋伏甲士等待鄭注。鄭注靠著他的衛士，就前往張仲清那裡。李叔和逐漸引導鄭注的隨從兵士，在外面宴飲，鄭注和幾個人進到裡面。隨後喝茶，李叔和抽刀殺了鄭注，接著關上外門，把鄭注的親兵全都殺了。於是拿出朝廷的密詔，向將士們宣布，於是滅了鄭注全家，並殺了副使錢可復、節度判官盧簡能、觀察判官蕭傑、掌書記盧弘茂等人以及鄭注的黨羽，殺死的有一千多人。錢可復，是錢徽的兒子。盧簡能，是盧綸的兒子。蕭傑，是蕭俛的弟弟。朝廷不知道鄭注死了，十一月二十六日丁卯，下詔削除鄭注的官爵，命令相鄰各道按兵不動，觀察變化。任命左神策大將軍陳君奕為鳳翔節度使。二十七日戊辰晚上，張仲清派遣李叔和等把鄭注的頭獻給朝廷，被懸掛在興安門，人情漸漸安定，京師各處的軍隊才各自回到軍營。

下詔對討賊有功勞和抓捕逃犯的將士，賜給官爵和賞賜，各有一定的等級。右神策軍在崇義坊抓獲了韓約，十一月二十八日己巳，把他殺了。仇士良等人各都按功勞進級升官。從此國家大事都由北司決定，宰相在文書上例行簽名罷了。宦官氣勢越來越大，威脅天子，藐視宰相，對待朝廷士大夫如草芥一般任意欺壓和陵辱。每次在延英殿討論國事，仇士良等人動不動就拿李訓、鄭注來指責宰相。鄭覃、李石說：「李訓、鄭注誠然是禍亂的頭目，但是不知道李訓、鄭注開始是靠什麼人升官的？」宦官稍微被抑制，士大夫才有了依靠。

時中書惟有空垣破屋，百物皆闕。江西、湖南獻衣糧百二十分，充宰相召募從人❶。辛未❷，李石上言：「宰相若忠正無邪，神靈所祐，縱遇盜賊，亦不能傷。若內懷姦罔❸，雖兵衛甚設，鬼得而誅之。臣願竭赤心以報國，止循故事，以金吾卒導從足矣，其兩道所獻衣糧，並乞停寢❹。」從之。

十二月壬申朔❺，顧師邕流儋州❻，至商山❼，賜死。○榷茶使令狐楚奏罷榷茶，從之。○度支奏籍鄭注家貲，得絹百餘萬匹，它物稱是❽。

庚辰❾，上問宰相：「坊市安未？」李石對曰：「漸安。然比日寒冽❿特甚，蓋刑殺太過所致。」鄭覃曰：「罪人周親⓫前已皆死，其餘殆不足問。」時宦官深怨李訓等，凡與之有瓜葛親⓬，或蹔⓭蒙獎引者，誅貶不已，故二相言之。

李訓、鄭注既誅，召六道巡邊使⓮。田全操追忿訓、注之謀，在道揚言：「我入城，凡儒服者，無貴賤當盡殺之！」癸未⓯，全操等乘驛疾驅入金光門⓰。京城訛言有寇至，士民驚譟縱橫走，塵埃四起。兩省諸司官聞之，皆奔散，有不及束帶韈⓱而乘馬者。

鄭覃、李石在中書，顧吏卒稍稍逃去。覃謂石曰：「耳目⓲頗異，宜且出避之。」石曰：「宰相位尊望重，人心所屬，不可輕也。今事虛實未可知，堅坐鎮之，庶幾⓳可定。若宰相亦走，則中外亂矣。且果有禍亂，避亦不免。」覃然之。石坐視文案，沛然⓴自若。

敕使㉑相繼傳呼：「閉皇城㉒諸司門！」左金吾大將軍陳君賞帥其眾立望仙門㉓下，謂敕使曰：「賊至，閉門未晚。請徐觀其變，不宜示弱。」至晡㉔後乃定。是日，坊市惡少年皆衣緋皂㉕，持弓刀北望，見皇城門閉，即欲剽掠，非石與君賞鎮之，京城幾再亂矣。時兩省官應入直㉖者，皆與其家人辭訣㉗。

甲申㉘，敕罷修曲江亭館。

丁亥㉙，詔：「逆人親黨，自非前已就戮及指名收捕者，餘一切不問。諸司官吏[1]雖為所脅從，涉於詿誤㉚，皆赦之。他人無得妄[2]相告言及相恐愒㉛。見亡匿者，勿復追捕，三日內各聽自歸本司。」

時禁軍暴橫，京兆尹張仲方不敢詰。宰相以其不勝任，出為華州刺史，以司農卿薛元賞㉜代之。元賞常㉝詣李石第，聞石方坐聽事與一人爭辯甚喧。元賞使覘㉞之，云有神策軍將訴事。元賞趨入，責石曰：「相公輔佐天子，紀綱四海，今近不能制一軍將，使無禮如此，何以鎮服四夷！」即趨出上馬，命左右擒軍將，俟於下馬橋㉟。元賞至，則已解衣跽㊱之矣。其黨訴於仇士良，士良遣宦者召之曰：「中尉屈大尹㊲。」元賞曰：「屬有公事，行當繼至。」遂杖殺之。乃白服㊳見士良，士良曰：「癡書生何敢杖殺禁軍大將！」元賞曰：「中尉，大臣也，宰相，亦大臣也，宰相之人若無禮於中尉，如之何？中尉之人無禮於宰相，庸可恕乎！中尉與國同體㊴，當為國惜法。元賞已囚服而來，惟中尉死生之！」士良知軍將已死，無可如何，乃呼酒與元賞歡飲而罷。

初，武元衡之死，詔出內庫弓矢、陌刀㊵給金吾仗，使衛從宰相，至建福門而退。至是，悉罷之。

【章旨】以上為第十二段，寫宰相李石、京兆尹薛元賞以正氣裁抑宦官，遏制濫殺，維護了京師秩序。

【注釋】❶充宰相召募從人　作為宰相召募護衛親兵的費用。從人，指隨從護衛之人。❷辛未　十一月三十日。❸姦罔　奸詐。❹停寢　停止。❺壬申朔　十二月一日。❻儋州　州名，治所義倫，在今海南儋州西北。❼商山　山名，在今陝西商縣東。❽稱是　價值相等。❾庚辰　十二月初九日。❿寒冽　寒冷。⓫周親　至親。⓬瓜葛親　謂中表及同族兄弟子姪等。⓭蹔　同「暫」。暫且；暫時。⓮六道巡邊使　即李訓、鄭注所遣至鹽州等六道的中使田全操等六人。巡邊使，指隨事任命的專使。⓯癸未　十二月十二日。⓰金光門　長安城西面北頭第二門。⓱韈　「襪」的異體字。⓲耳目　猶言聽聞。⓳庶幾　或許。⓴沛然　安然；安暇。㉑敕使　皇帝使者。㉒皇城　唐京師長安有三重城牆。最外一道城牆即京城；內第二道城牆即皇城；再內第三道城牆即宮城，又名子城。㉓望仙門　宮城南門之一，即大明宮南面第五門，在丹鳳門的左側。㉔晡　即申時，下午三點至五點。㉕衣緋阜　穿淺紅色制服，打扮成公差模樣。㉖入直　入門下、中書兩省值班辦公。㉗辭訣　告別；永別。㉘甲申　十二月十三日。㉙丁亥　十二月十六日。㉚詿誤　連累。㉛恐愒　恐嚇。㉜薛元賞　太和初，任司農少卿、漢州刺史。以政績遷司農卿、京兆尹。出為武寧節度使，罷泗口雜稅，人以為便。後徙邠寧節度使。會昌中，復拜京兆尹。元賞長於吏事，能針砭時弊，進工部尚書，領諸道鹽鐵轉運使。官終昭義節度使。傳見《新唐書》卷一百九十七。㉝常　通「嘗」。㉞覘　窺視；探看。㉟下馬橋　橋名，在宮城建福門北。㊱跽　長跪，即直身而跪。㊲中尉屈大尹　謂中尉仇士良有要事相商，委屈京兆尹去一趟。㊳白服　素服，以示待罪。㊴同體　猶言一體，喻關係密切。㊵陌刀　長刀。

【校記】①吏　原脫。據章鈺校，十二行本、乙十一行本、孔天胤本皆有此字，張敦仁《通鑑刊本識誤》同，今據補。②妄　原無此字。據章鈺校，十二行本、乙十一行本皆有此字，張敦仁《通鑑刊本識誤》同，今據補。

【語譯】當時中書省只有空牆破屋，所有物品都欠缺。江西、湖南奉獻衣糧一百二十份，供宰相召募隨從人員。十一月三十日辛未，李石上奏說：「宰相如果忠正而不邪惡，神靈會保佑他，即使遇到盜賊，也不能傷害他。如果內懷奸詐，雖然設置很多兵衛，鬼怪也能抓獲殺死他。臣願竭盡赤心以報效國家，只按過去的慣例，用金吾衛的士卒為引導和隨從就足夠了，那些兩道所獻的衣糧，全都請求停止送來。」朝廷同意了。

十二月初一日壬申，顧師邕流放儋州，到達商山，被賜死。○榷茶使令狐楚上奏請求停止收茶稅，文宗答應了。○度支上奏沒收鄭注家產情況，獲得絹一百多萬匹，其他財物價值與這相當。

十二月初九日庚辰，文宗詢問宰相：「坊市安定了沒有？」李石回答說：「逐漸安定。然而近日寒冷得特別厲害，大概是殺人太多所造成的。」鄭覃說：「罪人的至親前時已經都處死了，其餘的人恐怕不必追究。」當時宦官深深地仇恨李訓等人，凡是與他們有一點點沾親帶故，或是暫時受到獎拔的人，誅殺、貶謫不已，所以兩位宰相談到這件事。

李訓、鄭注被殺後，召回六道巡邊使。田全操記恨李訓、鄭注的陰謀，在路上揚言說：「我進入京城，凡是穿儒生衣服的人，不分貴賤，要全殺掉他們！」十二月十二日癸未，田全操等人乘著驛站供給的車馬飛奔進入金光門。京城謠傳有強盜進來了，官民驚慌喧鬧紛紛逃走，塵埃四起。兩省各衙門的官員聽到這件事，都跑散了，有的乘馬人來不及束上衣帶、穿上鞋襪。

鄭覃、李石在中書省，看到官吏和士卒漸漸逃走。鄭覃對李石說：「我聽到的情況很不尋常，應當暫且出去躲一躲。」李石說：「宰相的地位威望很重要，人心所繫，不可輕視。當今的事情是真是假還不知道，堅定坐鎮在此，或許可以安定。如果宰相也逃走，那麼朝廷內外就亂了。況且果真有禍亂，躲避也不能脫身。」鄭覃認為很對。李石坐著看文件，安暇自如。

敕使一個接一個傳話呼喊：「關閉皇城各衙門的大門！」左金吾大將軍陳君賞帶領部眾站在望仙門下，對敕使說：「賊寇到了，關門也不晚。請讓我們慢慢觀察形勢的變化，不應當表示軟弱。」到申時才安定下來。這一天，坊市作惡的少年都穿著淺紅色的制服，拿著弓箭和刀向北張望，如果看見皇城門關閉了，就想進行搶掠，要不是李石和陳君賞鎮定下來，京城幾乎又要大亂了。當時應當去值班的兩省官員，走的時候都與家裡人辭行訣別。

十二月十三日甲申，下令停止修建曲江池的亭臺館舍。

十二月十六日丁亥，下詔：「叛逆人的親屬黨羽，不是前已被殺和指名收捕的人，其餘一切人都不追究。各衙門官吏雖然被脅迫跟從，受了連累，但全都赦免。別人不得妄自對他們進行控告和恐嚇。現在逃亡的人，不要再追捕他們，在三天之內讓他們各自回到本衙門去。」

當時禁軍暴虐蠻橫，京兆尹張仲方不敢過問。宰相覺得他不稱職，外任為華州刺史，任命司農卿薛元賞接替張仲方的職務。薛元賞曾經到李石宅第，聽到李石正坐在廳堂上與一個人大聲爭論。薛元賞叫人察看一下，說是有神策軍將領訴說事情。薛元賞快步走進去，責備李石說：「相公輔佐天子，統領四海，現在連身邊的一個軍將也不能駕御，讓他如此無禮，又怎麼能夠去鎮服四夷！」隨即快步出來騎上馬，命令左右隨從抓住軍將，在下馬橋等候。薛元賞到達下馬橋，軍將則已脫衣長跪在那裡了。軍將的同黨報告了仇士良，仇士良派宦官召薛元賞說：「中尉有請大尹。」薛元賞說：「正有公事在身，等一會兒就到。」於是用棍棒打死了軍將。薛元賞就穿著白色衣服去拜見仇士良，仇士良說：「痴書生怎麼敢杖殺禁軍大將！」薛元賞說：「中尉是大臣，宰相也是大臣，宰相的手下人倘若對中尉不講禮貌，怎麼辦？中尉手下人無禮於宰相，難道可以寬恕嗎！中尉和國家是一體的，應當為國家愛護法制。元賞已經穿了囚服來了，是生是死只在中尉！」仇士良知道軍將已經死了，沒有辦法了，於是叫人取來酒食和薛元賞歡飲作罷。

當初，武元衡被暗殺，下詔把內庫的弓箭和長刀交給金吾衛，讓他們保衛宰相，到達建福門後退回。到現在，把他們全部撤掉了。

開成元年（丙辰　西元八三六年）

春，正月辛丑朔❶，上御宣政殿，赦天下，改元。○仇士良請以神策仗衛殿門，諫議大夫馮定❷言其不可，乃止。定，宿之弟也。

二月癸未❸，上與宰相語，患四方表奏華而不典。李石對曰：「古人因事為文，今人以文害事。」

昭義節度使劉從諫上表請王涯等罪名，且言：「涯等儒生，荷國榮寵❹，咸欲保身全族，安肯構逆！訓等實欲討除內臣，兩中尉自為救死之謀，遂致相殺，誣以反逆，誠恐非辜。設若❺宰相實有異圖❻，當委之有司，正其刑典，豈有內臣擅領甲兵，恣行剽劫，延及士庶，橫被殺傷，流血千門❼，僵尸萬計，搜羅枝蔓，中外恫疑❽。臣欲身詣闕庭❾，面陳臧否❿，恐并陷孥戮⓫，事亦無成。謹當脩飾封疆⓬，訓練士卒，內為陛下心腹，外為陛下藩垣⓭。如姦臣難制，誓以死清君側⓮！」丙申⓯，加從諫檢校司徒。

天德軍⓰奏吐谷渾三千帳詣豐州降。

三月壬寅⓱，以袁州長史李德裕為滁州⓲刺史。

左僕射令狐楚從容奏：「王涯等既伏辜，其家夷滅⓳，遺骸棄捐⓴，請官為收瘞，以順陽和之氣㉑。」上慘然久之，命京兆收葬涯等十一人於城西，各賜衣[1]一襲㉒。仇士良潛使人發之，棄骨於渭水㉓。

丁未㉔，皇城留守郭皎奏：「諸司儀仗有鋒刃者，請皆輸軍器使㉕，遇立仗㉖別給儀刀㉗。」從之。

劉從諫復遣牙將焦楚長上表讓官，稱：「臣之所陳，繫國大體。可聽則涯等宜蒙湔洗㉘，不可聽則賞典不宜妄加，安有死冤不申而生者荷祿！」因暴揚㉙仇士良等罪惡。辛酉㉚，上召見楚長，慰諭遣之。時士良等恣橫，朝臣日憂破家。及從諫表至，士良等憚之。由是鄭覃、李石粗㉛能秉政，天子倚之亦差㉜以自彊。

夏，四月己卯㉝，以潮州司戶李宗閔為衡州司馬。凡李訓所[2]指為李德裕、宗閔黨者，稍稍[3]收復㉞之。○淄王協㉟薨。

甲午㊱，以山南西道節度使李固言為門下侍郎、同平章事，以左僕射令狐楚代之。

戊戌㊲，上與宰相從容論詩之工拙。鄭覃曰：「詩之工者，無若三百篇㊳，皆國人作之以刺美時政，王者采之以觀風俗耳，不聞王者為詩也。後代辭人之詩，華而不實，無補於事。陳後主㊴、隋煬帝㊵皆工於詩，不免亡國，陛下何取焉！」覃篤於經術，上甚重之。

己酉㊶，上御紫宸殿，宰相因奏事拜謝，外間因訛言：「天子欲令宰相掌禁兵，已拜恩矣。」由是中外㊷復有猜阻㊸，人情恟恟，士民不敢解衣寢者數日。乙丑㊹，李石奏請召仇士良等面釋其疑。上為召士良等出，上及石等共諭釋之，使毋疑懼，然後事解。

【章　旨】以上為第十三段，寫昭義節度使劉從諫上表請雪王涯罪名，暴揚仇士良罪惡，聲言清君側，宦官氣焰稍稍收斂。

【注　釋】❶辛丑朔　正月初一日。❷馮定　（？—西元八四六年）字介夫，婺州東陽（今浙江東陽）人，與兄馮宿俱以文學知名。歷官國子司業、諫議大夫、衛尉卿。其作品〈黑水碑〉、〈畫鶴記〉流傳至新羅等國。傳見《舊唐書》卷一百六十八、《新唐書》卷一百七十七。❸癸未　二月十三日。❹荷國榮寵　身負國家的榮譽和恩寵。❺設若　假若；假如。❻異圖　非分的謀劃。指反叛。❼千門　指稱宮門。❽中外恟疑　朝廷內外驚恐疑惑。❾闕庭　指朝廷。❿臧否　善惡；好壞。⓫孥戮　戮及子孫。⓬脩飾封疆　整飭疆界。⓭藩垣　護衛國家的藩籬。⓮清君側　清除君王身邊的奸佞親信。⓯丙申　二月二十六日。⓰天德軍　軍鎮名，治所在今內蒙古烏拉特前旗東北。⓱壬寅　三月三日。⓲滁州　州名，治所清流，在今安徽滁州。⓳夷滅　誅滅；消滅。⓴棄捐　拋棄。㉑請官為收瘞二句　此處兩句是化用《禮記・月令》：「孟春之月，天氣下降，地氣上騰」，「是月也，掩骼埋胔。」意為春天陽氣上升，要掩埋地上的屍骨。收瘞，收屍埋葬。陽和之氣，春天的暖氣。㉒一襲　一套。㉓渭水　水名，源出甘肅渭源，入陝，橫貫渭河平原，至潼關入黃河。㉔丁未　三月初八日。㉕軍器使　官名，即軍器庫使，掌內廷武器，宦官之職。㉖立仗　陳設儀仗。㉗儀刀　儀仗所用之刀，以木為之，飾以金銀，用於儀式，故名。㉘湔洗　洗滌；洗雪。㉙暴揚　宣揚；揭露。㉚辛酉　三月二十二日。㉛粗　略微；稍微。㉜差　尚可。㉝己卯　四月初十日。㉞收復　召回復職。㉟淄王協　淄王李協，憲宗第十四子，長慶元年（西元八二一年）封。傳見《舊唐書》卷一百七十五、《新唐書》卷八十二。㊱甲午　四月二十五日。㊲戊戌　四月二十九日。㊳三百篇　即《詩經》，共三百零五篇，此以整數稱之。㊴陳後主　即陳叔寶（西元五五三—六〇四年），南朝陳的末代皇帝，西元五八二—五八九年在位。㊵隋煬帝　隋朝的末代皇帝楊廣（西元五六九—六一八年），西元六〇四—六一八年在位。㊶己酉　五月十一日。㊷中外　中，內官；宦官。外，外朝百官。㊸猜阻　猜疑。㊹乙丑　五月二十七日。

【校記】①衣　原無此字。據章鈺校，十二行本、乙十一行本、孔天胤本皆有此字，張瑛《通鑑校勘記》同，今據補。②所　原無此字。據章鈺校，十二行本、乙十一行本皆有此字，今據補。③稍稍　「稍」字原不重。據章鈺校，十二行本、乙十一行本、孔天胤本「稍」字皆重，今據改。

【語譯】開成元年（丙辰　西元八三六年）

春，正月初一日辛丑，文宗駕臨宣政殿，大赦天下，改年號為開成。○仇士良請求用神策兵仗守衛殿門，諫議大夫馮定說不能那樣，這才作罷。馮定，是馮宿的弟弟。

二月十三日癸未，文宗和宰相談話，擔憂四方上奏的章表華而不實。李石回答說：「古人為了記敘事情而寫文章，今人為了文章漂亮而妨害了敘事的真實性。」

昭義節度使劉從諫上奏表質問王涯等人的罪名，並且說：「王涯等是儒生，身負國家的榮譽和恩寵，都想保全身家性命，怎麼肯去作逆！李訓等人實際上是想誅討宦官，兩個中尉自己為了安全而採取的計謀，以致互相殘殺，誣告他們謀反，恐怕不是他們的罪過。假設宰相真正有非分之謀，應當交給有關衙門，按法律判刑，哪裡有內臣擅自帶領軍隊，肆意進行搶劫，連累到士大夫和百姓，意外地被殺死殺傷，宮門內外到處流血，屍體以萬計，搜捕有牽連的人，朝廷內外驚恐疑惑。臣想親自到朝廷來，面陳善惡，又擔心也遭殺身滅族之禍，也成不了事。我會整飭疆界，訓練好兵卒，對內為陛下心腹之臣，對外為陛下之藩籬。如有奸臣難以制服，誓死清除君王身邊的奸佞親信！」二月二十六日丙申，加給劉從諫檢校司徒官銜。

天德軍上奏吐谷渾三千帳士卒到豐州投降。

三月初三日壬寅，改任袁州長史李德裕為滁州刺史。

左僕射令狐楚閒談時奏言：「王涯等人伏罪後，他的家族被夷滅，遺骨被拋棄，請命官府將屍骨搜集埋葬，以順應陽和之氣。」文宗悲傷了很久，命令京兆尹在城西收葬王涯等十一人，各賜衣服一套。仇士良暗地叫人把墳墓挖開，把屍骨拋棄到渭水中。

三月初八日丁未，皇城留守郭旼上奏說：「各衙門儀仗武器中有刀鋒的，請送到軍器庫使那裡去，遇上需要陳設儀仗時另外給予儀刀。」文宗聽從了。

劉從諫又派牙將焦楚長呈上奏表推辭加給他的官職，表中說：「臣所陳述的，關係到國家大事。能採納的話，那麼王涯等人就應當得到洗雪罪名，不能採納的話，那麼賞賜的恩典不應當隨便加給，哪裡有死者的冤案沒有申雪而活著的人卻蒙受祿位的事！」接著揭露了仇士良等人的罪惡。三月二十二日辛酉，文宗召見了焦楚長，好言相慰後打發他回去了。當時仇士良等人恣縱橫行，朝臣每天都擔心家破人亡。等到劉從諫的奏表到了以後，仇士良等有所畏懼。因此，鄭覃、李石略微能夠掌握朝政，天子依靠他們也尚可自立。

夏，四月初十日己卯，任命潮州司戶李宗閔為衡州司馬。凡是李訓所指斥為李德裕、李宗閔同黨的人，逐漸被召回復職。○淄王李協去世。

四月二十五日甲午，任命山南西道節度使李固言為門下侍郎、同平章事，以左僕射令狐楚接替李固言原來的職務。

四月二十九日戊戌，文宗和宰相閒談時討論詩的好壞。鄭覃說：「最好的詩，莫過《詩經》三百篇，那都是國人寫出來用以諷刺或讚美時政，國君把它搜集起來以觀察風俗民情的，沒有聽說國君自己也去寫詩。後代詞人寫的詩，華而不實，對國政無所補益。陳後主、隋煬帝都會寫詩，不免亡國，陛下又能取法什麼呢！」鄭覃對經學研究很深，文宗很敬重他。

五月十一日己酉，文宗駕臨紫宸殿，宰相因奏事拜謝，外面藉此造謠說：「天子想讓宰相掌握禁兵，宰相已拜謝皇上的恩遇了。」因此，朝廷內官與朝外百官互相猜疑，人心惶恐不安，官民幾天晚上不敢脫衣服睡覺。二十七日乙丑，李石上奏請求召集仇士良等人當面解釋彼此的疑慮。文宗把仇士良等人召喚出來，文宗和李石等共同解釋，讓大家沒有猜疑恐懼，然後這件事才化解了。

閏月乙酉❶，以太子太保、分司李聽為河中節度使。上嘗歎曰：「付之兵不疑，置之散地不怨，惟聽為可以然。」

乙未❷，李固言薦崔球❸為起居舍人，鄭覃再三以為不可。上曰：「公事勿相違！」覃曰：「若宰相盡同，則事必有欺陛下者矣！」

李孝本二女配沒右軍❹，上取之入宮。秋，七月，右拾遺魏謩❺上疏，以為：「陛下不邇❻聲色，屢出宮女以配鰥夫。竊聞數月以來，教坊❼選試以百數，莊宅❽收市猶未已。又召李孝本女入宮，不避宗姓，大興物論，臣竊惜之。昔漢光武一顧列女屏風，宋弘猶正色抗言，光武即撤之❾。陛下豈可不思宋弘之言，欲居光武之下乎！」上即出孝本女，擢謩為補闕，曰：「朕選市女子，以賜諸王耳。憐孝本女[1]髫齔❿孤露⓫，故收養宮中。謩於疑似之間皆能盡言，可謂愛我，不忝厥祖⓬矣。」命中書優為制辭以賞之。謩，徵之五世孫也。

鄜坊節度使蕭洪⓭詐稱太后弟，事覺，八月甲辰⓮，流驩州，於道賜死。趙縝、呂璋等皆流嶺南。

初，李訓知洪之詐，洪懼，辟訓兄仲京⓯置幕府。先是，自神策軍出為節度使者，軍中皆資其行裝，至鎮，三倍償之。有自左軍⓰出鎮鄜坊未償而死者，軍中徵之於洪。洪恃訓之勢，不與。又徵於死者之子，洪教其子遮宰相自言，訓判絕之。仇士良由是恨洪。

太后有異母弟在閩中，孱弱不能自達[17]。有閩人蕭本從之得其內外族諱，因士良進達於上，且發洪之詐，洪由是得罪。上以本為真太后弟，戊申[18]，擢為右贊善大夫[19]。

九月丁丑[20]，李石為上言宋申錫忠直，為讒人所誣，竄死遐荒[21]，未蒙昭雪。上俛首久之，既而流涕泫然[22]曰：「茲事朕久知其誤。奸人逼我，以社稷大計，兄弟幾不能保[23]，況申錫，僅全腰領[24]耳。非獨內臣，外廷亦有助之者。皆由朕之不明，曏使遇漢昭帝，必無此冤[25]矣！」鄭覃、李固言亦共言其冤，上深痛恨，有慚色。庚辰[26]，詔悉復申錫官爵，以其子慎微為成固[27]尉。

李石用金部員外郎[28]韓益判度支桉，益坐贓三千餘緡，繫獄。石曰：「臣始以益頗曉錢穀，故用之，不知其貪乃如是！」上曰：「宰相但知人則用，有過則懲，如此則人易得。卿所用人不掩其惡，可謂至公。從前宰相用人好曲蔽其過，不欲人彈劾，此大病也。」冬，十一月丁巳[29]，貶益梧州[30]司戶。

上自甘露之變，意忽忽不樂，兩軍毬鞠[31]之會什減六七，雖宴享音伎雜遝[32]

盈庭，未嘗解顏。閒居或徘徊眺望，或獨語歎息。壬午㉝，上於延英謂宰相曰：「朕每與卿等論天下事，則不免愁。」對曰：「為理㉞者不可以速成。」上曰：「朕每讀書，恥為凡主。」李石曰：「方今內外之臣，其間小人尚多疑阻，願陛下更以寬御之。彼有公清奉法如劉弘逸、薛季稜者，陛下亦宜褒賞，以勸為善。」甲申㉟，上復謂宰相曰：「我與卿等論天下事，有勢未得行者，退但飲醇酒求醉耳！」對曰：「此皆臣等之罪也。」

有司以左藏㊱積弊日久，請行檢勘，且言官典㊲罪在赦前者，請宥之，上許之。既而果得繒帛妄稱漬污者，敕赦之。給事中狄兼謩封還敕書曰：「官典犯贓，理不可赦。」上諭之曰：「有司請檢之初，朕既許之矣。與其失信，寧失罪人。卿能奉職，朕甚嘉之。」

十二月庚戌㊳，以華州刺史盧鈞㊴為嶺南節度使。李石言於上曰：「盧鈞除嶺南，朝士皆相賀，以為嶺南富饒之地，近歲皆厚賂北司而得之，今北司不撓朝權，陛下亦宜有以褒之。庶幾內外奉法，此致理之本也。」上從之。鈞至鎮，以清惠著名。

己未㊵，淑王縱㊶薨。

【章　旨】以上為第十四段，寫甘露之變後唐文宗納諫思治，對受制於宦官與奸佞有所醒悟而又無可奈何。

【注　釋】❶乙酉　閏五月十七日。❷乙未　閏五月二十七日。❸崔球　字叔休，崔珙之弟。武宗會昌中任鳳翔節度判官，入朝為尚書郎。傳見《舊唐書》卷一百七十七。❹右軍　右神策軍。❺魏謩　（西元七九二—八五八年）字申之，鉅鹿（今河北巨鹿）人，為唐初名相魏徵第五世孫。文宗朝官至諫議大夫，宣宗朝宰相。傳見《舊唐書》卷一百七十六、《新唐書》卷九十七。❻邇　近。❼教坊　即教坊司，唐內諸司之一。此指其主官教坊使。❽莊宅　即莊宅司，唐內諸司之一。此指其主官莊宅使。❾昔漢光武一顧列女屏風三句　宋弘，漢光武帝大司空。一日，宋弘進宮，見御座有新製屏風，圖畫一群美女，光武帝觀賞不已。宋弘諫曰：「未見好德如好色者。」光武帝立即撤去屏風。事詳《後漢書》卷二十六〈宋弘傳〉。❿髫齔　童年。髫，小兒垂髮。齔，同「齓」。小兒換齒。⓫孤露　父亡，或父母雙亡稱孤露。⓬不忝厥祖　無愧於其祖。⓭蕭洪　福建茶綱役人。事見本書卷二百四十三唐文宗太和二年。⓮甲辰　八月初七日。⓯仲京　李仲京，李訓之兄，為蕭洪府判官，擢監察御史。訓敗，投奔劉從諫。唐武宗會昌四年（西元八四四年）處斬。事附《新唐書》卷二百十四〈劉從諫傳〉。⓰左軍　左神策軍。⓱孱弱不能自達　懦弱不能把自己的情況上報於朝廷。⓲戊申　八月十一日。⓳贊善大夫　官名，太子屬官，分左右，職掌傳令、禮儀，以及規諫過失。⓴丁丑　九月十一日。㉑遐荒　邊遠之地。㉒泫然　淚流滿面的樣子。㉓兄弟幾不能保　指漳王湊，文宗之弟，被貶為巢縣公。㉔全腰領　謂免於刑戮。㉕曏使遇漢昭帝二句　指昭帝兄燕王旦、姐蓋主及左將軍上官桀共謀，告霍光謀反，昭帝識其詐，奸計遂不得行。事見《漢書》卷六十八〈霍光傳〉。㉖庚辰　九月十四日。㉗成固　縣名，縣治在今陝西城固。㉘金部員外郎　官名，金部為戶部第三司，掌全國庫藏錢帛出納帳簿的審核及度量衡事，正、副長官為郎中、員外郎。㉙丁巳　十一月丙寅朔，無丁巳，疑為丁丑。丁丑，十一月十二日。㉚梧州　州名，治所蒼梧，在今廣西梧州。㉛毬鞠　踢球。㉜雜遝　眾多紛亂的樣子。遝，同「沓」。㉝壬午　十一月十七日。㉞理　治。㉟甲申　十一月十九日。㊱左藏　國庫之一，掌錢帛、天下賦調。㊲官典　主管。㊳庚戌　十二月十五日。㊴盧鈞　字子和，歷仕唐文宗、唐武宗、唐宣宗三朝，先後任嶺南、昭義、宣武、河東、山南東、西道節度使。官終太子太師。傳見《舊唐書》卷一百七十七、《新唐書》卷一百八十二。㊵己未　十二月二十四日。㊶淑王縱　淑王李縱，順宗第四子，貞元二十一年（西元八〇五年）封。傳見《舊唐書》卷一百五十、《新唐書》卷八十二。

【校　記】1孝本女　據章鈺校，此下十二行本、乙十一行本、孔天胤本皆有「宗枝」二字，張敦仁《通鑑刊本識誤》同。

【語　譯】閏五月十七日乙酉，任命太子太保、分司李聽為河中節度使。文宗曾經感歎說：「交給他兵權不會被猜疑，放置在閒散的職位上不會埋怨，只有李聽可以做到這個樣子。」

閏五月二十七日乙未，李固言推薦崔球為起居舍人，鄭覃一再認為不可以。文宗說：「公事不要相互唱反調！」鄭覃說：「如果宰相的意見全都相同，那麼事情一定有欺騙陛下的了！」

李孝本的兩個女兒籍沒後發配到右神策軍，文宗把她們收入宮中。秋，七月，右拾遺魏謩上疏，認為：「陛下不近聲色，多次放出宮女配給沒有妻子的人，我私下聽說近幾個月以來，教坊使選試女子數以百計，莊宅使收買女子還沒有停止。又把李孝本的女兒召入宮中，同宗同姓也不迴避，議論大起，臣私下為此事而歎息。從前漢光武帝只一次回頭看畫了列女的屏風，宋弘尚且嚴肅地進諫，漢光武帝馬上撤去了屏風。陛下怎能不想想宋弘的話，想做比不上漢光武的人嗎！」文宗隨即放出了李孝本的女兒，提拔魏謩為補闕官，並說：「朕選取女子，是為了賞賜給各王子而已。同情李孝本的女兒幼小孤單，所以把她們收養在宮中。魏謩在懷疑中能暢所欲言，是對我的愛護，無愧於他的祖先了。」命令中書省官好好寫制書褒獎魏謩。魏謩，是魏徵的第五代孫。

鄜坊節度使蕭洪假稱是太后的弟弟，事情被揭露，八月初七日甲辰，流放驩州，在路上被賜死。趙縝、呂璋等人都流放到嶺南。

起初，李訓知道蕭洪的詐騙，蕭洪很害怕，便徵聘李訓的哥哥李仲京安置在幕府。此前，從神策軍調出去擔任節度使的人，軍中都資助他辦好行李物品，到達方鎮以後，用三倍的錢來償付行裝費用。有個從左神策軍去鄜坊任節度使的人沒有償還行裝費就死了，軍中就向蕭洪索取行裝錢。蕭洪仗著李訓的權勢，不給錢。神策軍又向死者的兒子索取錢款，蕭洪教死者的兒子攔著宰相自己申訴，李訓判決不必給錢。仇士良因此憎恨蕭洪。

太后有異母弟在閩中，懦弱，不能把自己的情況上達朝廷。有個閩人叫蕭本的，從他那裡瞭解到內外親族的姓名，通過仇士良報告給文宗，並且揭發了蕭洪的欺詐，蕭洪由此獲罪。文宗以為蕭本是太后的真弟弟，八月十一日戊申，提拔他為右贊善大夫。

九月十一日丁丑，李石向文宗說宋申錫忠貞正直，被奸讒之人所誣陷，流竄邊遠之地死去，沒有得到昭雪。文宗低頭好久，接著淚流滿面說：「這件事朕很早就知道辦錯了。奸人逼迫著我，為了社稷大事，我兄弟漳王幾乎不能保命，何況宋申錫，僅僅保住了不被殺頭而已。當時不只是內臣為奸，朝官中也有幫助他們的人。這些都由於我不能明察，假使遇上漢昭帝，一定不會有這種冤枉了！」鄭覃、李固言也一起說宋申錫冤枉，文宗非常懊悔，面有愧色。十四日庚辰，下詔完全恢復宋申錫的官爵，任命他的兒子宋慎微為成固縣尉。

李石任用金部員外郎韓益管理度支的文案，韓益因貪贓三千多串錢被關進牢獄。李石說：「臣原先因韓益通曉錢穀之事，所以任用他，不知道他貪汙竟然到這個樣子！」文宗說：「宰相只需知人就任用，有過錯就懲罰，這樣人才就容易得到。你任用人不掩蓋過錯，可以說極為公正。從前宰相任用人喜歡回護掩蓋他的過錯，不想讓別人彈劾他，這是很大的弊病。」冬，十一月丁巳日，貶謫韓益為梧州司戶。

文宗從甘露之變以後，心中悶悶不樂，兩軍蹋球的場次十減六七，雖然宴會音樂伎藝紛雜滿殿庭，也未能使他高興。他閒居時或徘徊眺望，或自言自語唉聲歎氣。十一月十七日壬午，文宗在延英殿對宰相說：「朕每次與你們討論國家大事，就免不了憂愁。」宰相回答說：「治理天下不能急於求成。」文宗說：「朕每次讀書，以做一個平凡的君主為恥。」李石說：「當今朝廷內外的臣子，其中小人還有很多猜疑，希望陛下改用寬容的態度對待他們。他們中有公正清廉守法如劉弘逸、薛季稜那樣的人，陛下也應當表揚獎賞，以此來勉勵他們。」十九日甲申，文宗又對宰相們說：「我與你們討論天下大事，有些在目前形勢下不能實行的，退朝後只有用酒來麻醉自己而已！」宰相回答說：「這些都是我們的罪過。」

有關部門認為左藏庫存在的弊病很久了，請求進行檢驗查勘，並且說主管官員的罪過在大赦以前的，請免了他們的罪，文宗答應了。不久，果然清查出有將好繒帛假說是漬汙了而乘機貪汙的，敕令赦免他們的罪。給事中狄兼謩把敕書封好退還說：「主管的官員犯貪贓罪，按理是不能赦免的。」文宗告訴他說：「有關部門請求檢查之前的事不治罪，朕已經答應了。與其失信，寧願漏網罪人。你能奉行職守，朕很讚賞你。」

十二月十五日庚戌，任命華州刺史盧鈞為嶺南節度使。李石向文宗進言說：「盧鈞被任命為嶺南節度使，朝中官員都互相道賀，認為嶺南是個富饒的地方，近年來都是大量賄賂北司才能得到這個職務，現在北司不阻撓朝廷行使任人的權力，陛下也應當對他們有所褒獎。但願朝廷內外的官吏都遵守法紀，這是治理好國家的根本。」文宗聽從了。盧鈞到任後，以清廉恩惠而著名。

十二月二十四日己未，淑王李縱去世。

二年（丁巳　西元八三七年）

春，二月己未❶，上謂宰相：「薦人勿問親疏。朕聞竇易直❷為相，未嘗用親故。若親故果才❸，避嫌而棄之，是亦不為至公❹也。」○均王緯❺薨。

三月，有彗星出於張❻，長八丈餘。壬申❼，詔撤樂減膳，以一日之膳分充十日。

夏，四月甲辰❽，上對中書舍人、翰林學士兼侍書柳公權等[1]於便殿，上舉衫袖示之曰：「此衣已三澣❾矣。」眾皆美上之儉德，公權獨無言。上問其故，對曰：「陛下貴為天子，富有四海，當進賢退不肖，納諫諍，明賞罰，乃可以致雍熙⑩。服澣濯之衣，乃末節耳。」上曰：「朕知舍人不應復為諫議⑪，以卿有諍臣⑫風采，須屈卿為之。」乙巳⑬，以公權為諫議大夫，餘如故。

戊戌⑭，以翰林學士、工部侍郎陳夷行⑮同平章事。

六月，河陽軍亂，節度使李泳奔懷州。軍士焚府署，殺泳二子，大掠數日方止。泳，長安市人，寓籍禁軍，以賂得方鎮。所至恃所交結，貪殘不法，其下不堪命，故作亂。丁未⑯，貶泳澧州⑰長史。戊申⑱，以左金吾將軍李執方為河陽節度使。

秋，七月癸亥⑲，振武奏党項三百餘帳剽掠逃去。

給事中韋溫為太子侍讀⑳，晨詣東宮，日中乃得見。溫諫曰：「太子當雞鳴而起，問安視膳㉑，不宜專事宴安㉒。」太子不能用其言，溫乃辭侍讀。辛未㉓，罷守本官。

振武突厥百五十帳叛，剽掠營田。戊寅㉔，節度使劉沔㉕擊破之。

八月庚戌㉖，以昭儀㉗王氏為德妃㉘，昭容楊氏為賢妃。立敬宗之子休復為梁王，執中為襄王，言揚為杞王，成美為陳王。癸丑㉙，立皇子宗儉為蔣王。

河陽軍士既逐李泳，日相扇，欲為亂。九月，李執方索得首亂者七十餘人，悉斬之，餘黨分隸外鎮，然後定。

冬，十月，國子監石經㉚成。

福建奏晉江㉛百姓蕭弘稱太后族人，詔御史臺按之。

戊申㉜，以門下侍郎、同平章事李固言同平章事，充西川節度使。

甲寅㉝，御史臺奏蕭弘詐妄。詔遞歸㉞鄉里，不之罪，冀得其真㉟。

【章旨】以上為第十五段，寫唐文宗節儉，河陽軍亂，太子李永貪睡不成器，為太子暴斃張本。

【注釋】❶己未　二月二十五日。❷竇易直　字宗玄，京兆人，穆宗朝官至宰相，清廉正直，不用親黨。傳見《舊唐書》卷一百六十七、《新唐書》卷一百五十一。❸果才　果真有才。❹至公　最高的公正、公平。❺均王緯　均王李緯，順宗第三子，貞元二十一年封。傳與溆王縱同。❻張　星宿名，二十八宿之一，位於南方。❼壬申　三月初九日。❽甲辰　四月十一日。❾澣　通「浣」。洗濯。❿雍熙　和樂，喻天下太平。⓫舍人不應復為諫議　舍人，指中書舍人。諫議，指諫議大夫。中書舍人職位高於諫議大夫，為文士之美官。柳公權已為中書舍人，無故不應降為諫議大夫。唐文宗欲其兼任此職以備拾遺補過，故有此言。⓬諍臣　直言敢諫之臣。⓭乙巳　四月十二日。⓮戊戌　四月初五日。⓯陳夷行　（？—西元八四四年）字周道，潁川（今河南許昌）人，歷任唐文宗、唐武宗兩朝宰相。傳見《舊唐書》卷一百七十三、《新唐書》卷一百八十一。⓰丁未　六月十五日。⓱澧州　州名，治所澧陽，在今湖南澧縣東南。⓲戊申　六月十六日。⓳癸亥　七月初二日。⓴太子侍讀　官名，無定員，掌講導經學。㉑問安視膳　謂太子應早起向父皇問安，察看父皇飲食。典出《禮記》卷八〈文王世子〉：「文王之為世子……雞初鳴而衣服，至於寢門外，問內豎之御者曰：『今日安否何如？』內豎曰：『安。』文王乃喜。」又「食上，必在，視寒暖之節；食下，問所膳。」㉒宴安　飲宴逸樂。㉓辛未　七月初十日。㉔戊寅　七月十七日。㉕劉沔　字子汪，徐州彭城（今江蘇徐州）人，文宗太和末，累官涇原、振武節度使。唐武宗會昌時先後任河東、義成、忠武節度使。沔驍勇善戰，曾破党項，敗回鶻，在西北邊境屢立戰功。傳見《舊唐書》卷一百六十一、《新唐書》卷一百七十一。㉖庚戌八月十九日。㉗昭儀　與後一句的「昭容」都是后妃官名，位次夫人。㉘德妃　與後一句的「賢妃」同為后妃官名，為夫人，位次皇后。㉙癸丑　八月二十二日。㉚石經　鄭覃以宰相判國子祭酒，仿東漢蔡邕刊刻《石經》故事，命於國子監兩廊刻《石壁九經》，又加《孝經》、《論語》、《爾雅》為十二經（無《孟子》），作為定本。這就是歷史上著名的唐刻《開成石經》。㉛晉江　縣名，縣治在今福建泉州。㉜戊申　十月十八日。㉝甲寅　十月二十四日。㉞遞歸　令所過驛站給食，乘驛車而歸。㉟冀得其真　希望訪得太后真正的弟弟。

【校　記】①等　原無此字。據章鈺校，十二行本、乙十一行本皆有此字，今據補。

【語　譯】二年（丁巳　西元八三七年）

春，二月二十五日己未，文宗對宰相說：「推薦人不要問親疏。我聽說竇易直任宰相，未曾用過親戚故舊。要是親戚故舊果真有才幹，為了避免嫌疑而棄用，這也不是很公平。」〇均王李緯去世。

三月，有彗星出現在張宿，有八丈多長。初九日壬申，下詔令撤去音樂，減少膳食，把一天的膳食分作十天享用。

夏，四月十一日甲辰，文宗在便殿面對中書舍人、翰林學士兼侍書柳公權等，文宗舉起衣衫的袖子展示給柳公權看，並說：「這件衣服已經洗了三次了。」大家都讚美文宗節儉的美德，只有柳公權沒有說話。文宗問他原因，柳公權回答說：「陛下貴為天子，富有四海，應當選拔賢能的人，斥退不賢能的人，採納直言正諫，賞罰分明，這樣才能達到國家太平和樂。穿洗過的衣服，只是細微末節的事而已。」文宗說：「朕知道中書舍人不應當再為諫議大夫，因你有直言敢諫的大臣風采，必須委屈你去擔任。」十二日乙巳，任命柳公權為諫議大夫，其餘官職不變。

四月初五日戊戌，任命翰林學士、工部侍郎陳夷行同平章事。

六月，河陽軍叛亂，節度使李泳逃往懷州。軍士燒了節度使衙門，殺死李泳的兩個兒子，大搶數日才停止。李泳是長安坊市中人，在禁軍中登記了名籍，用賄賂得到節度使的職位。所到之處，依靠交結朋友，貪汙殘暴，不守法度，他的部下忍受不了他的政令，所以發動叛亂。十五日丁未，貶李泳為澧州長史。十六日戊申，任命左金吾將軍李執方為河陽節度使。

秋，七月初二日癸亥，振武節度使上奏党項有三百多個軍帳大肆搶劫以後逃走了。

給事中韋溫為太子侍讀官，早晨前往東宮，中午才見到太子。韋溫進諫說：「太子應當雞鳴時就起床，去向皇上請安，察看皇上的飲食情況，不應當只從事飲宴逸樂。」太子不聽他的話，韋溫就提出辭去侍讀的職務。七月初十日辛未，免去了侍讀，只任本官給事中。

振武軍所屬突厥一百五十個軍帳叛亂，搶掠營田。七月十七日戊寅，節度使劉沔打敗了他們。

八月十九日庚戌，以昭儀王氏為德妃，昭容楊氏為賢妃。立敬宗的兒子李休復為梁王，李執中為襄王，李言楊為杞王，李成美為陳王。二十二日癸丑，立皇子李宗儉為蔣王。

河陽鎮軍士趕走李泳以後，天天互相煽動，想要作亂。九月，李執方搜捕到帶頭謀亂的七十多人，把他們全殺了，其餘的黨徒分別送到其他的鎮安置，然後安定下來。

冬，十月，國子監雕刻的《石經》完成。

福建上奏說晉江百姓蕭弘說是蕭太后的族人，下詔要御史臺查驗。

十月十八日戊申，任命門下侍郎、同平章事李固言同平章事，充任西川節度使。

十月二十四日甲寅，御史臺上奏說蕭弘詐偽。詔令所經各地傳送蕭弘回鄉里，不治他的罪，希望能找到太后真正的親人。

【研　析】本卷研析牛李黨爭與甘露之變兩件大事。

牛李黨爭。唐中央官僚主要由兩種人組成，一是門蔭出身，二是進士及第出身。門蔭靠祖上的功德，是士族和累世官宦之後。門蔭官僚用人主要傾向於沒落的門閥士族。進士出身，是科舉入仕，多出身庶族。科舉同榜進士稱同年，進士對主考官稱座主，主考官對被錄取的進士稱門生。同科進士與主考官，以及推薦的公卿，很容易結成親密關係，互相援引，形成一個小圈子，共同排斥圈外的人，被稱為朋黨。門蔭出身與進士出身兩種官員之間明爭暗鬥，由來已久，宦官專皇權，宦官代表工商雜類人入仕，奸佞小人依附宦官入仕，擠佔朝官位子，因此在唐代形成了很複雜的朋黨鬥爭與南北司鬥爭。其中歷時最長、鬥爭最為激烈的是所謂牛李黨爭。牛黨領袖為牛僧孺、李宗閔，李黨領袖為李德裕、鄭覃。雙方領軍人物都歷仕憲宗、穆宗、敬宗、文宗、武宗五朝，多次輪番入主相位，牛黨得勢，排斥李黨，李黨得勢，排斥牛黨。

牛黨領軍牛僧孺，係牛仙客之後，牛仙客出身胥吏，目不知書，玄宗朝貴為宰相，仍受人冷眼，故牛僧孺冒稱隋吏部尚書牛弘之後。牛僧孺、李宗閔、楊嗣復三人都是德宗貞元二十一年同年進士，權德輿的門生，因此三人「情義相得，進退取捨，多與之同」（《舊唐書・楊嗣復傳》）。牛黨核心人物是李宗閔，牛僧孺居其次，因最為寒庶，故舉為牛黨代表。李德裕為趙郡士族之後，祖李栖筠，御史大夫，父李吉甫，元和初宰相。李德裕年輕時，「恥與諸生從鄉賦，不喜科試」（《舊唐書》本傳），以門蔭入仕。

牛李兩黨的分歧。主要表現在兩個方面：一是用人。牛黨重詞采文章，主張科舉入仕，代表庶族利益。李黨主張門蔭用公卿子弟，鄭覃多次向文宗建議廢科舉，代表門閥士族利益。在用人上，李黨是倒退的。二是對待藩鎮。牛黨主張姑息，李黨主張平叛。武宗強力平叛，是李黨最得勢的時期。

牛李結怨始於唐憲宗元和三年（西元八〇八年），憲宗詔舉賢良方正科，牛僧孺、李宗閔同登榜首，兩人在對策中譏評時政，宰相李吉甫恨之，泣訴於憲宗說主考不公，遭貶官，李宗閔、牛僧孺被冷落七年之久，直到李吉甫死後才被起用。楊嗣復之父楊於陵，第一主考，由戶部侍郎貶為嶺南節度。李德裕，李吉甫之子。兩黨結怨，互鬥，直到武宗會昌六年（西元八四六年）結束，前後四十年，歷經了六個回合。穆宗長慶元年，右補闕楊汝士與禮部侍郎錢徽掌貢舉，李宗閔之婿蘇巢、楊汝士之弟楊殷士被錄取，翰林學士李德裕聯合元稹、李紳上奏考官受請託，李宗閔、楊汝士、錢徽遭貶逐，這是第一回合。李德裕排斥李宗閔出朝，當時李宗閔任中書舍人，二李結怨。長慶三年（西元八二三年），李德裕與牛僧孺二人皆有入相之望，穆宗自擇牛僧孺為相，李德裕認為是宰相李逢吉援引牛僧孺排斥自己，由是，牛李之怨加深。文宗太和三年（西元八二九年）李德裕、李宗閔同時入相，李宗閔依附宦官，二十天就把李德裕排擠出朝。第二年，李宗閔引牛僧孺再入相，共同清洗李黨，這是第二回合。文宗太和六年，牛僧孺罷相，李德裕還京任兵部尚書，李宗閔與楊汝士從弟楊虞卿共同阻擋李德裕入相失敗，太和七年，李德裕入相，李宗閔被罷出朝，這是第三回合。太和八年，唐文宗信用鄭注，又引李宗閔入相，李德裕被罷出朝，這是第四回合。牛李兩黨在朝互相排擠，不斷升級，唐文宗時時長歎：「去河北賊易，去朝廷朋黨難。」司馬光評論說：「朋黨之起，緣於君主昏庸，忠奸不分」，有一定道理。唐文宗不分忠奸，用李宗閔朋黨斥逐李德裕朋黨就是一個錯誤。李宗閔依附宦官，李德裕與宦官有距離，又有賢才，李黨得勢對朝廷有利。鄭注、李訓，兩個兇狡之徒，依附宦官入朝，最後唐文宗重用這兩個人，既謀誅宦官，又統統排斥牛李兩黨，文宗想的是一箭雙雕，既殺宦官，又逐朋黨，如此昏聵，怎能不僨事。唐文宗把自己玩完，成了宦官俘虜，抱憾離世。武宗即位，用兵藩鎮，起用李德裕為相，李黨得勢，大力排斥牛黨。從會昌元年到會昌四年，牛黨五位宰相李宗閔、牛僧孺、崔珙、楊嗣復、李珏不斷遭貶逐，這是第五回合。會昌六年，武宗死，宣宗立，李德裕立即遭貶逐，武宗所逐牛黨五相，同日量移，這是第六回合。不久，兩黨領袖李德裕、牛僧孺、李宗閔均死於貶所。至此，牛李黨爭結束，前後歷四十年。但朝廷的朋黨之爭並沒有結束，而是日益加劇，直至唐亡。

牛李黨爭，從總體上看，是君子與君子之爭，朝士庶族官僚與士族官僚之間爭官位，尤其是爭宰輔執政大臣之位。李宗閔依附宦官較深，牛黨多奸邪之士，而牛僧孺本人還較為清正。李德裕不依附宦官，以才能贏得皇帝信任，但李德裕在文宗朝入相仍得力於樞密楊欽義。李德裕在方鎮任上用秉正品德與權謀交好監軍，也是他入相的資本。在宦官專皇權的唐代，任何賢士大夫完全脫離宦官的影響是不可能的。會昌年間，李德裕處理藩鎮和邊境事件都收到功效，南司威望提高，北司相對退縮。這時，唐朝聲威有再展之勢，由於武宗在位短促，再展之勢夭折，李德裕以悲劇告終，一貶再貶，死於崖州，在今海南海口南。

甘露之變。所謂甘露之變，是唐文宗第二次謀誅宦官引發的政治事件。文宗所用非人，鄭注、李訓兩個兇狡人謀事，兩人同床異夢，以失敗告終。

鄭注，絳州翼城人，以醫術遊長安權貴之門。本姓魚，冒姓鄭氏士族，故時人稱之為魚鄭，隆貴時，人們目之為「水族」，水為陰，以鄭注為陰險人。鄭注依附宦官王守澄，謀害宋申錫，挫敗唐文宗第一次誅宦官。

李訓，字子垂，初名仲言，隴西成紀（在今甘肅秦安）人。士族。肅宗時宰相李揆之族孫，敬宗朝宰相李逢吉之姪。進士及第入仕，陰險善謀，曾因事被流放，回京後通過賄賂鄭注投靠王守澄，得以東山再起。鄭注精通醫術，李訓精通《易經》，王守澄將兩人薦之於唐文宗，目的是安插兩人在文宗身邊為自己的耳目。兩人都是野心家，認為投靠宦官，不如投靠皇帝。文宗拜鄭注為太僕卿、兼御史大夫，時時入宮侍疾。李訓被拜為四門助教，遷國子《周易》博士，充翰林侍講學士。兩人倒戈，反被唐文宗任用來反擊宦官。兩人為唐文宗策劃太平盛世的方略，先除宦官，次復河、湟，再次清河北，說得頭頭是道，唐文宗深信不疑，對兩人寵遇日隆。兩人先拿牛李的兩黨人物開刀，既掃清宦官在朝中的勢力，又培植自己的朋黨。鄭注引李宗閔入相逐走李德裕、路隋，隨後逐走李宗閔，連逐三相，威震天下。鄭李兩人對不合心意的人都指目為牛黨李黨的人，盡行驅逐，而安插自己的同類。同時引薦謀誅宦官的舒元輿、郭行餘、王璠、羅立言、韓約、賈餗、裴度等人，博取聲譽，贏得人心，所以當時「天下之人，有冀訓以致太平者」（《舊唐書》李訓本傳）的讚譽。

接著兩人又利用宦官內部爭權的矛盾，把反對王守澄的韋元素、楊承和、王踐言三人外出到方鎮為監軍，不久處死。追究憲宗之死，把當年毒殺憲宗的宦官陳弘志處死。再利用仇士良與王守澄爭權的矛盾，鄭李二人勸文宗升任王守澄為左右神策軍觀軍容使，明升暗降解除王守澄神策軍中尉的職務，剝奪了王守澄的軍權，而任用仇士良為中尉抗衡王守澄。太和九年十月，免去王守澄觀軍容使之職，賜死王守澄，祕不發喪。鄭注和李訓的這一系列行動，表現了十分幹練的政治才能，自中尉、樞密、禁衛諸將都十分敬畏李訓。

鄭注、李訓謀誅全部宦官。其時李訓為相，出鄭注任鳳翔節度使，原計劃內外合謀誅宦官。鄭注到鳳翔選鳳翔兵數百人，作為親兵，等下葬王守澄時，唐文宗令全部宦官去會葬，鄭注縱親兵全誅宦官。李訓靠鄭注引薦得勢，這時他的野心要獨佔大功，誅了宦官，再除鄭注。李訓不讓鄭注搶功，他上奏文宗，稱左金吾大廳後石榴樹上有甘露。十一月二十一日，唐文宗在紫宸殿接見百官，文宗令李訓率眾官去察看。李訓回來說不像是真甘露，文宗故作驚訝，令左右中尉仇士良、魚弘志率領眾官再去察看。仇士良到了左金吾大廳，發現李訓事先埋伏的甲士，立即逃回殿上，劫奪唐文宗入宮，派出神策軍血洗朝官。宰相賈餗、王涯以及中書、門下兩省和各部官吏被殺的有一千多人，朝廷為之一空。李訓出逃被捕殺，鄭注也在軍中被殺。這一場反宦官的宮廷血案，史稱「甘露之變」。

唐文宗有滅宦官之志，卻無滅宦官的能力。他忠奸不分，是非不明，既恨宦官，又猜忌功臣宿將，放著裴度、李德裕不用，卻任用出爾反爾的兇狡人李訓、鄭注。唐文宗又意氣用事，誅殺王守澄以後，如果外出仇士良去做監軍，一個一個誅殺元惡，不寵信宦官，也就了結了。文宗要全滅宦官，而宦官掌握軍權，監軍布滿方鎮，成了一個體系，代表一種社會勢力，看不到宦官與神策的關係，全滅宦官是愚笨的行為。鄭注、李訓合謀，中途變卦，同床異夢，文宗急於求成，出爾反爾，贊同李訓的陰謀，採用冒險行為，也是失敗的原因。甘露之變以後，朝廷大權全歸北司，唐文宗被宦官看管。文宗臨終，感歎自己受制家奴，還不如周赧王、漢獻帝兩個亡國之君，算是他悲苦的自省。

卷第二百四十六

唐紀六十二

起著雍敦牂（戊午　西元八三八年），盡玄黓閹茂（壬戌　西元八四二年），凡五年。

【題　解】本卷記事起西元八三八年，迄西元八四二年，凡五年。當唐文宗開成三年至唐武宗會昌二年。五年間史事，前三年載唐文宗晚年執政，後二年載唐武宗初即位帶來政治的新氣象。唐文宗在甘露之變以後，受宦官監視，形同被軟禁宮中，但文宗並不甘心做家奴的羔羊，他還想有一番作為，念念不忘誅除宦官，這是文宗強於穆宗、敬宗兩代皇帝的地方。故文宗晚年思賢治國，任用李石、薛延賞為相，穩定了局面。此時文宗還能納諫改過，罷祥瑞，放郭旼二女出宮。但文宗過分切齒朋黨，剛愎而愚，往往是忠奸不分，是非不明，懲治朋黨站在了奸人一邊。宰相不睦，楊嗣復與李玨為一黨，他們與宦官勾結，是真朋黨，鄭覃與陳夷行二人清正廉直，不似楊嗣復阿諛柔順，結果唐文宗貶抑了鄭覃、陳夷行，助長了奸人氣焰，最終在宦官壓抑下遺恨辭世。武宗即位，任用李德裕為相，信任專一，頗有成效。武宗能納諫收回成命，仇士良敵視樞密劉弘逸、薛季稜，進讒言於武宗，武宗下令賜死二人，李德裕等宰臣強諫，武宗收回成命，並下詔誅殺大臣應由御史臺按問。此時西域黠戛斯興起，打敗回鶻，唐邊將欲趁機打擊回鶻邀功，唐武宗支持李德裕安撫的主張，分化回鶻，打擊烏介可汗，一戰成功。武宗倚重外朝，削弱宦官權力，政治出現了新氣象。

文宗元聖昭獻孝皇帝下

開成三年（戊午　西元八三八年）

春，正月甲子❶，李石入朝，中塗❷有盜射之，微傷，左右奔散。石馬驚，馳歸第。又有盜邀擊❸於坊門❹，斷其馬尾，僅而得免。上聞之大驚，命神策六軍❺遣兵防衛，敕中外捕盜甚急，竟❻無所獲。乙丑❼，百官入朝者九人而已。京城數日方安。

丁卯❽，追贈故齊王湊為懷懿太子。

戊申❾，以鹽鐵轉運使・戶部尚書楊嗣復❿、戶部侍郎・判戶部⓫李珏並同平章事，判、使如故⓬。嗣復，於陵之子也。

中書侍郎、同平章事李石承甘露之亂，人情危懼，宦官恣橫，忘身徇國⓭，故紀綱粗立⓮。仇士良深惡之，潛遣盜殺之，不果。石懼，累表⓯稱疾辭位，上深知其故而無如之何。丙子⓰，以石同平章事，充⓱荊南節度使。

陳夷行性介直⓲，惡楊嗣復為人，每議政事，多相詆斥。壬辰⓳，夷行以足疾辭位，不許。

上命起居舍人魏謩獻其祖文貞公⓴笏。鄭覃曰：「在人不在笏。」上曰：「亦甘棠之比㉑也。」

楊嗣復欲援進㉒李宗閔，恐為鄭覃所沮，乃先令宦官諷上。上臨朝，謂宰相曰：「宗閔積年在外㉓，宜與一官。」鄭覃曰：「陛下若憐宗閔之遠，止可移近北數百里，不宜再用。用之，臣請先避位。」陳夷行曰：「宗閔曏以朋黨亂政，陛下何愛此纖人㉔！」楊嗣復曰：「事貴得中㉕，不可但徇愛憎。」上曰：「可與一州。」覃曰：「與州太優，止可洪州㉖司馬耳。」因與嗣復互相詆訐㉗以為黨。上曰：「與一州無傷。」覃等退，上謂起居郎周敬復、舍人魏謩曰：「宰相諠爭㉘如此，可乎？」對曰：「誠為不可。然覃等盡忠憤激，不自覺耳。」丁酉㉙，以衡州司馬李宗閔為杭州㉚刺史。李固言與楊嗣復、李珏善，故引居大政以排鄭覃、陳夷行，每議政之際，是非鋒起㉛，上不能決也。

【章旨】以上為第一段，寫唐文宗思賢治國，卻又忠奸不明，是非不辨。

【注釋】❶甲子　正月初五日。❷塗　通「途」。❸邀擊　攔擊。❹坊門　長安城內居住處有一百零六坊，坊皆有門，按時啟閉。❺神策六軍　左右羽林軍、左右龍武軍、左右神策軍，皆為禁軍，統稱神策六軍。❻竟　終究；最終。❼乙丑　正月初六日。❽丁卯　正月初八日。❾戊申　二月二十日。❿楊嗣復　字繼之，楊於陵之子。文宗朝宰相，武宗時貶潮州刺史。傳見《舊唐書》卷一百七十六、《新唐書》卷一百七十四。⓫判戶部　主持戶部政務。以低職兼任高職謂「判」。戶部長官為尚書，正三品；侍郎為副職，正四品。李珏以侍郎之職掌理戶部，故云「判」。⓬判使如故　判，指李珏所任判戶部。使，指楊嗣復所任鹽鐵轉運使。兩人現為宰相，原任官如故。⑬徇國　獻身國事。徇，通「殉」。獻身。⑭紀綱粗立　國家政綱法制大體建立起來。⑮累表　多次上表。⑯丙子　正月十七日。⑰充　實任職務。高官實任低級職務叫「充」。⑱介直　耿直；正直。⑲壬辰　二月初四日。⑳文貞公　魏徵諡曰文貞。㉑甘棠之比　喻愛人及物。甘棠，周武王時，召公奭巡行南國，憩於甘棠樹下，後人思其德，愛此樹而不敢剪伐。見《詩經·甘棠》。㉒援進　引進。㉓積年在外　李宗閔自太和九年貶為明州刺史，至此已三年。㉔纖人　小人。㉕中　調公正，恰當。㉖洪州　州名，治所豫章，在今江西南昌。㉗詆訐　詆毀揭發。㉘諠爭　喧譁爭執。㉙丁酉　二月初九日。㉚杭州　州名，治所錢塘，在今浙江杭州。㉛鋒起　像群蜂並飛，紛紛而起。鋒，通「蜂」。

【語　譯】文宗元聖昭獻孝皇帝下

開成三年（戊午　西元八三八年）

春，正月初五日甲子，李石去上朝，路上有強盜用箭射他，受了小傷，左右侍從逃散了。李石的馬受到驚嚇，跑回家去。又有強盜在里坊門口攔擊，把他的馬尾巴割斷了，李石幸免於一死。文宗聽了大為驚駭，命令神策等六軍派兵防衛，敕令朝廷內外緊急搜捕強盜，最終一個也沒有抓到。初六日乙丑，百官進宮上朝的只有九個人而已。京城幾天後才安定下來。

正月初八日丁卯，追贈已故的齊王李湊為懷懿太子。

二月二十日戊申，任命鹽鐵轉運使·戶部尚書楊嗣復、戶部侍郎·判戶部李珏都為同平章事，原職判戶部和鹽鐵使不變。楊嗣復，是楊於陵的兒子。

中書侍郎、同平章事李石在甘露之亂以後，人情危懼，宦官恣橫，他不計較個人安危，獻身國家，所以國家政綱法制大體建立起來。仇士良深深痛恨李石，暗中派強盜刺殺他，沒有成功。李石很害怕，多次上奏表說身體有病請求辭去職位，唐文宗深知其中緣故，但也沒有辦法。正月十七日丙子，任命李石同平章事，實任荊南節度使。

陳夷行性情耿直，討厭楊嗣復的為人，每次討論國家政事，多半互相詆毀排斥。二月初四日壬辰，陳夷行藉口腳有病要求辭去相位，文宗沒有答應。

文宗命令起居舍人魏謩獻出祖先文貞公魏徵用過的笏板。鄭覃說：「往事在人不在笏。」文宗說：「也不過是想如甘棠的故事一樣見物思人而已。」

楊嗣復想引進李宗閔，擔心被鄭覃阻撓，於是先讓宦官暗示皇上。文宗坐朝時，對宰相說：「李宗閔多年在外，應當給他一個官職。」鄭覃說：「陛下倘若憐惜李宗閔流放太遠，只可向北方移近數百里，不應當再任用。如果任用他，臣請求先退職。」陳夷行說：「李宗閔過去利用朋黨擾亂朝政，陛下為什麼憐愛這種小人！」楊嗣復說：「處理事情貴在公正允當，不應當只由愛憎。」文宗說：「可給李宗閔一個州刺史。」鄭覃說：「給州刺史太優厚，只可給他洪州司馬。」因而和楊嗣復互相詆毀，認為對方是朋黨。文宗說：「給李宗閔一個州刺史沒有什麼害處。」鄭覃等走了以後，文宗對起居郎周敬復、舍人魏謩說：「宰相這樣喧譁爭執可以嗎？」他們回答說：「實在不可以，然而鄭覃等人由於盡忠而有所憤激，自己不覺察而已。」二月初九日丁酉，任命衡州司馬李宗閔為杭州刺史。李固言和楊嗣復、李珏很友好，所以推舉他們為宰相，用以排斥鄭覃和陳夷行，每在討論國家大政時，是非之爭蜂起，文宗不能裁決。

三月，牂柯❶寇涪州❷清溪鎮，鎮兵擊卻之。

初，太和之末，杜悰為鳳翔節度使，有詔沙汰僧尼。時有五色雲見于岐山❸，近法門寺❹。民間訛言佛骨❺降祥，以僧尼不安之故。監軍欲奏之，悰曰：「雲物變色，何常之有！佛若果愛僧尼，當見於京師。」未幾，獲白兔，監軍又欲奏之，曰：「此西方之瑞也。」悰曰：「野獸未馴，且宜畜之。」旬日而斃。監軍不悅，以為掩蔽聖德，獨畫圖獻之。及鄭注代悰鎮鳳翔，奏紫雲見，又獻白雉❻。是歲，八月，有甘露降於紫宸殿前櫻桃之上，上親采而嘗之，百官稱賀。其十一月，遂有金吾甘露之變。

及悰為工部尚書、判度支，河中奏騶虞❼見，百官稱賀。上謂悰曰：「李訓、鄭注皆因瑞以售其亂，乃知瑞物非國之慶。卿前在鳳翔，不奏白兔，真先覺也。」對曰：「昔河出圖，伏羲以畫八卦，洛出書，大禹以敘九疇❽，皆有益於人，故足尚也。至於禽獸草木之瑞，何時無之！劉聰❾桀逆，黃龍三見；石季龍❿暴虐，得蒼麟十六、白鹿七，以駕芝蓋⓫。以是觀之，瑞豈在德！玄宗嘗為潞州⓬別駕⓭，及即位，潞州奏十九瑞。玄宗曰：『朕在潞州，惟知勤職業，此等瑞物，皆不知也。』願陛下專以百姓富安為國慶，自餘不足取也。」上善之。它日，謂宰相曰：「時和年豐，是為上瑞。嘉禾靈芝，誠何益於事！」宰相因言：「春秋記災異以儆⓮人君，而不書祥瑞，用此故也！」

夏，五月乙亥⓯，詔：「諸道有瑞，皆無得以聞，亦勿申牒所司⓰。其臘⓱饗太廟及饗太清宮⓲，元日⓳受朝奏祥瑞，皆停。」

【章旨】以上為第二段，寫唐文宗納諫罷祥瑞。

【注釋】❶牂柯　指牂柯國，在今貴州中西部，其族為牂柯蠻。❷涪州　州名，治所涪陵，在今重慶市涪陵。❸岐山　山名，在今陝西岐山縣東北。❹法門寺　唐代著名大寺，在今陝西扶風。❺佛骨　即佛牙，相傳是釋迦牟尼的牙齒。在法門寺護國真身塔內。❻雉　野雞。❼騶虞　傳說中不殺生的義獸，白色黑斑，狀似虎。❽河出圖四句　相傳上古有龍馬負圖出於黃河，謂之「河圖」；有神龜負文出於洛水，謂之「洛書」。伏羲據「河圖」而作八卦，大禹據「洛書」而成九疇。九疇，九項治國法則。❾劉聰　（？—西元三一八年）十六國漢國第二代皇帝，西元三一〇—三一八年在位。傳見《晉書》卷一百二、《魏書》卷九十五。❿石季龍　即石虎（西元二九五—三四九年），字季龍，因避唐諱，故稱字。十六國後趙第三位皇帝，西元三三五—三四九年在位。傳見《晉書》卷一百六、《魏書》卷九十五。⓫芝蓋　車蓋。此指帝王之車。⓬潞州　州名，治所上黨，在今山西長治。⓭別駕　官名，州刺史重要佐吏，位於司馬之上，掌佐州務。⓮儆　警戒。⓯乙亥　五月十九日。⓰申牒所司　具文呈報有司。⓱臘　祭名，唐制：孟春、孟夏、孟秋、孟冬四季舉行臘祭，享於太廟。⓲太清宮　唐玄宗命兩京及諸州各置玄元皇帝（老子的尊號）廟，在西京者稱太清宮，在諸州者稱太微宮。⓳元日　正月初一日。

【語譯】三月，牂柯人侵犯涪州清溪鎮，鎮兵擊退了他們。

當初，在太和末年，杜悰為鳳翔節度使，有詔令淘汰和尚、尼姑。當時有五色雲出現於岐山，接近法門寺。民間傳說這是由於和尚、尼姑不安寧而導致的佛骨顯現祥瑞。監軍想上奏文宗，杜悰說：「雲氣改變顏色，有什麼祥瑞可言！佛若是果真愛護和尚、尼姑，徵兆應當出現在京師。」不久，捕獲了白色兔子，監軍又想上奏，說：「這是西方出現的祥瑞。」杜悰說：「野獸還沒有馴養好，應該暫且畜養牠。」十天兔子死了。監軍不高興，認為這是掩蔽了皇上的聖德，獨自畫成圖像獻給文宗。等到鄭注接替杜悰為鳳翔節度使，上奏說出現紫色雲，又獻上白色的雉雞。這一年的八月，有甘露降在紫宸殿前櫻桃樹上，文宗親自採來嘗了，百官都向他道賀。同年十一月，就發生了在金吾仗的甘露之變。

等到杜悰擔任工部尚書、判度支時，河中道又上奏說有騶虞在當地出現，百官都向皇上道賀。文宗對杜悰說：「李訓、鄭注都是藉祥瑞來製造變亂，這才知道所謂祥瑞不是國家的吉慶。你以前在鳳翔時，不上報獲白兔的事，真是先知先覺。」杜悰回答說：「過去黃河出圖，伏羲用它畫成八卦，洛水出書，大禹用它制定九項治國法則，都對人們有好處，所以值得稱道。至於禽獸草木的瑞徵，什麼時候沒有！劉聰兇暴悖逆，黃龍三次出現；石季龍殘暴酷虐，得到十六隻蒼麟、七隻白鹿，用來駕駛帝王的車子。由此看來，祥瑞出現哪在於有德！玄宗曾為潞州別駕，等到即帝位，潞州上奏十九種瑞應。玄宗說：『朕在潞州，只知道辛勤從事本職之事，此等瑞物，都不知道。』希望陛下專心把百姓的富足安定作為國家的喜慶，其他都是不值得聽取的。」文宗很稱讚他的話。有一天，文宗對宰相說：「時和年豐，這就是上瑞。嘉禾靈芝，對於國家大事實在一點好處也沒有！」宰相於是說：「《春秋》書中記載災異之事用來警戒人君，而不記載祥瑞之事，就是因為這個緣故！」

夏，五月十九日乙亥，下詔說：「各道出現瑞徵，都不要向朝廷上報，也不要具文呈報有關部門。臘日祭祀太廟和太清宮，元旦朝會，上奏祥瑞事，全都停止。」

初，靈武節度使王晏平❶自盜贓七千餘緡❷，上以其父智興有功，免死，長流康州。晏平密請於魏、鎮、幽三節度使❸，使上表雪己。上不得已，六月壬寅❹，改永州❺司戶。

八月己亥❻，嘉王運❼薨。

太子永之母王德妃❽無寵，為楊賢妃所譖而死。太子頗好遊宴，昵近❾小人，賢妃日夜毀之。九月壬戌❿，上開延英，召宰相及兩省、御史、郎官，疏太子過惡，議廢之，曰：「是宜為天子乎？」羣臣皆言：「太子年少，容有改過。國本至重，豈可輕動！」御史中丞狄兼謩論之尤切，至於涕泣。給事中韋溫曰：「陛下惟一子，不教，陷之至是，豈獨太子之過乎！」癸亥⑪，翰林學士六人、神策六軍軍使十六人復上表論之，上意稍解。是夕，太子始得歸少陽院，如京使⑫王少華等及宦官、宮人坐流死者數十人。

義武節度使張璠在鎮十五年，為幽、鎮所憚。及有疾，請入朝，朝廷未及制置，疾甚，戒其子元益舉族歸朝，毋得效河北故事。及薨，軍中欲立元益，觀察留後李士季不可，眾殺之，又殺大將十餘人。壬申⑬，以易州刺史李仲遷為義武節度使。義武馬軍都虞候何清朝自拔歸朝，癸酉⑭，以為儀州⑮刺史。

朝廷以義昌節度使李彥佐在鎮久⑯，甲戌⑰，以德州刺史劉約為節度副使，欲以代之。

開成以來，神策將吏遷官多不聞奏，直牒中書令覆奏施行⑱，遷改殆無虛日。癸未⑲，始詔神策將吏改官皆先奏聞，狀至中書，然後檢勘⑳施行。

冬，十月，易定㉑監軍奏軍中不納李仲遷，請以張元益為留後。太子永猶不悛㉒，庚子㉓，暴薨，諡曰莊恪。○乙巳㉔，以左金吾大將軍郭旼為邠寧節度使。

宰相議發兵討易定。上曰：「易定地狹人貧，軍資半仰度支，急之則靡所不為，緩之則自生變，但謹備四境以俟之。」乃除張元益代州刺史。頃之，軍中果有異議，乃上表以不便李仲遷為辭，朝廷為之罷仲遷。十一月壬戌㉕[1]，詔俟元益出定州，其義武將士始謀立元益者，皆赦不問。以義昌節度使李彥佐為天平節度使，以劉約為義昌節度使。丁卯㉖，張元益出定州。

【章　旨】以上為第三段，寫唐文宗太子李永遊宴不悛而暴薨。義武節度換帥不聽朝命。

【注　釋】❶王晏平　自幼隨父從軍，以討橫海李同捷叛亂之功，任靈武節度使。傳見《舊唐書》卷一百五十六、《新唐書》卷一百七十二。❷自盜贓七千餘緡　《新唐書・王晏平傳》云：「父喪，擅取馬四百、兵械七千自衛歸洛陽，御史劾之。」《舊唐書》略同。❸三節度使　指魏帥何進滔、鎮帥王元逵、幽帥史元忠。❹壬寅　六月十六日。❺永州　州名，治所零陵，在今湖南零陵。❻己亥　八月十四日。❼嘉王運　嘉王李運，代宗第十五子，大曆十年（西元七七五年）封。傳見《舊唐書》卷一百十六、《新唐書》卷八十二。兩書本傳皆作「貞元十七年薨」，存疑待考。❽德妃　唐承隋制，置貴妃、淑妃、德妃、賢妃各一人，為夫人，正一品。❾昵近　親近。❿壬戌　九月初七日。⓫癸亥　九月初八日。⓬如京使　官名，職事不詳。一說以朝官轉內職，用文士以通曉政事。參見《職官分紀》卷四十四〈如京師副使〉。一說以武臣為之，為例轉之官。參見《宋史》卷十二〈職官志九〉。⓭壬申　九月十七日。⓮癸酉　九月十八日。⓯儀州　州名，治所遼山，在今山西左權。⓰在鎮久　太和六年李彥佐代殷侑鎮義昌，至是已六年。⓱甲戌　九月十九日。⓲直牒中書令覆奏施行　意謂神策軍將吏升遷，不先奏請，直接以公文形式通令中書省執行，只不過由中書上奏備案而已。甘露事變之後，宦官專橫如此。⓳癸未　九月二十八日。⓴檢勘　調檢查核對履歷。㉑易定　即義武軍，轄易、定二州。㉒悛　悔改。㉓庚子　十月十六日。㉔乙巳　十月二十一日。㉕壬戌　十一月初八日。㉖丁卯　十一月十三日。

【校　記】①壬戌　原無此二字。據章鈺校，十二行本、乙十一行本、孔天胤本皆有此二字，張敦仁《通鑑刊本識誤》同，今據補。

【語　譯】當初，靈武節度使王晏平自盜贓款七千多串，文宗因他父親王智興過去有功，免了王晏平的死罪，遠流康州。王晏平祕密向魏博、鎮州、幽州三節度使請求，讓他們上表朝廷為自己昭雪。文宗不得已，於六月十六日壬寅，改任永州司戶。

八月十四日己亥，嘉王李運去世。

太子李永的母親王德妃失寵，被楊賢妃譖毀而死。太子很喜歡遊樂飲宴，親近小人，楊賢妃日夜詆毀他。九月初七日壬戌，文宗在延英殿召開會議，叫來宰相和兩省官員、御史、郎官等，陳述太子的罪行，討論廢掉他，並說：「這樣的人合適為天子嗎？」群臣都說：「太子年輕，容許他改過自新。國家的根本極為重要，怎麼可以輕易變動！」御史中丞狄兼謩論述得尤其懇切，以至於流下了眼淚。給事中韋溫說：「陛下只有一個兒子，沒有好好教育，使他落成這個樣子，哪裡只是太子一人的過錯呢！」初八日癸亥，翰林學士六人、神策軍等六軍軍使十六人又上表論說這件事，文宗廢太子的心意才稍稍緩和。當天晚上，太子才得以回到少陽院，如京使王少華等和宦官、宮人因牽涉而流放或處死的有數十人。

義武節度使張璠在鎮任職十五年，被幽、鎮二鎮所懼怕。等到他生了病，請求回到朝廷，朝廷還沒有來得及安排他的位置，病情加重，告誡兒子張元益帶全家返回朝廷，不要學河北諸鎮過去父死子繼的舊例。張璠死了以後，軍隊中想擁立張元益，觀察留後李士季不同意，大家把他殺了，又殺了大將十多個人。九月十七日壬申，任命易州刺史李仲遷為義武節度使。義武馬軍都虞候何清朝獨自從軍中跑回朝廷，十八日癸酉，任命他為儀州刺史。

朝廷因義昌節度使李彥佐在鎮太久，九月十九日甲戌，任命德州刺史劉約為節度副使，打算讓他替代李彥佐。

開成年間以來，神策軍將吏晉升官職大多不奏聞文宗，直接發文到中書省上奏備案執行，遷升改任幾乎一天也沒有間斷過。九月二十八日癸未，才開始詔令神策軍將吏晉升官職都要先報告皇上，把他的行狀送到中書省，然後經過檢查核對付諸執行。

冬，十月，易定監軍上奏說軍隊中不接受李仲遷為節度使，請求任命張元益為留後。

太子李永還是不悔改，十月十六日庚子，突然死去，謚號莊恪。〇二十一日乙巳，任命左金吾大將軍郭旼為邠寧節度使。

宰相商議發兵討伐易定叛軍。文宗說：「易定地域狹窄，民眾貧窮，軍費半數仰賴度支，逼迫急了就會無所不為，寬緩一點他們內部就會自生變化，只要在它的四周嚴加防範以等待變化就可以了。」於是任命張元益為代州刺史。不久，軍隊中果然有不同的意見，於是上表說李仲遷不適宜任此職，朝廷為此免去了李仲遷的節度使。十一月初八日壬戌，下詔等待張元益離開定州，那些義武軍將士中謀劃擁立張元益的人，都赦免他們的罪過而不追究。

任命義昌節度使李彥佐為天平節度使，任命劉約為義昌節度使。

十一月十三日丁卯，張元益離開定州。

庚午❶，上問翰林學士柳公權以外議，對曰：「郭旼除邠寧，外間頗以為疑。」上曰：「旼，尚父❷之姪，太后❸叔父，在官無過，自金吾作小鎮，外間何尤焉？」對曰：「非謂旼不應為節度使也。聞陛下近取旼二女入宮，有之乎？」上曰：「然。入參太皇太后耳。」公權曰：「外間不知，皆云旼納女後宮，故得方鎮。」上俛首良久❹，曰：「然則柰何？」對曰：「獨有自南內❺遣歸其家，則外議自息矣！」是日，太皇太后遣中使送二女還旼家。

上好詩，嘗欲置詩學士，李珏曰：「今之詩人浮薄❻，無益於理。」乃止。

甲戌❼，以蔡州刺史韓威為義武節度使。

河東節度使、司徒、中書令裴度以疾求歸東都❽。十二月辛丑❾，詔度入知政事，遣中使敦諭上道❿。

鄭覃累表辭位。丙午⓫，詔：三五日一入中書。

是歲，吐蕃彝泰贊普卒，弟達磨立。彝泰多病，委政大臣，由是僅能自守，久不為邊患。達磨荒淫殘虐，國人不附，災異⓬相繼，吐蕃益衰。

【章旨】以上為第四段，寫唐文宗自省，聞過則改。

【注釋】❶庚午　十一月十六日。❷尚父　即郭子儀，唐德宗尊為尚父。郭旼是郭子儀的姪兒。❸太后　即唐憲宗懿安皇后郭氏，郭子儀孫女，穆宗之母。穆宗尊為皇太后，敬宗尊為太皇太后。❹俛首良久　低頭思考很長一段時間。俛，同「俯」。❺南內　即興慶宮，太后所居。在大明宮之南，故名。❻浮薄　輕浮淺薄。❼甲戌　十一月二十日。❽求歸東都　裴度有宅第在東都集賢里，號綠野堂。❾辛丑　十二月十七日。❿敦諭上道　敦促吩咐裴度登程入京。⓫丙午　十二月二十二日。⓬災異　指自然災害和某些反常的自然現象，如火災、地震、日、月蝕等。

【語譯】十一月十六日庚午，文宗詢問翰林學士柳公權外面有些什麼議論，柳公權回答說：「郭旼授官邠寧節度使，外邊的人很是疑惑不解。」文宗說：「郭旼是尚父郭子儀的姪子，郭太后的叔父，在職期間沒有過錯，從金吾大將軍去任小鎮的節度使，外邊的人有什麼可責怪的呢？」柳公權回答說：「不是說郭旼不應當做節度使。聽說陛下最近把郭旼的兩個女兒召進皇宮，有這回事嗎？」文宗說：「是的。只是參拜太皇太后而已。」柳公權說：「外邊的人不知道，都說郭旼把女兒獻納後宮，所以得到方鎮的官職。」文宗低頭沉思很久，說：「那麼該怎麼辦呢？」柳公權回答說：「只有從太后南宮遣送她們回家，那麼外邊的議論自然就平息了！」當天，太皇太后派遣中使送二女返回郭旼家裡。

文宗喜歡詩，曾經想設置詩學士，李珏說：「現今的詩人輕浮淺薄，無益於治理國家。」於是作罷。

十一月二十日甲戌，任命蔡州刺史韓威為義武節度使。

河東節度使、司徒、中書令裴度因為有病要求返回東都。十二月十七日辛丑，下詔讓裴度回朝參知政事，並派遣中使敦促吩咐他上路。

鄭覃多次上表辭職。十二月二十二日丙午，下詔：三五天到中書省去一次。

這一年，吐蕃彝泰贊普去世，他的弟弟達磨繼立。彝泰多病，把政事委任大臣，因此僅能自我防守，長期沒有侵犯唐朝邊境。達磨荒淫殘虐，國人不肯歸附，災害變異相繼，吐蕃更加衰弱了。

四年（己未　西元八三九年）

春，閏正月己亥❶，裴度至京師，以疾歸第❷，不能入見。上勞問賜賚，使者旁午❸。三月丙戌❹，薨，謚曰文忠。上怪度無遺表，問其家，得半藁❺，以儲嗣未定為憂，言不及私。度身貌不踰中人，而威望遠達四夷。四夷見唐使，輒問度老少用捨❻。以身繫國家輕重如郭子儀者二十餘年。

夏，四月戊辰❼，上稱判度支杜悰之才，楊嗣復、李珏因請除悰戶部尚書。陳夷行曰：「恩旨當由上出，自古失其國者[1]，未始不由權在臣下也。」珏曰：「陛下嘗語臣云，人主當擇宰相，不當疑宰相。」五月丁亥❽，上與宰相論政事，陳夷行復言不宜使威權[2]在下。李珏曰：「夷行意疑宰相中有弄陛下威權者耳。臣屢求退，苟得王傅❾，臣之幸也。」鄭覃曰：「陛下開成元年、二年政事殊美，三年、四年漸不如前。」楊嗣復曰：「元年、二年鄭覃、夷行用事，三年、四年臣與李珏同之，罪皆在臣。」因叩頭曰：「臣不敢更入中書❿！」遂趨出。上遣中[3]使召還，勞之曰：「鄭覃失言，卿何遽爾！」覃起謝曰：「臣愚拙，意亦不屬嗣復。而遽如是，乃嗣復不容臣耳！」嗣復曰：「覃言政事一年不如一年，非獨臣應得罪，亦上累聖德。」退，三上表辭位，上遣中使召出之，癸巳⓫，始入朝。丙申⓬，門下侍郎、同平章事鄭覃罷為右僕射，陳夷行罷為吏部侍郎。覃性清儉，夷行亦耿介，故嗣復等深疾之。

上以鹽鐵推官、檢校禮部員外郎姚勗⓭能鞫疑獄⓮，命權知⓯職方員外郎⓰。右丞韋溫不聽，上奏稱：「郎官朝廷清選⓱，不宜以賞能吏。」上乃以勗檢校⓲

禮部郎中，依前鹽鐵推官。六月丁丑⑲，上以其事問宰相楊嗣復，對曰：「溫志在澄清流品⑳。若有吏能者皆不得清流，則天下之事孰為陛下理之！恐似衰晉之風。」然上素重溫，終不奪其所守。

【章旨】以上為第五段，寫宰相不睦，唐文宗分不清賢愚，總是倒向奸詐的一方。

【注釋】❶己亥　閏正月十六日。❷歸第　此為長安平樂里宅第。❸旁午　交錯。指勞問使者一批批交錯而來。❹丙戌　三月初四日。❺藁　同「稿」。❻老少用捨　猶言年齡幾何，天子用否。❼戊辰　四月十七日。❽丁亥　五月初七日。❾王傅　職在閒散，自宰臣以下貶官者，有時居任此職。❿入中書　指入政事堂，堂在中書省。⓫癸巳　五月十三日。⓬丙申　五月十六日。⓭姚勗　字斯勤，陝州硤石（今河南三門峽市東南）人，名相姚崇曾孫。累官湖、常二州刺史，終夔王傅。傳見《新唐書》卷一百二十四。⓮鞫疑獄　審決疑案。⓯權知　代理。⓰職方員外郎　官名，職方為兵部第二司，掌疆域圖籍及四夷歸化事。正長官為郎中，副長官為員外郎。⓱清選　清貴之官。下文「清流」亦此義。⓲檢校　唐制，凡帶檢校二字，皆為加官榮銜，有職無權。故姚勗為檢校禮部郎中，韋溫不再爭。⑲丁丑　六月二十七日。⑳流品　品類。

【校記】1者　原無此字。據章鈺校，十二行本、乙十一行本、孔天胤本皆有此字，今據補。2權　原作「福」。據章鈺校，十二行本、乙十一行本、孔天胤本皆作「權」，今從改。3中　原無此字。據章鈺校，十二行本、乙十一行本、孔天胤本皆有此字，今據補。按，下文又言「上遣中使」，此處當有「中」字。

【語譯】四年（己未　西元八三九年）

春，閏正月十六日己亥，裴度到達京師，因病回到家裡，不能上朝拜見皇上。文宗慰問賞賜，使者來往交錯。三月初四日丙戌，裴度去世，諡號文忠。文宗奇怪裴度沒有遺表，問他的家裡人，得到一半的遺表草稿，稿中擔憂皇上還沒有確定繼承人，所說沒有提及私事。裴度的身材相貌不過中等人，但是威望遠達四夷。四夷見到唐使，總要問裴度年紀多大，是否受任用。如郭子儀一樣，他的任用與否關係到國家的安危達二十多年。

夏，四月十七日戊辰，文宗稱讚判度支杜悰的才能，楊嗣復、李珏因而請求任命杜悰為戶部尚書。陳夷行說：「恩旨應當由皇上發出，自古以來喪失國家的人，沒有不是由於權在臣下的。」李珏說：「陛下曾經對臣說，人主應當選擇宰相，不應當懷疑宰相。」五月初七日丁亥，文宗與宰相討論政事，陳夷行又說不應當使威權在於臣下。李珏說：「陳夷行的意思是懷疑在宰相中有竊弄陛下威權的人。臣多次要求退位，如果得到王傅的職位，就是臣的幸事了。」鄭覃說：「陛下在開成元年、二年時政事辦理得很好，三年、四年就逐漸不如以前。」楊嗣復說：「元年、二年是鄭覃、陳夷行主持政事，三年、四年是臣與李珏共同主持政事，罪過都在臣的身上。」於是磕頭說：「臣不敢再到中書省！」於是快步退了出去。文宗派中使把他叫回來，安慰他說：「鄭覃失言，你為什麼突然這樣呢！」鄭覃站起來謝罪說：「臣愚昧笨拙，剛才的意思也不是針對嗣復。他突然這樣做，是嗣復不能容忍下臣了！」楊嗣復說：「鄭覃說政事一年不如一年，不僅僅臣應獲罪，也連累皇上聖德。」退朝後，三次上表辭職，文宗派中使召他出來，十三日癸巳，才上朝。十六日丙申，門下侍郎、同平章事鄭覃被免職，改任右僕射，陳夷行被免職，改任吏部侍郎。鄭覃品性清儉，夷行也耿直，所以楊嗣復等人深深地忌恨他們。

文宗認為鹽鐵推官、檢校禮部員外郎姚勗能審決疑案，命他暫代職方員外郎。右丞韋溫不聽從，上奏說：「郎官是朝廷中清貴職位，不應當用它來賞賜給能幹的吏員。」文宗於是命他為檢校禮部郎中，鹽鐵推官一職不變。六月二十七日丁丑，文宗拿此事詢問宰相楊嗣復，楊嗣復回答說：「韋溫的意思是要把官員的流品分別得很清楚。要是有能力的官吏都得不到清貴的品位，那麼國家的政事誰來為陛下辦理呢！恐怕會形成類似衰弱的晉朝那樣的風氣。」然而皇帝一向看重韋溫，終究沒有改變他堅持的意見。

秋，七月癸未❶，以張元益為左驍衛將軍，以其母侯莫陳氏為趙國太夫人，賜絹二百匹。易定之亂，侯莫陳氏說諭將士，且戒元益以順朝命，故賞之。

甲辰❷，以太常卿崔鄲❸同中書門下平章事。鄲，郾之弟也。

八月辛亥❹，鄜王憬❺薨。

癸酉❻，昭義節度使劉從諫上言：「蕭本詐稱太后弟，上下皆稱蕭弘是真。以本來自左軍❼，故弘為臺司所抑❽。今弘詣臣，求臣上聞。乞追弘赴闕，與本對推，以正真偽。」詔三司鞫之。

冬，十月乙卯❾，上就起居舍人魏謩取記注❿觀之。謩不可，曰：「記注兼書善惡，所以儆戒人君。陛下但力為善，不必觀史。」上曰：「朕嚮嘗觀之。」對曰：「此嚮日史官之罪也。若陛下自觀史，則史官必有所諱避，何以取信於後！」上乃止。

楊妃請立皇弟安王溶為嗣，上謀於宰相，李珏非之。丙寅⓫，立敬宗少子陳王成美⓬為皇太子。

丁卯⓭，上幸會寧殿作樂，有童子緣橦⓮，一夫來往走其下如狂。上怪之，左右曰：「其父也。」上泫然流涕曰：「朕貴為天子，不能全一子⓯！」召教坊劉楚材等四人、宮人張十十等十人責之曰：「構會⓰太子，皆爾曹也。今更立太子，復欲爾邪？」執以付吏。己巳⑰，皆殺之。上因是感傷，舊疾遂增。

十一月，三司按蕭本、蕭弘皆非真太后弟。本除名，流愛州⑱，弘流儋州。而太后真弟在閩中，終不能自達。

乙亥⑲，上疾少間，坐思政殿，召當直學士周墀⑳，賜之酒，因問曰：「朕可方㉑前代何主？」對曰：「陛下堯、舜之主也。」上曰：「朕豈敢比堯、舜！所以問卿者，何如周赧㉒、漢獻㉓耳？」墀驚曰：「彼亡國之主，豈可比聖德！」上曰：「赧、獻受制於彊諸侯，今朕受制於家奴，以此言之，朕殆不如！」因泣下霑㉔襟。墀伏地流涕，自是不復視朝。

是歲，天下戶口四百九十九萬六千七百五十二。

回鶻相安允合、特勒㉕柴革謀作亂，彰信可汗殺之。相掘羅勿㉖將兵在外，以馬三百賂沙陀朱邪赤心，借其兵共攻可汗。可汗兵敗自殺，國人立㕎馺特勒為可汗。會歲疫，大雪，羊馬多死，回鶻遂衰。赤心，執宜之子也。

【章旨】以上為第六段，寫唐文宗在宦官壓抑下帶著遺恨辭世。

【注釋】❶癸未　七月初四日。❷甲辰　七月二十五日。❸崔鄲　歷官兵部侍郎、宰相，終淮南節度使。傳見《舊唐書》卷一百五十五、《新唐書》卷一百六十三。❹辛亥　八月初二日。❺鄜王憬　鄜王李憬，唐憲宗子，長慶元年（西元八二一年）

封。傳見《舊唐書》卷一百七十五、《新唐書》卷八十二。❻癸酉　八月二十四日。❼以本來自左軍　蕭本由左軍中尉仇士良引進給皇上。事見上卷開成元年。❽弘為臺司所抑　指御史臺查驗蕭弘欺詐假冒。事見上卷開成二年。臺司，指御史臺官員。❾乙卯　十月初七日。❿記注　即起居注。⓫丙寅　十月十八日。⓬陳王成美　陳王李成美，唐敬宗少子，文宗之姪。開成二年封，四年立為太子，典冊未具而敬宗崩，仇士良立武宗，殺陳王於邸。傳見《舊唐書》卷一百七十五、《新唐書》卷八十二。⓭丁卯　十月十九日。⓮緣橦　雜技名，爬竿。⓯不能全一子　指太子永死於非命。宮省事祕，外人莫知其詳。⓰構會　設計陷害。⓱己巳　十月二十一日。⓲愛州　州名，治所安南都護府九真郡，在今越南清化。⓳乙亥　十月二十七日。⓴周墀　字德升，汝南（今河南汝南縣西）人，唐文宗時官至翰林學士、中書舍人，唐武宗時任義成節度使，宣宗時拜宰相。傳見《舊唐書》卷一百七十六、《新唐書》卷一百八十二。㉑方　比擬。㉒周赧　周赧王（？—西元前二五六年），名延，東周末代國君。㉓漢獻　漢獻帝劉協（西元一八一—二三四年），東漢末代皇帝。曹丕篡漢被廢為山陽公。㉔霑　同「沾」。㉕特勒　突厥、回鶻稱親王為特勒，位次可汗，以可汗子弟充任。當作「特勤」。㉖掘羅勿　人名，回鶻相，因殺彰信可汗導致回鶻破敗。

【語譯】秋，七月初四日癸未，任命張元益為左驍衛將軍，以他的母親侯莫陳氏為趙國太夫人，賞賜絹二百匹。在易定軍事叛亂中，侯莫陳氏勸導將士，並且告誡張元益順從朝廷的命令，所以獎賞她。

七月二十五日甲辰，任命太常卿崔鄲同中書門下平章事。崔鄲，是崔郾的弟弟。

八月初二日辛亥，鄜王李憬去世。

八月二十四日癸酉，昭義節度使劉從諫進言：「蕭本假稱是太后的弟弟，上下的人都說蕭弘是真的。因為蕭本是左神策引入的，所以蕭弘被御史臺壓下去了。如今蕭弘到臣這裡，請求臣奏報皇上。請求把蕭弘追回朝廷，與蕭本面對面質詢，以辨真偽。」下詔由三司審理這個案子。

冬，十月初七日乙卯，文宗到起居舍人魏謩那裡索取起居注觀看。魏謩不同意，說：「起居注兼記善惡，用來警戒人君。陛下只要努力做善事，不必看史官的記載。」文宗說：「朕過去曾經看過。」魏謩回答說：「這是過去史官的過錯。如果陛下自己要看史官的記載，那麼史官一定會有所避諱，憑什麼讓後人相信記載是真實的呢！」於是文宗作罷。

楊妃請求立皇弟安王李溶為繼承人，文宗和宰相謀議，李玨不贊成。十月十八日丙寅，立敬宗少子陳王李成美為皇太子。

十月十九日丁卯，文宗到會寧殿遊樂，有童子表演爬竿，有一個男子在下面來回跑動像發瘋一樣。文宗覺得奇怪，身邊的人說：「那是童子的父親。」文宗淚流滿面說：「朕貴為天子，不能保全一個兒子！」叫來教坊劉楚材等四人、宮人張十十等十人，責備他們說：「設計陷害太子，全是你們這些人。現在又立了太子，還想像過去那樣做嗎？」把他們抓起來交給獄吏。二十一日己巳，把他們全都殺了。文宗因為這件事很傷感，舊病便加劇了。

十一月，三司審查蕭本、蕭弘都不是太后的真弟弟。蕭本被削除官籍，流放到愛州，蕭弘流放到儋州。然而太后的真弟弟在閩中，最終不能自己上聞朝廷。

十月二十七日乙亥，文宗的病稍好一點，坐在思政殿，召來值班的學士周墀，賜給他酒，接著問他說：「朕可以和前代的什麼君主相比？」周墀回答說：「陛下是堯、舜一類的君主。」文宗說：「朕豈敢和堯、舜相比！所以問你的原因，就是說比周赧王和漢獻帝怎麼樣？」周墀吃驚地說：「那是亡國的君主，哪裡能夠和皇上聖德相比！」文宗說：「周赧王、漢獻帝受制於強大的諸侯，現今朕受制於家奴，以這點來說，朕恐怕還不如他們！」於是眼淚落下，沾滿了衣襟。周墀伏地流淚，從此文宗不再上朝視事。

這一年，全國戶口是四百九十九萬六千七百五十二戶。

回鶻相安允合、特勒柴革陰謀作亂，彰信可汗殺了他們。相掘羅勿帶兵在外地，用三百匹馬賄賂沙陀首領朱邪赤心，借他的軍隊一起進攻可汗。可汗兵敗自殺，國人立盍馭特勒為可汗。碰上這年發生瘟疫，下大雪，羊和馬大多死去，回鶻便衰落了。朱邪赤心，是朱邪執宜的兒子。

五年（庚申　西元八四〇年）

春，正月己卯❶，詔立潁王瀍❷為皇太弟，應軍國事權令句當❸。且言太子成美年尚沖幼❹，未漸師資❺，可復封陳王❻。時上疾甚，命知樞密劉弘逸、薛季稜引楊嗣復、李珏至禁中，欲奉太子監國。中尉仇士良、魚弘志以太子之立，功不在己，乃言太子幼，且有疾，更議所立。李珏曰：「太子位已定，豈得中變！」士良、弘志遂矯詔❼立瀍為太弟。是日，士良、弘志將兵詣十六宅，迎潁王至少陽院，百官謁見於思賢殿。瀍沈毅有斷，喜慍不形於色，與安王溶皆素為上所厚，異於諸王。

辛巳❽，上崩于太和殿。以楊嗣復攝冢宰❾。

癸未❿，仇士良說太弟賜楊賢妃、安王溶⓫、陳王成美死。敕大行⓬以十四日殯⓭，成服⓮。諫議大夫裴夷直⓯上言期日太遠⓰，不聽。時仇士良等追怨文宗⓱，凡樂工及內侍得幸於文宗者，誅貶相繼。夷直復上言：「陛下自藩維⓲繼統，是宜儼然在疚⓳，以哀慕為心，速行喪禮，早議大政，以慰天下。而未及數日，屢誅戮先帝近臣，驚率土⓴之視聽，傷先帝之神靈，人情何瞻！國體至重，若使此輩無罪，固不可刑。若其有罪，彼已在天網之內，無所逃伏，旬日之外行之何晚！」

不聽。

辛卯㉑，文宗始大斂㉒。武宗即位。甲午㉓，追尊㉔上母韋妃為皇太后。

二月乙卯㉕，赦天下。○丙寅㉖，諡韋太后曰宣懿。

夏，五月己卯㉗，門下侍郎、同平章事楊嗣復罷為吏部尚書，以刑部尚書崔珙同平章事兼鹽鐵轉運使。

秋，八月壬戌㉘，葬元聖昭獻孝皇帝于章陵㉙，廟號文宗。

【章旨】以上為第七段，寫宦官仇士良易置皇儲，唐文宗崩，武宗立，殺文宗所立皇儲及親近者。

【注釋】❶己卯　正月初二日。❷穎王瀍　穎王李瀍，後改名炎，唐穆宗第五子。長慶元年（西元八二一年）封，開成五年文宗崩，穎王瀍以皇太弟即位，是為唐武宗。❸句當　辦理。❹沖幼　幼小。沖，童。❺未漸師資　未經師傅疏導。❻可復封陳王　以上為仇士良、魚弘志矯詔內容，以下為當時事情真象。❼矯詔　假傳聖旨。❽辛巳　正月初四日。❾攝冢宰　臨時擔任首輔，處理軍國大事。❿癸未　正月初六日。⓫安王溶　安王李溶，唐穆宗第八子，母楊賢妃，長慶元年封。開成四年，楊賢妃請立安王為嗣，以故被殺。⓬大行　帝死未葬稱大行。⓭殯　將死者放入棺材。⓮成服　喪禮，殯之次日，各服喪服規定的冠衰屨，謂之成服。⓯裴夷直　歷官中書舍人，杭、江、華等州刺史，終散騎常侍。傳見《新唐書》卷一百四十八。⓰期日太遠　按喪禮，殯在死後第三日，成服在既殯之明日，即死後第四日，如果不計算死之日，成服則在死後第三日，謂之全三日。現在敕大行十四日殯，成服，故云日期太遠。⓱追怨文宗　以甘露之事怨恨文宗。⓲藩維　猶言藩國、藩王。⓳儼然在疚　如同在憂病之中。⓴率土　謂四海。語出《詩經・北山》：「率土之濱，莫非王臣。」率，循。㉑辛卯　正月十四日。㉒始大斂　皇帝死十一天而始大斂，不合禮儀。大斂，屍體入棺。㉓甲午　正月十七日。㉔追尊　武宗之母韋氏，穆宗之妃。武宗立，韋妃已追封尊崇為皇太后，加諡曰宣懿。㉕乙卯　二月初八日。㉖丙寅　二月十九日。㉗己卯　五月初四日。㉘壬戌　八月十九日。㉙章陵　唐文宗陵墓，在今陝西富平北。

【語　譯】五年（庚申　西元八四〇年）

春，正月初二日己卯，下詔立潁王李瀍為皇太弟，一切軍國大事暫時讓他辦理。並且說太子李成美年紀還小，未經師傅疏導，可以再封為陳王。當時文宗病危，命令知樞密劉弘逸、薛季稜帶領楊嗣復、李珏到禁中，想讓他們奉侍太子監理國事。中尉仇士良、魚弘志認為立太子的事，不是自己的功勞，就說太子年紀小，並且有病，另外商議所立人選。李珏說：「太子的地位已經確定，豈能中途改變！」仇士良、魚弘志於是假傳詔命立李瀍為太弟。當天，士良、弘志帶著軍隊到十六宅，迎接潁王到少陽院，百官在思賢殿拜見他。潁王沉毅果斷，喜怒不形於色，與安王李溶都向來為文宗所厚待，不同於其他諸王。

正月初四日辛巳，文宗在太和殿去世。任命楊嗣復代行冢宰之職。

正月初六日癸未，仇士良勸說皇太弟賜楊賢妃、安王李溶、陳王李成美死。敕令十四日為死去的文宗殯殮，每人按規定穿上喪服。諫議大夫裴夷直上奏說規定成服的日期太遠了，沒有被接受。當時仇士良等人追怨文宗，凡是得到文宗寵幸的樂工和內侍，一個接一個被誅殺或貶謫。裴夷直又進言：「陛下由藩王繼承國家大統之位，應當如同在憂病之中，內心要哀傷和思慕，趕快舉行喪禮，早日商議大政，用以安慰天下民心。然而不到幾天，多次誅殺先帝近臣，使得天下百姓都為之驚恐，傷害先帝的神靈，人心還仰望什麼呢！國家的體統最重要，如果這些人沒有罪過，本不可以刑殺。如果他們有罪，他們已經處在國家法網之中，沒有地方可以躲藏，短時間之後處置他們有什麼晚的！」皇太弟不聽從他的意見。

正月十四日辛卯，文宗才入殮。武宗即皇帝位。十七日甲午，追尊武宗的母親韋妃為皇太后。

二月初八日乙卯，大赦天下。〇十九日丙寅，給韋太后的謚號叫宣懿。

夏，五月初四日己卯，門下侍郎、同平章事楊嗣復免職，改任吏部尚書，任命刑部尚書崔珙同平章事兼鹽鐵轉運使。

秋，八月十九日壬戌，將元聖昭獻孝皇帝葬於章陵，廟號文宗。

庚午❶，門下侍郎、同平章事李珏坐為山陵使龍輴❷陷，罷為太常卿。貶京兆尹敬昕為郴州司馬。

義武軍亂，逐節度使陳君賞。君賞募勇士數百人，復入軍城，誅亂者。

初，上之立非宰相意，故楊嗣復、李珏相繼罷去，召淮南節度使李德裕入朝。九月甲戌朔❸，至京師。丁丑❹，以德裕為門下侍郎、同平章事。

庚辰❺，德裕入謝❻，言於上曰：「致理❼之要，在於辯羣臣之邪正。夫邪正二者，勢不相容，正人指邪人為邪，邪人亦指正人為邪，人主辯之甚難。臣以為正人如松柏，特立不倚，邪人如藤蘿，非附他物不能自起。故正人一心事君，而邪人競為朋黨。先帝深知朋黨之患，然所用卒皆朋黨之人，良由執心不定，故奸邪[1]得乘間❽而入也。夫宰相不能人人忠良，或為欺罔，主心始疑，於是旁詢小臣，以察執政。如德宗末年，所聽任者惟裴延齡❾輩，宰相署敕❿而已，此政事所以日亂也。陛下誠能慎擇賢才以為宰相，有姦罔者立黜去，常令政事皆出中書，推心委任，堅定不移，則天下何憂不理哉！」又曰：「先帝於大臣好為形迹⓫，小過皆含容⑫不言，日累月積，以至禍敗。茲事大誤，願陛下以為戒！臣等有罪，陛下當面詰之。事苟無實，得以辯明，若其有實，辭理自窮。小過則容其悛改，大罪則加之誅譴，如此，君臣之際無疑間矣。」上嘉納之。

初，德裕在淮南，敕召監軍楊欽義⑬，人皆言必知樞密⑭，德裕待之無加禮，欽義心銜⑮之。一旦，獨延欽義，置酒中堂，情禮極厚，陳珍玩數牀，罷酒，皆以贈之，欽義大喜過望。行至汴州，敕復還淮南，欽義盡以所餉⑯歸之。德裕曰：「此何直⑰！」卒以與之，其後欽義竟知樞密。德裕柄用⑱，欽義頗有力焉。

【章旨】以上為第八段，寫李德裕論奸邪之分及識別之法，以及權謀。

【注釋】❶庚午　八月二十七日。❷龍輴　車轅上繪有龍形的天子柩車。❸甲戌朔　九月初一日。❹丁丑　九月初四日。❺庚辰　九月初七日。❻入謝　入朝謝恩。❼致理　致治，達到太平盛世。❽乘間　乘機會，鑽空子。❾裴延齡　（西元七二七—七九六年）官至戶部侍郎、判度支。專剝下附上，唐德宗用之不疑。傳見《舊唐書》卷一百三十五、《新唐書》卷一百六十七。❿署敕　在詔令上簽署。⓫好為形迹　對人愛憎藏於心，喜怒不形於色。指唐文宗為了照顧臣下面子，臣下有過深藏於心，積久而發，招致禍敗。⓬含容　包容。⓭楊欽義　唐德宗貞元末中尉楊志廉之子，文宗時任淮南監軍，武宗立入朝任樞密使，至宣宗朝任中尉，一位極有權勢的宦官。事見《舊唐書》卷一百八十四〈楊復恭傳〉。⓮知樞密　任樞密使。⓯銜　懷恨。⓰餉　饋贈。⓱此何直　言此物所值能幾何。⓲柄用　被皇帝信用而掌權柄。

【校記】[1]奸邪　原作「奸人」。據章鈺校，十二行本、乙十一行本皆作「奸邪」，張敦仁《通鑑刊本識誤》同，今據改。

【語譯】八月二十七日庚午，門下侍郎、同平章事李珏因為擔任山陵使讓裝載天子靈柩的柩車下陷，罷免官職，改任太常卿。貶謫京兆尹敬昕為郴州司馬。

義武軍叛亂，驅逐了節度使陳君賞。陳君賞招募勇士數百人，又回到軍城，殺掉了叛亂的人。

當初，武宗繼位不是宰相的主意，所以宰相楊嗣復、李珏相繼免官離去，召淮南節度使李德裕回到朝廷。九月初一日甲戌，抵達京師。初四日丁丑，任命李德裕為門下侍郎、同平章事。

九月初七日庚辰，李德裕入朝謝恩，對武宗說：「達到太平盛世的關鍵，在於分清楚群臣中好人和壞人。大凡好人與壞人，勢不相容，好人指壞人為壞人，壞人也指好人為壞人，人主辨別他們極難。臣認為好人如同松柏，獨自挺立而不依靠他物，壞人如同藤蘿，不依附其他物體就不能自己立起來。所以好人一心服侍君主，而壞人爭著結成朋黨。先帝深知朋黨之害，然而所任用的終歸都是朋黨之人，實在是由於在心中沒有定見，所以奸邪得以乘機而入。宰相不能說人人都是忠良，有的欺上罔君，君主心中才開始懷疑，於是向旁邊的小臣打聽情況，以考察宰相的好壞。例如在德宗末年，皇上所信任的人只有裴延齡一批人，宰相在敕令上簽署而已，這就是政事一天比一天混亂的原因。陛下真正能夠謹慎地選擇賢才擔任宰相，有奸詐欺罔行為的人立刻罷免，經常使政事都經過中書省下達，推心置腹地加以任用，堅定不移，那麼國家何必擔心治理不好啊！」又說：「先帝對於大臣喜歡喜怒不形於色，小過錯都包容不說，日積月累，以致釀成大禍而身敗名裂。這種做法是重大錯誤，希望陛下引以為戒！臣等有罪，陛下應當當面質問他。事情如果不真實，就要分辯清楚，要是真正有那麼回事，自然會理屈辭窮。小的過錯就容他悔改，大的罪過就對他加以譴責或誅戮，這樣，君臣之間就沒有猜疑和嫌隙了。」武宗嘉獎並採納了李德裕的意見。

當初，李德裕在淮南時，有敕命徵召監軍楊欽義，人們都說他一定擔任樞密使。李德裕對待他沒有更多的禮遇，楊欽義懷恨李德裕。有一天，李德裕單獨邀請楊欽義，在中堂擺上酒席，情意和禮節都極厚重，陳列出來好幾床珍玩，酒宴結束，全部贈送給了楊欽義，楊欽義大喜過望。走到汴州時，敕命他再回到淮南去，楊欽義把李德裕所饋贈的禮品全都退還給他。李德裕說：「這些東西值幾個錢！」最終還是給了楊欽義，後來楊欽義終究還是當上了樞密使。李德裕被任用掌權，楊欽義出了很大力氣。

初，伊吾❶之西，焉耆❷之北，有黠戛斯❸部落，即古之堅昆，唐初結骨也。後更號黠戛斯，乾元中為回鶻所破，自是隔閡不通中國。其君長曰阿熱，建牙❹青山❺，去回鶻牙，橐駝❻行四十日。其人悍勇，吐蕃、回鶻常賂遺之，假以官號。回鶻既衰，阿熱始自稱可汗。回鶻遣相國將兵擊之，連兵二十餘年，數為黠戛斯所敗，詈回鶻曰：「汝運盡矣，我必取汝金帳！」金帳者，回鶻可汗所居帳也。

及掘羅勿殺彰信可汗[1]，立廅馺❼，回鶻別將句錄莫賀引黠戛斯十萬騎攻回鶻，大破之，殺廅馺及掘羅勿，焚其牙帳蕩盡，回鶻諸部逃散，其相馺職、特勒厖等十五部西奔葛邏祿❽，一支奔吐蕃，一支奔安西。可汗兄弟嗢沒斯等及其相赤心、僕固、特勒那頡啜各帥其眾抵天德❾塞下，就雜虜貿易穀食，且求內附。

冬，十月丙辰❿，天德軍使溫德彝奏：「回鶻潰兵侵逼西城⓫，亙六十里，不見其後。邊人以回鶻猥至，恐懼不安。」詔振武節度使劉沔屯雲迦關⓬以備之。

魏博節度使何進滔薨，軍中推其子都知兵馬使重順⓭知留後。

蕭太后⓮徙居興慶宮積慶殿，號積慶太后。

十一月癸酉朔⓯，上幸雲陽⓰校獵。

故事，新天子即位，兩省⑰官同署名。上之即位也，諫議大夫裴夷直漏名，由是出為杭州刺史。

開府儀同三司、左衛上將軍兼內謁者監⑱仇士良請以開府蔭其子為千牛⑲。給事中李中敏判曰：「開府階誠宜蔭子⑳，謁者監何由有兒？」士良慚恚。李德裕亦以中敏為楊嗣復之黨，惡之，出為婺州刺史。

十二月庚申㉑，以何重順知魏博留後事。○立皇子峻為杞王。

【章旨】以上為第九段，寫北方黠戛斯興起，回鶻衰敗。

【注釋】❶伊吾　古地名，在今新疆哈密。❷焉耆　西域國名、軍鎮名，在今新疆焉耆西南。❸黠戛斯　部族名，上古稱堅昆，唐初稱結骨，後更號黠戛斯。主要分布在劍河流域（今俄羅斯葉尼塞河）。唐貞觀二十二年（西元六四八年）內附，唐以其地置堅昆都督府。❹建牙　建立牙帳，即王庭。❺青山　山名，在今俄羅斯葉尼塞河西。❻橐駝　即駱駝。❼及掘羅勿殺彰信可汗二句　事見前開成四年。❽葛邏祿　部族名，分布在金山西南、北庭西北，在今新疆準噶爾盆地以北。唐高宗顯慶二年（西元六五七年）於其地置陰山州、玄池州、大漠州三都督府。❾天德　軍鎮名，即天德軍，治所在今內蒙古烏拉特前旗東北。❿丙辰　十月十四日。⓫西城　即朔方西受降城，在今內蒙古杭錦後旗北烏加河北岸。⓬雲迦關　關名，在單于都護府，約今內蒙古和林格爾一帶。⓭重順　何重順（？—西元八六六年），魏博節度使何進滔之子。父死，繼任，賜名弘敬，唐懿宗初封楚國公。傳見《舊唐書》卷一百八十一、《新唐書》卷二百十。⓮蕭太后　唐文宗之母。⓯癸酉朔　十一月初一日。⓰雲陽　縣名，縣治在今陝西淳化東南。⓱兩省　指中書省、門下省。⓲內謁者監　內官名，內侍省屬官，掌儀法、宣奏、承敕令等。⓳千牛　官名，即千牛備身，為十六衛之左、右千牛衛屬官，掌執御刀，宿衛侍從。⓴開府階誠宜蔭子　唐制，從五品以上皆得蔭子。開府儀同三司為文臣散官第一階，從一品，宜得蔭子。㉑庚申　十二月十八日。

【校記】①可汗　原無此二字。據章鈺校，十二行本、乙十一行本皆有此二字，張敦仁《通鑑刊本識誤》、張瑛《通鑑校勘記》同，今據補。

【語譯】當初，在伊吾的西邊，焉耆的北邊，有黠戛斯部落，就是古代的堅昆，唐初的結骨。後改名叫黠戛斯，乾元年間被回鶻打敗，從此以後被隔絕而沒有和唐朝來往。他的君長名阿熱，在青山地方建立王庭，距離回鶻王庭，騎駱駝要走四十天。黠戛斯人強悍勇猛，吐蕃、回鶻常常送禮物給他們，並給他們官號。回鶻衰落以後，阿熱開始自稱為可汗。回鶻派遣相國帶兵攻打他，接連打了二十多年，多次被黠戛斯打敗，黠戛斯詬罵回鶻說：「你們的國運到頭了，我們一定要奪取你們的金帳！」金帳，就是回鶻可汗所居的帳幕。

等到掘羅勿殺死彰信可汗，立𩣺馺為可汗，回鶻別將句錄莫賀帶領黠戛斯的十萬騎兵攻打回鶻，大破回鶻兵，殺掉𩣺馺和掘羅勿，把回鶻的牙帳掃蕩一空，回鶻各部逃散，它的國相馺職、特勒厖等十五部向西奔往葛邏祿，一支跑向吐蕃，一支跑往安西。可汗的兄弟嗢沒斯等和他們的國相赤心、僕固、特勒那頡啜各自帶領自己的部眾抵達天德軍邊塞，到各部胡人那裡買糧食，並且要求歸附唐朝。冬，十月十四日丙辰，天德軍使溫德彝上奏：「回鶻潰兵侵擾，逼近西受降城，連綿六十里，還看不到盡頭。邊境民眾由於回鶻的大量到來，恐懼不安。」詔令振武節度使劉沔屯駐雲迦關來防備回鶻。

魏博節度使何進滔去世，軍隊中推舉他的兒子都知兵馬使何重順擔任留後。

蕭太后徙居興慶宮的積慶殿，號稱積慶太后。

十一月初一日癸酉，武宗到雲陽狩獵。

舊例，新天子即位，兩省官共同簽名。武宗即位時，諫議大夫裴夷直漏了簽名，因此調出為杭州刺史。

開府儀同三司、左衛上將軍兼內謁者監仇士良請求憑開府官銜的資格封蔭他的兒子為千牛備身。給事中李中敏批道：「開府的官階確實應當封蔭兒子，但是謁者監怎麼會有兒子呢？」仇士良既羞慚又憤恨。李德裕也由於李中敏是楊嗣復的同黨，很討厭他，把他調出去擔任婺州刺史。

十二月十八日庚申，任命何重順主持魏博留後職事。〇立皇子李峻為杞王。

武宗❶至道昭肅孝皇帝上[1]

會昌元年（辛酉　西元八四一年）

春，正月辛巳❷，上祀圜丘，赦天下，改元。〇劉沔奏回鶻已退，詔沔還鎮❸。

二月，回鶻十三部近牙帳者立烏希特勒為烏介可汗，南保錯子山❹。

三月甲戌❺，以御史大夫陳夷行為門下侍郎、同平章事。

初，知樞密劉弘逸、薛季稜有寵於文宗，仇士良惡之。上之立，非二人及宰相意，故楊嗣復出為湖南觀察使，李珏出為桂管觀察使。士良屢譖弘逸等於上，勸上除之。乙未❻，賜弘逸、季稜死，遣中使就潭、桂州❼誅嗣復及珏。戶部尚書杜悰奔馬見李德裕曰：「天子年少，新即位，茲事不宜手滑❽！」丙申❾，德裕與崔珙、崔鄲、陳夷行三上奏，又邀樞密使至中書，使入奏。以為：「德宗疑劉晏❿動搖東宮而殺之，中外咸以為冤，兩河不臣者由茲恐懼，得以為辭。德宗後悔，錄其子孫⓫。文宗疑宋申錫交通藩邸，竄謫⓬至死。既而追悔，為之出涕。嗣復、珏等若有罪惡，乞更加重貶。必不可容，亦當先行訊鞫，俟罪狀著白⓭，誅之未晚。今不謀於臣等，遽遣使誅之，人情莫不震駭，願開延英賜對！」至晡時，開延英，召德裕等入。

德裕等泣涕極言⑭：「陛下宜重慎此舉，毋致後悔！」上曰：「朕不悔。」三命之坐，德裕等曰：「臣等願陛下免二人於死，勿使既死而眾以為冤。今未奉聖旨，臣等不敢坐。」久之，上乃曰：「特為卿等釋之。」德裕等躍下階舞蹈。上召升坐，歎曰：「朕嗣位之際，宰相何嘗比數⑮！李珏、季稜志在陳王，嗣復、弘逸志在安王。陳王猶是文宗遺意，安王則專附楊妃。嗣復仍與妃書云：『姑何不效則天臨朝⑯！』嚮使安王得志，朕那復有今日！」德裕等曰：「茲事曖昧，虛實難知。」上曰：「楊妃嘗有疾，文宗聽⑰其弟玄思入侍月餘，以此得通指⑱意②。朕細詢內人，情狀皎然⑲，非虛也。」遂追還二使⑳，更貶嗣復為潮州刺史，李珏為昭州㉑刺史，裴夷直為驩州司戶。

夏，六月乙巳㉒，詔：「自今臣下論人罪惡，並應請付御史臺按問，毋得乞留中㉓，以杜讒邪。」

【章　旨】以上為第十段，寫唐武宗能納諫更改成命，下詔誅殺大臣應由御史臺按問。

【注釋】❶武宗　名炎，唐穆宗第五子，西元八四一—八四六年在位。❷辛巳　正月初九日。❸還鎮　謂從雲迦關回振武軍。❹錯子山　山名，在釋迦泊西三百里。釋迦泊在中受降城（今內蒙古包頭西南）西北塞外。❺甲戌　三月初三日。❻乙未　三月二十四日。❼潭桂州　即潭州、桂州。潭州治所長沙，在今湖南長沙。桂州治所始安，在今廣西桂林。❽手滑　任意放手處置。❾丙申　三月二十五日。❿劉晏　（西元七一五—七八〇年）字士安，曹州南華（今山東東明）人，唐肅宗時任戶部侍郎、判度支。唐代宗立，任宰相。唐德宗即位，楊炎誣晏謀立韓王為太子，以搖東宮。賜死。傳見《舊唐書》卷一百二十三、《新唐書》卷一百四十九。⓫錄其子孫　德宗冤殺劉晏，後悔，錄其二子劉執經為太常博士，劉宗經為祕書郎。錄，著籍敘用。⓬竄謫　流放。⓭著白　暴露清楚。⓮極言　竭力進言；盡情說出。⓯何嘗比數　何曾與我站在一起。比數，同列。⓰臨朝　當朝處理政事。⓱聽　聽任；任憑。⓲指　同「旨」。⓳皎然　清楚。⓴二使　指二中使，一往潭州，一往桂州。㉑昭州　州名，治所平樂，在今廣西平樂。㉒乙巳　六月初六日。㉓留中　把奏章扣留在禁中。

【校　記】[1]上　原脫。據章鈺校，十二行本、乙十一行本、孔天胤本皆有此字，今據補。[2]指意　據章鈺校，十二行本、乙十一行本皆作「意指」。

【語　譯】武宗至道昭肅孝皇帝上

會昌元年（辛酉　西元八四一年）

春，正月初九日辛巳，武宗到圜丘舉行祭天儀式，大赦天下，改年號為會昌。〇劉沔上奏說回鶻已經撤退，詔令劉沔回到駐地。

二月，回鶻靠近牙帳的十三個部落立烏希特勒為烏介可汗，向南守衛錯子山。

三月初三日甲戌，任命御史大夫陳夷行為門下侍郎、同平章事。

當初，知樞密劉弘逸、薛季稜受文宗寵信，仇士良怨恨他們。武宗的繼位，不是他們二人和宰相的主意，所以楊嗣復被貶出為湖南觀察使，李珏被貶出為桂管觀察使。仇士良多次在武宗面前譖害劉弘逸等人，勸說武宗殺掉他們。三月二十四日乙未，賜劉弘逸、薛季稜死，又派遣中使到潭州、桂州去誅殺楊嗣復和李珏。戶部尚書杜悰驅馬去見李德裕說：「天子年少，新即位，此事不應當隨便處置！」二十五日丙申，李德裕和崔珙、崔鄲、陳夷行三次上奏本，又邀請樞密使到中書省，讓他入朝上奏武宗。認為：「德宗懷疑劉晏要改換太子而把他殺了，朝廷內外都認為他冤枉，兩河地區那些不馴服的臣子由此而恐懼，就用它來作藉口對抗中央。德宗後悔，錄用劉晏子孫。文宗懷疑宋申錫和藩王交往，把他流放到外地直到他死。不久也感到後悔，為此而流淚。楊嗣復、李珏等人如有罪惡，請求再加貶謫。一定不能寬容的話，也應當先進行審問，等到罪狀清楚了，再殺也不遲。現在不和臣等商量，急忙派使者殺他們，人們沒有不震驚恐懼的，希望在延英殿召集臣等商討此事！」到傍晚時，在延英殿召李德裕等人入內議事。

李德裕等人流著眼淚竭力進言：「陛下應當特別慎重地對待這件事，不要導致將來後悔！」武宗說：「朕不後悔。」三次命令他們坐下，李德裕等說：「臣等希望陛下赦免二人的死罪，不要在人死了以後使眾人認為是冤枉的。現在未接奉聖旨，臣等不敢坐。」好一會，武宗才說：「特地為了你們，赦免他們的死罪。」李德裕等人跳下臺階行舞蹈禮。武宗叫他們入座，感歎地說：「朕繼承帝位的時候，宰相們何嘗和我站在一起！李珏、薛季稜的意願是立陳王；楊嗣復、劉弘逸的意願是立安王。立陳王還可以說是文宗本來的意願，立安王就是一心依附楊妃。楊嗣復還給楊妃寫信說：『您為什麼不仿效武則天臨朝稱制呢！』如果安王得志，朕哪裡還有今天！」李德裕等人說：「這件事曖昧不清，真假難知。」武宗說：「楊妃曾經有病，文宗聽任她的弟弟玄思入宮侍候一個多月，這樣楊嗣復和楊妃得以溝通想法。朕詳細詢問過內侍諸人，情況明明白白，不是虛假的事。」於是把派出的兩位中使追回來，改貶楊嗣復為潮州刺史，李珏為昭州刺史，裴夷直為驩州司戶。

夏，六月初六日乙巳，下詔說：「從今以後臣下論定人的罪惡，都應當交付御史臺審問，不得請求留在禁中，以杜絕壞人從中作祟。」

以魏博留後何重順為節度使。

上命道士趙歸真等於三殿❶建九天道場，親授法籙❷。右拾遺王哲上疏切諫，坐貶河南府❸士曹❹。

秋，八月，加仇士良觀軍容使。

天德軍使田牟❺、監軍韋仲平欲擊回鶻以求功❻，奏稱：「回鶻叛將嗢沒斯等侵逼塞下，吐谷渾、沙陀、党項皆世與為仇，請自出兵驅逐。」上命朝臣議之。議者皆以為嗢沒斯等[1]叛可汗而來，不可受。宜如牟等所請，擊之便。上以問宰相，李德裕以為：「窮鳥入懷，猶當活之。況回鶻屢建大功❼，今為鄰國所破，部落離散，窮無所歸，遠依天子，無秋毫犯塞，柰何乘其困而擊之！宜遣使者鎮撫，運糧食以賜之，此漢宣帝所以服呼韓邪❽也。」陳夷行曰：「此所謂借寇兵資盜糧❾也，不如擊之。」德裕曰：「彼吐谷渾等各有部落，見利則銳敏爭進，不利則鳥驚魚散，各走巢穴，安肯守死為國家用！今天德城兵纔千餘，若戰不利，城陷必矣。不若以恩義撫而安之，必不為患。縱使侵暴邊境，亦須俟[2]徵諸道大兵討之，豈可獨使天德擊之乎！」

時詔以鴻臚卿❿張賈為巡邊使，使察回鶻情偽⓫，未還。上問德裕曰：「嗢沒斯等請降，可保信乎？」對曰：「朝中之人，臣不敢保，況敢保數千里外戎狄之心乎！然謂之叛將，則恐不可。若可汗在國，嗢沒斯等帥眾而來，則於體⑫固不可受。今聞其國敗亂無主，將相逃散，或奔吐蕃，或奔葛邏祿，惟此一支遠依大國。觀其表辭，危迫懇切，豈可謂之叛將乎！況嗢沒斯等自去年九月至天德，今年二月始立烏介⑬，自無君臣之分。願且詔河東、振武嚴兵保境以備之，俟其攻犯城鎮，然後以武力驅除。或於吐谷渾等部中少[3]有抄掠，聽自讎報，亦未可助以官軍。仍詔田牟、仲平毋得邀功生事，常令不失大信，懷柔得宜，彼雖戎狄，必知感恩。」辛酉⑭，詔田牟約勒⑮將士及雜虜⑯，毋得先犯回鶻。九月戊辰朔⑰，詔河東、振武嚴兵以備之。牟，布之弟也。

癸巳⑱，盧龍軍亂，殺節度使史元忠，推牙將[4]陳行泰主留務。

李德裕請遣使慰撫回鶻，且運糧三萬斛以賜之，上以為疑。閏月己亥⑲，開延英，召宰相議之。陳夷行於候對之所⑳，屢言資盜糧不可。德裕曰：「今徵兵未集，天德孤危。儻不以此糧啗㉑飢虜，且使安靜，萬一天德陷沒，咎將誰歸！」夷行至上前，遂不敢言，上乃許以穀二萬斛賑之。

【章　旨】以上為第十一段，寫李德裕安撫回鶻。

【注 釋】❶三殿　唐麟德殿三面有門，故又稱三殿。方鎮及外國使者來朝，宴請在三殿進行。❷法籙　即符籙，道教的祕文。❸河南府　府名，治所洛陽，在今河南洛陽東北。❹士曹　官名，即士曹司士參軍事，掌津梁、舟車、舍宅、百工眾藝之事。❺田牟　田弘正之子，田布之弟。歷官武寧、兗海、天平等節度使。傳見《舊唐書》卷一百四十一、《新唐書》卷一百四十八。❻求功　立功。❼屢建大功　指回鶻助唐室收復兩京，平定安史之亂。❽服呼韓邪　指南匈奴呼韓邪單于率眾歸附漢朝。事見本書卷二十七漢宣帝甘露三年。服，使動用法，指使呼韓邪歸服。❾借寇兵資盜糧　把武器借給敵寇，用糧食資助強盜。語出《史記》卷八十七〈李斯列傳〉：「藉寇兵而齎盜糧。」❿鴻臚卿　官名，鴻臚寺掌四夷朝會冊封及凶禮喪葬之事，其長官為卿，副長官為少卿。⓫察回鶻情偽　謂張賈名為巡視邊境，實乃偵察回鶻虛實真偽。⓬體　規矩。⓭烏介　人名，回鶻部落大人，被立為可汗。⓮辛酉　八月二十四日。⓯約勒　約束。⓰雜虜　指吐谷渾、沙陀、党項等部落。⓱戊辰朔　九月初一日。⓲癸巳　九月二十六日。⓳己亥　閏九月初三日。⓴候對之所　等候召對之處所。㉑噉　「啖」的異體字。吃；給吃。

【校 記】[1]等　原無此字。據章鈺校，十二行本、乙十一行本皆有此字，今據補。[2]俟　原無此字。據章鈺校，十二行本、乙十一行本、孔天胤本皆有此字，今據補。[3]少　據章鈺校，十二行本、乙十一行本皆作「小」。[4]牙將　原無此二字。據章鈺校，十二行本、乙十一行本皆有此二字，張瑛《通鑑校勘記》同，今據補。

【語 譯】任命魏博鎮留後何重順為節度使。

武宗命令道士趙歸真等人在三殿設置九天道場，武宗親自接受法籙。右拾遺王哲上疏懇切諫阻，被貶為河南府士曹參軍。

秋，八月，加給仇士良觀軍容使官銜。

天德軍使田牟、監軍韋仲平想通過攻打回鶻立功，上奏說：「回鶻叛將嗢沒斯等人入侵逼近塞下，吐谷渾、沙陀、党項等族都與他們世代為仇，請求各自出兵趕走回鶻兵。」武宗命令朝臣討論這件事。議論的人都認為嗢沒斯等背叛可汗到邊境來，不可以接受。應當如田牟等所請求的那樣，擊退他們較為妥當。武宗拿此事詢問宰相，李德裕認為：「困窘的鳥雀落入懷中，還應當救活牠，何況回鶻屢次為國家建立大功，現在被鄰國打敗，部落離散，窮途末路，沒有歸宿，從遠地跑來投靠天子，對邊塞秋毫無犯，為什麼乘著他們困窘的時候進攻他們呢！應當派遣使者守護安撫他們，運糧食給他們，這就是漢宣帝所以征服匈奴呼韓邪單于的辦法。」陳夷行說：「這是叫做把武器借給敵寇，用糧食資助強盜，不如進攻他們。」李德裕又說：「那吐谷渾等各有自己的部落，看到有利可圖時就會迅速兇猛地進攻，在不利的時候就會如驚鳥一樣飛走，如魚一樣游散，各自逃回巢穴，哪裡會拼死為國家所用！現在天德城士兵只有一千多，如果戰爭沒有獲勝，城池一定陷落。不如用恩義去安撫他們，一定不會有禍患。即使他們侵暴邊境，也須等待徵調各道的大軍討伐他們，怎麼可以單獨讓天德軍去進攻他們呢！」

當時詔令鴻臚卿張賈為巡邊使，讓他察看回鶻的虛實，還沒有回來。武宗問李德裕說：「嗢沒斯等人請求投降，可以保證誠信嗎？」李德裕回答說：「朝廷中的人，臣都不敢擔保，何況擔保數千里外戎狄的心思呢！然而稱嗢沒斯為叛將，恐怕不可以。如果可汗在國君的位子上，嗢沒斯等帶領兵眾而來，那麼就規矩而言固然不可接受。現在聽說回鶻國家敗亂無主，將、相逃散，有的投奔吐蕃，有的投奔葛邏祿，只有這一支從遠地來依附我們這個大國。看嗢沒斯的奏表言辭，急迫懇切，怎麼可以稱他為叛將呢！況且嗢沒斯等人去年九月到了天德軍，今年二月才擁立烏介，他們自然沒有君臣的名分。希望暫且詔令河東、振武兩鎮整飭軍隊，保護邊境，防備他們，等他們來侵犯城鎮，然後用武力把他們驅逐出去。在吐谷渾等部落中稍有搶掠行為的，聽任他們自己互相報復，也不要派官軍去幫助某一方。仍詔令田牟、韋仲平不得為獲取戰功而製造事端，要長久維持不喪失國家的信用，安撫適宜，他們雖是戎狄，一定知道感謝朝廷恩德。」八月二十四日辛酉，詔令田牟約束將士和其他少數民族，不得先去侵犯回鶻人。九月初一日戊辰，詔令河東、振武兩鎮整飭軍隊防備回鶻。田牟，是田布的弟弟。

九月二十六日癸巳，盧龍軍叛亂，殺害了節度使史元忠，推舉牙將陳行泰主持留後事務。

李德裕請求派遣特使撫慰回鶻，並且運送糧三萬斛賜給他們，武宗對這件事還有疑慮。閏九月初三日己亥，在延英殿開會，召集宰相商議這件事。陳夷行在等待召對之處，多次說資給強盜糧食不可行。李德裕說：

「現在徵調的軍隊尚未集中，天德軍孤立危險。如果不用這些糧食給飢餓的回鶻吃，暫時讓他們安靜下來，萬一天德陷落，將來誰擔當這個罪責！」陳夷行到武宗面前，就不敢說話了，武宗於是答應拿出二萬斛穀來賑濟回鶻。

以前山南東道節度使、同平章事牛僧孺為太子太師❶。先是，漢水溢，壞襄州❷民居，故李德裕以為僧孺罪而廢之❸。

盧龍軍復亂，殺陳行泰，立牙將張絳。

初，陳行泰逐史元忠，遣監軍傔❹以軍中大將表來求節鉞。李德裕曰：「河朔事勢，臣所熟諳。比來朝廷遣使賜詔常太速，故軍情遂固。若置之數月不問，必自生變。今請留監軍傔，勿遣使以觀之。」既而軍中果殺行泰，立張絳，復求節鉞，朝廷亦不問。會雄武軍❺使張仲武❻起兵擊絳，且遣軍吏吳仲舒奉表詣京師，稱絳慘虐，請以本軍討之。

冬，十月，仲舒至京師。詔宰相問狀，仲舒言：「行泰、絳皆遊客❼，故人心不附。仲武幽州舊將，性忠義，通書，習戎事，人心嚮之。鄉者張絳初殺行泰，召仲武，欲以留務讓之，牙中一二百人不可。仲武行至昌平❽，絳復卻之。今計仲武纔發雄武，軍中已逐絳矣。」李德裕問：「雄武士卒幾何？」對曰：「軍士八百，外有土團❾五百人。」德裕曰：「兵少，何以立功？」對曰：「在得人心。苟人心不從，兵三萬何益！」德裕又問：「萬一不克，如何？」對曰：「幽州糧食皆在嬀州及北邊七鎮❿，萬一未能入，則據居庸關⓫，絕其糧道，幽州自困矣。」

德裕奏：「行泰、絳皆使大將上表，脅朝廷，邀節鉞，故不可與。今仲武先自[1]發兵為朝廷討亂，與之則似有名。」乃以仲武知盧龍留後。仲武尋克幽州。

【章旨】以上為第十二段，寫李德裕藉水災罷牛僧孺山南東道節度使，奪其兵權。李德裕善處置，討平盧龍軍亂。

【注釋】❶太子太師　東宮官屬。東宮掌教諭太子之官有三師、三少。三師為太師、太傅、太保，從一品。三少為少師、少傅、少保，正二品。❷襄州　州名，治所襄陽，在今湖北襄樊。❸廢之　謂使任散職太子少師，居官無權。❹傔　即傔從。指監軍的侍從。❺雄武軍　軍鎮名，在今天津市薊縣北。❻張仲武　范陽（今河北涿州北）人，范陽舊將張光朝之子，歷任雄武軍使、盧龍節度副大使。傳見《舊唐書》卷一百八十、《新唐書》卷二百十二。❼遊客　謂陳行泰、張絳為外來客，非幽州舊將。❽昌平　縣名，縣治在今北京市昌平。❾土團　召集當地人組成的武裝集團。❿北邊七鎮　幽州北邊為檀州，有大王、北來、保要、鹿固、赤城、邀虜、石子龕七鎮，在今北京市密雲、平谷境內。⓫居庸關　關名，在今北京市昌平西北。

【校記】[1]先自　原無此二字。據章鈺校，十二行本、乙十一行本皆有此二字，張敦仁《通鑑刊本識誤》、張瑛《通鑑校勘記》同，今據補。

【語譯】任命前山南東道節度使、同平章事牛僧孺為太子太師。此前，漢水氾濫，毀壞了襄州居民的房屋，所以李德裕認為是牛僧孺的罪過而把他改任閒職。

盧龍軍又叛亂，殺了陳行泰，立牙將張絳。

當初，陳行泰驅逐史元忠，派遣監軍的侍從用軍中大將的名義上奏表要求節鉞。李德裕說：「河朔形勢，臣很瞭解。近年朝廷派使者賜詔令常常太快了，所以軍事形勢就穩固下來。如果擱在那裡幾個月不過問，自身一定會發生變化。現在請把監軍的侍從留下，不派遣使者，觀察一下他們。」不久軍中果然殺了陳行泰，擁立張絳，又向朝廷請求節鉞，朝廷也不理會。恰巧雄武軍使張仲武起兵討伐張絳，並且派遣軍吏吳仲舒攜帶奏表前往京師，說張絳殘酷暴虐，請求統領本部軍隊討伐張絳。

冬，十月，吳仲舒到達京師。詔令宰相詢問情況，吳仲舒說：「陳行泰、張絳都是外來客，所以人心不歸附他們。張仲武是幽州的老將領，本性忠義，通曉書文，熟習武事，人心都向著他。前時張絳剛殺了陳行泰，召喚張仲武，想把留後一職讓給張仲武，衙中有一二百人不同意。張仲武到了昌平，張絳又叫他退回去。現在估計張仲武才從雄武軍駐地出發，盧龍軍中已經驅逐張絳了。」李德裕問：「雄武軍有多少兵員？」吳仲舒回答說：「軍士八百人，另外有土團五百人。」李德裕說：「兵士少，怎麼去建立功業？」回答說：「在於獲得人心。如果人心不順從，有三萬兵士又有什麼用！」李德裕又問：「萬一不能打敗張絳，怎麼辦？」吳仲舒回答說：「幽州的糧食都在嬀州和北邊七鎮，萬一不能進入幽州城，就據守居庸關，斷絕他的糧道，幽州自然陷入困境了。」

李德裕上奏說：「陳行泰、張絳都讓大將上表，脅迫朝廷，求取節鉞，所以不能給。現在張仲武首先自己發兵為朝廷討伐叛亂者，給他節鉞似乎是有名義的。」於是就任命張仲武代理盧龍留後。張仲武不久攻下了幽州。

上校獵❶咸陽❷。

十一月，李德裕上言：「今回鶻破亡，太和公主❸[1]未知所在，若不遣使訪問，則戎狄必謂國家降主虜庭，本非愛惜，既負公主，又傷虜情。請遣通事舍人❹苗縝齎詔詣嗢沒斯，令轉達公主，兼可卜嗢沒斯逆順之情。」從之。

上頗好田[2]獵及武戲❺，五坊小兒得出入禁中，賞賜甚厚。嘗謁郭太后❻，從容問為天子之道，太后勸以納諫。上退，悉取諫疏閱之，多諫遊獵。自是上出畋稍稀，五坊無復橫賜❼。

癸亥❽，以中書侍郎、同平章事崔鄲同平章事，充西川節度使。

初，黠戛斯既破回鶻，得太和公主。自謂李陵❾之後，與唐同姓，遣達干❿十人奉公主歸之於唐。回鶻烏介可汗引兵邀擊達干，盡殺之，質公主⓫，南度磧⓬，屯天德軍境上。公主遣使上表，言可汗已立，求冊命。烏介又使其相頡干伽斯等上表，借振武一城以居公主、可汗。十二月庚辰⓭，制遣右金吾大將軍王會等慰問回鶻，仍賑米二萬斛。又賜烏介可汗敕書，諭以「宜帥部眾漸復舊疆，漂寓塞垣⓮，殊非良計。」又云：「欲借振武一城，前代未有此比⓯。或欲別遷善地，求大國聲援，亦須且[3]於漠南駐止。朕當許公主入覲⓰，親問事宜。儻須應接⓱，必無所吝。」

【章旨】以上為第十三段，寫李德裕羈縻回鶻。

【注釋】❶校獵　設柵圍獸，然後獵取。❷咸陽　縣名，縣治在今陝西咸陽東北。❸太和公主　唐憲宗之女、唐穆宗之妹。長慶元年（西元八二一年）嫁回鶻崇德可汗，會昌三年（西元八四三年）回歸。傳見《新唐書》卷八十三。❹通事舍人　官名，中書省屬官，掌朝見引納、殿庭通奏。❺武戲　指蹋球、騎射、手搏等。❻郭太后　即唐憲宗懿安皇后。郭子儀孫女，唐穆宗之母，唐武宗祖母。❼橫賜　隨意賜給。❽癸亥　十一月二十七日。❾李陵　（？—西元前七四年）字少卿，漢名將李廣之孫，官至騎都尉。漢武帝天漢二年（西元前九九年），李陵率步卒五千出居延擊匈奴，戰敗投降。單于以女妻之，立為右校王。❿達干　突厥大臣稱謂之一，回鶻、黠戛斯等因之。⓫質公主　以公主為人質。⓬磧　沙漠。⓭庚辰　十二月十四日。⓮漂寓塞垣　漂泊流寓在邊塞地帶。⓯此比　此例。⓰覲　朝見。⓱應接　照應、迎接。

【校記】[1]太和公主　原作「大和公主」。據章鈺校，十二行本、乙十一行本皆作「太和公主」，今從改。下同。[2]田　據章鈺校，十二行本、乙十一行本、孔天胤本皆作「畋」。按，二字通。[3]且　原無此字。據章鈺校，十二行本、乙十一行本、孔天胤本皆有此字，今據補。

【語譯】武宗到咸陽狩獵。

十一月，李德裕上奏說：「現在回鶻敗亡，太和公主不知在什麼地方，如果不派遣使者去詢問，那麼戎狄之人一定會說國家把公主下嫁虜庭，本來就不是愛惜公主，這樣既對不起公主，又傷害了外虜的情感。請派遣通事舍人苗縝帶著詔書前往嗢沒斯那裡，讓他轉達公主，同時可以測試嗢沒斯是真歸順還是假歸順的情況。」武宗答應了。

武宗很喜歡狩獵和武戲，五坊小兒能夠出入禁中，賞賜很豐厚。武宗曾拜謁郭太后，閒談中問及做天子的規則，太后勸他要納諫。武宗回來後，把進諫的奏疏都拿來看，大多是諫止遊獵。從此武宗出去打獵的次數逐漸減少，五坊小兒也得不到隨意的賞賜。

十一月二十七日癸亥，任命中書侍郎、同平章事崔鄲同平章事，充任西川節度使。

當初，黠戛斯打敗了回鶻，獲得了太和公主。黠戛斯人自稱是李陵的後代，和唐朝皇帝同姓，於是派遣達干十人奉送公主返回唐朝。回鶻烏介可汗帶兵攔擊達干，把他們都殺了，把公主作為人質，向南渡過沙漠，屯駐在天德軍邊境上。公主派遣使者呈上奏表，說是可汗已經即位，請求冊封。烏介又派他的宰相頡干伽斯等上表，要求借振武一城來讓公主、可汗居住。十二月十四日庚辰，朝廷下詔派遣右金吾大將軍王會等人慰問回鶻，還賑濟他們二萬斛米。又賞賜烏介可汗敕書，告諭他「應當帶領部下逐漸恢復舊有的疆域，漂流寄居在邊塞地方，不是好辦法。」又說：「想借振武的一座城，前代沒有此例。或許想另外遷到好的地方去，要求大國援助，也必須暫時在漠南停駐。朕會允許公主入京朝見，親自詢問有關諸事。倘若需要接應，一定不會吝惜。」

二年（壬戌　西元八四二年）

春，正月，以張仲武為盧龍節度使。

朝廷以回鶻屯天德、振武北境，以兵部郎中李拭❶為巡邊使，察將帥能否。拭，鄘❷之子也。

二月，淮南節度使李紳入朝。丁丑❸，以紳為中書侍郎、同平章事、判度支。

河東節度使苻澈修杷頭烽❹舊戍以備回鶻。李德裕奏請增兵鎮守，及修東、中二受降城❺，以壯天德形勢，從之。

右散騎常侍柳公權素與李德裕善，崔珙奏為集賢學士❻、判院事。德裕以恩非己出，因事左遷公權為太子詹事。

回鶻復奏求糧，及尋勘❼吐谷渾、党項所掠，又借振武城。詔遣內使楊觀賜可汗書，諭以城不可借，餘當應接處置。

三月戊申❽[1]，李拭巡邊還，稱振武節度使劉沔有威略，可任大事。時河東節度使苻澈疾病，庚申❾，以沔代之。以金吾上將軍李忠順為振武節度使。遣將作少監苗縝冊命烏介可汗，使徐行❿，駐於河東，俟可汗位定，然後進。既而可汗屢侵擾邊境，縝竟不行。

回鶻嗢沒斯以赤心桀黠難知⓫，先告田牟云，赤心謀犯塞。乃誘赤心并僕固殺之，那頡啜收赤心之眾七千帳東走。河東奏：「回鶻兵至橫水⓬，殺掠兵民，今退屯釋迦泊⓭東。」李德裕上言：「釋迦泊西距可汗帳三百里，未知此兵為那頡⓮所部，為可汗遣來。宜且指此兵云不受可汗指揮，擅掠邊鄙。密詔劉沔、仲武先經略此兵，如可以討逐，事亦有名。摧此一支，可汗必自知懼。」

夏，四月庚辰⓯，天德都防禦使田牟奏：「回鶻侵擾不已，不俟朝旨，已出兵三千拒之。」壬午⓰，李德裕奏：「田牟殊不知兵！戎狄長於野戰⓱，短於攻城，牟但應堅守，以待諸道兵集。今全軍出戰，萬一失利，城中空虛，何以自固！望亟遣中使止之。如已交鋒，即詔雲、朔、天德以來羌⓲、渾各出兵奮擊回鶻，凡所虜獲，並令自取。回鶻羇旅⑲二年，糧食乏絕，人心易動。宜詔田牟招誘降者，給糧轉致太原，不可留於天德。嗢沒斯情②偽雖未可知，然要早加官賞。縱使不誠，亦足為反間。且欲獎其忠義，為討伐之名，令遠近諸蕃知但責可汗犯順，非欲盡滅回鶻。石雄善戰無敵，請以為天德都團練副使，佐田牟用兵。」上皆從其言。

初，太和中，河西党項擾邊。文宗召石雄於白州⑳，隸振武軍為裨將，屢立戰功。以王智興故，未甚進擢。至是，德裕舉用之。

甲申㉑，嗢沒斯帥其國特勒、宰相等二千二百餘人來降。

上信任李德裕，觀軍容使仇士良惡之。會上將受尊號，御丹鳳樓宣赦。或告士良，宰相與度支議草制減禁軍衣糧及馬芻粟。士良揚言於眾曰：「如此，至日，軍士必於樓前諠譁！」德裕聞之，乙酉㉒，乞開延英自訴。上怒，遽遣中使宣諭兩軍：「赦書初無此事。且赦書皆出朕意，非由宰相，爾安得此言！」士良乃惶愧稱謝。丁亥㉓，羣臣上尊號曰仁聖文武至神大孝皇帝，赦天下。

五月戊申㉔，遣鴻臚卿張賈安撫嗢沒斯等，以嗢沒斯為左金吾大將軍、懷化郡王，其次酋長官賞有差。賜其部眾米五千斛，絹三千匹。

那頡啜帥其眾自振武、大同㉕，東因室韋㉖、黑沙㉗，南趣㉘雄武軍，窺幽州。盧龍節度使張仲武遣其弟仲至將兵三萬迎擊，大破之，斬首捕虜不可勝計，悉收降其七千帳，分配諸道。那頡啜走，烏介可汗獲而殺之。

【章　旨】以上為第十四段，寫唐軍破滅回鶻那頡啜部。

【注　釋】❶李拭　歷官河東、鳳翔節度使。事附《新唐書》卷一百四十六〈李鄘傳〉。❷鄘　李鄘（？—西元八二〇年），字建侯，歷任京兆尹、鳳翔、河東、淮南等節度使。傳見《舊唐書》卷一百五十七、《新唐書》卷一百四十六。❸丁丑　二月十二日。❹杷頭烽　烽火臺名。胡注：「杷頭烽北臨大磧，東望雲、朔，西望振武。」❺東中二受降城　皆城名，東受降城在今內蒙古托克托南，中受降城在今內蒙古包頭西南。二城皆築於唐中宗景雲二年（西元七〇八年），此次為整修。❻集賢學士　官名，即集賢殿書院學士，其下有直學士，掌圖書祕籍。元和四年（西元八〇九年）起，以年高資重的學士判院事。❼尋勘　查找。❽戊申　三月十三日。❾庚申　三月二十五日。❿使徐行　令苗縝緩行，拖延時間。⓫桀黠難知　兇悍狡猾，難以捉摸。⓬橫水　水名，故道在今山西大同西北，清代已湮沒。⓭釋迦泊　地名，在中受降城西北塞外。⓮那頡　人名，即前文那頡啜，回鶻部落大人。⓯庚辰　四月十六日。⓰壬午　四月十八日。⓱野戰　在野外作戰。⓲羌　即党項，又稱党項羌。⓳羈旅　客居在外。此指回鶻離開故土，流竄在外。⓴召石雄於白州　石雄與王智興不睦，被流放於白州。事見本書卷二百四十四唐文宗太和三年。㉑甲申　四月二十日。㉒乙酉　四月二十一日。㉓丁亥　四月二十三日。㉔戊申　五月十四日。㉕大同　軍鎮名，即大同軍，治所馬邑，在今山西朔州東。㉖室韋　部族名，契丹之別種，主要分布在黑龍江上游及額爾古納河一帶，有二十餘部。此指遷至幽州塞外的黑車子室韋。㉗黑沙　城名，在今山西大同西北。㉘趣　通「趨」。趨進；奔赴。

【校　記】1戊申　原無此二字。據章鈺校，十二行本、乙十一行本、孔天胤本皆有此二字，張瑛《通鑑校勘記》同，今據補。2情　據章鈺校，十二行本、乙十一行本皆作「誠」。

【語　譯】二年（壬戌　西元八四二年）

春，正月，任命張仲武為盧龍節度使。

朝廷因回鶻屯駐在天德、振武軍的北面邊境上，就任命兵部郎中李拭為巡邊使，去考察將帥是否能幹。李拭，是李鄘的兒子。

二月，淮南節度使李紳回朝。十二日丁丑，任命李紳為中書侍郎、同平章事、判度支。

河東節度派苻澈修整杷頭烽舊戍用來防備回鶻。李德裕奏請增兵防守，以及修整東、中二受降城，用來壯大天德軍形勢，朝廷同意了。

右散騎常侍柳公權一向和李德裕相友好，崔珙保奏柳公權為集賢學士、判院事。李德裕認為提拔之恩不是出於自己，因而藉故把柳公權降職為太子詹事。

回鶻又上奏求取糧食，以及查找吐谷渾、党項所搶走的東西，又要求借振武城。武宗下詔派遣內使楊觀賜給可汗國書，告訴他振武城是不能借的，其餘的要求答應安排處理。

三月十三日戊申，李拭巡邊返回，說振武節度使劉沔有勇有謀，可以擔當大事。當時河東節度使苻澈病重，二十五日庚申，讓劉沔替代苻澈的職務。任命金吾上將軍李忠順為振武節度使。派遣將作少監苗縝去冊封烏介可汗，要他緩慢前行，在河東鎮屯駐下來，等可汗之位穩定了，然後前進。不久可汗多次侵擾邊境，苗縝最終沒有成行。

回鶻嗢沒斯認為赤心這個人兇悍狡猾，難以捉摸，預先告訴田牟說，赤心謀劃侵犯邊塞。於是誘殺了赤心和僕固，那頡啜收合赤心的部眾七千帳向東邊逃去。河東鎮上奏說：「回鶻兵到達橫水，殺掠兵民，現在後撤屯駐在釋迦泊的東邊。」李德裕上奏說：「釋迦泊西距可汗駐地三百里，不知道這一部分軍隊是那頡啜所統領的，還是可汗派來的。應當暫時把這支軍隊指云不受可汗指揮，擅自搶掠邊界。祕密詔令劉沔、張仲武先治理這支軍隊，假如可以討伐驅逐他們，此事也有正當名義。摧垮這一支軍隊，可汗一定會感到懼怕。」

夏，四月十六日庚辰，天德都防禦使田牟上奏說：「回鶻侵擾不停，我沒有等待朝廷旨令，已派出三千人抵抗他們。」十八日壬午，李德裕上奏說：「田牟太不懂得用兵！戎狄擅長野戰，短於攻城，田牟只應堅守城池，以等待其他各道軍隊齊集。現在全軍出戰，萬一失利，城中空虛，拿什麼來固守！希望馬上派遣中使阻止田牟那麼做。如果已經打起來了，立即詔令雲州、朔州、天德軍等處的羌、渾族人各出兵奮力進攻回鶻，凡是俘獲的東西，都歸自己所有。回鶻在外游處兩年了，糧食缺乏，人心容易動搖。應當詔令田牟招誘來投降的人，供給他們糧食，把他們送到太原去，不能夠留在天德。嗢沒斯的投降是真是假雖然還不瞭解，但要早一點給他們官爵和賞賜。即使他們不是誠心投降，也足可以離間回鶻各部之間的關係。並且要通過獎賞嗢沒斯的忠義，作為討伐的名義，使遠近各少數民族瞭解這樣做只是譴責可汗不服從朝廷，不是想要把回鶻族全部消滅。石雄善戰無敵，請求任命他為天德軍都團練副使，協助田牟用兵。」武宗全部採納了李德裕的意見。

當初，在太和年間，河西党項騷擾邊境。文宗從白州把石雄召來，隸屬振武軍，擔任裨將，多次立有戰功。因為王智興的緣故，沒有很大地提升。到這時，李德裕才推舉重用他。

四月二十日甲申，嗢沒斯率領他們國家的特勒、宰相等二千二百餘人前來投降。

武宗信任李德裕，觀軍容使仇士良卻忌恨李德裕。適逢武宗將要接受尊號，駕臨丹鳳樓宣布大赦。有人告訴仇士良，宰相和度支商量為皇上起草命令，減少供給禁軍的衣糧和馬的草料。仇士良在群眾中揚言說：「這麼做的話，到那一天，軍士一定會在樓前喧鬧！」李德裕聽到了，四月二十一日乙酉，請求在延英殿開會自我申訴。武宗很生氣，即刻派遣中使告諭兩軍說：「赦書本來沒有這回事。而且赦書都是出自朕的旨意，不是經過宰相提出來的，你們從哪裡得知這種話！」仇士良於是又惶恐又慚愧地向武宗謝罪。二十三日丁亥，群臣奉上尊號稱仁聖文武至神大孝皇帝，大赦天下。

五月十四日戊申，派遣鴻臚卿張賈安撫嗢沒斯等人，任命嗢沒斯為左金吾大將軍、懷化郡王，其他的酋長官吏依等級得到賞賜。賞給他部下兵眾米五千斛，絹三千匹。

那頡啜帶領他的部眾從振武、大同出發，向東沿著室韋、黑沙，向南往雄武軍進發，窺伺幽州。盧龍節度使張仲武派遣弟弟張仲至帶領三萬人迎擊，大敗他們，殺死的、俘虜的敵人數也數不清，投降的七千帳兵員全都接受，分配到各道。那頡啜逃跑後，被烏介可汗抓獲殺死了。

時烏介眾雖衰減，尚號十萬，駐牙於大同軍北閭門山。楊觀自回鶻還，可汗表求❶糧食、牛羊，且請執送❷嗢沒斯等。詔報以「糧食聽自以馬價於振武糴三千石；牛，稼穡之資，中國禁人屠宰；羊，中國所鮮，出於北邊雜虜，國家未嘗科調❸。嗢沒斯自本國初破，先投塞下，不隨可汗已及二年。慮彼❹猜嫌，窮迫歸命。前可汗正以猜虐無親，致內離外叛。今可汗失地遠客，尤宜深矯前非。若復骨肉相殘，則可汗左右信臣誰敢自保！朕務在兼愛，已受其降，於可汗不失恩慈，於朝廷免虧信義，豈不兩全事體，深叶❺良圖！」

嗢沒斯入朝。六月甲申❻，以嗢沒斯所部為歸義軍，以嗢沒斯為左金吾大將軍，充軍使。

門下侍郎、同平章事陳夷行罷為左僕射。秋，七月，以尚書右丞李讓夷❼為中書侍郎、同平章事。

嵐州❽人田滿川據州城作亂，劉沔討誅之。

嗢沒斯請置家太原，與諸弟竭力扞邊❾。詔劉沔存撫❿其家。

烏介可汗復遣其相上表，借兵助復國，又借天德城。詔不許。

初，可汗往來天德、振武之間，剽掠羌、渾，又屯杷頭烽北。朝廷屢遣使諭之，使還漠南，可汗不奉詔。李德裕以為：「那頡啜屯於山北⑪，烏介恐其與奚、契丹連謀邀遮⑫，故不敢遠離塞下。望敕張仲武諭奚、契丹⑬與回鶻共滅那頡啜，使得北還。」及那頡啜死，可汗猶不去。議者又以為回鶻待馬價。詔盡以馬價給之，又不去。八月，可汗帥眾過杷頭烽南，突入大同川⑭，驅掠河東雜虜牛馬數萬，轉鬬至雲州城門。刺史張獻節閉城自守，吐谷渾、党項皆挈家入山避之。庚午⑮，詔發陳⑯、許、徐、汝、襄陽⑰等兵屯太原及振武、天德，俟來春驅逐回鶻。

丁丑⑱，賜嗢沒斯與其弟阿歷支、習勿啜、烏羅思皆姓李氏，名思忠、思貞、思義、思禮，國相愛邪勿姓愛，名弘順，仍以弘順為歸義軍副使。

上遣回鶻石戒直⑲還其國，賜可汗書，諭以「自彼國為紇吃斯⑳所破，來投邊境，撫納無所不至。今可汗尚此近塞，未議還蕃，或侵掠雲、朔等州，或鈔擊羌、渾諸部。遙揣深意，似恃姻好之情㉑，每觀蹤由㉒，實懷馳突㉓之計。中外將相咸請誅翦，朕情深屈己，未忍幸災。可汗宜速擇良圖，無貽後悔！」

上又命李德裕代劉沔答回鶻相頡于迦斯書，以為：「回鶻遠來依投，當效呼韓邪遣子入侍㉔，身自入朝。及今[1]太和公主入謁太皇太后，求哀乞憐，則我之救卹㉕，無所愧懷㉖。而乃睥睨㉗邊城，桀驁自若，邀求過望，如在本蕃。又深入邊境，侵暴不已。求援繼好，豈宜如是！來書又云胡人易動難安，若令忿怒，不可復制。回鶻為紇吃斯所破，舉國將相遺骸棄於草莽，累代可汗墳墓，隔在天涯。回鶻忿怒之心，不施於彼㉘，而蔑棄㉙仁義，逞志中華，天地神祇㉚豈容如此[2]！昔郅支不事大漢，竟自夷滅㉛，往事之戒，得不在懷！」

戊子㉜，李德裕等上言：「若如前詔，河東等三道㉝嚴兵守備，俟來春驅逐，乘回鶻人困馬羸㉞之時，又官軍免盛寒之苦，則幽州兵宜令止屯本道以俟詔命。若慮河冰既合，回鶻復有馳突，須早驅逐，則當及天時未寒，決策於數日[3]之間。以河朔兵益河東兵，必令收功於兩月之內。今聞外議紛紜，互有異同，儻不一詢羣情，終為浮辭所撓。望令公卿集議！」詔從之。時議者多以為宜俟來春。

九月，以劉沔兼招撫回鶻使，如須驅逐，其諸道行營兵權令指揮。以張仲武為東面招撫回鶻使，其當道㉟行營兵及奚、契丹、室韋等並自指揮。以李思忠為河西㊱党項都將回鶻西南面招討使，皆會軍于太原。令沔屯鴈門關㊲。

【章　旨】以上為第十五段，寫李德裕運籌帷幄，謀劃圍殲回鶻烏介可汗。

【注　釋】❶表求　上表請求。❷執送　囚送；押送。❸科調　分派徵調。❹彼　指烏介可汗。❺叶　相協；相合。❻甲申　六月二十一日。❼李讓夷　字達心，唐文宗時歷任諫議大夫、中書舍人，唐武宗時官至宰相，唐宣宗時官終淮南節度使。傳見《舊唐書》卷一百七十六、《新唐書》卷一百八十一。❽嵐州　州名，治所宜芳，在今山西嵐縣北。❾扞邊　保衛邊境。扞，「捍」的異體字。❿存撫　存問安撫。⓫山北　當為陰山之北。⓬邀遮　攔遮；阻斷。⓭契丹　部族名，東胡別種。居黃水及土護真水一帶，在今內蒙古西拉木倫河及老哈河一帶。貞觀二十二年（西元六四八年）於此置松漠都督府，治所在今內蒙古巴林左旗西南，唐肅宗上元以後廢。⓮大同川　水名，在今內蒙古烏梁素海東。⓯庚午　八月初九日。⓰陳　州名，治所宛丘，在今河南淮陽。⓱襄陽　郡名，天寶、至德間改襄州為襄陽郡，故襄州、襄陽互稱。治所襄陽，在今湖北襄樊。⓲丁丑　八月十六日。⓳石戒直　回鶻人，久在長安，熟悉京師之事，此時自行請求奉使回國，武宗令其將詔書交給烏介可汗。《舊唐書．武宗紀》載賜烏介詔云：「石戒直久在京城，備知人實憤惋，發於誠懇，固請自行。嘉其深見事機，不能違阻。可汗審自問遂，速擇良圖，無至不悛，以貽後悔。」⓴紇吃斯　即黠戛斯，音譯之異。㉑恃姻好之情　謂以太和公主為人質來要挾中國。㉒蹤由　蹤跡由來。㉓馳突　奔馳突擊。㉔呼韓邪遣子入侍　指漢宣帝甘露元年（西元前五三年）呼韓邪遣子入侍，三年親自入朝拜見天子之事。㉕救卹　救濟。卹，「恤」的異體字。㉖無所愧懷　即無愧於心。㉗睥睨　斜視。㉘彼　指紇吃斯。㉙蔑棄　蔑視拋棄。㉚神祇　神靈。㉛昔郅支不事大漢二句　指漢元帝建昭三年（西元前三六年）郅支單于被誅，傳首京師之事。㉜戊子　八月二十七日。㉝三道　指河東、盧龍、振武三節度使。㉞羸　瘦。㉟當道　本道。㊱河西　此為北河之西。黃河自內蒙古磴口以下，分為南北兩支，北支稱本河，即今烏加河，時為黃河正流。㊲鴈門關　關名，亦名陘嶺關、西陘關，故址在今山西代縣西北雁門關西雁門山上。

【校　記】①令　原作「今」。據章鈺校，十二行本、乙十一行本、孔天胤本皆作「令」，今據改。②如此　據章鈺校，十二行本、乙十一行本於此二字下皆有「事」字。③日　原作「月」。據章鈺校，十二行本、乙十一行本、孔天胤本皆作「日」，今據改。

【語　譯】當時烏介可汗的部眾雖然減少了，還是號稱十萬人，牙帳駐紮在大同軍北面的閭門山。楊觀從回鶻返回，所帶可汗奏表請求給予糧食、牛羊，並且要求押送嗢沒斯等人。武宗下詔回覆說「糧食允許他們用自己賣馬的錢在振武軍地方購買三千石；牛是耕田的牲畜，中國禁止百姓屠宰；羊在中國少有，出自北邊雜虜，國家沒有分派徵調。嗢沒斯從他的國家破敗開始，最先投奔塞下，不跟隨可汗已有兩年。擔心可汗猜忌他，在窮迫之中歸服於我。前任可汗正是因為猜忌暴虐而失去親信，以致內離外叛。現在可汗喪失本地，遠客他鄉，尤其應該深刻改變以前的錯誤。如果又是骨肉相殘，那麼可汗左右親信的臣子誰敢自保沒有危險！朕一心力求兼愛，已經接受了嗢沒斯的歸降，這對於可汗來說不會喪失恩慈，對於朝廷來說也不喪失信義，這難道不是事情兩全其美，與良策深相符合！」

嗢沒斯來到朝廷。六月二十一日甲申，命名嗢沒斯所統率的部隊為歸義軍，任命嗢沒斯為左金吾大將軍，充任軍使。

門下侍郎、同平章事陳夷行免職，擔任左僕射。秋，七月，任命尚書右丞李讓夷為中書侍郎、同平章事。

嵐州人田滿川佔據州城作亂，劉沔討伐並殺了他。

嗢沒斯請求把家安置在太原，和他的各個弟弟竭力保衛邊境。詔令劉沔存問安撫他的家庭。

烏介可汗又派遣他的宰相上表，請求借兵幫助恢復國家，又要借取天德城。武宗下詔不同意。

當初，可汗往來於天德、振武之間，搶掠羌族和吐谷渾，又屯駐杷頭烽北面。朝廷多次派遣使者告諭他，讓他返回漠南，可汗不奉行詔令。李德裕認為：「那頡啜屯駐在陰山北面，烏介擔心他與奚和契丹合謀攔路截擊，所以不敢離開塞下太遠。希望敕令張仲武告諭奚和契丹與回鶻共同消滅那頡啜，使得烏介能回到北邊去。」等到那頡啜死了，可汗還是不離開塞下。議政的人又認為回鶻是在等待賣馬的錢。武宗下詔把買馬的錢全部給了他，還是不離開。八月，可汗帶領部眾越過杷頭烽南，突入大同川，驅趕搶掠河東道境內雜虜的牛馬數萬隻，輾轉戰鬥達到雲州城門。刺史張獻節閉城自守，吐谷渾、党項都帶著家小到山裡去躲避回鶻。初九日庚午，詔命徵發陳州、許州、徐州、汝州、襄陽等道兵屯駐太原及振武軍、天德軍，等到來年春天趕走回鶻。

八月十六日丁丑，賜嗢沒斯和他的弟弟阿歷支、習勿啜、烏羅思都姓李氏，名思忠、思貞、思義、思禮，國相愛邪勿姓愛，名叫弘順，仍然以弘順為歸義軍副使。

武宗派遣回鶻石戒直返回他的國家，賜給可汗詔書，告諭說「自從你的國家被紇吃斯打敗以後，前來投至我國邊境地區，安撫接納沒有不周到的。現在可汗還在近處邊塞，沒有提出回到本地去，有時侵掠雲、朔等州，有時搶劫羌、渾諸部。遠遠地推測你的深意，好像依仗著姻親友好的情意，但每次觀察你的蹤跡由來，其實是心懷奔突侵擾的計謀。朝廷內外的將相都請求加以誅討，朕由於情意深厚，便抑制自己，不忍看到你的災禍。可汗應當趕快做出好的抉擇，不要留下後悔！」

武宗又命李德裕代劉沔寫回答回鶻相頡干迦斯的信，認為：「回鶻從遠地前來投靠朝廷，應當仿效呼韓邪送兒子入朝侍衛，親自朝見天子。並令太和公主入朝拜見太皇太后，乞求哀憐，那麼我們的救助撫恤，就無愧於心了。而你們卻斜目窺伺我邊城，兇暴乖戾依然如故，提出過分的要求，好像在本土一樣。又深入我邊境地區，侵擾搶掠不止。要求援助以延續友好關係，哪能像這樣！來信又說胡人容易騷動很難安定，假若引起忿怒，就不能再控制了。回鶻被紇吃斯所敗，全國將相的遺骨遺棄草野，歷代可汗的墳墓，相隔天涯。回鶻忿怒的心情，不去向那裡發洩，卻蔑視拋棄仁義，在我中華大地逞其威風，天地神祇怎麼能容許這樣！從前匈奴郅支單于不奉事大漢，最終被消滅，往事的鑑戒，怎能不放在心中！」

八月二十七日戊子，李德裕等上奏說：「要是按照上次詔令，河東等三道整飭軍防，駐守防備，等待來年春天趕走回鶻，乘他人困馬羸之時，另外官軍也可免去酷寒之苦，幽州兵應當讓他們只屯駐在本道內以等待詔命。如果考慮到黃河結冰後，回鶻又會馳騁侵擾，應該及早驅逐他們的話，就當趁天氣還未寒冷，在數日內就應決定計策。利用河朔兵來增強河東兵，一定要在兩個月之內就見功效。現在聽到外邊議論紛紛，互有異同，如果不徵求一下大家的意見，終究會被那些夸夸之談破壞大事。希望令公卿大臣集體討論一番！」詔令依從這麼辦。當時討論的人大多認為應當等到來春。

九月，任命劉沔兼招撫回鶻使，如果需要作戰，諸道行營的軍隊暫時由他來指揮。任命張仲武為東面招撫回鶻使，本道行營兵和奚、契丹、室韋等一併由他自己指揮。任命李思忠為河西党項都將回鶻西南面招討使，各軍都在太原會合。命令劉沔屯駐雁門關。

初，奚、契丹羈屬❶回鶻，各有監使，歲督其貢賦，且詗❷唐事。張仲武遣牙將石公緒統二部，盡殺回鶻監使等八百餘人。仲武破那頡啜，得室韋酋長妻子。室韋以金帛羊馬贖之，仲武不受，曰：「但殺回鶻[1]監使則歸之！」

癸卯❸，李德裕等奏：「河東奏事官孫儔適至，云回鶻移營近南四十里。劉沔以為此必契丹不與之同，恐為其掩襲❹故也。據此事勢，正堪驅除。臣等問孫儔，若與幽州合勢，迫逐回鶻，更須益幾兵？儔言不須多益兵，唯大同兵少，得易定千人助之足矣。」上皆從之。詔河東、幽州、振武、天德各出大兵，移營稍前，以迫回鶻。

上聞太子少傅白居易名，欲相之，以問李德裕。德裕素惡居易❺，乃言「居易衰病，不任❻朝謁。其從父弟左司員外郎敏中❼，辭學不減居易，且有器識。」甲辰❽，以敏中為翰林學士。

李思忠請與契苾❾、沙陀、吐谷渾六千騎合勢擊回鶻。乙巳❿，以銀州⓫刺史何清朝、蔚州刺史契苾通分將河東蕃兵詣振武，受李思忠指揮。通，何力⓬之五世孫。

冬，十月丁卯⑬，立皇子峴為益王，岐為兗王。黠戛斯遣將軍踏布合祖等至天德軍，言「先遣都呂施合等⑭奉公主歸之大唐，至今無聲問⑮，不知得達⑯，或為奸人所隔。今出兵求索，上天入地，期於必得⑰。」又言「將徙就合羅川⑱，居回鶻故國⑲，兼已得安西、北庭達靼⑳等五部落。」

十一月辛卯朔㉑，昭義節度使劉從諫上言，請出部[2]兵五千討回鶻。詔不許。

上遣使賜太和公主冬衣，命李德裕為書賜公主，略曰：「先朝割愛降婚㉒，義寧家國㉓，謂回鶻必能禦侮㉔，安靜塞垣㉕。今回鶻所為，甚不循理㉖。每馬首南向，姑㉗得不畏高祖、太宗之威靈！欲侵擾邊疆，豈不思太皇太后㉘之慈愛！為其國母，足得指揮。若回鶻不能稟命，則是棄絕姻好㉙，今日已㉚後，不得以姑為詞㉛！」

上幸涇陽㉜校獵。乙卯㉝，諫議大夫高少逸㉞、鄭朗㉟於閤中諫曰：「陛下比來游獵稍頻，出城太遠，侵星夜歸㊱，萬機曠廢㊲。」上改容謝之。少逸等出，上謂宰相曰：「本置諫官使之論事，朕欲時時聞之。」宰相皆賀。己未㊳，以少逸為給事中，朗為左諫議大夫。

劉沔、張仲武固稱盛寒未可進兵，請待歲首㊴；李忠順獨請與李思忠俱進。十二月丙寅㊵，李德裕奏請遣思忠進屯保大柵㊶，從之。

【章旨】以上為第十六段，寫李德裕受命賜書回鶻太和公主，責以大義。

【注釋】❶羈屬　附屬。❷詗　刺探。❸癸卯　九月十二日。❹掩襲　乘人不備，突然襲擊。❺素惡居易　白居易與李宗閔友善，並非朋黨，而李德裕以朋黨視居易而惡之，薦其堂弟白敏中入翰林。後李德裕失勢，白敏中為相，落井下石。❻不任　不堪。❼敏中　白敏中，字用晦，會昌初任侍御史，轉左司員外郎。及李德裕執政，舉薦為翰林學士，遷中書舍人。宣宗、懿宗時兩度入相。傳見《舊唐書》卷一百六十六、《新唐書》卷一百十九。❽甲辰　九月十三日。❾契苾　部族名，位於多覽葛之南（今蒙古烏蘭巴托以南）。原為鐵勒屬部，貞觀六年（西元六三二年）內附，永徽四年（西元六五三年）以其部為賀蘭都督府。❿乙巳　九月十四日。⓫銀州　州名，治所儒林，在今陝西榆林南。⓬何力　即契苾何力（？—西元六七七年），其先鐵勒別部之酋長，貞觀六年率眾千餘內附，置其部於甘、涼二州，本人入衛京師。先後討平吐谷渾、突厥叛亂及出征高麗，官至鎮軍大將軍、行左衛大將軍，封涼國公。傳見《舊唐書》卷一百九、《新唐書》卷一百十。⓭丁卯　十月初七日。⓮都呂施合等　即被烏介可汗所殺之黠戛斯十達干。⓯聲問　音信。⓰得達　已經到達。⓱期於必得　期望必定能夠找到。⓲合羅川　水名，在烏德韃山（今蒙古杭愛山）西北。⓳回鶻故國　原在薛延陀北娑陵水（今蒙古色楞河）一帶，開元中徙至烏德韃山（今蒙古杭愛山）一帶。⓴達靼　部族名，又名塔塔爾，本靺鞨別部。曾先後被突厥、回鶻所役屬，回鶻破滅，韃靼在其故地崛起。㉑辛卯朔　十一月一日。㉒先朝割愛降婚　先朝，指太和公主出嫁之朝，即穆宗朝。割愛降婚，割捨手足之恩愛，下嫁回鶻。㉓義寧家國　顧全大義，使國家安寧。㉔禦侮　抵抗外敵入侵。㉕安靜塞垣　意謂保衛邊境。㉖循理　遵守道理。㉗姑　指太和公主。公主乃憲宗之女，穆宗之妹，於武宗為姑。㉘太皇太后　即憲宗懿安皇后郭氏。㉙姻好　姻親之好。㉚已　同「以」。㉛為詞　作為託詞、藉口。㉜涇陽　縣名，縣治在今陝西涇陽。㉝乙卯　十一月二十五日。㉞高少逸　山南東道節度使高元裕之兄，官至工部尚書。傳見《舊唐書》卷一百七十一、《新唐書》卷一百七十七。㉟鄭朗　（？—西元八五七年）字有融，父珣瑜、兄覃皆任宰相。朗於唐宣宗時亦居相位。傳見《舊唐書》卷一百七十三、《新唐書》卷一百六十五。㊱侵星夜歸　早出晚歸。侵，漸近。㊲萬機曠廢　政事荒廢。㊳己未　十一月二十九日。㊴請待歲首　等待來年正月。即第二年正月。㊵丙寅　十二月七日。㊶保大柵　寨壘名，在振武軍之北，今內蒙古托克托之北。

【校　記】①回鶻　原無此二字。據章鈺校，十二行本、乙十一行本、孔天胤本皆有此二字，張敦仁《通鑑刊本識誤》、張瑛《通鑑校勘記》同，今據補。②部　據章鈺校，十二行本、孔天胤本皆作「步」。

【語　譯】起初，奚和契丹附屬於回鶻，各部都派有監使，每年督促他們交納貢賦，並且刺探唐朝的情況。張仲武派遣牙將石公緒統領二部，把回鶻派來的監使等八百多人全都殺了。張仲武打敗那頡啜，俘獲了室韋酋長的妻兒。室韋用金帛羊馬來贖取，張仲武不接受，說：「只要殺掉回鶻監使就讓他們回去！」

九月十二日癸卯，李德裕等人上奏：「河東奏事官孫儔剛剛來到，他說回鶻把軍營向南移近了四十里。劉沔認為這必定是契丹不和回鶻同心，回鶻擔心被契丹襲擊的緣故。根據這種形勢，正是應當驅逐回鶻的時候。臣等詢問孫儔，如果和幽州合力，趕走回鶻，再要增加多少兵力？孫儔說不需要增加更多兵力，只是大同兵力少，得到易定軍一千人的幫助就足夠了。」武宗都聽從了他們的意見。下詔河東、幽州、振武、天德各派出大軍，把軍營向前稍稍移動，以逼近回鶻。

武宗聽到太子少傅白居易的名聲，想任命他為宰相，以此詢問李德裕。李德裕向來厭惡白居易，就說「白居易衰老多病，不堪上朝拜謁。說他的堂弟左司員外郎白敏中，辭章學問不比白居易差，並且有器度識見。」九月十三日甲辰，任命白敏中為翰林學士。

李思忠請求和契苾、沙陀、吐谷渾六千名騎兵合力攻打回鶻。九月十四日乙巳，命令銀州刺史何清朝、蔚州刺史契苾通分別率領河東蕃兵前往振武，接受李思忠的指揮。契苾通，是契苾何力的第五代孫。

冬，十月初七日丁卯，立皇子李峴為益王，李岐為兗王。

黠戛斯派遣將軍踏布合祖等到達天德軍，說「先前派遣都呂施合等奉送公主回大唐來，至今沒有消息，不知到達了沒有，或是被奸人所隔絕。現在出兵尋找，哪怕是上天入地，期望一定找到。」又說「將遷到合羅川來，居住在回鶻原來的國土上，同時已獲得安西、北庭達靼等五部落。」

十一月初一日辛卯，昭義節度使劉從諫上奏說，請求出動部下五千名士卒討伐回鶻。武宗下詔不允許。

武宗派遣使者賜太和公主冬衣，命李德裕起草書信給公主，大意是說：「先朝割愛下嫁，顧全大義，使國家安寧，以為回鶻必定能抵禦外侮，安寧邊塞。現今回鶻所為，極為不遵守道理。每次向南侵擾的時候，姑姑能不畏懼高祖、太宗的威靈嗎！想侵擾邊疆時，難道不想一想太皇太后的慈愛嗎！作為回鶻的國母，是足以指揮他們的。倘若回鶻不能聽從您的命令，那就是棄絕姻親友好，從今以後，就不得藉口姑姑的關係說話了！」

武宗到涇陽狩獵。十一月二十五日乙卯，諫議大夫高少逸、鄭朗在閣中進諫說：「陛下近來遊獵稍微頻繁，出城太遠，早出晚歸，政事荒廢。」武宗以慚愧的臉色向他們道謝。高少逸等人退出來，武宗對宰相說：「本來設置諫官，是讓他們討論國事，朕想經常聽到他們的言論。」宰相都向武宗道賀。二十九日己未，任命高少逸為給事中，鄭朗為左諫議大夫。

劉沔、張仲武堅持說盛寒不能出兵，請等到來年歲首；只有李忠順請求和李思忠一同進兵。十二月初七日丙寅，李德裕奏請派遣李思忠進駐保大柵，武宗聽從了。

丁卯❶，吐蕃遣其臣論普熱來告達磨贊普之喪，命將作少監李璟為弔祭使。

○劉沔奏移軍雲州。○李忠順奏擊回鶻，破之。

丙戌❷，立皇子嶧為德王，嵯為昌王。

初，吐蕃達磨贊普有佞幸之臣，以為相。達磨卒，無子，佞相立其妃綝氏兄尚延力之子乞離胡為贊普，纔三歲，佞相與妃共制國事，吐蕃老臣數十人皆不得預政事。首相結都那見乞離胡不拜，曰：「贊普宗族甚多，而立綝氏子，國人誰服其令，鬼神誰饗其祀！國必亡矣！比年災異之多，乃為此也。老夫無權，不得正其亂以報先贊普之德，有死而已！」拔刀剺面❸，慟哭而出。佞相殺之，滅其族，國人憤怒。又不遣使詣唐求冊立。

洛門川❹討擊使論恐熱性悍忍，多詐謀，乃屬其徒告之曰：「賊捨國族立綝氏，專害忠良，以脅眾臣，且無大唐冊命，何名贊普！吾當與汝屬舉義兵，入誅綝妃及用事者，以正國家。天道助順，功無不成。」遂說三部落❺，得萬騎。是歲，與青海節度使❻同盟舉兵，自稱國相。

至渭州，遇國相尚思羅屯薄寒山❼，恐熱擊之，思羅棄輜重西奔松州❽。恐熱遂屠渭州。思羅發蘇毗❾、吐谷渾、羊同❿等兵，合八萬，保洮水⓫，焚橋拒之。恐熱至，隔水語蘇毗等曰：「賊臣亂國，天遣我來誅之，汝曹柰何助逆！我今已為宰相，國內兵我皆得制之，汝不從，將滅汝部落！」蘇毗等疑不戰。恐熱引驍騎涉水，蘇毗等皆降。思羅西走，追獲殺之。恐熱盡併其眾，合十餘萬。自渭州[1]至松州，所過殘滅，尸相枕藉⓬。

【章旨】以上為第十七段，寫吐蕃內亂。

【注釋】❶丁卯　十二月初八日。❷丙戌　十二月二十七日。❸剺面　以刀劃臉流血，表示哀痛，這是回鶻、吐蕃等部族的風俗。❹洛門川　水名，即落門水，在今甘肅武山縣東。❺三部落　指吐蕃分居在河西、隴右的部落。一說指吐谷渾、党項、嗢末。❻青海節度使　吐蕃所置，治所西海城，在今青海海晏。❼薄寒山　山名，在今甘肅隴西縣西南。❽松州　州名，治所嘉誠，在今四川松潘。❾蘇毗　部族名，本西羌族，位於鶻莽峽（今青海唐古拉山口）以東，犛牛河（今通天河）以西。後為吐蕃所併。❿羊同　部族名，本西羌族，入西藏後居住在後藏阿里一帶。後為吐蕃所滅。⓫洮水　水名，源出青海、甘肅交界的西傾山，流經甘肅臨潭、臨洮等縣，北入黃河。⓬尸相枕藉　屍體堆積，縱橫相枕。

【校記】①渭州　原作「渭川」。據章鈺校，十二行本、乙十一行本皆作「渭州」，張敦仁《通鑑刊本識誤》同，今據改。

【語譯】十二月初八日丁卯，吐蕃派遣它的大臣論普熱來報告達磨贊普的喪訊，朝廷命令將作少監李璟為弔祭使。○劉沔上奏移軍雲州。○李忠順上奏說進攻回鶻，打敗了它。

十二月二十七日丙戌，立皇子李嶧為德王，李嵯為昌王。

當初，吐蕃達磨贊普有佞幸大臣，被任命為宰相。達磨去世，沒有兒子，這位佞幸宰相立達磨妃綝氏的哥哥尚延力的兒子乞離胡為贊普，才三歲，佞相和妃共同掌管國事，吐蕃國的老臣數十人都不能參與政事。首相結都那見乞離胡不下拜，說：「贊普宗族很多，卻立綝氏的兒子為國君，國人誰服從他的命令！鬼神哪個接受他的祭祀！國家必定會滅亡！近年以來災異很多，就是因為這個緣故。老夫無權，不能夠糾正國家的混亂以報答先贊普的恩德，只有一死罷了！」於是拔出刀來劃自己的臉，痛哭著出去了。佞相把他殺了，滅了他的家族，國人憤怒。又不派遣使者到唐朝來請求冊封。

洛門川討擊使論恐熱性情強悍殘忍，陰謀詭計多，於是召集他的徒屬告訴他們說：「奸賊拋棄國族而立綝氏為國君，專門殘害忠良，威脅眾臣，並且又沒有大唐的冊封，怎麼能稱贊普呢！我要和你們一道大舉義兵，到朝中殺了綝妃和執政的人，使國家走上正軌。天道幫助順天行事的人，我們一定會大功告成的。」於是勸說三個部落，得到一萬騎兵。這一年，他和青海節度使結成同盟一起發兵，自稱是國相。

到達渭州，遇上國相尚思羅屯駐在薄寒山，論恐熱攻打他，尚思羅丟棄輜重向西逃往松州。論恐熱就大肆屠殺渭州群眾。尚思羅徵發蘇毗、吐谷渾、羊同等部兵眾，加起來有八萬人，在洮水防衛，燒了大橋，抵抗論恐熱。論恐熱到來，隔著洮水向蘇毗等部的人說：「賊臣亂國，上天派我來誅滅他，你們為什麼幫助叛逆者！我現今已為宰相，國內的軍隊我都能控制，你們不服從的話，就要消滅你們的部落！」蘇毗等部猶豫不戰。論恐熱帶領驍騎渡過洮水，蘇毗等部落都投降了。尚思羅向西逃跑，論恐熱追趕，抓獲了尚思羅並且把他殺了。論恐熱把尚思羅的部眾全都合併起來，共有十多萬人。從渭州到松州，軍隊經過的地方，百姓被殘殺滅絕，屍體縱橫相枕。

【研 析】本卷研析李石辭仕、太子李永之死、仇士良殺二王一妃四宰相、李德裕入相等史事，從細微側面研析晚唐宦官專皇權的政治特點。

李石辭仕。李石，字中玉，隴西人，元和十三年進士及第。甘露之變時，李石任戶部侍郎，判度支事。甘露之變，仇士良大殺朝官，朝廷半空。李石與鄭覃奉命於危難之際，受命為相收拾亂局。此時仇士良目空一切，把文宗皇帝都不放在眼裡。每逢君臣在延英殿議事，仇士良趾高氣揚訓斥朝官，動輒以李訓、鄭注事來譏諷宰臣。李石、鄭覃毫不示弱，反唇相譏說：「李訓、鄭注確實是亂賊之首，但不知這兩個奸人是依靠何人進用的？」仇士良理虧，氣焰有所收斂。李訓、鄭注被誅滅後，六道巡邊使奉召回朝，巡邊使之一田全操在回京路上揚言，說：「我回到京城，要把穿儒服的人，無論貴賤，全都殺光。」田全操等入城之日，京城謠言強盜來了，百姓奔逃，中書、門下兩省的官員也跑光了。鄭覃、李石在中書省辦公，部屬、衛士都跑光了，鄭覃招呼李石快躲避，李石說：「宰相位尊望重，人心所繫，不可輕動。宰相一走，全城可真要大亂了。再說，禍亂真的來了，躲避也沒有用。」李石、鄭覃端坐辦公，十分鎮定。宮中傳出文宗皇帝敕令，關閉宮門。左金吾大將軍陳君賞也沉著地站在皇宮望仙門，對敕使說：「強盜來了再關門也不晚，不能示弱。」

午後晡時，全城安靜下來。當天，城中坊市無賴之徒，手拿武器，只要宮城門關閉就動手搶劫。由於李石、陳君賞的鎮定，使京城避免了一場大混亂。李石之勇，勝於兩軍。

李石在仇士良氣焰熏灼時，能做到不同宦官同流合汙，面臨亂局如磐石堅穩安定民心，穩定了局勢，是一位難得的宰相。仇士良恨之入骨，派刺客暗殺，刺客的箭射偏了，刀砍斷了馬尾，李石僥倖死裡逃生。李石被迫辭相，出朝為荊南節度使。李石在京師生命不保的情況下，迴避仇士良，是明智之舉。這只能說明當時宦官的專橫，不能苛責李石膽怯。司馬光說，李石「忘身徇國，故紀綱粗立」。王夫之評論說，武宗定禍亂，是李石、鄭覃奠定的基礎，稱讚李石是「靜正誠篤之大臣」（《讀通鑑論》卷二十八），無疑是中肯的。

太子李永之死。唐文宗有兩個兒子，太子李永和蔣王李宗儉。李永，王德妃所生，文宗太和四年（西元八三〇年）立為魯王，太和六年立為太子。這時楊賢妃得寵，排斥太子，說壞話，文宗一度引見大臣要廢太子。大臣固爭，保住了太子。沒多久，太子突然死了，連文宗也不清楚是怎麼回事，時在開成三年（西元八三九年）。有一天，文宗在會寧殿觀看雜技表演，看到一個小演員表演爬竿，一個男子圍著木竿團團轉，像是發瘋一樣。文宗感到奇怪，左右的人解釋說，木竿下轉圈的那個人，是在保護表演的小演員，他是小演員的父親。文宗大受感動，悲楚地說：「朕貴為天子，卻不能保護兒子。」文宗把說太子壞話的十幾個宮人全召集起來訓話說：「你們陷害太子，朕另一個太子，你們還敢陷害嗎！」文宗全部殺了這些宮人。仇士良仇視文宗，更擔心太子即位算自己的帳，必欲置之死地而安心。文宗太子李永之死，一方面是文宗的昏庸糊塗，不能辨是非，一方面是宦官完全掌控了皇權，暗殺施加到皇太子頭上，皇帝破不了案。由此可見宦官的橫行暴虐，與唐王朝政治的腐敗昏暗。唐文宗晚年能納諫改過，與杜悰問對罷祥瑞，聽柳公權之說讓郭旼二女出宮回家。此時文宗思賢治國，還後悔沒有漢昭帝之明，讓宋申錫蒙冤。文宗是一個向上有進取心的皇帝，可惜覺悟為時太晚，他已經成了家奴宦官囚犯，被軟禁在皇宮動彈不得。太子死後一年多，文宗也鬱鬱追隨而去。

仇士良殺二王一妃四宰相。仇士良，字匡美，循州興寧（今廣東興寧）人。永貞元年（西元八〇五年）

入宮，歷仕順宗、憲宗、穆宗、敬宗、文宗、武宗六代皇帝，死於會昌三年（西元八四三年），前後四十年。歷官平盧、鳳翔監軍、內外五坊使、左神策軍中尉、左街功德使、右驍衛大將軍、驃騎大將軍、楚國公、觀軍容使兼統左右神策軍，知內侍省，死贈揚州大都督。仇士良是唐代最兇惡的大宦官，他挾帝殺王廢相，惡貫滿盈，卻得善終。史稱仇士良「殺二王一妃四宰相，貪酷二十餘年，亦有術自將，恩禮不衰」（《新唐書》本傳）。

仇士良藉甘露之變，肆意殺戮宰相四人：王涯、賈餗、舒元輿、李孝本。大臣有罪，一般是皇帝賜死。四宰相並沒有參與甘露之變，仇士良在鬧市腰斬，懸首興安門示眾，前史所未有。仇士良把唐文宗視為囚虜，出言不遜，囚於深宮，不得自由。有一天深夜，仇士良派小宦官宣召值班的翰林學士崔慎由進宮，逼使崔慎由草詔廢掉文宗。崔慎由誓死不從，仇士良不能勉強。仇士良打開後門，帶崔慎由進入一座小殿，文宗正坐在裡面，驚恐萬狀。仇士良惡狠狠的數落文宗的過失，對文宗說：「今天不是崔學士，你就不能坐在這兒了。」文宗垂著腦袋，不敢說一句話。仇士良送出崔慎由，告訴說：「你要洩露出去，小心你全家的性命。」崔慎由回到家，還驚魂不定，立刻把剛才發生的事記錄下來，藏於箱底，臨終才告訴兒子崔胤。所以崔胤最恨宦官，最後將宦官一網打盡，這是後話，不題。

開成五年正月初二，文宗病重，命樞密使劉弘逸、薛季稜引宰相楊嗣復、李珏至皇宮，商議欲奉太子李成美監國。李成美是敬宗的少子，文宗之姪。文宗太子李永死後，楊賢妃請立文宗之弟安王李溶，宰相李珏反對，才改立陳王李成美。仇士良認為太子之立不是自己的功勞，得知文宗要太子監國，以太子李成美年幼為藉口，改封陳王，另立太子。仇士良不聽宰相李珏的意見，擅自假傳聖旨，立穆宗子潁王李瀍為皇太弟，帶領神策軍從十六宅迎請李瀍到少陽院與百官見面，監管軍國事務。正月初四文宗去世，正月初六仇士良處死楊賢妃、安王李溶、陳王李成美。仇士良還大殺親近文宗的內侍和供奉文宗的樂工，用以洩憤。仇士良還以樞密使和宰相反對立武宗為由，勸武宗誅殺。由於李德裕的力諫泣請，宰相楊嗣復、李珏免死，兩樞密劉弘逸、薛季稜仍被處死。

武宗即位，改名李炎。仇士良自以為立武宗有功，還想繼續為所欲為。這一次仇士良的算盤打錯了。武宗聰明睿智，他想振興唐室，在位期間注意於抑制藩鎮、削弱宦官，立即起用西川節度使李德裕入朝為相。仇士良感到恐懼，但他並不死心，想找一個機會給這一對君臣出難題，進行火力偵察。仇士良得知李德裕草詔削減禁軍衣糧及馬芻粟的事，於是趁武宗在丹鳳樓接受尊號的機會，企圖煽動禁軍鬧事，他對禁軍說：「宰相要削減你們的錢糧，趕快到丹鳳樓前向皇帝請願。」李德裕把消息報告了武宗。武宗立即派中使宣諭神策軍：「削減錢糧是謠言，不要聽信。如果是詔書下達，也是皇帝的旨意，與宰相不相干。」禁軍知道了真相，安定下來，紛紛散去。仇士良又羞又愧，拜謝而去。這一事件給仇士良敲了警鐘，皇帝英明，宰相賢能，不好玩弄。老奸巨猾的仇士良還算識時務，在會昌三年以老病為由致仕，武宗批准。仇士良臨別，向送行的宦官傳授掌控皇帝的方法，就是引導皇帝遊宴好色，只知玩樂不知讀書，不上朝，不見大臣，就只能依靠宦官了。

仇士良的一席話道出了歷史上宦官專權的祕密。宦官的地位是皇帝家奴，是朝士大夫看不上眼的人。但宦官可以假皇權以肆虐。仇士良貪酷有術，穆宗、敬宗，包括文宗，被仇士良的奉迎遊樂擊倒，迷了心智，成了昏庸皇帝，宦官就得勢了。仇士良假皇權殺二王一妃四宰相，不可一世。武宗正襟危坐，耳聰目明不聽信讒言，皇權不旁落，宦官家奴的本色就露出了。仇士良的沉浮，揭示了宦官制度是封建社會的一個毒瘤，宦官毒瘤依附於皇權，是專制制度的產物。專制不除，殺滅了宦官，還會產生新宦官。皇帝開明，宦官制度是良性腫瘤；皇帝昏聵，宦官必然是惡性腫瘤。完全切除惡性腫瘤，這個人的生命就結束。所以東漢末，袁紹殺滅宦官，東漢亡；唐末，崔胤殺滅宦官，唐亡。

仇士良死後第二年，會昌四年，醜行一一被揭發出來，在他家裡抄出了數千件兵器和萬貫家財。武宗下令削去官爵，籍沒家資。仇士良這個名字被釘在歷史的恥辱柱上。

李德裕入相。南衙與北司對立，朝官與宦官爭鬥，兩者都是唐政權的基礎，不可斷然決裂。宰相依附宦官，不得士人心，宰相觸犯宦官，勢必丟相位。在宦官專皇權的情況下，入相的人要自我潔身是不可能的。

如何與宦官打交道，是複雜的政治鬥爭，既有品德的問題，又有策略技術問題。李德裕制約宦官，顯示了高超的才能。李德裕任淮南節度使，監軍楊欽義奉召還京，風傳楊欽義回朝做樞密，李德裕和平時一樣，並不加禮，楊欽義很不滿意。等到臨行時，李德裕送別，贈送重禮，楊欽義喜出望外。楊欽義回到汴州，得到朝廷新敕令，楊欽義仍返淮南做監軍。楊欽義把重禮退還李德裕，李德裕不接受。不久，楊欽義果然被任用為樞密使。李德裕不因楊欽義將做樞密使而特意巴結，也不因楊欽義沒做樞密使就收回禮物。臨行送禮表示同僚的情誼，李德裕表現的坦蕩胸懷使楊欽義感動，其實也是李德裕的一種權術。歸根結底，是李德裕的才幹與人格魅力使楊欽義心服，不敢用炎涼態度來對待李德裕。李德裕做西川節度使，他的人格魅力也征服了崔潭峻、王踐言兩位監軍，崔與王都能支持李德裕的用兵，並向皇上報告李德裕的忠心正直。李德裕能夠入相，楊欽義出了力，但不是李德裕的請託，與依附宦官的朝官有很大的區別。李德裕入相後，敢於上奏武宗請求政事要出於中書，逼使仇士良引病致仕。李德裕也沒提出要殺盡宦官，做冒險的事，而是以正義臨之，利用形勢與宦官之間的矛盾加以適當的抑制，不激化矛盾，和衷共事，這是高明的辦法。范文瀾指出：「這樣對待宦官，在唐後期，應該說是較為適當的態度。」（《中國通史簡編》）當然，李德裕也免不了有政敵以朋黨為口實來攻擊他，正如王夫之所說：李德裕「雖欲辭託身宦豎之醜而不可得」了，但「唐自肅宗以來，宦豎之不得專政者，僅見於會昌」，極力稱讚李德裕的能力。李德裕為了發揮自己的才能為國盡力，在宦官炙手可熱的形勢下，搞好與宦官的關係，就不能免俗了。用王夫之的話說是，由於「唐之積弊，已成積重難返之勢」（《讀通鑑論》卷二十六）。皇帝都要向宦官低頭，所以怎能苛責李德裕呢！有人說，李德裕為君子而不純，這話是中肯的。

卷第二百四十七

唐紀六十三

起昭陽大淵獻（癸亥 西元八四三年），盡閼逢困敦（甲子 西元八四四年）七月，凡一年有奇。

【題解】本卷記事起西元八四三年，迄西元八四四年七月，凡一年又七個月。當唐武宗會昌三年至會昌四年七月。這一年多的短暫時間，卻是唐王朝政治取得振興最有成績的一個時期。顯著成績有三個方面。第一，武宗信任李德裕，讓其放手作為，於是得以倚重外朝，相對削弱了宦官權力。會昌三年，武宗不與樞密使商量，直接任命崔鉉為宰相，破壞了老規矩。不久又逼令大宦官仇士良致仕，第二年籍沒了他的家資。第二，武宗禦邊，大敗回鶻，羈縻黠戛斯，安撫党項，削弱吐蕃，做得有聲有色，大展國威。第三，強力裁制藩鎮，堅決用兵澤潞，不接受劉稹歸降，取得全面勝利，杜絕了內地軍鎮自立節度的行為。會昌年間的這一短暫振興，給衰敗的唐王朝打了一劑強心針，延續了唐王朝統治。李德裕富有政治、軍事才能，他又善於聽取有識之士的建言，深得武宗信任，故能取得成功。李德裕用兵澤潞，杜牧上書獻平強藩之策，李德裕多用其策。李德裕既不依附宦官，又能和諧相處，緩和了上層統治集團的鬥爭，顯示了李德裕高超的政治才能。

武宗至道昭肅孝皇帝中

會昌三年（癸亥　西元八四三年）

春，正月，回鶻烏介可汗帥眾侵逼振武，劉沔遣麟州刺史石雄、都知兵馬使王逢❶帥沙陀朱邪赤心❷三部及契苾、拓跋三千騎襲其牙帳，沔自以大軍繼之。雄至振武，登城望回鶻之眾寡，見氈車❸數十乘，從者皆衣朱碧❹，類華人❺。使諜❻問之，曰：「公主帳也。」雄使諜告之曰：「公主至此，家也，當求歸路。今將出兵擊可汗，請公主潛與侍從相保❼，駐車勿動！」雄乃鑿城為十餘穴❽，引兵夜出，直攻可汗牙帳。至其帳下，虜乃覺之。可汗大驚，不知所為，棄輜重走。雄追擊之，庚子❾，大破回鶻於殺胡山❿。可汗被瘡⓫，與數百騎遁去，雄迎太和公主以⓬歸。斬首萬級，降其部落二萬餘人。丙午⓭，劉沔捷奏至⓮。李思忠⓯入朝，自以回鶻降將，懼邊將猜忌，乞并弟思貞⓰等及愛弘順⓱皆歸闕庭⓲。上從之[1]。

庚戌⓳，以石雄為豐州都防禦使。○烏介可汗走保⓴黑車子㉑族，其潰兵多詣幽州降。

二月庚申朔㉒，日有食之。○詔停歸義軍㉓，以其士卒分隸諸道為騎兵，優給糧賜。

【章　旨】以上為第一段，寫官軍大破回鶻烏介可汗。

【注　釋】❶王逢　許州許昌（今河南許昌）人，歷任忠武軍都知兵馬使、節度使等。傳見《舊唐書》卷一百六十一、《新唐書》卷一百七十一。❷朱邪赤心　（？—西元八八七年）沙陀族，姓朱邪，李克用之父。歷任代北行營招撫使、振武節度使等，以功賜名李國昌。事見《舊五代史》卷二十五、《新五代史》卷四、《新唐書》卷二百十八。❸氈車　以氈為篷帷的車子。❹衣朱碧　穿紅著綠。❺類華人　像是漢人。❻諜　間諜。❼保　保護。❽穴　孔洞。❾庚子　正月十一日。❿殺胡山　山名。胡注：「殺胡山即黑山。」在振武北塞外，即在今內蒙古和林格爾西北。⓫被瘡　受到創傷。瘡，同「創」。⓬以　而。⓭丙午　正月十七日。⓮捷奏至　謂報捷的奏章送到朝廷。⓯李思忠　即嗢沒斯。事見上卷會昌二年。⓰思貞　李思貞，即阿歷支。⓱愛弘順　即愛邪勿。⓲闕庭　朝廷。⓳庚戌　正月二十一日。⓴保　歸附；依附。㉑黑車子　室韋之一部。在今內蒙古巴林左旗以西，呼和浩特東北。㉒庚申朔　二月初一日。㉓停歸義軍　會昌二年以嗢沒斯所部為歸義軍，現嗢沒斯等入朝，於是撤銷該軍鎮。

【校　記】①上從之　原無此三字。據章鈺校，十二行本、乙十一行本、孔天胤本皆有此三字，張敦仁《通鑑刊本識誤》、張瑛《通鑑校勘記》同，今據補。

【語　譯】武宗至道昭肅孝皇帝中

會昌三年（癸亥　西元八四三年）

春，正月，回鶻烏介可汗率領部眾入侵逼近振武，劉沔派遣麟州刺史石雄、都知兵馬使王逢率領沙陀朱邪赤心三部及契苾、拓跋三千騎襲擊可汗的牙帳，劉沔自己帶領大軍繼踵其後。石雄到達振武，登上城頭觀察回鶻兵有多少，看到數十輛氈車，隨從人員都穿著紅色綠色的服裝，類似華人。打發偵查人員去問他們，回答說：「是公主的帳幕。」石雄讓偵查人員告訴公主說：「公主到這裡，就到家了，應當尋求回朝的辦法。現在將要出兵攻打可汗，請公主暗地與侍從互相保護，停下車，不要移動！」石雄於是把城牆鑿開十多個洞，帶兵夜出，直攻可汗牙帳。到達可汗的帳下，回鶻人才發覺。可汗大驚，不知道怎麼辦，拋棄輜重逃走。石雄追擊他，十一日庚子，在殺胡山大敗回鶻部隊。可汗受傷，與數百騎逃走，石雄迎接太和公主而歸還。殺了一萬人，使其部落二萬餘人投降。十七日丙午，劉沔報捷的奏章送到朝廷。

李思忠入朝時，認為自己是回鶻降將，害怕邊將猜忌，請求連同弟弟思貞等人，以及愛弘順都回到朝廷。武宗答應了他的請求。

正月二十一日庚戌，任命石雄為豐州都防禦使。〇烏介可汗跑去依附黑車子族，他部下潰散的士兵大多前往幽州投降。

二月初一日庚申，日蝕。〇詔令停止設置歸義軍，把該軍的士卒分別隸屬諸道為騎兵，從優賞賜他們糧餉。

辛未❶，黠戛斯遣使者注吾合索❷獻名馬二，詔太僕卿趙蕃飲勞之。甲戌❸，上引對❹，班在勃海❺使之上。

上欲令趙蕃就黠戛斯求安西、北庭，李德裕等上言：「安西去京師七千餘里，北庭五千餘里，借使❻得之，當復置都護，以唐兵萬人戍之。不知此兵於何處追發❼？饋運從何道得通？此乃用實費以易虛名，非計也。」上乃止。

中書侍郎、同平章事崔珙罷為右僕射。

黠戛斯求冊命❽。李德裕奏，宜與之結歡，令自將兵求殺使者罪人❾及討黑車子。上恐加❿可汗之名即不脩臣禮，踵回鶻故事⓫求歲遺⓬及賣馬，猶豫未決。德裕奏：「黠戛斯已自稱可汗，今欲藉其力，恐不可吝此名。回鶻有平安、史之功，故歲賜絹二萬匹，且與之和市[13]。黠戛斯未嘗有功於中國，豈敢遽求賂遺乎！若慮其不臣[14]，當與之約，必如回鶻稱臣，乃行冊命。又當敘同姓[15]以親之，使執子孫之禮。」上從之。

庚寅[16]，太和公主至京師，改封安定大長公主[17]，詔宰相帥百官迎謁於章敬寺前。公主詣光順門，去盛服，脫簪珥[18]，謝回鶻負恩、和蕃[1]無狀之罪[19]。上遣中使[20]慰諭[21]，然後入宮。陽安等六公主[22]不來慰問安定公主，各罰俸物及封絹[23]。

賜魏博節度使何重順名弘敬。

三月，以太僕卿趙蕃為安撫黠戛斯使。上命李德裕草賜黠戛斯可汗書，諭以「貞觀二十一年[24]，黠戛斯先君身自入朝，授左屯衛將軍、堅昆[25]都督，迄于天寶，朝貢不絕。比為回鶻所隔，回鶻凌虐諸蕃，可汗能復讎雪怨，茂功[26]壯節[27]，近古無儔[28]。今回鶻殘兵不滿千人，散投山谷。可汗既與為怨，須盡殲夷[29]，儻[30]留餘燼[31]，必生後患。又聞可汗受氏之源，與我同族[32]，國家承[33]北平太守[34]之後，可汗乃都尉[35]苗裔，以此合族，尊卑可知。今欲冊命可汗，特加美號，緣未知可汗之意，且遣諭懷[36]。待趙蕃回日，別命使展禮[37]。」自回鶻至塞上及黠戛斯入貢，每有詔敕，上多命德裕草之。德裕請委翰林學士，上曰：「學士不能盡人意，須卿自為之。」

【章　旨】以上為第二段，寫唐武宗納李德裕之策，羈縻黠戛斯。

【注　釋】❶辛未　二月十二日。❷注吾合索　人名，姓注吾。《新唐書・回鶻傳》「索」作「素」。❸甲戌　二月十五日。❹引對　皇帝召見臣下對答所問。❺勃海　即渤海，少數民族政權名，唐朝靺鞨族所建立，最盛時轄境從今松花江以南至日本海。❻借使　即使。❼追發　事後派遣。❽求冊命　請求唐室冊封為可汗。❾求殺使者罪人　黠戛斯遣使者送太和公主，為回鶻烏介可汗所殺。事見上卷武宗會昌元年。❿加　給予冊封。⓫踵回鶻故事　因襲回鶻舊例。⓬歲遺　唐肅宗借回鶻兵平安史之亂，約定每年送絹二萬匹作酬謝，謂之歲遺。⓭和市　官府議價購買市場貨物。唐代宗借回鶻兵討史朝義，唐立馬市，收買回鶻馬作為酬報。每年最高額為十萬匹，一馬四十匹絹。回鶻多以病弱馬充數，是一種不等價交易。⓮慮其不臣　擔心黠戛斯不向唐朝稱臣。⓯敘同姓　謂黠戛斯與唐同姓，為漢代李廣之後。詳後「受氏之源，與我同族」等語。⓰庚寅　三月初一日。⓱安定大長公主　《新唐書・諸帝公主傳》作「安定公主」。⓲簪珥　插髮髻的首飾和耳環。⓳謝回鶻負恩和蕃無狀之罪　唐公主入蕃謂之「和蕃公主」，今太和公主因回鶻犯邊，故自罪和蕃無功。無狀，無功。⓴中使　宮中派出的使者，以宦官充任。㉑慰諭　以好話寬慰。㉒六公主　據胡注，不來慰問安定大長公主的共有以下七公主：唐順宗女陽安公主，太和公主之姑；唐憲宗女宣城、真寧、義寧、臨真、真源公主；穆宗女義昌公主，太和公主之姪。「六」字當作「七」。㉓俸物及封絹　宗室所得的俸錢以外的物品和絹帛。㉔二十一年　胡注：「當作『二十二年』。」按，《新唐書・回鶻傳下》與胡注同，即西元六四八年。㉕堅昆　羈縻都督府名，貞觀二十二年在黠戛斯部設置堅昆都督，故地在今俄羅斯葉尼塞河上游。㉖茂功　豐功。㉗壯節　壯烈的節操。㉘無儔　無與倫比。㉙殲夷　誅盡；消滅。㉚儻　假使。㉛餘燼　喻殘兵餘孽。㉜受氏之源二句　謂追溯先祖姓氏，黠戛斯與唐同出一族。因唐室李氏為漢李廣之後，黠戛斯可汗為李廣之孫李陵之後，所以為同族。㉝承　接續。㉞北平太守　指李廣。㉟都尉　指李廣孫騎都尉李陵。㊱且遣諭懷　姑且派遣使臣告諭我的心意。㊲展禮　行禮，謂舉行冊封典禮。

【校　記】①蕃　據章鈺校，十二行本、乙十一行本、孔天胤本皆作「親」。

【語　譯】二月十二日辛未，黠戛斯派遣使者注吾合索貢獻名馬兩匹，詔令太僕卿趙蕃設飲宴慰勞他。十五日甲戌，武宗接見問話，將其官班排列在勃海使者的上首。

武宗想讓趙蕃去向黠戛斯索取安西、北庭二地，李德裕等上奏說：「安西離京師七千餘里，北庭離京師五千餘里，即使得到那兩個地方，應當又設置都護府，用唐兵一萬人戍守它。不知道這些兵從哪裡事後派遣？糧餉從什麼道路運過去？這是用實實在在的耗費來換取虛名，不是好計策。」武宗這才作罷了。

中書侍郎、同平章事崔珙免職，擔任右僕射。

黠戛斯請求冊命。李德裕上奏說，應當和黠戛斯結交友好，讓他自己帶兵追究殺使者的罪魁禍首並討伐黑車子族。武宗擔心加封黠戛斯可汗名號以後他就不遵守臣子的禮節，沿用回鶻的舊例，每年要朝廷的賞賜和賣馬給朝廷，猶豫不決。李德裕上奏：「黠戛斯已經自稱可汗，現在想借助他的兵力，恐怕不能吝惜這個名號。回鶻有協助平定安、史之亂的功勞，所以每年賞賜絹二萬匹，並且與它進行賣馬的交易。黠戛斯對中國沒有功勞，哪裡敢立刻要求贈送財物呢！如果擔心他不稱臣，應當和他訂下誓約，一定要像回鶻一樣稱臣，才進行冊命。還應當敘列為同姓，使他親近朝廷，讓他施行子孫之禮。」武宗聽從了。

三月初一日庚寅，太和公主到達京師，改封為安定大長公主，詔命宰相帶領百官在章敬寺前迎接謁見。公主到達光順門，脫掉盛裝，取下簪珥，對回鶻背負國恩、自己和蕃無功而謝罪。武宗派遣中使好話寬慰，然後才進宮。陽安等六位公主沒有前來慰問安定公主，各人都被罰俸物和絹帛。

賜魏博節度使何重順名弘敬。

三月，任命太僕卿趙蕃為安撫黠戛斯使。武宗命令李德裕起草〈賜黠戛斯可汗書〉，曉諭說：「貞觀二十一年，黠戛斯先君親自入朝，授予他左屯衛將軍、堅昆都督，到天寶年間，朝貢沒有間斷。近年來被回鶻所阻隔，回鶻欺壓虐待諸蕃，可汗能夠復仇雪恨，豐功高節，近古無與倫比。現在回鶻殘兵不到一千人，散居山谷。可汗既然和他們是仇家，應該全部消滅他們，如果留下餘孽，必生後患。又聽說可汗得到姓氏的源頭，和我朝是同一姓族，我接續北平太守李廣之後，可汗是都尉李陵的後裔，這樣在一個族內，尊卑也就很清楚了。如今打算冊命可汗，特別加封美號，但不瞭解可汗的心意，姑且派遣使臣告諭我的想法。等到趙蕃返京之日，另派使者舉行冊命之禮。」自從回鶻到塞上和黠戛斯來朝廷進貢，每有詔敕，武宗大多命李德裕起草。李德裕請求交給翰林學士去做，武宗說：「學士起草的文字不能盡如人意，需要請你親自起草。」

劉沔奏：「歸義軍回鶻三千餘人及酋長四十三人準詔❶分隸諸道，皆大呼，連營據滹沱河❷，不肯從命，已盡誅之。回鶻降幽州者前後三萬餘人，皆散隸諸道。」

李德裕追論❸維州悉怛謀事❹云：「維州據高山絕頂，三面臨江，在戎虜平川之衝❺，是漢地入兵之路。初，河、隴❻並[1]沒，唯此獨存。吐蕃潛以婦人嫁此州門者，二十年後，兩男長成，竊開壘門❼，引兵夜入，遂為所陷，號曰無憂城。從此得併力於西邊❽，更無虞於南路❾。憑陵近甸❿，旰食⓫累朝⓬。貞元中，韋皋欲經略河、湟⓭，須此城為始。萬旅盡銳，急攻數年，雖擒論莽熱⓮而還，城堅卒不可克。

「臣初到西蜀，外揚國威，中緝⓯邊備。其維州熟臣⓰信令，空壁來歸。臣始受其降，南蠻震懾，山西八國⓱，皆願內屬。其吐蕃合水⓲、棲雞⓳等城，既失險阨，自須抽歸，可減八處鎮兵⓴，坐收千餘里舊地。且維州未降前一年，吐蕃猶圍魯州㉑，豈顧盟約！臣受降之初，指天為誓，面許奏聞，各加酬賞。當時不與臣者㉒望風疾㉓臣，詔臣執送悉怛謀等，令彼自戮，臣寧㉔忍以三百餘人命棄信偷安！累表陳論，乞垂矜捨㉕。答詔嚴切㉖，竟令執還。體備三木㉗，輿於竹畚㉘。及將就路，冤叫嗚嗚。將吏對臣，無不隕涕㉙。其部送者更為蕃帥譏誚，云既已降彼，何用[2]送來！復以此降人戮於漢境之上，恣行殘忍，用固攜離㉚。至乃擲其嬰孩，承以槍槊㉛。絕忠款㉜之路，快兇虐之情，從古已來，未有此事。雖時更㉝一紀㉞，而運屬千年㉟，乞追獎忠魂，各加褒贈！」詔贈悉怛謀右衛將軍。

【章旨】以上為第三段，寫李德裕為悉怛謀申冤求取褒贈。

【注釋】❶準詔　按照詔令。❷滹沱河　水名，源出山西繁峙東大戲山，流經代縣、定襄（此段即歸義軍連營佔據之處），進河北匯入大清河。❸追論　重新審議。❹悉怛謀事　李德裕為西川節度使時，接受吐蕃維州守將悉怛謀降唐，遭到牛僧孺反對，令將降人送還吐蕃。❺衝　交通要道。❻河隴　河西與隴右。河西，指今甘肅、青海兩省黃河以西，即河西走廊與湟水流域。隴右，指今隴山以西地區。❼壘門　寨門。❽併力於西邊　謂吐蕃專心致力侵擾唐的西部疆域岐、隴、邠、涇、靈、夏諸州。❾無虞於南路　謂吐蕃得維州要塞，就不必戒備其南路西川。❿憑陵近甸　謂侵擾進逼京畿。甸，都城郊外之地。⓫旰食　晚食。言有吐蕃之憂，不得早食。⓬累朝　謂吐蕃佔有維州，成為唐代歷朝之憂患。⓭河湟　河西與湟水流域。即今甘肅河西走廊與青海湟水兩岸。⓮論莽熱　人名，吐蕃大相。貞元十八年（西元八〇二年）率兵十萬解維州之圍，兵敗被擒。事見本書卷二百三十六德宗貞元十八年。⓯緝　緝理；整治。⓰熟臣　《舊唐書・李德裕傳》「熟」作「執」。執臣，執事之臣，指悉怛謀。⓱山西八國　即西山八國，計羌女、訶陵、南水、白狗、逋租、弱水、清遠、咄霸八酋長國。在今四川大金川一帶。⓲合水　城名，即合江守捉城，在今四川阿壩藏族羌族自治州西北。⓳棲雞　城名，故址當在今四川阿壩藏族羌族自治州西。⑳八處鎮兵　指唐設防西山八國的守軍。㉑魯州　州名，六胡州之一，在關內道宥州西境，今內蒙古鄂托克旗西。㉒不與臣者　不贊同我的人。㉓疾　同「嫉」。㉔寧　難道。㉕乞垂矜捨　請求給予憐憫寬宥。㉖嚴切　嚴厲急迫。㉗體備三木　身受枷及桎、梏三種刑具。㉘輿於竹畚　用竹筐抬運。㉙隕涕　落淚。㉚用固攜離　以這種殘虐方法堅決制止吐蕃人有貳心。㉛槊　長矛。㉜忠款　忠誠。㉝更　經過。㉞一紀　十二年為一紀。唐文宗太和五年（西元八三一年）悉怛謀死，至是年恰十二年。㉟運屬千年　謂千載一遇之幸運。屬，會；遇。

【校　記】①並　據章鈺校，十二行本、乙十一行本、孔天胤本皆作「盡」。②用　據章鈺校，十二行本、乙十一行本皆作「須」。

【語　譯】劉沔上奏：「歸義軍回鶻三千餘人和酋長四十三人按照詔令分隸諸道，他們都大喊大叫，連接各營據守滹沱河，不肯聽從命令，已經把他們都殺了。投降幽州的回鶻人前後三萬餘人，都散屬各道。」

李德裕重新審議維州悉怛謀一事說：「維州城建在高山絕頂上面，三面臨江，在戎虜平原大川的要衝之地，是漢人進兵之路。當初，河西、隴右都失陷了，只有這個地方還歸朝廷管轄。吐蕃暗地將一婦人嫁給此州守城門的人，二十年後，她的兩個男孩長大成人，偷偷打開城寨大門，引導吐蕃兵在夜裡進入，城就被攻下了，號稱無憂城。從這以後，吐蕃就能全力在西邊發展，不再擔心南面。吐蕃侵擾京畿，使得幾朝旰食。貞元年間，韋皋想把河、湟一帶失地收回來，行動須從此城開始。萬名精銳部隊，緊急攻打數年，雖然抓了論莽熱回來，州城堅固，終究未能攻下。

「臣初到西蜀時，對外宣揚國威，對內修繕邊防守備。維州守將熟知臣講信用，放棄壁壘前來投降。臣剛剛接受他們投降時，南蠻震恐，西山的八個小國，都願歸附朝廷。吐蕃的合水、棲雞等城，失去了險要的屏障後，自然會要抽調駐軍回去，而我方可減少八處鎮兵，坐著收回千餘里舊地。況且維州未降前一年，吐蕃還包圍了魯州，他們哪裡顧念盟約！臣剛接受維州將領投降時，指天發誓，當面答應報告朝廷，每人各加獎賞。當時不贊同我的人看到有關臣的一點名聲就嫉恨臣，詔令臣把悉怛謀等人抓起來送回吐蕃去，讓他們殺掉，臣難道能忍受把三百多人的性命不顧，拋棄信用，苟且偷安！臣多次上奏表陳述論說，乞求憐憫寬宥。

回答的詔命很嚴厲，終究還是把他們抓起來送回去了。他們的身體戴上刑具，用竹筐抬著。等到即將上路時，嗚嗚喊冤。將吏們對著臣，沒有一個不落淚的。那些押送的人反被蕃帥譏笑，說是既然投降你們了，為什麼送來！又把投降的人在漢人邊境上殺死，任意使用殘忍的手段，以此堅決制止吐蕃人有貳心。甚至有把嬰孩拋起，讓他落在槍矛上扎死的。斷絕了獻納忠誠之路，使兇暴殘虐者感到快意，自古以來，沒有過這種事。雖然時間經過了十二年，但卻是千載一遇的好機會，請求追獎忠魂，每人都加以褒贈！」詔令追贈悉怛謀為右衛將軍。

臣光曰：「論者多疑維州之取捨，不能決牛、李之是非。臣以為昔荀吳圍鼓❶，鼓人或請以城叛，吳弗許，曰：『或以吾城叛，吾所甚惡也。人以城來，吾獨何好焉！吾不可以欲城而邇姦❷。』使鼓人殺叛者而繕守備。是時唐新與吐蕃修好而納其維州，以利言之，則維州小而信大；以害言之，則維州緩而關中急。然則為唐計者，宜何先乎？悉怛謀在唐則為向化❸，在吐蕃不免為叛臣，其受誅也又何矜焉！且德裕所言者利也，僧孺所言者義也，匹夫徇利❹而忘義猶恥之，況天子乎！譬如鄰人有牛，逸❺而入於家，或勸其兄歸之，或勸其弟攘❻之。勸歸者曰：『攘之不義也，且致訟。』勸攘者曰：『彼嘗攘吾羊矣，何義之拘❼！牛，大畜也，鬻❽之可以富家。』以是觀之，牛、李之是非，端❾可見矣。」

【章　旨】以上為第四段，寫司馬光用空洞的義利觀評論引渡悉怛謀事件，是非顛倒，乃迂腐之論。

【注　釋】❶荀吳圍鼓　荀吳圍攻鼓國而不接受鼓人的叛降。事見《左傳》昭公十五年。荀吳，晉臣。鼓，國名，故址在今河北晉州。❷欲城而邇姦　想要得到城邑而接近奸人。❸向化　歸向教化。❹徇利　取利。❺逸　跑失。❻攘　竊取。❼何義之拘　有什麼道義可拘束呢。❽鬻　賣。❾端　苗頭，此指牛李是非的頭緒。

【語　譯】臣司馬光說：「議論的人大多疑惑維州的取捨問題，不能判定牛僧孺、李德裕誰是誰非。臣以為從前荀吳圍攻鼓國時，鼓人中有願意叛變獻城的，荀吳不答應，說：『有人把我們的城池獻出而背叛的話，我是很憎恨的。別人把城獻出來，我為什麼獨獨喜歡這樣呢！我不可以想要得到城池而接近奸人。』讓鼓國人殺掉背叛的人而把守備工作做好。那個時候唐朝新近與吐蕃修好而接納維州投降，從利的方面說，維州利小，守信利大；從害的方面說，維州危害緩慢，關中危害急切。然而為唐朝的利害打算的話，應當以哪個為先呢？悉怛謀對唐朝來說是歸向王化，對吐蕃來說不免為叛臣，他的被殺又有什麼值得憐惜呢！並且李德裕所講的是利，牛僧孺所講的是義，一般民眾對取財而忘義還認為可恥，何況是天子呢！譬如鄰人有牛，跑到自己家裡來了，有人勸他哥哥歸還鄰人，有人勸他弟弟佔為己有。勸歸還的人說：『佔為己有是不義的，並且引起爭訟。』勸佔為己有的人說：『鄰人曾經竊取我家的羊，有什麼道義可拘束！牛是大牲畜，賣掉牠可以使家中富有。』由此看來，牛、李兩家的是非，頭緒可以看出來了。」

夏，四月辛未❶，李德裕乞退就閒局❷。上曰：「卿每辭位，使我旬日❸不得所❹。今大事皆未就❺，卿豈得求去！」

初，昭義節度使劉從諫累表言仇士良罪惡，士良亦言從諫窺伺朝廷❻。及上即位，從諫有馬高九尺❼，獻之，上不受。從諫以為士良所為，怒殺其馬，由是與朝廷相猜恨。遂招納亡命，繕完⑧兵械，鄰境皆潛為之備。

從諫權⑨馬牧及商旅，歲入錢五萬緡，又賣鐵煮鹽亦數萬緡。大商皆假以牙職⑩，使通好諸道，因為販易⑪。商人倚從諫勢，所至多陵轢⑫將吏，諸道皆惡之。

從諫疾病，謂妻裴氏⑬曰：「吾以忠直事朝廷，而朝廷不明我志，諸道皆不我與⑭。我死，他人主此軍⑮，則吾家無炊火⑯矣！」乃與幕客張谷、陳揚庭⑰謀效河北諸鎮⑱，以弟右驍衛將軍⑲從素之子稹⑳為牙內都知兵馬使，從子匡周為中軍兵馬使，孔目㉑官王協為押牙親軍[1]兵馬使，以奴李士貴為使宅十將兵馬使，劉守義、劉守忠、董可武、崔玄度分將牙兵。谷，鄆州人。揚庭，洪州人也。

從諫尋薨，稹祕不發喪。王協為稹謀曰：「正當如寶曆年樣㉒為之，不出百日，旌節自至。但嚴奉㉓監軍，厚遺敕使，四境勿出兵，城中暗為備而已。」使押牙姜崟奏求國醫㉔。上遣中使解朝政以醫往[2]問疾㉕。稹又逼監軍崔士康奏稱從諫疾病，請命其子稹為留後。上遣供奉官㉖薛士幹往諭指云：「恐從諫疾未平，宜且就東都療之。俟稍瘳，別有任使。仍遣稹入朝，必厚加官爵。」

上以澤潞㉗事謀於宰相，宰相多以為㉘：「回鶻餘燼未滅，邊境[3]猶須警備，復討澤潞，國力不支，請以劉稹權知軍事。」諫官及羣臣上言者亦然。李德裕獨曰：「澤潞事體㉙與河朔三鎮不同。河朔習亂已久，人心難化。是故累朝以來，置之度外㉚。澤潞近處心腹㉛，一軍素稱忠義，嘗破走朱滔，擒盧從史㉜。頃時㉝多用儒臣為帥，如李抱真成立此軍㉞，德宗猶不許承襲，使李緘㉟護喪歸東都。敬宗不恤㊱國務，宰相又無遠略，劉悟之死，因循以授從諫。從諫跋扈難制，累上表迫脅朝廷。今垂死之際，復以兵權擅付豎子㊲。朝廷若又因而授之，則四方諸鎮誰不思效其所為，天子威令不復行矣！」上曰：「卿以何術制之？果可克㊳否？」對曰：「稹所恃者河朔三鎮。但得鎮、魏不與之同，則稹無能為也。若遣重臣往諭王元逵、何弘敬，以河朔自艱難以來㊴，列聖㊵許其傳襲，已成故事，與澤潞不同。今朝廷將加兵澤潞，不欲更出禁軍至山東㊶。其山東三州㊷隸昭義者，委兩鎮攻之，兼令徧諭將士，以賊平之日厚加官賞。苟兩鎮聽命，不從旁沮橈㊸官軍，則稹必成擒㊹矣。」上喜曰：「吾與德裕同之，保無後悔。」遂決意討稹，羣臣言者不復入㊺矣。

【章旨】以上為第五段，寫唐武宗採納李德裕謀略，用兵澤潞，杜絕內地軍鎮自為節度。

【注釋】❶辛未　四月十三日。❷閒局　不治事的閒散官。❸旬日　整十天。比喻較長時間。❹不得所　不知怎樣安置自己。意思是整天惶恐，不得安處。❺未就　沒有辦妥。❻窺伺朝廷　謂劉從諫暗中偵視朝廷，一旦有可乘之機就圖謀不軌。

❼馬高九尺 《周禮・夏官・瘦人》：「馬八尺以上為龍，七尺以上為騋，六尺以上為馬。」馬高九尺，世所稀有。❽繕完 修治整齊，即充分準備。❾榷 徵稅。❿假以牙職 將節度使衙前將校之職加授給大商賈。假，借予，指給商賈以加官之號。⓫因為販易 趁機而販賣交易。⓬陵轢 欺壓。⓭裴氏 唐肅宗宰相裴冕之支孫。傳附《新唐書》卷二百十四〈劉稹傳〉。⓮與 助。⓯主此軍 謂擔任昭義軍節度使。⓰無炊火 斷煙火，即謂斷絕後嗣。⓱張谷陳揚庭 皆劉從諫幕僚。張谷事附《新唐書》卷二百十四〈劉稹傳〉。⓲效河北諸鎮 謂仿效河北三鎮，父死子繼，世襲節度。⓳右驍衛將軍 官名，左右驍衛屬十六衛之一，掌宮廷警衛。其長官為上將軍、大將軍、將軍。⓴稹 即劉稹，昭義節度使劉從諫之姪。劉從諫死，劉稹自領留後，招致討伐，失敗被族滅。傳見《舊唐書》卷一百六十一、《新唐書》卷二百十四。㉑孔目 官名，掌文書檔案。㉒如寶曆年樣 唐敬宗寶曆元年（西元八二五年），劉悟死，子從諫襲為節度。事見本書卷二百四十三。㉓嚴奉 即軟禁。表示恭敬侍奉，暗中嚴加監管。㉔國醫 御醫。㉕以醫往問疾 帶領醫生前來探視病情。㉖供奉官 在皇帝身邊供職的人。此為宦者擔任的內侍者供奉官。㉗澤潞 即昭義軍，領澤、潞、邢、洺、磁等州，簡稱澤潞。㉘宰相多以為 宰相們大多認為。按，唐朝宰相不止一人，亦無固定名額，皇帝可隨時指定，給以同平章事名義，即為宰相。㉙事體 事情狀況。㉚度外 法度之外。㉛近處心腹 謂靠近朝廷的重要之地。㉜盧從史 德宗、憲宗兩朝澤潞節度使。元和三年（西元八〇八年）貶州司馬，賜死。傳見《舊唐書》卷一百三十二、《新唐書》卷一百四十一。㉝頃時 近時。㉞李抱真成立此軍 事見本書卷二百二十三唐代宗永泰元年。李抱真（西元七三三－七九四年），字太玄，官至昭義節度使。傳見《舊唐書》卷一百三十二、《新唐書》卷一百三十八。㉟李緘 抱真子，父死，欲為留後，不許，遂護喪歸東都。事附兩《唐書・李抱真傳》。㊱恤 憂慮。㊲豎子 小子。指劉稹。㊳克 戰勝。㊴自艱難以來 謂自安史之亂以來。㊵列聖 指唐代宗、唐德宗以來各朝皇帝。㊶山東 太行山以東。㊷山東三州 指邢、洺、磁三州，隸屬昭義。㊸沮橈 阻擾破壞。沮，阻止。橈，同「撓」。㊹必成擒 必定被擒。㊺入 納。

【校 記】[1]親軍 原誤作「親事」。嚴衍《通鑑補》改作「親軍」，當是，今據校正。[2]往 原無此字。據章鈺校，十二行本、乙十一行本皆有此字，今據補。[3]境 據章鈺校，十二行本、乙十一行本皆作「鄙」。

【語 譯】夏，四月十三日辛未，李德裕請求退下來擔任閒散官。武宗說：「卿每次辭宰相職位，使我十天不得安處。現在國家大事都未辦妥，卿哪裡能請求離開！」

當初，昭義節度使劉從諫多次上表講仇士良的所犯罪惡，仇士良也說劉從諫窺伺朝廷。等到武宗即位，劉從諫有一匹九尺高的馬，獻給武宗，武宗不接受。劉從諫以為是仇士良所為，憤怒地把馬殺掉，從此與朝廷互相猜忌。於是劉從諫招收亡命之徒，修繕兵械，鄰境全都暗中作了防備。

劉從諫向養馬者和商賈收稅，每年收入五萬串錢，又賣鐵煮鹽也有數萬串錢。對大商人都給予衙中職務，讓他們去各道聯絡友情，趁機販賣貨物。商人們倚仗著劉從諫的權勢，所到之處多欺壓將吏，諸道都厭惡這些商人。

劉從諫病重，對妻子裴氏說：「我忠誠正直侍奉朝廷，而朝廷不瞭解我的心意，各道都不幫助我。我死了，別人來擔任節度使，那麼我們家將要斷煙火了！」於是和府中門客張谷、陳揚庭謀劃，仿效河北諸鎮的做法，任命他弟弟右驍衛將軍劉從素的兒子劉稹為牙內都知兵馬使，姪子劉匡周為中軍兵馬使，孔目官王協為押牙親軍兵馬使，以奴僕李士貴為使宅十將兵馬使，劉守義、劉守忠、董可武、崔玄度分別率領牙兵。張谷，是鄆州人。陳揚庭，是洪州人。

劉從諫不久去世，劉稹隱祕其事而不將喪事發布。王協替劉稹謀劃說：「只要照寶曆年間那樣去做，不到一百天，旌節自然到來。但是要嚴密地侍奉監軍，優厚送財物給敕使，四境不要出兵，城中暗地裡作好防備就可以了。」派押牙姜崟上奏章請求國醫來治病。武宗派遣中使解朝政帶著國醫前往探視病情。劉稹又逼迫監軍崔士康上奏說劉從諫病重，請任命他的兒子劉稹為留後。武宗派遣供奉官薛士幹前往宣布旨意說：「擔心劉從諫疾病沒有平復，應當暫去東都治療。等到病情稍有好轉，另有任用。還是要劉稹到朝廷，一定厚加官爵。」

武宗拿澤潞鎮這件事和宰相們一起商量，宰相多數認為：「回鶻的殘餘勢力沒有消滅，邊境上還要警戒防備，又去討伐澤潞，國力不能支持，請讓劉稹暫時主持軍務。」諫官和向朝廷進言的群臣也認為是這樣。只有李德裕一個人說：「澤潞事體與河朔三鎮不同。河朔習慣作亂已久，心難以向化。所以幾朝以來，置之度外。澤潞鎮近處心腹之地，這支軍隊向來說得上是忠義的，曾經打跑了朱滔，擒獲了盧從史。近時多用儒臣為統帥，例如李抱真成立了這支軍隊，德宗尚且不允許世襲，李抱真死後，叫李緘護喪回到東都。敬宗不憂慮國事，宰相又沒有長遠打算，劉悟死後，因循守舊把軍權交給他兒子劉從諫。劉從諫跋扈專橫，難以控制，多次上奏表脅迫朝廷。現在臨死之時，又把兵權擅自交給那個小子。朝廷要是就此授職給他兒子，那麼四方各鎮誰不想仿效他的所作所為，天子的權威詔令再不能得到遵行了！」武宗說：「卿用什麼辦法去制服他？果真能夠戰勝他嗎？」李德裕回答說：「劉稹所依靠的是河朔三鎮。只要鎮州鎮與魏博鎮不和他同心，那麼劉稹就不能有所作為。如果派遣重臣前往告諭鎮州主帥王元逵、魏博主帥何弘敬，說是河朔地方自從國家大難以來，各朝皇帝允許他們傳位世襲，已經成為舊例，與澤潞鎮情況不同。現在朝廷將要對澤潞用兵，不想再派禁軍到山東去。山東屬昭義軍的三個州，委派你們兩鎮去攻打它，同時讓他們廣泛告諭將士，在叛賊討平之時，加官厚賞。如果兩鎮服從朝廷命令，不從旁阻撓官軍，那麼劉稹一定會被擒獲的。」武宗高興地說：「我和德裕同一條心，保證不會後悔。」於是決心討伐劉稹，群臣有上言的再也不採納了。

上命德裕草詔賜成德節度使王元逵、魏博節度使何弘敬，其略曰：「澤潞一鎮，與卿事體不同，勿為子孫之謀，欲存輔車❶之勢。但能顯立功效，自然福及後昆❷。」丁丑❸，上臨朝，稱其語要切❹，曰：「當如此直告之是也！」又賜張仲武詔，以「回鶻餘燼未滅，塞上多虞❺，專委卿禦侮。」元逵、弘敬得詔，悚息❻聽命。

解朝政至上黨，劉稹見朝政曰：「相公❼危困，不任拜詔❽。」朝政欲突入❾，兵馬使劉武德、董可武躡簾而立❿。朝政恐有他變，遽走出。稹贈賚⓫直數千緡，復遣牙將梁叔文入謝。薛士幹入境，俱不問從諫之疾，直為已知其死之意。都押牙郭誼⑫等乃大出軍，至龍泉驛⑬迎候敕使，請用河朔事體。又見監軍言之，崔士康懦怯，不敢違。於是將吏扶稹出見士眾，發喪。士幹竟不得入牙門，稹亦不受敕命。誼，兗州人也。解朝政復命，上怒，杖之，配⑭恭陵⑮，因姜崟、梁叔文。

辛巳⑯，始為從諫輟朝⑰，贈太傅，詔劉稹護喪歸東都。又召見劉從素，令以書諭稹，稹不從。丁亥⑱，以忠武節度使王茂元⑲為河陽節度使，邠寧節度使王宰⑳為忠武節度使。茂元，棲曜㉑之子。宰，智興之子也。

【章旨】以上為第六段，寫唐武宗嚴旨責令劉稹入朝。

【注釋】❶輔車　即輔車相依。語出《左傳》僖公五年：「輔車相依，脣亡齒寒。」輔，面頰。車，牙床。❷後昆　後代子孫。❸丁丑　四月十九日。❹要切　簡要而切中要害。❺虞　憂慮。❻悚息　恐懼喘息。❼相公　謂劉從諫。❽不任拜詔　不能拜謝詔書。任，堪。❾突入　衝入。❿躡簾而立　緊靠門簾站立。⓫賷　同「贐」。禮物。⓬郭誼　劉從諫都押牙。從諫死，擁稹繼任。稹兵敗，殺稹向朝廷邀功，被誅死。事附《新唐書》卷二百十四〈劉稹傳〉。⓭龍泉驛　地名，在今山西屯留東南康莊。⓮配　發配。⓯恭陵　陵墓名，唐高宗太子李弘，年二十四而薨。諡為孝敬皇帝，葬恭陵。在今河南偃師南。⓰辛巳　四月二十三日。⓱輟朝　停止視朝。唐例，朝廷重臣及藩鎮大員卒，天子為之輟朝。⓲丁亥　四月二十九日。⓳王茂元　（？—西元八四三年）濮州濮陽（今河南濮陽）人，歷官陳許、河陽節度使。傳見《舊唐書》卷一百五十二、《新唐書》卷一百七十。⑳王宰　本名王晏宰，歷任邠寧、忠武、河東節度使。傳見《舊唐書》卷一百五十六、《新唐書》卷一百七十二。

㉑栖曜　即王栖曜（？—西元八〇三年），官至鄜坊節度使。兩《唐書》與其子王茂元同傳，見《舊唐書》卷一百五十二、《新唐書》卷一百七十。

【語　譯】武宗命令李德裕起草詔書賜給成德節度使王元逵、魏博節度使何弘敬，大意說：「澤潞這個鎮，與你們鎮情況不同，不要專為子孫打算，想保存輔車相依的形勢。只要建立顯著的功勞，自然福澤就會傳到後代子孫。」四月十九日丁丑，武宗臨朝，稱讚德裕所草詔書簡要而切中要害，說：「應當這樣率直地告諭他們才是！」又賜給張仲武詔書，說「回鶻的殘餘勢力尚未消滅，塞上多憂，專門委託你抵禦外侮。」王元逵、何弘敬得到詔書後，很恐懼，聽從朝廷命令。

解朝政到達上黨，劉稹見到解朝政說：「相公病危困頓，不堪跪拜接詔。」解朝政想衝到府內去，兵馬使劉武德、董可武緊靠門簾站立。解朝政害怕有其他事變，急忙跑了出來。劉稹贈給他告別禮物價值幾千串錢，又派遣牙將梁叔文入朝道謝。薛士幹進入潞州境內，全不詢問劉從諫的病情，直接表示已知道劉從諫死了的意思。都押牙郭誼等於是出動大批軍隊，到龍泉驛迎候奉敕的使者，請求沿用河朔的情況辦事。又見了監軍說了這件事，崔士康懦弱膽怯，不敢違抗。於是將吏扶著劉稹出來接見士眾，發布劉從諫喪事的消息。薛士幹最終未能進入牙門，劉稹也不接受敕命。郭誼，是兗州人。解朝政回朝覆命，武宗大怒，用棍棒打他，發配到恭陵去服勞役，囚禁了姜崟、梁叔文。

四月二十三日辛巳，武宗才為劉從諫之死停止朝會，追贈他為太傅，詔令劉稹護喪回到東都。又召見劉從素，命令他寫信曉諭劉稹，劉稹不聽從。二十九日丁亥，任命忠武節度使王茂元為河陽節度使，邠寧節度使王宰為忠武節度使。王茂元，是王栖曜的兒子。王宰，是王智興的兒子。

黃州❶刺史杜牧上李德裕書，自言：「嘗問淮西將董重質以三州❷之眾四歲不破❸之由，重質以為由朝廷徵兵太雜，客軍❹數少，既不能自成一軍，事須帖付地主❺。勢羸力弱，心志不一，多致敗亡。故初戰二年以來[1]，戰則必勝，是多殺客軍。及二年已後，客軍殫少❻，止❼與陳許❽、河陽❾全軍相搏，縱使唐州兵❿不能因虛取城，蔡州事力亦不支矣。其時朝廷若使鄂州、壽州、唐州只保境，不用進戰，但用陳許、鄭滑⓫兩道全軍，帖⓬以宣、潤弩手，令其守隘，即不出一歲，無蔡州矣。今者上黨之叛，復與淮西不同。淮西為寇僅⓭五十歲，其人味為寇之腴⓮，見為寇之利，風俗益固，氣燄已成，自以為天下之兵莫與我敵，根深源闊，取之固難。夫上黨則不然，自安、史南下，不甚附隸⓯，建中⓰之後，每奮忠義。是以鄖公⓱抱真能窘田悅⓲，走朱滔⓳，常以孤窮寒苦之軍，橫折⓴河朔彊梁㉑之眾。以此證驗，人心忠赤，習尚專一㉒，可以盡見。劉悟卒，從諫求繼，與扶同者㉓，只鄆州隨來中軍二千耳。值寶曆多故㉔，因以授之。今纔二十餘歲，風俗未改㉕，故老㉖尚存，雖欲劫之，必不用命。今成德、魏博雖盡節㉗效順，亦不過圍一城，攻一堡，係纍稺老㉘而已。若使河陽萬人為壘，窒㉙天井㉚之口，高壁深塹，勿與之戰，只以忠武㉛、武寧㉜兩軍，帖以青州五千精甲，宣、潤二千弩手，徑擣㉝上黨，不過數月，必覆其巢穴矣。」時德裕制置㉞澤潞，亦頗采牧言。

【章　旨】以上為第七段，寫杜牧上書李德裕獻平定強藩的策略。

【注　釋】❶黃州　州名，治所黃岡，在今湖北黃岡。❷三州　指淮西節度使所轄申、光、蔡三州。❸不破　謂未被朝廷軍隊攻破。❹客軍　從外地調來作戰的軍隊。❺帖付地主　依附當地主人，即地方勢力。❻殫少　極少。❼止　只；僅。❽陳許　指當時討伐淮西吳元濟的李光顏之兵。❾河陽　謂烏重胤之兵。❿唐州兵　謂李愬之兵。⓫鄭滑　即薛平之兵。⓬帖益；增添。⓭僅　近；幾乎。⓮味為寇之腴　嘗到叛逆作亂的甜頭。⓯不甚附隸　指唐肅宗時，安祿山大將蔡希德曾率兵攻上黨，上黨拒不附賊。⓰建中　唐德宗第一個年號（西元七八〇—七八三年）。⓱郳公　李抱真封號。郳，同「倪」。⓲窘田悅　陷田悅於困境。窘，困迫。建中二年，魏博節度使田悅叛亂，李抱真與河東節度使馬燧出兵，多次打敗田悅。⓳走朱滔　唐德宗興元元年（西元七八四年），盧龍節度使朱滔為響應其兄朱泚稱帝，圍攻貝州，為李抱真與成德節度使王武俊所敗，逃歸幽州。⓴橫折　任情摧折。㉑彊梁　強橫；兇暴。㉒習尚專一　謂習性風尚專一傾向朝廷。㉓扶同者　指支持劉從諫割據的人。扶同，扶持贊同。㉔寶曆多故　指唐敬宗即位，宰相李逢吉專權，排斥異己，故准劉從諫襲領昭義軍。寶曆，唐敬宗年號（西元八二五—八二七年）。㉕風俗未改　指忠於朝廷，遵守文教之風沒有改變，不若河朔三鎮，割據成習慣。㉖故老　元老舊臣。㉗盡節　竭盡忠貞之節操。㉘係纍穉老　俘獲老小。係纍，捆綁。穉，「稚」的異體字。㉙窒　堵塞。㉚天井　關名，故址在今山西晉城南太行山上，亦名太行關。為南入懷州、洛陽之險隘。㉛忠武　即王宰之陳許兵。㉜武寧　即李彥佐之徐州兵。㉝徑擣　直接攻擊。㉞制置　經營籌劃。

【校　記】[1]以來　原無此二字。據章鈺校，十二行本、乙十一行本皆有此二字，今據補。

【語　譯】黃州刺史杜牧向李德裕上書，自言道：「曾經詢問過淮西將領董重質，用三州的兵眾四年時間沒有攻破蔡州的原因，董重質認為是由於朝廷徵調的軍隊太雜亂，外地調來軍隊數量少，既然不能自己組成一支軍隊，遇事就要依附當地勢力。勢單力薄，心志不一，導致很多失敗傷亡。所以初戰兩年以來，淮西軍逢戰必勝，被殺的多半是客軍。等到兩年以後，客軍已經很少，僅和陳許、河陽兩支軍隊戰鬥，即使唐州兵不能因空虛而奪取蔡州城，蔡州的軍事力量也支持不住了。當時朝廷如果讓鄂州、壽州、唐州的軍隊只守衛邊境，不用進兵作戰，只用陳許、鄭滑兩道的全部軍隊，加上宣、潤二州弓弩手，命令他們守住關隘，那就不超過一年時間，就沒有蔡州了。現在上黨的叛亂，又與淮西不同。淮西為寇接近五十年，那裡的人嘗到了叛亂的甜頭，看到了叛亂為寇的利益，叛亂的習俗更加頑固，氣焰已經形成，自己認為天下的軍隊沒有誰能與我為敵，根深蒂固，要攻下它根本就困難。上黨的情況就不是這樣，自從安、史南下，上黨就不大依附賊寇，建中年間以後，每每奮發出對朝廷的忠義。所以郳公李抱真使田悅陷於困境，打跑了朱滔，常用孤寒窮苦的軍隊，任情挫敗河朔強橫的兵眾。從這些事例證明，人心是忠誠的，習尚是專一的，可以完全看得到。劉悟死後，劉從諫要求繼職，贊同支持他的人，只有鄆州跟隨來的中軍二千人而已。正趕上寶曆年間國家多事，因而就授予劉從諫旌節。到現在才二十餘年，風俗沒有改變，故老還在，雖然想劫持他們，一定不會服從命令。現在成德、魏博雖然能守臣節為朝廷效力，也不過圍一城，攻一堡，俘獲一些老少之人而已。如果讓河陽出一萬人修築堡壘，堵住天井關這個隘口，高壁深塹，不與敵人交戰，只用忠武、武寧兩支軍隊，加上青州的五千精甲，宣、潤的二千弓弩手，逕直進攻上黨，不超過幾個月，一定滅了他們的巢穴。」當時李德裕經營策劃澤潞，採納了不少杜牧的主張。

上雖外尊寵仇士良，內實忌惡之。士良頗覺之，遂以老病求散秩❶，詔以左衛上將軍兼內侍監、知省事❷。

李德裕言於上曰：「議者皆云劉悟有功❸，稹未可亟誅❹，宜全恩禮。請下百官議，以盡人情。」上曰：「悟亦何功，當時迫於救死耳，非素心❺徇國也。藉使❻有功，父子為將相二十餘年，國家報❼之足矣，稹何得復自立！朕以為凡有功當顯賞❽，有罪亦不可苟免❾也。」德裕曰：「陛下之言，誠得理國之要❿。」

五月，李德裕言太子賓客、分司李宗閔與劉從諫交通⓫，不宜寘⓬之東都。戊戌⓭，以宗閔為湖州刺史。

河陽節度使王茂元以步騎三千守萬善⓮，河東節度使劉沔步騎二千守芒車關⓯，步兵一千五百軍⓰榆社⓱，成德節度使王元逵以步騎三千守臨洺⓲，掠⓳堯山⑳，河中節度使陳夷行以步騎一千守翼城㉑，步兵五百益[1]冀氏㉒。辛丑㉓，制㉔削奪劉從諫及子稹官爵，以元逵為澤潞北面招討使，何弘敬為南面招討使，與夷行、劉沔、茂元合力攻討。

先是，河朔[2]諸鎮有自立者，朝廷必先有弔祭使，次冊贈使㉕、宣慰使繼往商度㉖軍情。必不可與節㉗，則別除一官。俟軍中不聽出，然後始用兵。故常及半歲，軍中得繕完為備㉘。至是，宰相亦欲且遣使開諭，上即命下詔討之。王元逵受詔之日，出師屯趙州㉙。

【章旨】以上為第八段，寫劉稹不聽命入朝，唐武宗即行征討。

【注釋】❶散秩　即散官。有官秩而無固定職守之官員。❷知省事　主持內侍省事務。❸有功　指劉悟誅李師道，從而結束淄青、平盧叛亂。❹亟誅　急迫討伐。❺素心　本心。❻藉使　即使。❼報　回報；酬報。❽顯賞　公開重賞。❾苟免　隨便免罪。❿理國之要　治國的要領。⓫交通　交接；往來。⓬寘　同「置」。⓭戊戌　五月初十日。⓮萬善　鎮名，在今河南沁陽北。⓯芒車關　關名，在今山西武鄉東北。⓰軍　駐屯。⓱榆社　縣名，縣治在今山西榆社。⓲臨洺　縣名，縣治在今河北永年。⑲掠　攻擊。⑳堯山　縣名，縣治在今河北隆堯西堯城。㉑翼城　縣名，縣治在今山西翼城。㉒冀氏　縣名，縣治在今山西安澤東南。㉓辛丑　五月十三日。㉔制　皇帝命令。㉕冊贈使　朝廷所派對已故節度使宣布冊功、贈官或諡號的專使。㉖商度　商量估測。㉗節　指節度使符節。㉘繕完為備　修葺整治城郭兵器等，作好防備。㉙趙州　州名，治所平棘，在今河北趙縣。

【校　記】①益　嚴衍《通鑑補》「益」改作「掠」，當是。②朔　據章鈺校，十二行本、乙十一行本皆作「北」。

【語　譯】武宗雖然表面上尊寵仇士良，內心實際上忌恨他。仇士良頗有覺察，於是託辭年老多病求任散職，詔令以左衛上將軍兼內侍監，主持內侍省事。

李德裕對武宗說：「議論的人都說劉悟有功，劉稹不能急忙討伐，應保全對他家的恩惠禮遇。請把這事交付百官評議，讓大家充分發表意見。」武宗說：「劉悟有什麼功勞，當時是迫於挽救自己的死亡而已，並不是本心報國。即使有功勞，父子擔任將相二十多年，國家回報他們也足夠了，劉稹怎麼能夠又自立為節度使！朕認為凡是有功的人應當公開獎賞，有罪的人也不能隨便免罪。」李德裕說：「陛下的話，確實把握了治理國家的要領。」

五月，李德裕說太子賓客、分司李宗閔與劉從諫交往，不應當安置在東都。初十日戊戌，任命李宗閔為湖州刺史。

河陽節度使王茂元利用步兵騎兵三千人守衛萬善，河東節度使劉沔的步兵騎兵二千人守衛芒車關，步兵一千五百人屯駐榆社縣，成德節度使王元逵利用步兵騎兵三千人守衛臨洺縣，搶掠堯山，河中節度使陳夷行利用步兵騎兵一千人守衛翼城，步兵五百人搶掠冀氏。五月十三日辛丑，下制詔削去劉從諫和他兒子劉稹的官爵，任命王元逵為澤潞北面招討使，何弘敬為南面招討使，與陳夷行、劉沔、王茂元合力討伐劉稹。

此前，河朔諸鎮如有自立的人，朝廷一定先派去弔祭使，然後又派去冊贈使、宣慰使相繼前往商量軍事形勢。一定不可賜給旌節的，就另外授任一個官職。等到軍隊不讓使者離開，然後才開始用兵討伐。所以常常要拖半年時間，軍中得以修繕整治，作好防備。到劉稹這件事，宰相也想暫時派使者開導勸諭，而皇上卻隨即下詔討伐劉稹。王元逵接到詔令之日，就出兵屯駐趙州。

壬寅❶，以翰林學士承旨❷崔鉉❸為中書侍郎、同平章事。鉉，元略之子也。上夜召學士韋琮❹，以鉉名授之，令草制，宰相、樞密皆不之知。時樞密使劉行深、楊欽義皆愿愨❺，不敢預事。老宦者尤❻之曰：「此由劉、楊懦怯，墮敗舊風❼故也。」琮，乾度❽之子也。

以武寧節度使李彥佐為晉絳❾行營諸軍節度招討使。◯劉沔自代州還太原❿。

◯築望仙觀⓫於禁中。

六月，王茂元遣兵馬使馬繼等將步騎二千軍於天井關南科斗店，劉稹遣衙內十將薛茂卿將親軍二千拒之。

黠戛斯可汗遣將軍溫仵合入貢。上賜之書，諭以速平回鶻、黑車子，乃遣使行冊命。

癸酉⓬，仇士良以左衛上將軍、內侍監致仕⓭。其黨送歸私第，士良教以固權寵⓮之術曰：「天子不可令閒，常宜以奢靡娛其耳目⓯，使日新月盛，無暇更及他事，然後吾輩可以得志⓰。慎勿使之讀書，親近儒生。彼見前代興亡，心知憂懼，則吾輩疏斥⑰矣。」其黨拜謝而去。

丙子⑱，詔王元逵、李彥佐、劉沔、王茂元、何弘敬以⑲七月中旬五道齊進，劉稹求降皆不得受。又詔劉沔自將兵取仰車關⑳路，以臨賊境。

【章旨】以上為第九段，寫大宦官仇士良致仕，教唆宦官控制人君之術。朝廷發兵五路征討澤潞劉稹。

【注釋】❶壬寅　五月十四日。❷翰林學士承旨　官名，位在諸學士之上，凡大詔令、大廢置等重要政事，皆得專受專對，他人無得參與。❸崔鉉　字台碩，博陵（今河北蠡縣南）人，武宗、宣宗兩朝宰相。官終荊南節度使。傳見《舊唐書》卷一百六十三、《新唐書》卷一百六十。❹韋琮　字禮玉，歷官戶部侍郎、翰林學士承旨、宰相。傳見《新唐書》卷一百八十二。❺愿愨　謹慎忠厚。❻尤　責怪。❼墮敗舊風　敗壞了原有的制度、慣例。唐自中期以來，朝廷每有大事，須經樞密使同意方可實行。今樞密使劉行深等不敢預事，故曰「墮敗舊風」。❽乾度　即韋乾度，唐憲宗時任吏部郎中。❾絳　州名，治所正平，在今山西新絳。❿自代州還太原　劉沔為河東節度使，駐節太原。會昌二年屯軍代州防回鶻，現回鶻已被擊敗逃走，故還軍。⓫望仙觀　道觀名，又稱望仙樓，會昌三年築於宮中，包括附屬廊舍，共五百三十九間。⓬癸酉　六月十六日。⓭致仕　退休；辭官回家。⓮固權寵　鞏固權勢寵幸。⓯娛其耳目　使其耳目娛悅。⓰得志　得行其所欲。⓱疏斥　疏遠棄逐。⓲丙子　六月十九日。⓳以　於；在。⓴仰車關　即芒車關。

【語譯】五月十四日壬寅，任命翰林學士承旨崔鉉為中書侍郎、同平章事。崔鉉，是崔元略的兒子。武宗夜裡召見學士韋琮，把崔鉉的名字交給他，命令他起草任職制書，宰相和樞密使都不知道這件事。當時樞密使劉行深、楊欽義都謹慎忠厚，不敢預事。老宦者責怪他倆說：「這是由於劉行深、楊欽義軟弱膽小，敗壞原有慣例導致的。」韋琮，是韋乾度的兒子。

任命武寧節度使李彥佐為晉絳行營諸軍節度招討使。○劉沔從代州返回太原。○在禁中修建望仙觀。

六月，王茂元派遣兵馬使馬繼等帶領步兵騎兵二千人屯駐天井關南面的科斗店，劉稹派遣衙內十將薛茂卿率領親軍二千人抵抗馬繼的軍隊。

黠戛斯可汗派遣將軍溫仵合到朝廷進貢。武宗賜給他書信，告諭他要趕快平定回鶻、黑車子，於是朝廷派遣使者正式冊命他為可汗。

六月十六日癸酉，仇士良以左衛上將軍、內侍監的職位退休。他的黨徒送他回到私宅，仇士良教給他們鞏固權寵的辦法說：「不要使天子閒著，常常應當用奢華靡麗的事使他耳目娛悅，要不斷變換不同的花樣，使他沒有閒暇顧及其他的事，然後我們才能得志。千萬不要讓天子讀書，親近儒生。他看到前代的興亡，心裡知道擔憂恐懼，那麼我們就會被疏遠了。」黨徒們拜謝賜教後離開了。

六月十九日丙子，詔令王元逵、李彥佐、劉沔、王茂元、何弘敬在七月中旬，五路並進，劉稹請求投降都不准接受。又詔令劉沔親自帶兵走仰車關這條路，到達叛賊的邊境。

吐蕃鄯州❶節度使尚婢婢世為吐蕃相，婢婢好讀書，不樂仕進❷，國人敬之。年四十餘，彝泰贊普彊起之，使鎮鄯州。婢婢寬厚沈勇❸，有謀略，訓練士卒多精勇。

論恐熱雖名義兵❹，實謀篡國。忌婢婢，恐襲其後，欲先滅之。是月，大舉兵擊婢婢，旌旗、雜畜千里不絕。至鎮西❺，大風震❻雹，天火燒殺裨將十餘人、雜畜以百數。恐熱惡之，盤桓不進。婢婢謂其下曰：「恐熱之來，視我如螻蟻，以為不足屠也。今遇天災，猶豫不進，吾不如迎伏❼以卻❽之，使其志益驕而不為備，然後可圖也。」乃遣使以金帛、牛酒犒師❾，且致書言：「相公舉義兵以匡❿國難，闔⓫境之內，孰不向風⓬！苟遣一介⓭，賜之折簡⓮，敢不承命！何必遠辱士眾，親臨下藩！婢婢資性愚僻⓯，惟嗜讀書。先贊普授以藩維⓰，誠為非據⓱，夙夜慚惕⓲，惟求退居。相公若賜以骸骨，聽歸田里，乃愜⓳平生之素願也。」恐熱得書喜，徧示諸將曰：「婢婢惟把書卷，安知用兵！待吾得國，當位以宰相，坐之於家，亦無所用也。」乃復為書，勤厚⓴答之，引兵歸。婢婢聞之，撫髀㉑笑曰：「我國無主，則歸大唐，豈能事此犬鼠乎！」

【章　旨】以上為第十段，寫吐蕃鄯州節度使尚婢婢智拒論恐熱。

【注　釋】❶鄯州　州名，治所湟水，在今青海樂都。❷仕進　進身做官。❸沈勇　沉穩勇敢。沈，同「沉」。❹義兵　論恐熱以討綝氏而起兵，故稱「義兵」。事見上卷會昌二年。❺鎮西　軍鎮名，治所枹罕，在今甘肅臨夏東北。❻震　雷。❼伏　同「服」。服從。指態度謙遜。❽卻　使退。❾犒師　以酒食慰勞軍隊。❿匡　挽救。⓫闔　全。⓬向風　聞風服從。⓭一介　一人。⓮折簡　猶言書信。⓯愚僻　愚陋。⓰藩維　藩國。⓱非據　不應佔有。⓲慚惕　羞愧恐懼。⓳愜　滿足。⓴勤厚　殷勤厚意。㉑髀　大腿。

【語　譯】吐蕃鄯州節度使尚婢婢世代擔任吐蕃宰相。尚婢婢喜歡讀書，不樂意做官，國人很敬重他。年紀四十多歲了，國君彝泰贊普勉硬把他請出來，要他擔任鄯州鎮節度使。尚婢婢寬厚沉勇，有謀略，訓練的士卒多精悍勇敢。

論恐熱雖然名為義兵，實際上是謀劃篡奪國家權力。他猜忌尚婢婢，擔心他從後面襲擊自己，想先把他消滅掉。這個月，大量調動軍隊進攻尚婢婢，旌旗、牲畜綿延千里。到達鎮西時，遇上大風雷電，雷電燒死裨將十多人、牲畜數以百計。論恐熱對這起災禍很厭惡，徘徊不前。尚婢婢對部下說：「論恐熱前來時，把我們當螻蟻看待，認為不花大力氣就可以把我們消滅掉。現在遇上天災，猶豫不前，我們不如迎接他，服從他，讓他退走，使他更驕傲而不作防備，然後就可以謀劃收拾他了。」於是派人送金銀綢帛和牛酒犒賞論恐熱的軍隊，並且寫信給他說：「相公舉義兵以拯救國難，全境之內，誰不聞風服從！只要派一個甲士，賜給一封書信，誰敢不接受命令！何必從遠處帶著士兵，親自到我這個地方來！婢婢天資本性就很愚陋，只喜歡讀書。先贊普授予我藩國，實在不應佔有，早晚都感到羞慚恐懼，只想退下來安居林下。相公要是放過我，讓我回到田野去，就滿足了我平生的意願的。」論恐熱收到書信以後很高興，把它給每一個將領看，並說：「婢婢只能手持書卷，哪裡知道用兵打仗！等到我得到了國家，應當讓他位處宰相，叫他坐在家裡，也沒有什麼大用處。」於是又寫了信，殷勤厚道地答覆了尚婢婢，帶兵回去了。尚婢婢聽說後，拍著大腿笑道：「我國沒有君主，就歸附大唐，哪裡能夠侍奉這個犬鼠呢！」

秋，七月，以山南東道節度使盧鈞為昭義節度招撫使。朝廷以鈞在襄陽❶寬厚有惠政，得眾心，故使領昭義以招懷❷之。

上遣刑部侍郎兼御史中丞李回❸宣慰河北三鎮，令幽州❹乘秋早平回鶻，鎮、魏❺早平澤潞。回，太祖之八世孫❻也。

甲辰❼，李德裕言於上曰：「臣見鄉日河朔用兵，諸道利於出境仰給度支❽，或陰與賊通，借一縣一柵據之，自以為功，坐食轉輸❾，延引歲時❿。今請賜諸軍詔指，令王元逵取邢州[11]，何弘敬取洺州，王茂元取澤州[12]，李彥佐、劉沔取潞州，毋得取縣。」上從之。

晉絳行營節度使李彥佐自發徐州，行甚緩，又請休兵於絳州，兼請益兵。李德裕言於上曰：「彥佐逗遛[13]顧望[14]，殊無討賊之意，所請皆不可許。宜賜詔切責[15]，令進軍翼城。」上從之。德裕因請以天德防禦使石雄為彥佐之副，俟至軍中，令代之。乙巳[16]，以雄為晉絳行營節度副使，仍詔彥佐進屯翼城。

劉稹上表自陳：「亡父從諫為李訓雪冤[17]，言仇士良罪惡，由此為權倖所疾，謂臣父潛懷異志，臣所以不敢舉族歸朝。乞陛下稍垂寬察，活臣一方[18]。」何弘敬亦為之奏雪[19]，皆不報[20]。李回至河朔，何弘敬、王元逵、張仲武皆具櫜鞬郊迎，立於道左，不敢令人控馬[21]，讓制使[22]先行，自兵興以來[23]，未之有也。回明辯[24]有膽氣，三鎮無不奉詔。

王元逵奏拔宣務柵[25]，擊堯山。劉稹遣兵救堯山，元逵擊敗之。詔切責李彥佐、劉沔、王茂元，使速進兵逼賊境，且稱元逵之功以激厲[26]之。加元逵同平章事。

八月乙丑[27]，昭義大將李丕[28]來降。議者或謂賊故遣丕降，欲以疑誤官軍。

李德裕言於上曰：「自用兵半年，未有降者，今安問誠之與詐！且須厚賞㉙以勸將來，但不可[1]置之要地㉚耳。」

上從容言：「文宗好聽外議㉛，諫官言事多不著名，有如匿名書㉜。」李德裕曰：「臣頃在中書㉝，文宗猶不爾㉞。此乃李訓、鄭注教文宗以術御下㉟，遂成此風。人主但當推誠任人，有欺罔者，威以明刑㊱，孰敢哉！」上善之。

王元逵前鋒入邢州境已踰月，何弘敬猶未出師。元逵屢有密表，稱弘敬懷兩端㊲。丁卯㊳，李德裕上言：「忠武累戰有功，軍聲頗振。王宰㊴年力方壯，謀略可稱。請賜弘敬詔，以『河陽、河東皆闕山險㊵，未能進軍，賊屢出兵焚掠晉、絳。今遣王宰將忠武全軍徑㊶魏博，直抵磁州，以分賊勢。』弘敬必懼，此攻心伐謀之術㊷也。」從之。詔宰悉選步騎精兵自相、魏趣磁州。

甲戌㊸，薛茂卿破科斗寨㊹，擒河陽大將馬繼等，焚掠小寨一十七，距懷州㊺纔十餘里。茂卿以無劉稹之命，故不敢入。時議者鼎沸㊻，以為劉悟有功，不可絕其嗣。又，從諫養精兵十萬，糧支十年，如何可取！上亦疑之，以問李德裕，對曰：「小小進退，兵家之常，願陛下勿聽外議，則成功必矣！」上乃謂宰相曰：「為我語朝士：有上疏沮議者，我必於賊境上斬之！」議者乃止。

何弘敬聞王宰將至，恐忠武兵入魏境，軍中有變，蒼黃㊼出師。丙子㊽，弘敬奏，已自將全軍度漳水㊾，趣磁州。

【章　旨】以上為第十一段，寫官軍受挫，李德裕勸唐武宗堅定征討，又用計迫使魏博節度使何弘敬進兵征討。

【注　釋】❶襄陽　郡名，治所襄陽，在今湖北襄樊。為山南東道治所。❷招懷　招撫安慰。❸李回　字昭度，唐宗室。會昌五年（西元八四五年）任宰相。唐宣宗大中元年（西元八四七年），坐與李德裕親善，貶湖南觀察使，再貶撫州刺史。傳見《舊唐書》卷一百七十三、《新唐書》卷一百三十一。❹幽州　即三鎮之盧龍。❺鎮魏　即三鎮之成德、魏博。❻太祖之八世孫　太祖李虎第六子李禕生李德良，再傳六世至李回，故云八世。❼甲辰　七月十七日。❽出境仰給度支　唐制，諸道節度使奉命出征，離開守境，則由中央財政供給軍餉。度支，戶部第二司，掌國家財政收支。❾轉輸　指度支運輸供給的軍糧。❿延引歲時　延長時日，指拖延戰事。⓫邢州　州名，治所龍岡，在今河北邢臺。⓬澤州　州名，治所晉城，在今山西晉城。⓭逗遛　徘徊不進。遛，同「留」。⓮顧望　觀望。⓯切責　嚴厲責備。⓰乙巳　七月十八日。⓱為李訓雪冤　李訓謀誅宦官，引劉從諫為外援。故甘露事變後，劉從諫上書，認為宰相王涯、李訓等被誅，是由於仇士良的誣陷。事見本書卷二百四十五唐文宗開成元年。⓲活臣一方　使我能生存於一隅，即活在澤潞地域。⓳奏雪　上書雪冤。⓴皆不報　一律不回答，即朝廷拒絕劉稹及何弘敬的請求。㉑控馬　謂聽任李回騎馬前行，不敢阻攔。㉒制使　朝廷使臣稱制使，以區別宦官使者之稱敕使。㉓自兵興以來　謂安史之亂以來。㉔明辯　能辨別清楚是非善惡。辯，同「辨」。㉕宣務柵　地名，在堯山縣東北，今河北隆堯西北。㉖厲　同「勵」。㉗乙丑　八月初九日。㉘李丕　原昭義軍大將。劉稹擁兵自立，丕投降朝廷。官至鄜坊節度使。傳見《新唐書》卷二百十四。㉙厚賞　重賞。㉚要地　要害之地。㉛外議　即朝外的議論。㉜匿名書　匿名信。㉝頃在中書　往時在中書省。李德裕在唐文宗太和七年二月至八年九月任宰相。頃，往時。㉞不爾　不如此。㉟御下　駕御臣下。㊱威以明刑　以人主之威，公開施加刑罰。㊲懷兩端　心懷觀望，腳踏兩條船。㊳丁卯　八月十一日。㊴王宰　王智興之子，又名王晏宰，出征劉稹最年輕驍勇的將領。官至太原節度使。傳見《舊唐書》卷一百五十六、《新唐書》卷一百七十二。㊵闔

山險　指河陽阻於天井關之險，河東阻於石會關、芒車關之險。閡，阻隔；阻礙。㊶徑　經過；穿過。㊷此攻心伐謀之術　這是攻破何弘敬的心理、破壞他的計謀的辦法。何弘敬陽奉陰違，持兩端而不出兵討賊，現命令王宰率全軍穿過何弘敬的轄境，何必然被迫出兵，從而破壞其心術。㊸甲戌　八月十八日。㊹科斗寨　寨名，位於天井關南之科斗店，在今山西晉城南。㊺懷州　州名，治所河內，在今河南沁陽。㊻鼎沸　嘈雜混亂。㊼蒼黃　同「倉皇」。匆忙；慌張。㊽丙子　八月二十日。㊾漳水　水名，源於山西平定南之少山，中經河北磁縣（即何弘敬渡河處），至天津入渤海。

【校　記】①可　原作「要」。據章鈺校，十二行本、乙十一行本、孔天胤本皆作「可」，張敦仁《通鑑刊本識誤》同，今據改。

【語　譯】秋，七月，任命山南東道節度使盧鈞為昭義節度招撫使。朝廷因為盧鈞在襄陽寬厚有惠政，能得民心，所以派他擔任昭義節度使以安撫百姓。

武宗派遣刑部侍郎兼御史中丞李回宣慰河北三鎮，命令幽州鎮乘秋天及早平定回鶻，鎮州鎮和魏博鎮及早平定澤潞。李回，是太祖李虎的第八代孫。

七月十七日甲辰，李德裕對武宗說：「臣見到從前河朔地方打仗，各道認為軍隊出境後由度支供給糧餉最為有利，有的暗中和叛賊往來，借一個縣或一個柵寨佔據著，自己認為有功勞，坐著享受度支運來的軍糧，拖延時日。現在請賜給諸軍詔令，命令王元逵奪取邢州，何弘敬奪取洺州，王茂元奪取澤州，李彥佐、劉沔奪取潞州，不准奪取縣城。」武宗聽從了。

晉絳行營節度使李彥佐從徐州出發後，行動極為緩慢，又請求在絳州讓士兵休息，還請求增加兵員。李德裕對武宗說：「李彥佐逗留觀望，全無討伐叛賊的意思，他的請求都不能答應。應當下詔嚴厲責備他，命令他進軍翼城。」武宗聽從了。李德裕接著請求讓天德防禦使石雄為李彥佐的副手，等到石雄到達軍中，令他取代李彥佐的職務。七月十八日乙巳，任命石雄為晉絳行營節度副使，仍詔令李彥佐進駐翼城。

劉稹上奏表自我陳述說：「亡父從諫為李訓昭雪冤案，指出了仇士良的罪惡，由此被宦官仇恨，說臣父暗地裡對朝廷懷有異心，臣因此不敢全家回到朝廷。乞求陛下稍作瞭解，使臣生存於一隅。」何弘敬也幫劉積上奏請求洗雪冤枉，朝廷都沒有回答。李回到達河朔，何弘敬、王元逵、張仲武都準備好車馬到郊區迎接，站立在道左，不敢讓人控制住客人車馬，以便讓制使先行，自從安史之亂以來，沒有過這種情況。李回明辨，有膽量，三鎮沒有不奉行詔旨的。

王元逵上奏說攻下了宣務柵，在攻打堯山。劉稹派兵援救堯山，王元逵打敗了他。下詔切責李彥佐、劉沔、王茂元，要他們趕快進兵逼近賊境，並且稱讚王元逵的功勞用以激勵他們。加任王元逵同平章事。

八月初九日乙丑，昭義軍大將李丕前來投降。議論的人中有的說是叛賊故意派遣李丕投降，想用這個辦法疑惑官軍。李德裕對武宗說：「自從打仗的半年以來，沒有投降的人，現在哪要問是真降還是欺詐！只需要用厚重的獎賞以鼓勵將來投降的人，只是不能把這種人安置在重要的地方就可以了。」

武宗閒談時說：「文宗喜歡聽取朝廷外面的議論，諫官提出意見時多半不署名，如同匿名信。」李德裕說：「臣往時在中書省時，文宗還不是這個樣子。這是李訓、鄭注教文宗用權術駕御臣下，於是形成這種風氣。人主只應推誠用人，有欺詐的，以人主之威，公開施加刑罰，誰敢再欺騙啊！」武宗稱讚李德裕說得好。

王元逵的前鋒部隊進入邢州境內已經過了一個月，何弘敬還沒有出兵。王元逵多次祕密上表，說何弘敬心懷觀望。八月十一日丁卯，李德裕上奏說：「忠武軍多次作戰有功，軍隊的聲威很高。王宰正值年輕力壯，謀略也好。請下詔何弘敬，說明『河陽、河東都阻隔山險，不便進軍，叛賊多次出兵焚燒搶掠晉、絳等地。現在派遣王宰帶領整個忠武軍部隊穿過魏博，直抵磁州，用以分散叛賊的力量。』何弘敬一定害怕，這是攻心伐謀的辦法。」武宗依從了。下詔讓王宰精心挑選步兵騎兵從相州、魏州趕赴磁州。

八月十八日甲戌，薛茂卿攻下科斗寨，抓獲河陽軍大將馬繼等人，焚掠小堡寨十七個，部隊離懷州才十餘里。薛茂卿因為沒有劉稹的命令，所以不敢攻入懷州。當時議論的人像開了鍋一樣，都認為劉悟有功勞，不應斷絕了他的後嗣。還有，劉從諫蓄養十萬精兵，糧食可以支撐十年，怎麼能攻取他！武宗也懷疑，就詢問李德裕，李德裕回答說：「小小的勝敗，這是兵家常事，希望陛下不要聽信外面的議論，那麼就一定能夠成功！」武宗於是對宰相說：「替我去告訴朝廷的士大夫們：凡是向朝廷上疏阻撓戰事的人，我一定在叛賊邊境上殺了他！」持異議的人這才不說了。

何弘敬聽說王宰將要到來，擔心忠武兵到了魏地，軍中發生動亂，就匆忙出兵。八月二十日丙子，何弘敬上奏，已經親自率領全軍渡過了漳水，奔赴磁州。

庚辰❶，李德裕上言：「河陽兵力寡弱，自科斗店之敗，賊勢愈熾。王茂元復有疾，人情危怯，欲退保懷州。臣竊見元和❷以來，諸賊常視官軍寡弱之處，併力攻之，一軍不支，然後更攻他處。今魏博未與賊戰，西軍❸隔險不進，故賊得併兵[1]南下❹。若河陽退縮，不惟虧沮❺軍聲，兼恐震驚洛師❻。望詔王宰更不之磁州，亟以忠武軍應援河陽，不惟扞蔽❼東都，兼可臨制❽魏博。若慮[2]全軍供餉難給，且今發先鋒五千人赴河陽，亦足張聲勢。」甲申❾，又奏請敕王宰以全軍繼進，仍急以器械繒帛助河陽窘乏。上皆從之。

王茂元軍萬善，劉稹遣牙將張巨、劉公直等會薛茂卿共攻之，期以九月朔❿圍萬善。乙酉⓫，公直等潛師先過萬善南五里，焚雍店。巨引兵繼之，過萬善，覘⓬知城中守備單弱，欲專有功，遂攻之。日昃⓭，城且拔，乃使人告公直等。時義成軍適至⓮，茂元困急，欲帥眾棄城走。都虞候孟章遮馬[3]諫曰：「賊眾自有前卻⓯，半在雍店，半在此，乃亂兵耳。今義成軍纔至，尚未食，聞僕射⓰走，則自潰矣。願且強⑰留！」茂元乃止。會日暮，公直等不至。巨引兵退，始登山⑱，微雨晦黑⑲，自相驚曰：「追兵近矣！」皆走，人馬相踐，墜崖谷死者甚眾。

上以王茂元、王宰兩節度使共處河陽非宜⑳，庚寅㉑，李德裕等奏：「茂元習吏事而非將才，請以宰為河陽行營攻討使㉒。茂元病愈，止令鎮河陽，病困亦免他虞㉓。」九月辛卯㉔，以宰兼河陽行營攻討使。

何弘敬奏拔肥鄉、平恩㉕，殺傷甚眾。得劉稹牓帖㉖，皆謂官軍為賊，云遇之即須痛殺。癸巳㉗，上謂宰相：「何弘敬已克㉘兩縣，可釋前疑。既有殺傷，雖欲持兩端，不可得已。」乃加弘敬檢校左僕射。

丙午㉙，河陽奏王茂元薨。李德裕奏：「王宰止可令以忠武節度使將萬善營兵，不可使兼領河陽，恐其不愛河陽州縣，恣為侵擾。又，河陽節度先領懷州刺史，常以判官攝事，割河南五縣租賦隸河陽㉚。不若遂以五縣[4]置孟州㉛，其懷州別置刺史。俟昭義平日，仍割澤州隸河陽節度，則太行之險不在昭義，而河陽遂為重鎮，東都無復憂矣。」上采其言。戊申㉜，以河南尹㉝敬昕為河陽節度、懷孟觀察使，王宰將行營以扞敵，昕供饋餉而已。

庚戌㉞，以石雄代李彥佐為晉絳行營節度使，令自冀氏取潞州，仍分兵屯翼城以備侵軼㉟。

是月，吐蕃論恐熱屯大夏川㊱，尚婢婢遣其將厖結心及莽羅薛呂將精兵五萬擊之。至河州㊲南，莽羅薛呂伏兵四萬於險阻，厖結心伏萬人於柳林中，以千騎登山，飛矢繫書罵之。恐熱怒，將兵數萬追之。厖結心陽㊳敗走，時為馬乏不進之狀。恐熱追之益急，不覺行數十里。伏兵發，斷其歸路，夾擊之。會大風飛沙，溪谷皆溢，恐熱大敗，伏尸五十里，溺死者不可勝數，恐熱單騎遁歸。

石雄代李彥佐之明日，即引兵踰烏嶺㊴，破五寨，殺獲千計。時王宰軍萬善，劉沔軍石會㊵，皆顧望未進。上得雄捷書，喜甚。冬，十月庚申㊶，臨朝，謂宰相曰：「雄真良將！」李德裕因言：「比年㊷前潞州市㊸有男子磬折唱㊹曰：『石雄七千人至矣！』劉從諫以為妖言，斬之。破潞州者必雄也。」詔賜雄帛為優賞㊺，雄悉置軍門，自依士卒例先取一匹，餘悉分將士，故士卒樂為之致死㊻。

【章　旨】以上為第十二段，寫官軍王宰、石雄兩路取勝。

【注　釋】❶庚辰　八月二十四日。❷元和　唐憲宗年號（西元八〇六—八二〇年）。❸西軍　即河東劉沔與晉絳李彥佐之兵。❹南下　謂自太行南下懷州。❺虧沮　損壞；敗壞。❻洛師　即東都洛陽。❼扞蔽　捍衛、屏藩。扞，同「捍」。❽臨制　監臨控制。❾甲申　八月二十八日。❿九月朔　九月初一日。⓫乙酉　八月二十九日。⓬覘　窺視。⓭日昃　日西斜。⓮義成軍適至　王宰以忠武軍合義成兵援河陽，此時恰好趕到。⓯前卻　有前有後。⓰僕射　為王茂元加官。⓱強　勉強。

⑱登山　胡注：「登太行阪也。」⑲晦黑　昏暗；昏黑。⑳非宜　不合適；不恰當。㉑庚寅　九月初四日。㉒攻討使　官名，掌軍隊征討作戰之事，事罷即撤銷。㉓他虞　其他想法。㉔辛卯　九月初五日。㉕肥鄉平恩　皆縣名，肥鄉縣治在今河北肥鄉，平恩縣治在今河北曲周東南。㉖牓帖　告示。㉗癸巳　九月初七日。㉘克　拔；攻下。㉙丙午　九月二十日。㉚割河南五縣租賦隸河陽　建中二年（西元七八一年）正月置河陽三城節度使，六月又割河南府的河陽、河清、濟源、溫、王屋五縣租賦歸於河陽三城，而五縣的隸屬關係仍歸河南府。事見本書卷二百二十七德宗建中二年。㉛孟州　州名，以河陽等五縣所置之州，治所河陽，在今河南孟州南。㉜戊申　九月二十二日。㉝尹　官名。唐制，州升為府，其長官改刺史而稱尹，專總府事，副長官為少尹，佐助府事。㉞庚戌　九月二十四日。㉟侵軼　侵擾、突襲。㊱大夏川　水名，在今甘肅和政、康樂二縣境內。㊲河州　州名，治所枹罕，在今甘肅臨夏東北。㊳陽　通「佯」。假裝。㊴烏嶺　山名，在今山西翼城東北。㊵石會關　關名，在今山西榆社西。㊶庚申　十月初五日。㊷比年　近年。㊸市　市井。㊹磬折唱　弓著身子唱。磬折，彎腰如磬之形。㊺優賞　超過規定加厚獎賞。㊻致死　效死；拼命。

【校　記】[1]兵　據章鈺校，十二行本、乙十一行本、孔天胤本皆作「力」。[2]慮　原誤作「令」。據章鈺校，十二行本、乙十一行本、孔天胤本皆作「慮」，張敦仁《通鑑刊本識誤》同，今據校正。[3]遮馬　原無此二字。據章鈺校，十二行本、乙十一行本、孔天胤本皆有此二字，張瑛《通鑑校勘記》同，今據補。[4]以五縣　原無此三字。據章鈺校，十二行本、乙十一行本、孔天胤本皆有此三字，張敦仁《通鑑刊本識誤》同，今據補。

【語　譯】八月二十四日庚辰，李德裕上奏說：「河陽的兵力又少又弱，從科斗店失敗以後，叛賊的勢力更大了。王茂元又有病，人心恐懼，想撤退守衛懷州。臣看到從元和時期以來，各處叛賊常常看到官軍弱小的地方，集中兵力進攻，打敗了一支官軍後，然後再轉攻其他地方。現在魏博軍還未與叛賊作戰，澤潞西面的官軍被險隘阻隔不能前進，所以叛賊能合併兵力南下。如果河陽退縮不前，不僅有損軍隊士氣，恐怕還使洛陽同時受到驚駭。希望詔令王宰改變進軍路線不前往磁州，趕快帶領忠武軍支援河陽，不只是捍衛東都，同時還可控制魏博。如果擔心全軍供應糧餉難以滿足，暫時要他調發先鋒五千人奔赴河陽，也足以擴大聲勢。」二十八日甲申，又奏請武宗敕令王宰帶領全軍繼續前進，仍然要趕快用器械綢帛援助河陽，解決他們的困乏。

武宗全都依從了。

王茂元駐紮在萬善，劉稹派遣牙將張巨、劉公直等會同薛茂卿共同進攻他，約定九月初一日圍攻萬善。八月二十九日乙酉，劉公直等暗地帶軍隊先越過萬善南五里，燒了雍店。張巨帶軍隊繼劉公直之後，繞過萬善，窺知城裡守備力量單薄，想獨自佔有攻城的功勞，就攻打萬善。到太陽偏西時，快要把城攻下來了，才派人告訴劉公直等人。當時義成軍剛剛開到，王茂元危急，想帶領軍隊放棄萬善城逃走。都虞候孟章攔馬諫阻說：「叛賊的軍隊自然有前有後，一半在雍店，一半在這裡，這是雜亂的隊伍而已。現在義成軍剛剛到，還沒有吃飯，聽說僕射你逃走了，那麼就自我潰散了。希望暫且勉為其難地留下來！」王茂元這才沒有逃走。恰好到了傍晚，劉公直等沒有到來。張巨帶兵撤退，開始登山時，下著小雨，天色昏暗，士兵自相驚擾說：「追兵很近了！」大家全都逃走，人馬互相踐踏，落到山崖下跌死的人很多。

武宗覺得王茂元、王宰兩個節度使都待在河陽地方不合適，九月初四日庚寅，李德裕等人上奏說：「王茂元熟習文職而不是將才，請任命王宰為河陽行營攻討使。茂元病好以後，只讓他鎮守河陽，病沒有好，免得有其他想法。」初五日辛卯，正式任命王宰兼任河陽行營攻討使。

何弘敬上奏攻取了肥鄉、平恩，殺傷很多敵人。得到劉稹張貼的告示，都稱官軍為賊，說是碰到了就應狠狠地殺戮。九月初七日癸巳，武宗對宰相說：「何弘敬已經攻下兩縣，以前的懷疑可以消除了。既然有殺傷，雖想保持兩面討好的觀望態度，已經不可能了。」於是加任何弘敬檢校左僕射。

九月二十日丙午，河陽上奏說王茂元去世。李德裕上奏說：「王宰只能讓他以忠武節度使的名義統率萬善的軍隊，不能讓他兼任河陽節度使，擔心他不愛護河陽州縣，恣意侵擾。另外，河陽節度使原先兼領懷州刺史，常常是用判官代理政事，分割河南五縣的租稅隸屬河陽。不如乘機將五縣設置孟州，懷州另設刺史。等到昭義平定時，還是分割澤州隸屬河陽節度使，那麼太行山之險不在昭義境內，而河陽就成了重要方鎮，東都不再擔憂了。」武宗採納這個意見。二十二日戊申，任命河南尹敬昕為河陽節度、懷孟觀察使，王宰率領行營兵馬抵抗敵人，敬昕只是供給糧餉而已。

九月二十四日庚戌，任命石雄替代李彥佐為晉絳行營節度使，命令他從冀氏奪取潞州，仍然要分出一支兵力屯駐翼城，防備敵人侵襲。

這個月，吐蕃論恐熱屯駐大夏川，尚婢婢派遣他的大將厖結心和莽羅薛呂率領精兵五萬人攻打論恐熱。到達河州南面，莽羅薛呂在險要的地方埋伏了四萬士兵，厖結心在柳林中埋伏了一萬人，派了一千名騎兵登上山頂，用飛箭繫著書信詈罵論恐熱。論恐熱大怒，帶領幾萬人追趕他們。厖結心假裝敗走，不時做出馬疲乏了不能前進的樣子。論恐熱追趕他們更加緊急，不知不覺走了數十里。埋伏的軍隊突然跑了出來，切斷了論恐熱的歸路，前後夾擊。又遇上大風飛沙，山谷河水氾濫，論恐熱大敗，死屍橫陳五十里，被淹死的不計其數，論恐熱單騎逃回去了。

石雄接替李彥佐為節度使的第二天，就帶兵越過烏嶺，攻破五個寨子，殺死和俘虜了上千人。當時王宰駐紮在萬善，劉沔屯駐在石會，都徘徊觀望沒有進軍。武宗收到石雄的報捷書信，非常高興。冬，十月初五日庚申，上朝時，對宰相說：「石雄真是良將！」李德裕接著說：「幾年前潞州街市上有一個男子弓著身子唱道：『石雄七千人到了！』劉從諫認為是妖言，把他殺了。攻下潞州的人一定是石雄。」詔令賜給石雄綢帛作為厚賞，石雄把綢帛都擺在軍門前，自己按照士卒的成規先拿了一匹，其餘的都分配給將士，所以士卒都願意為石雄出死力。

初，劉沔破回鶻，得太和公主。張仲武疾之，由是有隙。上使李回至幽州和解之，仲武意終不平。朝廷恐其以私憾❶敗事，辛未❷，徙沔為義成節度使，以前荊南節度使李石為河東節度使。

党項寇鹽州，以前武寧節度使李彥佐為朔方靈鹽節度使。十一月，邠寧奏党項入寇。李德裕奏：「党項愈熾❸，不可不為區處❹。聞党項分隸諸鎮❺，剽掠於此，則亡逃歸彼❻。節度使各利其駝馬❼，不為擒送，以此無由禁戢❽。臣屢奏不若使一鎮統之，陛下以為一鎮專領党項權太重。臣今請以皇子兼統諸道，擇中朝❾廉幹之臣為之副，居於夏州，理其辭訟❿，庶為得宜。」乃以兗王岐⓫為靈、夏等六道⓬元帥，兼安撫党項大使，又以御史中丞李回為安撫党項副使，史館修撰鄭亞⓭為元帥判官，今齎詔往安撫党項及六鎮百姓。

【章旨】以上為第十三段，寫李德裕安撫党項。

【注釋】❶私憾　私人之間的怨恨。❷辛未　十月十六日。❸熾　勢盛。❹區處　處置。❺分隸諸鎮　時綏、銀、靈、鹽、夏、邠、寧、延、麟、勝、慶等州皆有党項，分別隸屬於各藩鎮。❻剽掠於此二句　謂党項人在甲州劫掠後逃到乙州歸附，乙州節度貪其駝馬，不遞解遣送回甲州，這就是造成不能禁止剽掠的原因。❼駝馬　駱駝與馬匹。❽禁戢　指禁止抄掠。❾中朝　朝中。❿辭訟　訴訟。⓫兗王岐　兗王李岐，武宗子，會昌二年封。傳見《舊唐書》卷一百七十五、《新唐書》卷八十二。⓬六道　即鹽州、夏州、靈州、涇原、振武、邠寧。下文「六鎮」，即此六道。⓭鄭亞　字子佐，滎陽（今河南滎陽）人，官至桂管觀察使。大中二年（西元八四八年）坐李德裕事，貶循州刺史。傳附《舊唐書》卷一百七十八〈鄭畋傳〉。

【語譯】當初，劉沔打敗回鶻，得到了太和公主。張仲武忌妒劉沔，從此兩人產生了隔閡。武宗派李回到幽州調解他們之間的關係，張仲武心裡始終憤憤不平。朝廷怕他們由於私恨而敗壞國家大事，十月十六日辛未，調劉沔為義成節度使，任命前荊南節度使李石為河東節度使。

党項侵犯鹽州，任命前武寧節度使李彥佐為朔方靈鹽節度使。十一月，邠寧又上奏說党項入侵。李德裕上奏說：「党項為害愈來愈烈，不能不作處置。聽說党項分屬各鎮，在這裡搶掠以後，就逃到那裡去。節度使貪圖他們的駱駝、馬匹，不把他們捉拿押送，因此沒辦法禁止他們侵擾。臣多次上奏，不如讓一個鎮統管他們，陛下認為歸一鎮專領党項權力太大。臣現在請求由皇子兼理有党項的那幾個道，選擇朝廷中廉潔能幹的大臣為副手，居住在夏州，處理他們的訴訟，或許比較適宜。」於是任命兗王李岐為靈、夏等六道元帥，兼安撫党項大使，又任命御史中丞李回為安撫党項副使，史館修撰鄭亞為元帥判官，命令他們帶著詔書前往安撫党項和六鎮百姓。

安南經略使武渾役❶將士治城，將士作亂，燒城樓，劫府庫。渾奔廣州，監軍段士則撫安亂眾。

忠武軍素號精勇，王宰治軍嚴整，昭義人甚憚之。薛茂卿以科斗寨之功，意望超遷❷。或謂劉稹曰：「留後所求者節耳。茂卿太深入，多殺官軍，激怒朝廷，此節所以來益遲也。」由是無賞。茂卿慍懟❸，密與王宰通謀。十二月丁巳❹，宰引兵攻天井關，茂卿小戰，遽引兵走，宰遂克天井關守之。關東西寨聞茂卿不守，皆退走，宰遂焚大小箕村❺。茂卿入澤州，密使諜召宰進攻澤州，當為內應。宰疑，不敢進，失期不至，茂卿拊膺❻頓足而已。稹知之，誘茂卿至潞州，殺之，并其族❼。以兵馬使劉公直代茂卿，安全慶守烏嶺，李佐堯守彫黃嶺❽，郭僚守石會，康良佺守武鄉❾。僚，誼之姪也。

戊辰⑩，王宰進攻澤州，與劉公直戰，不利，公直乘勝復天井關。甲戌⑪，宰進擊公直，大破之，遂圍陵川⑫，克之。河東奏克石會關。

【章　旨】以上為第十四段，寫王宰進兵遲緩，錯失一舉下澤州的良機。

【注　釋】❶役　驅使。❷超遷　超升；破格提升。❸慍懟　惱怒怨恨。❹丁巳　十二月三日。❺大小箕村　地名，在天井關西北。❻拊膺　拍胸。❼并其族　連其族人一併殺戮。❽彫黃嶺　山名，在今山西長子西。❾武鄉　縣名，縣治在今山西武鄉南。❿戊辰　十二月十四日。⓫甲戌　十二月二十日。⓬陵川　縣名，縣治在今山西陵川縣。

【語　譯】安南經略使武渾差遣將士修繕城池，將士作亂，焚燒城樓，搶劫府庫。武渾逃往廣州，監軍段士則撫慰安定了作亂的士眾。

忠武軍向來號稱精勇，王宰治軍嚴整，昭義人很懼怕他們。薛茂卿因為攻打科斗寨之功，希望越級提拔。有人對劉稹說：「留後所追求的是旌節而已。薛茂卿太深入對方陣地，殺死了很多官兵，激怒了朝廷，這就是節度使旌節遲遲沒有送來的原因。」因此，薛茂卿沒有獎賞。薛茂卿很氣憤怨恨，就祕密與王宰聯絡謀劃。十二月初三日丁巳，王宰帶兵攻打天井關，薛茂卿略作交戰，就匆忙帶兵逃走了。王宰於是攻下天井關駐守在那裡。關東關西的營寨聽說薛茂卿沒有守住天井關，全都退走，王宰於是焚燒了大小箕村。薛茂卿回到澤州，祕密派間諜叫王宰進攻澤州，他願為內應。王宰有懷疑，不敢進攻，過了約定時間沒有到來，薛茂卿捶胸頓足而已。劉稹知道了這回事，誘騙薛茂卿到潞州，將他殺了，連同他的族人一併處死。命令兵馬使劉公直接替薛茂卿的職務，派安全慶守衛烏嶺，李佐堯守衛彫黃嶺，郭僚守衛石會，康良佺守衛武鄉。郭僚，是郭誼的姪子。

十二月十四日戊辰，王宰進攻澤州，與劉公直交戰，被打敗了，劉公直乘勝收復了天井關。二十日甲戌，王宰進兵攻打劉公直，把他打得大敗，於是包圍陵川，把它攻了下來。河東鎮上奏說攻下了石會關。

洛州刺史李恬，石之從兄也。石至太原，劉稹遣軍將賈羣詣石，以恬書與石云：「稹願舉族歸命❶相公，奉從諫喪歸葬東都。」石囚羣，以其書聞。李德裕上言：「今官軍四合，捷書日至，賊勢窮蹙❷，故偽輸誠款❸，冀以緩師，稍得自完，復來侵軼。望詔石答恬書云：『前書未敢聞奏。若郎君誠能悔過，舉族面縛❹，待罪境上，則石當親往受降，護送歸闕。若虛為誠款，先求解兵，次望洗雪，則石必不敢以百口❺保人。』仍望詔諸道，乘其上下離心，速進兵攻討，不過旬朔❻，必內自生變。」上從之。右拾遺崔碣❼上疏請受其降，上怒，貶碣鄧城❽令。

初，劉沔破回鶻，留兵三千戍橫水柵❾。河東行營都知兵馬使王逢奏乞益榆社兵❿，詔河東以兵二千赴之。時河東無兵，守倉庫者及工匠皆出從軍。李石召橫水戍卒千五百人，使都將楊弁將之詣逢。壬午⓫，戍卒至太原⓬。先是，軍士出征，人給絹二匹。劉沔之去，竭府庫自隨，石初至，軍用乏，以己絹益之，人纔得一匹。時已歲盡，軍士求過正旦⓭而行，監軍呂義忠累牒趣之⓮。楊弁因眾心之怒，又知城中空虛，遂作亂。

【章旨】以上為第十五段，寫朝廷不接受劉稹歸降。太原府發生河東兵變。

【注釋】❶歸命　歸順。❷窮蹙　窘迫。❸誠款　忠誠。❹舉族面縛　全族背縛出降。面縛，即背縛，兩手反綁於背而面向前，表示投降。❺百口　謂全家或全族。❻旬朔　十天或一月。❼崔碣　字東標，博陵安平（今河北安平）人，官至陝虢觀察使，後貶懷州司馬。傳見《新唐書》卷一百二十。❽鄧城　縣名，縣治在今湖北襄樊西北。❾橫水柵　柵名，在今內蒙古杭錦旗西北。❿乞益榆社兵　當時王逢以河東兵屯駐榆社。本年五月劉沔留河東步兵一千五百人駐屯榆社，兵少，故王逢請求增加兵員。⓫壬午　十二月二十八日。⓬戍卒至太原　從橫水柵赴榆社途中須經太原。⓭正旦　正月初一日。⓮累牒趣之　多次行文催促啟程。

【語譯】洛州刺史李恬，是李石的堂兄。李石到太原任節度使，劉稹派軍將賈羣前往李石那裡，把李恬的書信交給李石說：「我劉稹願意帶領全家歸順相公，奉送劉從諫靈柩歸葬東都。」李石囚禁賈羣，把劉稹的書信上報朝廷。李德裕進言：「現在官軍四面合圍，報捷的書信每天到來，叛賊的情勢窘迫。所以假裝誠心歸降，希望延緩官軍的進攻，逐漸得以休整，再來侵犯。希望詔令李石回答李恬的書信說：『前次書信未敢向朝廷奏報。要是郎君真正能夠悔過，全家反捆著雙手，在邊境等待治罪，那麼李石當親自前去接受投降，護送你們回到京城。要是虛作忠誠，先要求撤軍，再希望洗雪罪惡，那麼李石一定不敢拿全家百口來為別人作擔保。』仍然希望詔令各道，乘劉稹上下離心，急速進兵討伐，不超過十天個把月，他們內部一定自生變亂。」武宗聽從了。右拾遺崔碣上疏請求接受劉稹投降，武宗大怒，把崔碣貶為鄧城令。

當初，劉沔打敗回鶻，留下三千人戍守橫水柵。河東行營都知兵馬使王逢上奏請求增加榆社的兵員，詔令河東派二千人前往榆社。當時河東鎮沒有兵員，守倉庫的人和工匠都被派去當兵。李石徵調橫水柵的戍卒一千五百人，派都將楊弁帶領他們前往王逢那裡。十二月二十八日壬午，徵調的戍卒到達太原。此前，軍士出征，每人給絹二匹。劉沔離開太原時，把府庫中的財物全部帶走了，李石剛到任，軍用物資困乏，拿出自己的絹帛增加數額，軍士們每人才分得一匹。當時已是歲末，軍士們要求過了農曆正月初一日出發，監軍呂義忠多次行文催促他們啟程。楊弁乘軍士們心中惱怒，又知道城中兵力空虛，就發動了叛亂。

四年(甲子 西元八四四年)

春,正月乙酉朔❶,楊弁帥其眾剽掠[1]城市,殺都頭❷梁季叶,李石奔汾州。弁據軍府,釋賈群之囚,使其姪與之俱詣劉稹,約為兄弟,稹大喜。石會關守將楊珍聞太原亂,復以關降於稹❸。

戊子❹,呂義忠遣使言狀,朝議喧然。或言兩地皆應罷兵❺,王宰又上言:「遊弈將❻得劉稹表,臣近遣人至澤潞,賊有意歸附。若許招納,乞降詔命。」李德裕上言:「宰擅受稹表,遣人入賊中,曾不聞奏,觀宰意似欲擅招撫之功。昔韓信破田榮❼,李靖擒頡利❽,皆因其請降,潛兵掩襲❾。止可令王宰失信,豈得損朝廷威命!建立奇功,實在今日,必不可以太原小擾,失此事機。望即遣供奉官至行營,督其進兵,掩其無備。必須劉稹與諸將皆舉族面縛,方可受納。兼遣供奉官至晉絳行營,密諭石雄以王宰若納劉稹,則雄無功可紀❿。雄於垂成⓫之際,須自取奇功,勿失此便。」又為相府與宰書,言:「昔王承宗雖逆命,猶遣弟承恭奉表詣張相⓬祈哀⓭,又遣其子知感、知信入朝,憲宗猶未之許。今劉稹不詣尚書面縛,又不遣血屬⓮祈哀,置章表於衢路⓯之間,遊弈將不即毀除,實恐非是。況稹與楊弁通姦⓰,逆狀如此,而將帥大臣容受其詐,是私惠歸於臣下，不赦在於朝廷，事體之間，交[17]恐不可。自今更有章表，宜即所在焚之。惟面縛而來，始可容受。」德裕又上言：「太原人心從來忠順，止是貧虛，賞犒不足。況千五百人何能為事！必不可姑息寬縱。且用兵未罷，深慮所在動心。頃張延賞為張朏所逐[18]，逃奔漢州[19]，還入成都。望詔李石、義忠還赴太原行營，召旁近之兵討除亂者。」上皆從之。

是時，李石已至晉州，詔復還太原。辛卯[20]，詔王逢悉留太原兵守榆社，以易定千騎、宣武兗海步兵三千[2]討楊弁。又詔王元逵以步騎五千自土門[21]入，應接逢軍。忻州刺史李丕奏：「楊弁遣人來為遊說，臣已斬之，兼斷其北出之路[22]，發兵討之。」

辛丑[23]，上與宰相議太原事，李德裕曰：「今太原兵皆在外，為亂者止千餘人，諸州鎮必無應者，計不日誅翦。惟應速詔王逢進軍，至城下，必自有變。」上曰：「仲武見鎮、魏討澤潞有功，必有慕羨之心，使之討太原何如？」德裕對曰：「鎮州趣太原路最便近[24]。仲武去年討回鶻，與太原爭功，恐其不戢[25]士卒，平人[26]受害。」乃止。

上遣中使馬元實至太原，曉諭亂兵，且覘其彊弱。楊弁與之酣飲三日，且賂之。戊申㉗，元實自太原還，上遣詣宰相議之。元實於眾中大言：「相公須早與之節！」李德裕曰：「何故？」元實曰：「自牙門至柳子列㉘十五里曳地光明甲㉙，若之何取之？」德裕曰：「李相㉚正以太原無兵，故發橫水兵赴榆社，庫中之甲盡在行營，弁何能遽致如此之眾乎？」元實曰：「太原人勁悍，皆可為兵，弁召募所致耳。」德裕曰：「召募須有貨財，李相止以欠軍士絹一匹，無從可得，故致此亂，弁何從得之？」元實辭屈。德裕曰：「從其有十五里光明甲，必須殺此賊！」因奏稱：「楊弁微賊㉛，決不可恕。如國力不及，寧捨劉稹。」河東兵戍榆社者聞朝廷令客軍取太原，恐妻孥為所屠滅，乃擁監軍呂義忠自取太原。壬子㉜，克之，生擒楊弁，盡誅亂卒。

【章旨】以上為第十六段，寫朝廷平定太原兵變。

【注釋】❶乙酉朔　正月初一日。❷都頭　武官名，此為都知兵馬使之省稱。唐末田令孜募神策新軍為五十四都，每都領軍稱都頭。❸復以關降於稹　石會關在太原與潞州之間，楊弁作亂，派人與劉稹聯合，石會關就孤立無援，難以固守，故又投降於劉稹。❹戊子　正月初四日。❺兩地皆應罷兵　即不攻討劉稹和平定楊弁之亂。兩地，指潞州和太原。❻遊弈將　官名，掌巡邏偵察。❼韓信破田榮　指楚漢相爭時，漢將韓信破齊事。田榮，當作「田橫」。事見本書卷十漢高祖四年。❽李靖擒頡利　頡利，即突厥頡利可汗，唐高祖、太宗時常犯邊境。貞觀四年（西元六三〇年）被李靖打敗，俘至京師。事見本書卷一百九十三太宗貞觀四年。❾掩襲　乘其不備而襲擊。❿紀　同「記」。⓫垂成　即將成功。⓬張相　指張弘靖，時為檢校吏部尚書、同平章事、河東節度使。其受降王承宗事，見本書卷二百四十憲宗元和十三年。⓭祈哀　祈請哀憐，即請求寬赦。⑭血屬　有血緣關係的親屬。⑮衢路　大路。⑯通姦　勾結為奸。⑰交　《廣雅・釋詁四》：「交，定也。」⑱張延賞為張朏所逐　事見本書卷二百二十九唐德宗建中四年。張延賞時為劍南西川節度使，張朏為劍南西川兵馬使。⑲漢州　州名，治所雒縣，在今四川廣漢。⑳辛卯　正月初七日。㉑土門　地名，即井陘口，在今河北獲鹿西南。㉒斷其北出之路　忻州在太原之北，楊弁經忻州北出，則可煽動羌、吐谷渾、回鶻等與之叛亂，故斷其路。㉓辛丑　正月十七日。㉔路最便近　鎮州至太原四百三十里。時張仲武為盧龍節度使，駐節幽州。唐武宗之意，使仲武出兵經鎮州趨太原。㉕戢　整頓；約束。㉖平人　平民。㉗戊申　正月二十四日。㉘柳子列　地名，因其地植柳樹而名。當在太原附近。㉙曳地光明甲　鎧甲光亮拖地。㉚李相　即李石。李石曾為唐文宗朝宰相，故稱。㉛微賊　楊弁起於卒伍，故稱。㉜壬子　正月二十八日。

【校　記】①掠　原作「剠」。據章鈺校，十二行本、乙十一行本、孔天胤本皆作「掠」，今從眾本。按，二字同，《通鑑》胡刻本亦多作「掠」。②三千　據章鈺校，十二行本作「二千」。

【語　譯】四年（甲子　西元八四四年）

春，正月初一日乙酉，楊弁帶領他的部眾搶劫城市，殺死都頭梁季叶，李石逃往汾州，楊弁佔據節度使府，釋放了被囚禁的賈羣，叫姪兒陪同賈羣一起前往劉稹那裡，和劉稹結為兄弟，劉稹大為高興。石會關守將楊珍聽說太原叛亂，又獻上石會關投降劉稹。

正月初四日戊子，呂義忠派遣使者報告情況，朝廷中議論紛紛。有的人說太原、澤潞兩地都應當罷兵，王宰又進言：「遊弈將得到劉稹的表章，臣近日派人到了澤潞鎮，叛賊有意歸附朝廷。要是允許招降接納，請求下達詔命。」李德裕上奏說：「王宰擅自接受劉稹的表章，派人到叛賊中去，竟然不報告朝廷，觀察王宰的用意，似乎是想獨佔招撫叛賊的功勞。從前韓信打敗齊王田榮，李靖擒獲頡利可汗，都是趁他們請降的時機，暗中派兵掩襲。只能使王宰失信於劉稹，怎麼能損壞朝廷威嚴的詔命！建立奇功，確在今日，一定不要因為太原的小動亂，失去了這個好機會。希望立即派供奉官到王宰行營，督促他進兵，乘劉稹無備突然襲擊。必須讓劉稹和他的將領們都帶領全族人一起反綁著手前來投降，才能接受他們。同時派遣供奉官到晉絳行營，祕密告諭石雄，王宰如果接納劉稹投降，那麼石雄就沒有功勞可記。石雄在將要成功之際，需要自己建立奇功，不要失去這個好機會。」李德裕又用宰相府的名義給王宰寫信，說：「從前王承宗雖然違抗詔命，還派遣他的弟弟王承恭奉表前往張相那裡祈求哀憐，又派遣他的兒子王知感、王知信入朝，憲宗仍然沒有答應不討伐他。現在劉稹不反綁著手去見尚書，又不派遣血緣親屬到朝廷祈求哀憐，把表示願歸附的表章放在大路上，遊弈將不立即銷毀，實在是錯誤的。何況劉稹與楊弁勾結為奸，這樣背逆朝廷，而將相大臣還容忍他這種欺詐，這樣是臣下得到劉稹私人恩惠，而朝廷卻蒙受了不赦罪的惡名，事情處理當中，怕是一定不可以的。從今以後再有劉稹表章，應立即當場燒掉。只有面縛前來，才能接受投降。」李德裕又進言：「太原的人心從來忠順朝廷，只是因為貧困，賞賜不夠才引起變亂。況且一千五百人能做出什麼來！一定不要姑息放縱他們。況且目前戰事沒有停止，很擔心各地人心動搖。不久前張延賞被張朏驅逐，逃跑到漢州，不久回到了成都。希望詔令李石、呂義忠還是回到太原行營，叫附近的軍隊討平作亂的人。」武宗都聽從了。

這時，李石已經到達晉州，詔令他再返回太原。正月初七日辛卯，詔令王逢把太原的部隊都留下來守衛榆社，用易定的一千名騎兵和宣武、兗海的三千名步兵討伐楊弁。又詔令王元逵用步兵騎兵五千人從土門關進入河東，接應王逢的軍隊。忻州刺史李丕上奏說：「楊弁派人來替他遊說，臣已把來使殺了，同時切斷了楊弁北出之路，並發兵討伐他。」

正月十七日辛丑，武宗與宰相商議太原叛亂一事，李德裕說：「現在太原的軍隊都在外地，作亂的人只有一千多人，各州鎮一定沒有響應的人，估計沒有幾天就可消滅。只是應迅速詔令王逢進軍，部隊抵達潞州城下時，劉稹內部必定會發生變亂。」武宗說：「張仲武看到鎮州、魏博討伐澤潞有功，一定會有羨慕的想法，派遣他討伐太原行不行？」李德裕回答說：「鎮州到太原去的路線最近最方便。張仲武去年討伐回鶻，與太原爭功，擔心他不能約束士卒，使太原的平民受到傷害。」於是調張仲武的事就作罷了。

武宗派遣中使馬元實到太原去，曉諭亂兵，並且察看亂兵的強弱。楊弁和馬元實暢飲了三天，並且送給他財物。正月二十四日戊申，馬元實從太原返回朝廷，武宗派他到宰相那裡商議太原事件。馬元實在眾人中大聲說：「相公們應當快一點送給楊弁符節！」李德裕說：「為什麼？」馬元實說：「從牙門到柳子列這十五里路上，都是光亮拖地的鎧甲士兵，有什麼辦法可以打敗他？」李德裕說：「李石宰相正是由於太原無兵，所以抽調橫水柵兵前往榆社，兵庫中的盔甲都在行營中，楊弁怎麼能很快得到這樣多的甲士？」馬元實說：「太原人強勁剽悍，都可以當兵，楊弁召募得來的吧。」李德裕說：「召募兵員需要有錢財，李石宰相只是因為欠軍士一匹絹，沒有辦法取得，所以導致這場亂子，楊弁從什麼地方得到大批財物？」馬元實無話可說了。李德裕說：「從他擁有十五里光明甲這一點，就必須殺掉這個叛賊！」接著上奏說：「楊弁這個微賤的叛賊，絕不可饒恕。如果國家力量達不到，寧可放棄征討劉稹。」戍守榆社的河東鎮士兵聽說朝廷命令其他地方鎮兵去奪取太原，擔心妻室兒女被他們屠殺，於是擁戴監軍呂義忠去奪回太原。二十八日壬子，攻下太原，活捉了楊弁，全部殺死了叛亂的士卒。

二月甲寅朔❶，日有食之。

乙卯❷，呂義忠奏克太原。丙辰❸，李德裕言於上曰：「王宰久應取澤州，今已遷延兩月。蓋宰與石雄素不相[1]叶❹，今得澤州，距上黨猶二百里，而石雄所屯距上黨纔百五十里。宰恐攻澤州綴❺昭義大軍，而雄得乘虛入上黨獨有其功耳。又宰生子晏實，其父智興愛而子之。晏實今為磁州刺史，為劉稹所質❻。宰之顧望不敢進，或為此也。」上命德裕草詔賜宰，督其進兵。且曰：「朕顧茲小寇，終不貸❼刑。亦知晏實是卿愛弟❽，將申大義，在抑私懷❾。」

丁巳❿，以李石為太子少傅、分司，以河中節度使崔元式⓫為河東節度使，石雄為河中節度使。元式，元略之弟也。

己未⑫，石雄拔良馬⑬等三寨一堡。

辛酉⑭，太原獻楊弁及其黨五十四人，皆斬於狗脊嶺⑮。

壬申⑯，李德裕言於上曰：「事固有激發而成功者，陛下命王宰趣磁州，而何弘敬出師；遣客軍討太原，而戍兵先取楊弁。今王宰久不進軍，請徙劉沔鎮河陽，仍令以義成精兵二千直抵萬善，處宰肘腋之下。若宰識朝廷此意，必不敢淹留⑰；若宰進軍，沔以重兵在南，聲勢亦壯。」上曰：「善！」戊寅⑱，以義成節度使劉沔為河陽節度使。

王逢擊昭義將康良佺，敗之。良佺棄石會關，退屯鼓腰嶺⑲。

黠戛斯遣將軍諦德伊斯難珠等入貢，言欲徙居回鶻牙帳，請發兵之期，集會之地。上賜詔，諭以「今秋可汗擊回鶻、黑車子之時，當令幽州、太原、振武、天德四鎮出兵要路⑳，邀其亡逸，便申冊命，並依回鶻故事。」

朝廷以回鶻衰微，吐蕃內亂，議復河、湟四鎮㉑十八州㉒。乃以給事中劉濛㉓為巡邊使㉔，使之先備器械糗糧㉕及詗吐蕃守兵眾寡；又令天德、振武、河東訓卒礪兵㉖，以俟今秋黠戛斯擊回鶻，邀其潰敗之眾南來者。皆委濛與節度團練使詳議以聞。濛，晏之孫也。

以道士趙歸真為右街道門教授先生。

吐蕃論恐熱之將岌藏豐贊惡恐熱殘忍，降於尚婢婢。恐熱發兵擊婢婢於鄯州，婢婢分兵為五道拒之。恐熱退保東谷㉗，婢婢為木柵圍之，絕其水原㉘。恐熱將百餘騎突圍走保薄寒山，餘眾皆降於婢婢。

夏，四月，王宰進攻澤州。

【章旨】以上為第十七段，寫在朝廷敦促下，王宰、石雄兩軍進逼劉稹。吐蕃論恐熱全軍敗沒。

【注釋】❶甲寅朔　二月初一日。❷乙卯　二月初二日。❸丙辰　二月初三日。❹不相叶　王宰父智興忌石雄得軍心，奏其動搖軍情，流白州。事見本書卷二百四十四唐文宗太和三年。故此王宰與石雄不相協。叶，同「協」。❺綴　牽制。❻質　作為人質。❼貸　寬免。❽晏實是卿愛弟　王智興有九子，其中晏平、宰二子最知名。宰有子晏實，王智興自己撫養，視為己子，所取名有「晏」字，與諸父齒。所以這裡有「晏實是卿愛弟」之語。❾私懷　私情。❿丁巳　二月初四日。⓫崔元式　崔鉉叔父，武宗朝歷官河東、義成節度使，宣宗朝宰相。傳見《舊唐書》卷一百六十三、《新唐書》卷一百六十。⓬己未　二月初六日。⓭良馬　寨名，位潞州西，在今山西長子西北。⓮辛酉　二月初八日。⓯狗脊嶺　地名。胡注：「按宋白《續通典》，狗脊嶺在京城東市。」⓰壬申　二月十九日。⓱淹留　滯留。⓲戊寅　二月二十五日。⓳鼓腰嶺　地名，位於石會關之南，在今山西武鄉西北。⓴要路　主要通道。㉑河湟四鎮　河西、隴右、涼州、沙州。㉒十八州　秦、原、河、渭、蘭、鄯、階、成、洮、岷、臨、廓、疊、宕、甘、涼、瓜、沙。㉓劉濛　官至大理卿。傳見《新唐書》卷一百四十九。㉔巡邊使　官名，朝廷所派巡視邊防事務的專使。㉕糗糧　乾糧。㉖訓卒礪兵　訓練士卒，整治武器。㉗東谷　地名，在今甘肅和政北。㉘原　同「源」。

【校 記】①相 據章鈺校，十二行本、乙十一行本皆無此字。

【語 譯】二月初一日甲寅，發生日蝕。

二月初二日乙卯，呂義忠上奏攻下了太原。初三日丙辰，李德裕對武宗說：「王宰早就應該攻取澤州，現在已經拖延了兩個月。大概是由於王宰與石雄向來不相協調，現在取得澤州，距離上黨還有二百里路，而石雄所駐紮的地方距離上黨才一百五十里。王宰擔心攻打澤州時昭義大軍被牽制，而石雄得以乘著潞州兵力空虛攻入上黨，獨有戰功。另外王宰的親生兒子王晏實，因王智興喜愛而作為兒子養著。王晏實今任磁州刺史，被劉稹扣為人質。王宰觀望而不敢進軍，或許是由於這些原因。」武宗命李德裕起草詔書給王宰，督促他進兵。並且說：「朕對劉稹這個小賊寇，終究不會寬恕他。也知道晏實是你的愛弟，應當申明國家大義，把私情放在一邊。」

二月初四日丁巳，任命李石為太子少傅、分司東都，任命河中節度使崔元式為河東節度使，石雄為河中節度使。崔元式，是崔元略的弟弟。

二月初六日己未，石雄攻下了良馬寨等三個寨子、一個敵堡。

二月初八日辛酉，太原獻上楊弁和他的同黨五十四人，都在狗脊嶺斬首。

二月十九日壬申，李德裕對武宗說：「事情本有利用激勵而獲得成功的，陛下命令王宰開赴磁州，而何弘敬出兵對敵；派遣客軍討伐太原，而河東戍兵先擒獲了楊弁。現在王宰久不進軍，請把劉沔調走擔任河陽節度使，還命令他帶領義成軍的精兵二千人直抵萬善，處於王宰的肘腋之下。如果王宰意識到了朝廷這樣做的用意，一定不敢再滯留；如果王宰進軍的話，劉沔有重兵駐紮在南面，聲勢也更壯大。」武宗說：「很好！」

二十五日戊寅，任命義成軍節度使劉沔為河陽節度使。

王逢進攻昭義軍將領康良佺，打敗了他。康良佺放棄了石會關，撤退屯駐鼓腰嶺。

黠戛斯派遣將軍諦德伊斯難珠等向朝廷進貢，說是想遷居到回鶻國可汗的牙帳去，請定出兵的日期，會集的地點。武宗賜給黠戛斯詔書，告訴他：「今年秋天可汗進攻回鶻、黑車子時，朝廷會命令幽州、太原、振武、天德四鎮出兵駐守在交通要道上，攔擊回鶻逃亡的人員，同時按照過去冊命回鶻的舊例，正式舉行冊命可汗的典禮。」

朝廷因回鶻已經衰敗，吐蕃又發生了內亂，於是商議收復河、湟地區四鎮十八州。於是任命給事中劉濛為巡邊使，讓他預先準備器械乾糧並且偵察吐蕃守兵多少；又命令天德、振武、河東等鎮訓練士卒，磨礪兵器，以等待秋天黠戛斯進攻回鶻時，攔擊向南逃竄的回鶻潰敗人員。這些事都委派劉濛和節度團練使詳細討論後報告朝廷。劉濛，是劉晏的孫子。

任命道士趙歸真為右街道門教授先生。

吐蕃論恐熱的將領岌藏豐贊憎恨論恐熱殘忍，投降了尚婢婢。論恐熱發兵在鄯州進攻尚婢婢，尚婢婢分兵為五路抵抗論恐熱。論恐熱退守東谷，尚婢婢用木柵包圍了他，切斷了他的水源。論恐熱帶領一百多名騎兵突圍逃走，駐守薄寒山，其餘的部眾都投降了尚婢婢。

夏，四月，王宰進攻澤州。

上好神仙，道士趙歸真得幸，諫官屢以為言。丙子❶，李德裕亦諫曰：「歸真，敬宗朝罪人❷，不宜親近。」上曰：「朕宮中無事時，與之談道滌煩❸耳。至於政事，朕必問卿等與次對官，雖百歸真不能惑也。」德裕曰：「小人見勢利所在，則奔趣之，如夜蛾之投燭。聞旬日以來，歸真之門，車馬輻湊，願陛下深戒之。」

戊寅❹，以左僕射王起同平章事，充山南西道節度使。起以文臣未嘗執政，直除使相❺，前無此比，固辭。上曰：「宰相無內外之異，朕有闕失，卿飛表❻以聞。」

李德裕以州縣佐官太冗❼，奏令吏部郎中柳仲郢❽裁減。六月，仲郢奏減一千二百一十四員。仲郢，公綽之子也。

宦官有發仇士良宿惡，於其家得兵仗❾數千。詔削其官爵，籍沒家貲。

秋，七月辛卯❿，上與李德裕議以王逢將兵屯翼城。上曰：「聞逢用法太嚴，有諸？」對曰：「臣亦嘗以此詰之，逢言：『前有白刃，法不嚴，其誰肯進！』」上曰：「言亦有理，卿更召而戒之。」德裕因言劉稹不可赦。上曰：「固然。」德裕曰：「昔李懷光未平，京師蝗旱，米斗千錢，太倉米供天子及六宮無數旬之儲。德宗集百官，遣中使馬欽緒詢之。左散騎常侍李泌⓫取桐葉搏破⓬，以授欽緒獻之。德宗召問其故，對曰：『陛下與懷光君臣之分，如此葉不可復合矣！』由是德宗意定。既破懷光，遂用為相⓭，獨任數年。」上曰：「亦大是奇士。」

上聞揚州⓮倡女善為酒令，敕淮南監軍選十七人獻之。監軍請節度使杜悰同選，且欲更擇良家美女，教而獻之。悰曰：「監軍自受敕，悰不敢預聞！」監軍再三請之，不從。監軍怒，具表其狀。上覽表默然。左右請并敕節度使同選。上曰：「敕藩方選倡女入宮，豈聖天子所為！杜悰不徇⑮監軍意，得大臣體⑯，真宰相才也。朕甚愧之！」遽敕監軍勿復選。甲辰⑰，以悰同平章事，兼度支、鹽鐵轉運使。及悰中謝⑱，上勞之曰：「卿不從監軍之言，朕知卿有致君⑲之心。今相卿，如得一魏徵矣！」

【章　旨】以上為第十八段，寫唐武宗好神仙，敕淮南監軍選美，但能聽諫而節制。仇士良被削奪官職，家資被籍沒。

【注　釋】❶丙子　四月二十三日。❷敬宗朝罪人　唐敬宗寶曆二年（西元八二六年）趙歸真被流放嶺南。❸滌煩　消除煩惱。❹戊寅　四月二十五日。❺直除使相　從文臣直接被任命為節度使、同平章事。❻飛表　急報章表。❼宂　同「冗」。❽柳仲郢　字諭蒙，京兆華原（今陝西耀州）人，歷官京兆尹、河南尹，劍南東川、山南西道、天平軍等節度使。傳見《舊唐書》卷一百六十五、《新唐書》卷一百六十三。❾兵仗　兵器。❿辛卯　七月初十日。⓫李泌　（西元七二二—七八九年）字長源，京兆（今陝西西安）人，歷仕肅宗、代宗、德宗三朝，官至宰相。傳見《舊唐書》卷一百三十、《新唐書》卷一百三十九。⓬摶破　揉破。⓭遂用為相　貞元三年（西元八七八年）李泌為相，貞元九年卒於官。⓮揚州　州名，治所江都，在今江蘇揚州。⓯徇　曲從。⓰體　體統；身分。⓱甲辰　七月二十三日。⓲中謝　官員接受任命後，入朝謝恩。⓳致君　謂效忠於君。

【語　譯】武宗喜好神仙方術，道士趙歸真得到寵愛，諫官多次就此事向武宗進言。四月二十三日丙子，李德裕也勸諫說：「趙歸真，是敬宗朝犯了罪的人，不應當親近他。」武宗說：「朕在宮中無事時，和他談論道術以消除煩惱而已。至於政事，朕必定詢問你們這些人和次對官，哪怕是一百個趙歸真，也不能迷惑我。」

李德裕說：「小人們看到有權勢有利益的地方，就會奔向它，好像夜晚飛蛾撲向燭火一樣。聽說幾天以來，趙歸真家門前，車馬聚集，希望陛下深深警惕。」

四月二十五日戊寅，任命左僕射王起同平章事，充任山南西道節度使。王起認為自己是文職官員未曾執政，直接任命為節度使、同平章事，以前沒有這種例子，堅決推辭。武宗說：「宰相無內外之別，朕有過失，卿飛速上表奏聞。」

李德裕認為州縣佐貳官太多太濫，奏請令吏部郎中柳仲郢裁減。六月，柳仲郢奏報減去一千二百一十四員。柳仲郢，是柳公綽的兒子。

宦官中有人揭發仇士良過去的罪惡，在他的家裡得到兵器數千件。下詔削去他的官爵，沒收他的家財。

秋，七月初十日辛卯，武宗和李德裕商議派王逢領兵屯駐翼城。武宗說：「聽說王逢執行法令太嚴厲，有這回事嗎？」李德裕回答說：「臣也曾就這個問題詢問過王逢，王逢說：『前面有寒光閃閃的刀刃，法令不嚴厲，誰願意向前衝鋒！』」武宗說：「話說得也有道理，卿在召見他時也告誡一下。」李德裕接著講到劉積不能赦免。武宗說：「本來是這樣。」李德裕說：「從前李懷光沒有平定，京師發生蝗災和旱災，一斗米一千錢，太倉的米糧連供應天子和六宮幾十天的儲備都沒有。德宗召集百官，派遣中使馬欽緒詢問他們對討伐李懷光的意見。左散騎常侍李泌拿來一片桐葉把它揉破，交給馬欽緒叫他獻給皇上。德宗召李泌來詢問其用意，李泌回答說：『陛下與李懷光之間的君臣名分，就像這片葉子一樣，不能再合攏在一起了！』從此德宗討伐李懷光的主意才堅定下來。平定李懷光以後，就用李泌為宰相，獨自主持朝政數年。」武宗說：「也真是奇才。」

武宗聽說揚州地方的歌舞女擅長酒令，就敕令淮南監軍挑選十七個人送到宮中來。監軍請節度使杜悰一同挑選，並且想另外選擇良家美女，教會她們酒令以後獻給武宗。杜悰說：「監軍自己接受了敕令，杜悰不敢參與此事！」監軍再三請求他，他不聽從。監軍大怒，上表報告朝廷。武宗看到奏表沉默不語。身邊的人請求武宗敕令節度使也參加挑選。武宗說：「敕令藩鎮大臣挑選歌舞女入宮，難道是聖明天子做的事！杜悰不曲從監軍的意見，符合大臣的身分，真正是具有做宰相的才能。朕非常慚愧！」立即命令監軍不要挑選歌舞女了。七月二十三日甲辰，任命杜悰同平章事，兼度支、鹽鐵轉運使。到杜悰入朝謝恩的時候，武宗慰勞他說：「卿沒有聽從監軍的話，朕知道卿有效忠君主之心。現在任命卿為宰相，猶如得到一個魏徵了！」

【研　析】本卷研析李德裕禦邊、悉怛謀事件的是非、朝廷用兵澤潞等三件史事。

李德裕禦邊。唐朝後期，國力衰竭，對內用兵藩鎮，如果唐與周邊民族不睦，勢將捲入兩線作戰，唐國力將不堪負重。當時周邊民族衰弱，不願與唐朝作戰。李德裕為相，專力平藩鎮，主張與周邊民族結和，嚴厲制止邊將興事邀功。但是該出手時就出手，對侵犯唐疆的敵人堅決打擊，絕不手軟。李德裕的剿撫並用策略收到了功效。邊境安寧，為李德裕用兵澤潞奠定了基礎。

北方回鶻，被西鄰黠戛斯打敗，諸部逃散。西元八四〇年，回鶻一部分貴族嗢沒斯等部到天德軍請求內附。天德軍駐節天德城，在中受降城西北三十里，在今內蒙古包頭西黃河北岸。天德軍使田牟請求出擊。當時武宗初立，李德裕為相，力排眾議，堅請武宗約束田牟，不許邀功生事。會昌二年（西元八四二年），嗢沒斯等入朝。回鶻烏介可汗率所部侵擾天德、振武兩軍邊塞。第二年，會昌三年，唐軍大破烏介可汗，烏介逃走。李德裕約束邊將邀功，設計分化敵軍，部署既定，對頑敵一戰成功。

回鶻西邊的黠戛斯，打敗回鶻，也在會昌三年，送太和公主還唐，求冊封。太和公主，憲宗第十七女，下嫁回鶻崇德可汗。回鶻亂，為黠戛斯所得，遣使送回唐朝以示好。黠戛斯要求唐朝冊封可汗，武宗初不同意，並想向黠戛斯討回安西、北庭。李德裕上奏，指出當時唐朝國力，無力戍守安西、北庭兩都護府，求地引來糾紛，不是上策，黠戛斯已經自稱可汗，求唐冊封，是借重唐朝以提高在西方的身價，不如順水推舟，以冊封名義要求黠戛斯如同回鶻一樣，向唐稱臣，守子孫之禮，借其力攻擊回鶻。武宗採納了，唐朝得利。太和公主回朝後，武宗改封為安定大長公主，給予了隆重的禮遇。

擊敗回鶻烏介可汗，表現了李德裕善於用兵；結和黠戛斯，表現了李德裕精於政治。西北党項寇鹽州，李德裕不用兵將其安撫。李德裕禦邊，針對不同情況，採用不同的策略，收到功效，提高了唐朝的威望。

悉怛謀事件的是非。悉怛謀是吐蕃鎮守維州（今四川理縣）的邊將。文宗太和五年（西元八三一年），向西川節度使請降。李德裕上靖邊破吐蕃之策，欲乘勝出擊吐蕃，受到牛僧孺的排斥。其時牛僧孺為相，不願李德裕建功，說：「兩國之間不可失信，不要貪一州之地引發吐蕃大舉攻唐。」牛僧孺還誇大吐蕃強大，說吐蕃攻唐，三天時間就到達長安，西川遠離數千里，救不了駕。唐文宗認為牛僧孺說得對，詔令李德裕不受降，把維州及降人退還吐蕃。吐蕃殺一警百，把悉怛謀等數百人慘殺在邊境之上。不受降，可退還土地，絕不應送還降人，這也是失信，而且是賤視生命。其後吐蕃分裂內戰，失敗的一方，也不向唐朝請降，認為唐王朝無信義，靠不住。再說，吐蕃乘安史之亂，奪取唐朝河西大片土地，吐蕃守信，就應歸還唐朝。兩國相交，一方不守信，而要求另一方守信，沒這道理。牛僧孺的守信之說，是片面道理，不能成立。儒家傳統的義利之辨，將兩者對立，其實最高境界的利與義，兩者是統一的，兩國相交，利與義應是雙贏互信。司馬光用抽象的義利之辨，說牛僧孺講的是信，李德裕守的是利，信大利小，肯定牛僧孺，否定李德裕，貌似有理，其實不對。牛僧孺和司馬光，誇大吐蕃力量，是不實之詞，也是以利害立論。由此可見，利與義是不能斷然分割的，胡三省對司馬光的話，做了點睛的評論。胡三省說：「元祐之初，棄米脂等四寨以與西夏，蓋當時國論大指如此。」（《資治通鑑》胡注）會昌三年，李德裕重提悉怛謀事件，要唐朝廷為之平反，封贈悉怛謀以慰忠魂。武宗追封悉怛謀為右衛將軍，為這一事件的是非畫上明確的句號。

朝廷用兵澤潞。澤潞是昭義鎮的代稱。昭義鎮共轄五州，澤、潞兩州為核心，在今山西境內。澤州治所晉城，在今山西晉城。潞州治上黨，在今山西潞城。另有三州在河北，為邢、洺、磁三州。邢州治所龍岡，在今河北邢臺。洺州治所永年，在今河北永年。磁州治所滏陽，在今河北磁縣。節度使駐潞州。昭義節度使劉從諫參與鄭注謀誅宦官，鄭注失敗，劉從諫上書朝廷斥責仇士良。武宗為仇士良所立，於是劉從諫暗中策劃割據。會昌三年，劉從諫死，使姪兒劉稹繼位，效河北三鎮自立留後，請求朝廷授節。李德裕堅決主張用兵，不准許內地節度使世襲。武宗採納，用兵澤潞。黃州刺史杜牧上書李德裕獻平亂之策，吸取以往朝廷用多鎮兵力平亂，互相觀望，都不用力，官軍雖多，心不齊，結果打敗仗。用兵澤潞，只需河陽出兵一萬為官軍堡壘，堵住天井關隘口，堅壁不與賊戰，再用忠武、武寧兩鎮軍隊，加上青州五千精甲，從宣、潤提調二千弓弩手，集中兵力直取上黨，要不了幾個月就可攻下賊人的巢穴。李德裕採納了。成德、魏博、平盧河北三鎮，要引援同類，對朝廷陽奉陰違，他們的本心是支持澤潞割據。李德裕用兵澤潞的主力軍採用杜牧的策略，主攻方向不用三鎮之兵。平盧守境，專力防禦北方，成德、魏博兩鎮，只限於攻取澤潞鎮的河北三州，他們即使不用力，也使澤潞孤立。對於宦官監軍，已往每軍監使選用精兵為護身的牙兵，比例為十分之一。兩軍交戰，監軍使有精兵衛隊護身，逼近前線在陣後高處觀望，一見不利，就掉頭逃跑，自亂陣腳。李德裕與樞密使楊欽義協商，請監軍使，第一不得干預軍政，第二監軍的衛隊只抽取百分之一的士兵，有功一體受賞。監軍使的衛隊少了，不敢深入前沿陣地，只在後面，同樣得到獎賞，有利無害。官軍攻戰的主體明確，少了監軍使的搗亂，作戰效率提高，取得了平叛的成功。會昌四年，澤潞諸將殺劉稹請降，朝廷收復了昭義鎮。

會昌年間，李德裕為相，禦邊打敗回鶻，平亂收復昭義鎮建立了卓越的功勳。朝廷的聲望提高，南衙的地位提升，北司退縮，兩者相對平衡，延伸至宣宗朝，穩定局面維持了二十餘年。李德裕是晚唐的中興名臣，當之無愧。但李德裕有一個最大的弱點，保持朋黨積習。會昌二年，唐武宗想用白居易為相，白居易妻族楊氏屬於李宗閔一黨，白居易又與元稹交好，李德裕切齒，以白居易老病為由，引用白居易堂弟白敏中為相，排斥了白居易。實際上白居易本人並沒有捲入朋黨之爭，他在唐文宗朝為了避免朋黨牽累，主動求做閒散官，無意仕進。當時白居易已七十一歲，又患了中風病三、四年，已無能力為相。武宗欲用白居易為相，只是一個獎勵，無礙李德裕辦事。倒是白敏中是李宗閔之黨，宣宗即位，李德裕吃盡了白敏中的苦頭。李德裕心胸狹窄，咎由自取。